KB206877

마르크스의 정치철학에 대한 연구

마르크스의 정치철학에 대한 연구

馬克思政治哲學研究

왕신성 王新生 저
왕멍 王萌 · 김장선 金長善 역

MARX

學古房

본서는 중국 국가사회과학기금 중화학술 해외번역프로젝트 (과제번호: 20WKSB001)의 지원을 받아 완성되었습니다.
Supported by the Chinese Fund for the Humanities and Social Sciences.

서론

마르크스주의와 정치철학

제1장

마르크스 정치철학의 기본 이론

제2장

현대성에 대한 정치 비판

제3장

시민사회의 환상에 대한 비판

제4장

인간 사회에 입각한 자유와 해방

제5장

정의와 초정의

제6장

마르크스 정의 이론의 당대 구축

서론

마르크스주의와 정치철학

1. 정치철학이란 무엇인가?

(1) 정치철학은 하나의 학술 전통이다

마르크스의 정치철학을 다룬 저서에서 독자들이 먼저 기대하는 것은 마르크스의 정치철학 내용이 아니라 일반적 정치철학에 대한 정의일 것이다. 한편으로 정치철학이란 무엇인가 하는 것은 원래부터 논쟁되고 있는 문제로서 이 문제에 대한 판별은 좋은 시작일 수도 있다. 마치 껍질을 벗겨야 옥수수 알맹이를 볼 수 있는 것처럼 말이다. 다른 한편 저자의 시각으로 볼 때 이 문제의 개방성과 대답의 다양성으로 인하여 이 저서에서 "정치철학"이라는 개념을 어떻게 쓸 것인가 하는 문제 역시 마땅히 우선적으로 설명해야 한다.

정치철학의 역사를 살펴보면 정치철학이란 무엇인가를 한마디로 설명하려는 시도는 모두 결코 쉬운 일이 아니다. 더 나아가, 이는 완수할 수 없는 임무라고 할 수 있다. 소크라테스가 유티프론에게 캐묻는 과정에서 어쩌면 우리에게 이 점을 암시해주었다고 하겠다. 정치철학사상, 비록 사람들이 끊임없이 시도하였지만 그 어느 정치철학가도 자신의 정치철학으로 정치철학의 허다한 논쟁을 사람들이 납득할 수 있을 정도로 깔끔히 해결하지 못하였다. 따라서 그 어느 정치철학가도 그의 정치철학에 대한 이해를 바탕으로 정치철학에 대해 모두가 인정하는 정의를 내리지 못하였다. 이는 정치철학은 개방적인 학문이며 이런 개방적인 학문에 대해 정의를 내린다는 것은 독단적임을 말해 준다.

허다한 학문들이 모두 스스로 개방적이라고 하지만 그 원인에 대한 설명은 제각기 다르다. 정치철학은 무엇 때문에 개방적인가? 정치철학사학자 조지 홀랜드 사빈George Holland Sabine의 설명에 따르면, 제일 근본적인 원인은 "정치에 관한 이론 자체도 정치의 한 부분이다"는 사실에 있다.[1]

사람들이 자신의 정치에 대한 이해에 따라 정치활동에 종사하는 것은 의심할 바 없다. 따라서 정치철학 연구 대상으로서의 정치는 정치철학의 외재적인 상황이 아니라 "생산된 것"이다. 다시 말하면 정치철학이 정치활동을 "설명하는" 동시에 자신이 제공한 정치이념을 통하여 정치활동을 "부각"하여 정치철학과 그 연구 대상이 서로 뒤섞여 분별하기 어렵게 되었다. 정치철학은 객관 대상에 대한 설명을 목적으로 하는 이론과 달리 정치 사실을 진술할 뿐만 아니라 정치활동에 정치가의 주관적 가치도 전달하면서 정치를 규범화한다.

문제의 복잡성은 이 것만이 아니다. 그 어느 시대의 정치든 모두 어느 정치철학이 단독으로 부각한 것이 아니라 다르거나 심지어 정반대의 정치 이념과 함께 만들어낸 결과물이다. 그 어느 시대의 정치든 모두 정치철학이 부각해낸 결과물일 뿐만 아니라 정치철학 이념이 정치

1 [미국] 조지 홀랜드 사빈, 〈정치학설사〉(상), 덩정래 역, 상하이인민출판사 2008년, 5쪽.

활동에서 역할을 한 결과물이다. 이는 그 어느 시대의 정치의식이든 모두 여러 가지 정치철학의 “복합적 의식”으로 어느 한 정치철학의 소산물이 아님을 의미한다. 아울러 한 시대의 정치 상황은 복합적 정치의식이 부각해낸 것일 뿐만 아니라 이념과 현실이 상호 작용하여 형성된 복잡한 이데올로기현상임을 의미한다. 그 어느 정치철학이든 모두 자신의 정치에 대한 이해에 좇아 정치철학이란 무엇인가를 설명하려 한다. 우리가 어떤 특정적인정치철학으로 제반 정치철학을 요약하려고 할 때 오히려 복합적 정치이념과 복잡한 정치활동으로 구성된 정치철학 연구대상의 진정한 내포를 제대로 요약할 수 없게 된다. 때문에 정치철학은 하나의 개방적인 학문으로 오직 모든 정치 고민에 직면하였을 때 정치활동과의 상호 작용 속에서, 제반 정치철학사에서 비로소 정치철학이란 무엇인가 하는 문제를 파악할 수 있다.

비록 정치철학이란 무엇인가를 명료하게 정의하고자 하는 것은 너무나 섣부른 일이지만 아래 두 가지 문제를 고찰하면 우리가 “정치철학이란 무엇인가”하는 문제를 이해하는데 도움이 될 수 있다. 우선, 인간 사회활동을 분석한 기초위에 정치활동이 공유한 특징을 제시하면 우리가 이런 활동을 대상으로 하는 정치철학의 일부 특징들을 이해하는데 도움을 받게 된다. 다음, 역사적으로 정치철학의 이런 이론 활동의 전통을 고찰한 기초위에 기타 이론 활동(특히 비슷한 이론 활동)과의 구별을 제시하면 우리가 정치철학이 고유한 이론특징을 이해하는데 도움을 받게 된다. 다시 말하면, 우리가 정치철학의 이런 이론 활동 및 이와 관련된 대상이라는 이 두 가지 측면에서 정치철학의 이론적 위치를 확정하면 정치철학이 어떤 이론인가를 대체적으로 답하게 된다.

이론 활동으로서의 정치철학과 관련된 대상은 사람들의 정치활동이다. 따라서 사람을 어떻게 이해할 것인가, 사람과 정치활동의 관계를 어떻게 이해할 것인가 하는 문제는 정치철학의 중요한 내용으로 된다.

① "사람은 선천적으로 정치 동물이다"

정치철학은 사람의 정치활동을 연구 대상으로 삼는다. 때문에 사람과 정치의 관계 문제는 토론의 출발점으로 된다. "사람은 선천적으로 정치 동물이다"는 아리스토텔레스의 논단은 이런 관계를 아주 잘 표현하였다.[2] 정치철학을 논의한 저서는 사람의 추상적 규칙으로부터 출발하여 사람과 정치의 관계를 논의하여야 한다. 그러나 이런 논의는 기필코 우선 사람의 사회적 본성을 가정하게 되며 이런 가정보다 더 추상적인 사람의 본성 문제에 대해서는 관심을 가질 필요가 없다. 그렇지 아니하면 정치철학 자체를 부정하게 된다. 아리스토텔레스의 이 논단은 고도로 추상적이지만 사람의 사회적 본성에 대해 명백히 대답하고 사람과 정치의 관계를 지향하였기에 우리가 이 문제를 논의하는 데 아주 적절한 출발점으로 되었다.

정치와 사람의 사회 특성 간의 연관성에 대하여서는 아리스토텔레스의 사람에 대한 여러 가지 논단으로부터 이해할 수 있다. 아리스토텔레스는 "사람은 선천적으로 정치 동물이다"고 논단하였을 뿐만 아니라 "사람은 말할 줄 아는 동물이다", "사람은 이성적 동물이다"고 말하였다. 이런 논단은 상호 연관되어 있으며 사람은 정치활동을 통하여 사회적 동물을 구성한다는 것을 설명하고자 하였다. 사회적 사람의 본질적 특징은 이성적 능력을 구비하고 있다는 것이다. 즉 정치활동에 종사하는데 필요한 사고능력, 행동 능력, 언어능력을 구비하고 있다는 것이다. 이런 능력은 사람들로 하여금 사회생활을 할 수 있게 하고 또한 이로써 기타 동물과 구별되게 한다. 실제로 중세기에 로마사람들은 "정치동물"을 "사회동물animal socialis"로 번역하고 "말할 줄 아는 동물"을 "이성적 동물animal rationale로 번역하였다. 이는 사람들이 일찍 사람의 사회적 특성으

---

2 아리스토텔레스, 〈정치학〉, 앤이, 친댄화 역, 중국인민대학출판사 2003년, 4쪽.

로부터 출발하고 사람의 사회적 특성과 이성적 능력을 상호 연관시켜 정치를 이해하고 해석하려고 하였음을 알 수 있다. 이런 연관성에 대해 마르크스는 이렇게 말하였다. "이는 사람은 설사 아리스토텔레스가 말한 것처럼 선천적인 정치동물이 아니라고 하더라도 여하 막론하고 선천적 사회동물이기 때문이다".[3]

마르크스의 이 논술은 한 걸음 나아가 사람의 정치성과 사회성의 관계 문제를 유도하였다. 사람은 선천적으로 사회동물이라는 것은 우선 사람은 사회적 관계를 통하여 사람들을 밀접히 결합시켜 집단을 만드는 사회동물임을 뜻한다. 사람들을 결합시키는 이런 활동이 곧바로 제일 일반적 의미에서의 "정치"이다. 사람은 종래로 상호 단절된 고립 상태에서 생활한 것이 아니라 광범위한 사회관계 속에서 생활하였기에 사회성적 동물인 것이다. 인류학과 동물학의 연구에서 명시하다시피 인류는 기타 영장동물과 마찬가지로 모두 군거 생활을 기본 생존 수단으로 삼았고 군거 생활을 효율적으로 조직할 수 있다. 그러나 사람의 사회관계는 결코 단순한 군거가 아니며 결코 개개인이 단순하게 집합한 것이 아니며 심지어 개개인이 효율적으로 조직되어 생존에 대응하는 것이 아니라 사람들이 사람의 고유 방식으로 연합하여 사람들로 하여금 고유적인 연합 속에서 사람의 방식으로 생활하게 한다. 그렇다면 그 무엇이 사람들로 하여금 사람의 방식으로 조직되어 사회적 생활을 하게 하는가? 아리스토텔레스가 볼 때 그것은 정치활동이다. 이런 활동은 사람이 고유한 것으로 사람과 기타 동물을 구별하는 기본방식이다. "말할 줄 안다", "이성이 있다"는 것이 사람과 기타 동물을 구별하는 방식인 것과 마찬가지로 정치는 말할 줄 알고 이성이 있는 사람이 기타

---

3 중공 중앙 마르크스 엥겔스 레닌 스탈린 저작 편역국 편역, 〈마르크스 엥겔스 전집(제23권)〉, 인민출판사 1972년, 363쪽.

동물과 구별되는 기본 방식이라고 본다. 이 것이 바로 그가 말한 "인간은 선천적으로 정치동물이다"는 말의 의미이다.[4] 그의 말뜻은, 이성적 동물로서의 사람은 오직 말을 제일 잘 구현할 수 있는 정치활동을 통하여서만이 사회를 구성할 수 있고 또한 정치활동에서 형성된 사람들 간의 사회 관계가 사람들로 하여금 그가 속한 그런 클래스가 되게 하고 사람이 사람으로 되게 한다는 것이다. 이런 의미에서 "사람은 선천적으로 사회동물이다"는 말과 "사람은 선천적으로 정치동물이다"는 말은 같은 의미를 갖고 있으며 따라서 사람의 사회성은 정치성을 통해 설명되었다고 할 수 있다. 여기서 무엇 때문에 아리스토텔레스가 사람은 선천적으로 사회적 동물이라고 말하기도 하고 선천적으로 정치적 동물이라고 말하였는지를 알 수 있다. 또한 마르크스가 무엇 때문에 "사람은 설사 아리스토텔레스가 말한 것처럼 선천적인 정치동물이 아니라고 하더라도 여하 막론하고 선천적 사회동물이다"[5]고 말하였는지를 알 수 있다. 전속적인 사람의 사회생활이 어떻게 일반 동물의 군거 생활과 구별되는가를 이해하려면 가장 근본적으로 사람들 간의 정치관계를 통하여 사람들 간의 사회관계를 이해해야 한다.

② 어떻게 정치를 이해하고 해석할 것인가?

정치철학자들은 "정치활동"을 통하여 "정치관계"를 해석한다. 사람이 사회적 동물이라는 것은 사람이 사회관계 속에 처해 있음을 의미한다. 사람의 "사회관계"는 사람의 "사회활동"을 통하여 형성되며 어떤 "사회활동"이냐에 따라 그에 걸맞은 "사회관계"가 형성되고 어떤 "사회관계"이냐에 따라 역으로 상응한 형태의 "사회활동"이 있게 된다. 사람의 사회활동을 고찰하는 것이 사람의 사회관계를 고찰하는 출발점으로 되며

---

4 아리스토텔레스, 〈정치학〉, 앤이, 친댄화 역, 중국인민대학출판사 2003년, 4쪽.

5 중공 중앙 마르크스 엥겔스 레닌 스탈린 저작 편역국 편역, 〈마르크스 엥겔스 전집(제23권)〉, 인민출판사 1972년, 363쪽.

사회활동을 고찰하는 가운데서 정치행동에 속하는 활동은 곧바로 사람들 간의 정치관계 및 이런 관계로 구성된 정치공동체를 고찰하는 수단으로 된다.

정치철학자들은 "행동"과 "말"을 통하여 "정치활동"을 해석하였다. 아리스토텔레스의 관점에 따르면 인류공동체의 모든 필요 활동 속에서 오직 두 가지 활동만을 정치적으로 볼 수 있다. 즉 "행동"과 "말"이다. 여기서 이른바 행동은 일반적 의미에서의 인류활동이 아니라 정치의 공정성을 추구하는 활동 다시 말하면 정치활동이다. 이런 정치활동은 도시 국가 공중생활의 한 부분에 속하며 사적 생활 영역에서의 "노동"을 통하여 비교 설명할 것을 요한다. 아리스토텔레스의 관점에서는 이런 공공영역에서 정치공정을 추구하는 정치활동만이 비로소 참된 실천활동이라고 할 수 있다. 독일 정치철학자 한나 아렌트는, 현대인들은 항상 경제활동에 입각하여 사회를 이해하지만 실제로 경제질서는 하나의 추상적 사회 장치에 불과하며 하나의 구체적 역사공동체를 구축하지 못한다고 주장하였다. 오직 정치활동에 입각하여 사회를 파악하여야 비로소 진정으로 인간 사회를 이해할 수 있다. 경제활동의 기본 형태는 제품을 생산하는 "노동"이고 정치활동의 기본 형태는 인류 교제의 "행동"에 의해 정해진다. 이렇게 한나 아렌트는 아리스토텔레스사상을 승계한 기초위에 현대 언어 환경 하 다시 한번 "행동"과 "노동"을 대립시켰다. 아리스토텔레스부터 시작하여 정치철학자들은 줄곧 "행동"의 "정치"적 의미를 발굴하였는데 한나 아렌트 등 현대 철학자들은 더욱더 이 개념을 정치철학의 핵심위치로 끌어올렸다.

정치철학자들은 "말"로 "행동"을 해석하였다. 한나 아렌트와 같은 정치철학자들이 보기에 "행동"과 "노동"의 다른 점은 아래와 같다. "행동"은 타인과 모종의 관계를 맺을 것을 요하며 타인이 영구적으로 있어야 하지만 "노동"은 이런 것이 필요하지 않다. 따라서 "행동"은 사람의 사회적 특성을 보다 잘 보여주는 인류 활동 형태라고 할 수 있다. "말"도 "행동"과 마찬가지로 사람의 제일 중요한 사회적 특징의 하나이기에 한나 아렌트 등은 "행동"은 "말"을 통하여 더 깊은 해석을 구할 수 있지만 "노동"은 오히려 이런 해석을 구할 수 없다. 때문에 말과 행동은 모두 정치적임과 아울러 정치활동으로 된다. 정치행동은 "말"의 도움을 받아야 하기에 진정한 정치활동은 말에서 완성됨을 의미한다.

한나 아렌트가 공공영역과 사적 영역, 행동과 노동에 대해 구별한 것은 다른 의미에서 "정치활동"을 한정한 것이다. 즉 정치가 비폭력에 한정되고 정치는 이성적으로 도리를 설명하는 행동이지 폭력활동은 아니라는 것이다. 비록 정치는 폭력의 도움이 필요 없다고 말할 수 없지만 적나라한 언어적의 폭력이 없다면 정치라고 할 수 없으며 "전정치前政治"에 지나지 않는다.

한나 아렌트의 이 문제에 대한 논의는 우리의 주제와 직접 연관된다. 우리가 한나 아렌트를 전형적인 사상 사례로 삼아 분석하는 중요한 원인도 바로 여기에 있다. 한나 아렌트는 플라톤부터 시작하여 이론과 실천, 철학과 정치, 진리와 이견 간에 심각한 긴장과 대립이 존재한다고 보았다. 플라톤에서 철학이 대표하는 "명상적인 생활"은 현실적인 "정치생활"을 초월하고 "철학의 왕"은 환상의 동굴 밖에서 독거하였다. 이런 긴장과 대립은 시종 제반 서양정치철학의 전통속에 일관되어 그 본선을 구성하였다. 한나 아렌트는 마르크스가 "노동"을 기점으로 사회생활을 해석하고 나아가 정치생활을 해석하는 새로운 기초를 닦아 놓았다고 보았다. 마르크스는 "인류의 최고 속성인 이성이 인생을 포함하고 있는 것이 아니라 전통 속의 모든 사람의 활동속에서 제일 무시당하는 노동이 인생을 포함하였다"[6]고 보는데 이는 정치를 해석하는데 새 기

6 [미국] 한나 아렌트, 〈마르크스와 서양정치사상의 전통〉, 쑨촨조우 역, 장쑤인민출판사

점을 정립한 것으로 된다. 이 새 기점은 사적인 노동과 공공적 행동을 뒤엎고 노동을 정치해석의 중심위치에 놓음으로써 서양정치철학의 전통에서 이성을 중요시하고 노동을 홀대시하는 전통을 완전 뒤엎고 그의 이론과 서양정치철학 전통과의 또 다른 차이점으로 되게 하였다. 즉 계급투쟁의 폭력 활동을 정치해석의 또 다른 핵심 요소로 보았다. 한나 아렌트는 비록 그렇다 하더라도 마르크스의 정치철학을 여전히 서양정치철학 전통의 연장으로 보았고 마르크스가 숭상한 이상사회는 고전정치철학과 고도로 일치하다고 보면서 이렇게 말하였다. "마르크스가 전망한 종결적인 결말은 그리스 도시 국가의 이상적인 생활과 놀라울 정도로 일치하다".[7] 따라서 우리는 여전히 마르크스의 정치철학을 총체적으로 서양정치철학의 전통으로 귀속시킬 수 있으며 그가 이해한 "정치활동"도 여전히 아리스토텔레스와 연결 시킴과 아울러 줄곧 연속되어온 서양사상전통에 귀속시킬 수 있다.

마르크스는 "노동"과 "생산"을 통하여 정치를 해석하였다. 이 점에서 마르크스는 서양정치철학의 전통과 구별되는 정치철학 경로를 개척하였다고 할 수 있다. 그러나 한나 아렌트가 지적한 바와 같이 마르크스도 서양정치철학의 문제 뒤이었다. 아리스토텔레스와 마찬가지로 마르크스도 사람을 사회적 동물로 보았고 사람의 사회적 특성으로부터 정치를 해석하였다. 그러나 생산노동관점에서 마르크스는 추상적인 이성능력과 언어능력으로부터 출발하여 사람의 사회적 특성을 해석하지 않고 현실성에서 출발하여 사람을 현실적인 사람으로 이해하였다. 마르크스에게 있어서 현실적 사람은 우선 일정한 생산방식 하의 일정한 생산관계 속에서 생산노동에 종사하는 사람이다. 마침 생산노동의 활동

2007년, 91쪽.

7 [미국] 한나 아렌트, 〈마르크스와 서양정치사상의 전통〉, 쑨촨조우 역, 장쑤인민출판사 2007년, 12쪽.

은 언어능력의 형성을 해석할 수 있고 정치관계의 필요성 및 그 형성과 발전의 과정과 가능한 형식을 해석할 수 있다. 마르크스는 이렇게 말하였다.

> 사람의 본질은 일개인의 고유적 추상물이 아니라 그 현실성에서 모든 사회관계의 총화이다.[8]
>
> 우리는 사람들이 말하고 상상하고 구상한 것에서 출발하여 진정한 사람을 이해하지 않을 뿐만 아니라 구두로만 존재하는, 이른바 생각해내고 상상해내고 구상해낸 사람으로부터 출발하여 진정한 사람을 이해하지 않는다. 우리의 출발점은 실제 활동에 종사는 사람이다.[9]

한나 아렌트가 말한바와 같이 표면으로 보면 마르크스는 "생산노동"으로 사회와 정치를 해석하여 아리스토텔레스, 한나 아렌트 등의 "행동"과 "말"로 사회 정치를 해석한 것과 구별된다. 그러나 이는 다만 문제를 고찰하는 시각이 다르고 문제를 고찰할 때 취한 출발점이 다를 뿐이지 그들의 사회와 정치에 대한 일반적 이해는 결코 다르지 않다. 다만 마르크스가 진일보로 "행동"과 "말"의 근원이 무엇이며 무엇에 의해 결정되는가를 캐묻고 그 기초위에 문제를 고찰하는 출발점을 앞으로 이동시켰을 뿐이다. 마르크스의 유물사관도 이와 마찬가지로 정치활동을 사회존재의 필요조건으로 보고 사람을 정치적 동물로 보았으며 사회를 정치적 공동체로 보았다. 때문에 그 어떤 정치적 문제에서도 마르크스와 아리스토텔레스의 이해는 결코 다르지 않았다. 바로 이러하기

---

8 중공 중앙 마르크스 엥겔스 레닌 스탈린 저작 편역국 편역, 〈마르크스 엥겔스 선집(제1권)〉, 인민출판사 1995년, 60쪽.

9 중공 중앙 마르크스 엥겔스 레닌 스탈린 저작 편역국 편역, 〈마르크스 엥겔스 선집(제1권)〉, 인민출판사 1995년, 72쪽.

때문에 마르크스는 〈"정치경제학 비평" 서언〉에서 "사람은 제일 명실상부한 정치동물이며 군거 동물일 뿐만 아니라 오직 사회에서만 독립할 수 있는 동물이다"[10]고 말하였다.

마르크스는 또한 "명실상부한 정치동물"로서의 사람은 특정된 정치관계 속에서 생활하고 생산할 뿐만 아니라 생활과 생산 속에서 이런 정치관계를 안정적인 정치제도로 정립하며 또한 그 기초위에 정치조직을 건립한다고 인식하였다. 그리고 안정적인 정치제도와 정치조직 하에서만 사람들이 생활하고 생산할 수 있으며 역사를 창조할 수 있다고 보았다. 만약 마르크스와 이왕의 철학자들 간의 다른 점을 말한다면 마르크스는 다만 인간 사회의 생산력은 끊임없이 변하며 그 변화는 동인이고 이런 변화는 사람들 간의 생산관계를 변화시키며 또한 이로 인하여 정치관계를 포함한 제반 사회관계의 변화를 가져오며 나아가 이데올로기의 변화를 가져온다는 것을 강조하였을 뿐이다. 때문에 생산노동은 더욱더 원천적인 것으로 되어 말과 행동보다 더 심층적으로 기점을 해석하였다고 볼 수 있다.

마르크스의 정치철학 출발점의 이와 같은 변화가 어떤 철학적 논증을 필요로 하는 가는 전문적인 고찰이 필요한 방법론 문제이며 이런 출발점의 변화가 그로 하여금 어떻게 서양의 주류 정치철학과 다른 구체적 관점이 형성되게 하였는가는 그의 정치철학의 구체적 내용으로 된다. 첫 번째 문제는 본 저서의 제1장과 제2장에서 전문적으로 논의하고 두 번째 문제는 본 저서의 주요내용으로 뒤의 각 장절에서 마르크스와 자유주의 간의 차이점을 논의하는 가운데서 자세히 설명하고자 한다.[11]

---

10 중공 중앙 마르크스 엥겔스 레닌 스탈린 저작 편역국 편역, 〈마르크스 엥겔스 선집(제2권)〉, 인민출판사 1995년, 2쪽.

11 비록 자유주의는 서양정치철학의 한 유파에 불과하고 서양정치철학 전통의 한 사상 계열에 불과하지만 서양정치철학 전통이 자유주의 이론에서 제일 전형적으로 구

③ "훈계 받은 탐구"

제일 보편적 의미에서 정치철학은 정치사물에 관한 학문이기에 정치철학은 반드시 사람들 간의 정치관계와 이런 관계로 형성된 정치제도, 정치조직 등을 연구대상으로 삼게 된다. 사람들 간의 정치관계와 정치관계의 안정적 형식인 정치제도, 정치조직을 둘러싸고 우리는 다양한 문제들을 제기할 수 있고 이런 문제들에 대한 해답은 정치문제에 관한 지식내용을 구성한다. 우리는 이런 지식을 통 털어 "정치사물에 관한 지식"이라고 일컫는다. 이런 지식이 이론적 형태로 존재할 때 그 지식은 보편적 의미에서의 "정치이론"으로 된다.

지금까지 본 저서는 여전히 보편적 의미에서 정치철학이란 무엇인가 하는 문제를 논의한 것이고 현대 학문의 구분 의미에서는 논의하지 않았다. 보편적 의미에서 문제를 논의하면 조지 홀랜드 사빈의 견해는 참고할 가치가 있다. 한 것은 그가 역사상의 정치학설을 고찰할 때 엄격한 현대 학문 의식이 없었기 때문이다. 즉 그는 의도적으로 정치철학을 현대학문으로 인정하여 일반적 정치사상과 구분시키지 않았기 때문이다.

조지 홀랜드 사빈은 역사상의 정치학설을 고찰하기 위하여 우선 이 고찰대상의 범주를 확정하였다. "대체적으로 볼 때 정치이론은 바로 인류가 의식적으로 사회생활과 조직group life and organization가운데의 각종 문제를 이해하고 해결하고자 하는 갖은 노력이다".[12] 비록 현대 학문 구분

현되기에 또는 자유주의 이론은 서양정치철학 전통이 근대 이후부터 논리적으로 지속되고 발전하였기에 설사 기타 정치철학 유파와 사상 계열을 무시한다고 하더라도 마르크스의 정치철학과 자유주의를 상호 비교하면 서양정치학 전통 속에서 마르크스의 정치철학 이론 내용과 사상 특징을 비교적 분명히 나타내 보일 수 있다.

12 [미국] 조지 홀랜드 사빈, 〈정치학설사〉(상), 덩정래 역, 상하이인민출판사 2008년, 12쪽.

의 시각에서 볼 때, 정치철학만이 정치사물을 연구 대상(정치학도 마찬가지이다)으로 삼는 것이 아니지만 정치철학을 한 영역의 철학으로 볼 때 이 연구대상은 분명히 정치철학이 기타 철학 유파와 구별되게 하며 아울러 특별유형의 철학으로 되게 한다. 따라서 우리는 여기서 조지 홀랜드 사빈의 이 견해를 문제 논의의 기점으로 할 수 있다.

이 초보적인 설명이 너무 폭넓기에 조지 홀랜드 사빈은 이를 한정하였다. 비록 한정된 폭이 여전히 넓기는 하지만.

> 만약 우리가 정치이론에 대해 광범한 정의를 내린다면 "무릇 정치 혹은 정치와 관련된 사상"이라고 정의할 수 있다. 그러면 우리는 인류의 예로부터의 모든 사상을 거의 전부 그 속에 포함시킬 수 있다. 그러나 우리가 이 저서에서 말하는 정치이론은 정치문제에 대하여 진행한 "훈계를 받은" 탐구를 일컫는다.[13]

조지 홀랜드 사빈이 여기서 말한 "정치이론"은 우리가 말하는 "정치철학"을 포함한다. 비록 보편적 의미에서의 "정치이론" 의미는 더 폭넓지만 "훈계를 받은 탐구"라는 이 점에서는 정치철학과 보편적 의미에서의 "정치이론"은 차이점이 없다. 조지 홀랜드 사빈은 정치사상에 대하여 보편적 정의를 내린 뒤 이어서 이렇게 말하였다.

> 정치이론은 하나의 지식 전통이다.[14]

---

13 [미국] 조지 홀랜드 사빈, 〈정치학설사〉(상), 덩정래 역, 상하이인민출판사 2008년, 12쪽.

14 [미국] 조지 홀랜드 사빈, 〈정치학설사〉(상), 덩정래 역, 상하이인민출판사 2008년, 12쪽.

> 정치이론의 "정치문제에 대한 훈계 받은 탐구"는 기본적으로 줄곧 철학 논자들의 영역에서 진행되었고 이런 논자들 가운데서 대부분은 철학 영역에서 모두 아주 걸출할 뿐만 아니라 그들의 논저들이 끼친 영향도 비교적 광범위하다.[15]

다시 말하면 만약 논리 관계를 따지지 않고 사상에서의 실제 상황만 고려한다면 조지 홀랜드 사빈이 말한 정치이론은 대체로 정치철학을 의미한다.

여기서 따로 밝혀야 할 것은 정치철학의 생성과 발전 역사 문제에서 서양사상사 사학자인 조지 홀랜드 사빈은 분명히 문화편견을 가지고 있다는 것이다. 그는 "훈계를 받은 탐구"로서의 정치사상은 오직 그리스 문명에서만이 생성될 수 있다고 하면서 "우리가 말하는 정치이론은 한 특정된 지역(즉 우리가 오늘날 그리스라고 부르는 고대 그리스인들의 주거지)의 비교적 구체적인 시간(즉 기원전 5세기 기간)에 창건되었다"[16]고 말하였다.

정치연구의 역사를 서양문명에만 국한시키는 것은 분명 협소한 것이다. 실제로 중국은 상商나라-주周나라에 이미 "신조 왕권"의 체계적인 정치사상이 형성되었고 춘추전국시대에 신명을 숭상하는 정치 관념이 세속적인 정치 관념으로 전환하여 정치철학은 백가쟁명의 국면이 나타났다. 기타 문명 속에서의 정치사상의 발전도 이와 마찬가지이다. 정치철학이 하나의 학술전통으로 된 것은 각종 정치문명의 발전과 더불어 발전되었기 때문이지 결코 조지 홀랜드 사빈이 말한 것처럼 서양 정치

15 [미국] 조지 홀랜드 사빈, 〈정치학설사〉(상), 덩정래 역, 상하이인민출판사 2008년, 13쪽.

16 [미국] 조지 홀랜드 사빈, 〈정치학설사〉(상), 덩정래 역, 상하이인민출판사 2008년, 12쪽.

문명 속에서만 생성된 것이 아니다.

여기서 우리가 명백하게 긍정할 수 있는 것은 다만 하나의 학술전통으로서의 정치철학은 바로 "정치사물에 대한 훈계를 받은 탐구"라는 것이다. 혹시 어떤 사람들은 이렇게 광범한 규정이 정치철학의 초보적 규정에 부합되지 않는다고 볼 수 있다. 한 것은 위 관점은 "정치철학", "정치이론"과 "정치과학"간의 차이점을 주시하지 못하였기 때문이다. 확실히 위 견해는 탐탐치 않은 해답이다. "정치사물에 대한 훈계를 받은 탐구"는 연구대상에서만 정치철학에 대하여 규정하였는데 이런 규정은 "정치철학"에도 적용되고 현재 우리가 말하는 "정치학"의 구체적 영역에서도 적용되는데 이는 이들의 연구 대상이 모두 "정치사물"이기 때문이다. 규범적 이론으로서의 정치철학과 구체적 과학으로서의 정치학의 분화는 현대에 와서 나타난 것이지만 현대 이전의 기나긴 역사에서 이 규정은 정치사물을 연구하는 정치이론의 일반적 규정에 완전히 적용할 수 있다. 실례를 들어 아리스토텔레스의 이론에는 "정치철학"과 "정치과학"의 구분이 없다. 그의 〈정치학〉저서는 우리가 현재 일컫는 "정치철학"의 내용이 있을 뿐만 아니라 우리가 현재 일컫는 "정치학"의 구체적 과학 내용도 포함되어 있다. 현대 학술 학과의 분류는 서방에서부터 이뤄졌다. 조지 홀랜드 사빈이 말한 바와 같이 서방정치사상상 플라톤, 아리스토텔레스부터 존 로크John Locke, 토머스 홉스Thomas Hobbes에 이르기까지 정치이론은 대체로 철학자들이 저술하였다. 다만 아주 최근의 현대 학술시기에 정치이론을 자연과학과 같은 과학으로 변화시키려는 노력이 비로소 철학연구를 배척하기 시작하였고 이런 시도는 실증 경험을 기초로 한 "정치과학"을 창립하려 하였다. 때문에 우리가 학술전통으로서의 정치철학을 논의할 때 우리는 오늘날 우리가 보기에 아주 엄격한 의미에서의 정치철학을 논의하는 것이 아니라 정치이론의 학술전통을 논의하고 있다. 지난 시기에 정치이론의 이런 학술전통은 줄곧 철학 형식을 통하여 표현되었다. 다시 말하면 이 것이 곧 정치철학이다.

고로 "정치철학"은 정치철학의 전통에 속한다는 레오 스트라우스Leo Strauss의 말이든 조지 홀랜드 사빈 또는 기타 철학자들이 말한 "정치학설", "정치이론"의 정치문제 연구든 모두 이런 학술전통에 속한다. 따라서 우리가 제일 보편적 의미에서 정치철학의 학술전통을 논의할 때 우리가 일컫는 것은 바로 조지 홀랜드 사빈의 "정치사물에 대한 훈계 받은 탐구"이다.

(2) 정치철학은 하나의 현대 학문이다

아래에 우리는 "정치사물에 대한 훈계 받은 탐구"에 대해 진일보 분석하면서 현대 학문 의미로서의 정치철학에 대하여 학문적으로 자리매김을 하려고 한다. 구체적으로 말하면 "정치철학"이라는 현대 학문으로 놓고 볼 때 그와 구체적 과학으로서의 "정치학"과 보편적 의미에서의 "윤리학"과 구분되어야 한다. 이렇게 하여야만 우리는 비로소 현대학문의 의미에서 정치철학이란 무엇인가를 이해할 수 있다.

① 정치철학과 정치학

정치철학은 철학의 한 분과로서 철학적 방식으로 정치문제를 탐구하고 아울러 이런 문제에 대하여 근본적인 해결책을 모색하면서 하나의 독특한 철학 영역을 구축하였다. 정치철학도 독특한 철학사고 방식으로 철학적 방식으로 정치문제를 사고하며 이런 방식의 사고로 표상의 세계를 초월하여 가상세계와 인생의 근본적 문제인 특별한 철학 경로를 구성한다. 이를 하나의 철학 영역으로 놓고 말하면 관심을 기울이는 것은 인류의 사회생활과 정치 생활이기에 제1철학과 철학의 기타 분야와 구분된다. 이를 하나의 사고방식으로 놓고 말하면 성찰을 통하여 정치사물에 관한 지식을 획득하기에 구체적 과학으로서의 정치학과 구분된다.

정치사물은 시종 인류가 관심을 기울이고 사고하고 설명하는 대상이지만서로 다른 학술 시야 범위에서는 정치사물에 대한 사람들의 사고방식과 설명방식에 큰 차이점이 존재한다. 바로 이런 사고방식과 설명방식의 차이점으로 인하여 공동 관심 대상을 갖고 있는 "정치철학"과 "정치학"의 구분이 생기게 되었다. 따라서 정치학은 주로 정치사물에 대한 경험적 연구와 경험적 연구에 대한 분석을 통하여 정치활동의 과정, 공공권력의 존재 방식 및 그 운영규칙을 파악한다. 정치철학은 정치사물의 내재적 본성에 관심을 기울이며 정치사물의 가치 지향과 정치활동의 응당한 규칙에 관심을 기울인다.

정치사물에 관한 지식에서 일부 문제는 정치사물이 "어떠한 것인가"에 관한 문제이다. 서로 다른 방식의 정치조직과 정치제도는 실제로 어떠한 가? 이러한 것들은 어떤 방식을 통하여 그 역할을 하는가? 이런 정치제도와 정치조직은 어떤 원칙을 근거로 건립되었는가? 이런 정치제도와 정치조직은 역사적으로 어떻게 변화하였는가? 이러한 문제들은 흔히 경험적인 방식으로 해답할 수 있다. 물론 이러한 문제들도 이론적 분석을 필요로 하지만 이론적 분석은 흔히 경험과 지식의 경계에서 멈춰 선다. 예를 들어, 노예제의 정치제도에 관하여 우리는 그 제도가 어떤 제도이며 어떻게 운영되며 역사적으로 어떻게 형성되고 사멸되었는가 등을 고찰할 수 있다. 이런 문제들은 많은 경험적인 논거로 호소할 수 있으며 논리적 분석도 필요로 한다. 이런 유형의 문제들에 대하여 우리는 일반적으로 "인지적 문제"라고 일컫는다.

정치사물에 관한 지식에서 또 다른 일련의 문제들이 있는 데 그것은 정치사물이 "당연히 어떠해야 한다"는 데 대한 문제이다. 이런 문제에는 서로 다른 정치제도와 정치조직의 이면에 내포된 구성 원칙은 좋은 것인가 나쁜 것인가? 정의적인가 비정의적인가? 공정한 것인가 비공정한 것인가? 하는 것들이 포함된다. 예를 들어, 노예제의 정치제도에 대하여 정치철학은 그 제도가 좋은 것이냐 나쁜 것이냐를 연구하게 되며 무엇 때문에 좋은 제도 또는 나쁜 제도인가를 연구하게 된다. 또한 좋은 제도는 그 도덕적 근거가 무엇이며 나쁜 제도는 어떤 도덕적 원칙을 위반하였는가 하는 문제들을 연구하게 된다. 이런 문제들은 경험적 논거를 적용할 수 없다. 도덕적 논증을 필요로 한다. 이런 문제들이 도덕판단과 가치 평가와 관련되기에 도덕규범과 상호 연관되며 사실판단과 관련되는 진짜와 가짜의 문제와 다르기에 우리는 이를 "규범성 문제"라고 일컫는다.

현대 학문의 구분 의미에서 볼 때 정치학은 인지학 문제의 연구라고 할 수 있고 정치철학은 규범성 문제의 연구라고 할 수 있다. 이 유형 문제 간의 구별은 막스 베버Maximilian Carl Emil Weber와 실증주의 사회과학방법론에서 직접 도입된 것으로 이 보다 이른 사상 근원은 데이비드 흄David Hume과 칸트Immanuel Kant라고 할 수 있다. 아래에 데이비드 흄과 칸트에 대해 간단히 돌이켜 보면서 문제의 근원을 밝혀 보기로 한다.

데이비드 흄은 "맞다"와 "당연하다"에 대한 구별을 "당연한 사실"과 "윤리적 사실", "사실판단"과 "도덕 판단"에 대한 최초의 구별이라고 보았다. 그는 이왕의 철학자들은 항상 도덕활동은 이성의 추진 하에 이뤄진다는 착오적 인식을 갖고 있는데 실제로 이성은 다만 인지적 기능을 구비하고 있을 뿐 사람의 행위를 유발시키는 능력은 구비하지 못하였다고 주장하였다.

도덕은 일종의 실천 활동으로서 반드시 마음에 내재화 되어야 할 뿐만 아니라 사람의 행위를 유발하는 기능을 구비하여 행위에 외재 되어야 한다. 그렇다면 사람들로 하여금 내심의 자선심으로 선행을 하게 하는 추진력은 무엇인가? 이 문제에 대한 사람들의 이성적 인지인가? 데이비드 흄은 이렇게 보지 않았다. 그는 도덕의 동력은 이성이 아닌 정감에 있으며 이런 정감이 바로 사람들로 하여금 도덕 실천에 임하도록 한다고 보았다. 이성의 기능은 사실의 진실 여부를 판단하는 것이고 정감의 기능은 도덕적 선악을 판단하고 선행을 하도록 하는 것이다.

판단문의 언어 구조로부터 볼 때 사실을 설명하려면 "맞다"와 관련된 어휘 명제로 표현해야 한다. 이를 테면 "그는 관료이다"와 같은 판단문이 그러하다. 이와 반대로 도덕 판단은 "마땅하다"와 관련된 어휘 명제로 표현해야 한다. 이를 테면 "관료는 마땅히 덕을 중요시하고 서민을 사랑해야 한다"는 판단문이 그러하다. 데이비드 흄은 이성을 기초로 한 인지 도구는 다만 사실을 파악하고 설명할 뿐 가치판단을 할 수 없다고 보았다. 다시 말하면 우리의 인지 이성에 의하면 우리는 "무엇이다"는 문제를 설명할 뿐 "마땅히 무엇이어야 한다"는 문제는 설명할 수 없다는 것이다. 그는 이왕의 "도덕학 체계"는 항상 "맞다"에서 "마땅하다"로 직접 도약하여 "맞다"에서 "마땅하다"를 내세워 사고의 혼란을 조성하는데 문제가 있다고 보았다.

> 내가 본 매 도덕학 체계 속에서 나는 항상 저자가 어느 한 시기에는 평소의 추리 방식으로 하나님의 존재를 확정하거나 세상물정을 논의한다는 것에 유의하다가 갑자기 놀라운 것을 발견하였다. 내가 본 것은 명제 속의 일상적 "**맞다**"와 "**틀리다**"와 관련된 어휘들이 아니라 모두 "**마땅하다**" 또는 "**마땅하지 않다**"와 관련되어 있다는 것이다. 왜냐하면 **마땅하다** 또는 **마땅하지 않다**는 완전 새로운 관계 또는 긍정을 표시하는 것으로 반드시 논술 또는 설명이 필요하기 때문이다. 또한 이런 거의 불가사의한 상황에 대하여 즉 이런 새로운 관계가 어떻게 전혀 다른 관계 속에서 내세울 수 있는 가를 근거를 들어가며 설명해야 한다.[17]

---

17 [영국] 데이비드 흄, 〈인성론(하)〉, 관원원 역, 상무인서관1980년, 509-510쪽.

데이비드 흄은 이왕의 모든 도덕 체계는 모두 이런 착오적 추론에 기초하여 건립된 것이기에 사람들에게 이 구분을 뚜렷이 가르쳐 주면 "모든 통속적 도덕학 체계를 번복할 수 있다"고 보았다.[18]

데이비드 흄이 제기한 이 문제를 사람들은 도덕철학의 핵심문제로 보았다. 한 것은 이 문제는 이성 인지와 도덕 실천, 사실과 가치, 기술과 규범의 구분과 관련될 뿐만 아니라 상기한 구분이 도덕 철학과 자연 철학의 구분 즉 자유와 필연의 구분과 관련되기 때문이다.

칸트는 이 구분을 진일보 명확히 하였을 뿐만 아니라 더욱 중요한 위치에 자리매김하였다. 칸트는 인류의 이성적 법칙에는 두 개의 대상이 있는데 하나는 자연법칙에 따르는 자연이고 다른 하나는 도덕법칙에 따르는 자유라고 하였다. "인류의 이성적 입법(철학)에는 두 개의 대상 즉 자연과 자유가 있기에 자연 법칙을 망라할 뿐만 아니라 도덕규칙도 망라한다. ... 자연철학은 존재의 모든 것과 관련되며 도덕철학은 마땅히 존재해야 하는 모든 것과 관련된다. 그러나 모든 철학은 모두 순수한 이성적 지식에서 나오거나 혹은 경험적 원칙의 이성 지식에서 나온다. 전자는 순수 철학이라고 하고 후자는 경험 철학이라고 한다."[19]

칸트의 "순수철학"과 "경험철학"에 대한 구분은 후세에 막대한 영향을 끼쳤다. 특히 신칸트주의에서 이 구분은 자연과학과 사회과학을 구분하는 징표로 되었다. 빌헬름 빈델반트Wilhelm Windelband, 하인리히 리케르트Heinrich Rickert 등은 이에 근거하여 세계를 자연과 문화로 분리하고 인류의 지식을 "존재하는 것"과 "마땅히 존재해야 하는 것"을 대상으로 한 자연과학과 문화과학으로 분리함과 아울러 나아가 이러한 것들은 서로 다른 연구 방법에 따라야 한다고 주장하였다. 자연과학은 "존재하

---

18 [영국] 데이비드 흄, 〈인성론(하)〉, 관원원 역, 상무인서관 1980년, 509-510쪽.

19 [독일] 칸트, 〈순수 이성 비판(2판)〉, 리츄링 역, 중국인민대학출판사 2004년, 536쪽.

는 것"을 대상으로 하는데 자연의 규칙성을 파악하고 규칙적 과학을 제정하는 것을 목적으로 한다. 자연과학은 가치 영역과 관련되지 않고 가치와 상관없으며 그 임무는 사실을 기술하고 사실 간 변함없이 연락해주는 규칙을 파악하는 것이지만 가치 평가를 하지 못한다. 문화과학은 "마땅히 존재해야 하는 것"을 대상으로 하는데 "마땅히 존재해야 하는 것"은 느낄 수 없는 가치 세계에 속하며 인지로 파악할 수 없고 이해의 표의로 그것을 현시대의 관념에 재현시켜야 하기에 필연코 가치 판단과 연관되게 된다. 문화과학은 발견의미의 과학이어야 하고 가치 판단을 통하여 역사와 문화 영역의 구체적 사실의 의미를 발굴해야 한다. 이를 테면 정치철학의 정의正义이론은 전형적인 "마땅히 존재해야 하는 것"을 대상으로 한 이론이다.

막스 베버는 사회과학방법론에 각별한 관심을 갖고 "가치중립" 원칙을 제기하여 인지이론으로서의 정치학과 규범적 이론으로서의 정치 철학 분야에 명확한 방법론 원칙을 제시하였다. 그는 자연과학과 마찬가지로 사회과학은 반드시 결론의 객관성을 보증해야 한다고 하였다. 사회과학연구의 객관성을 보증하기 위하여 연구자는 반드시 "가치중립"을 지켜야 하며 이를 사회과학연구에서 반드시 지켜야 원칙이어야 한다고 하였다. 이른바 가치중립의 원칙이란 연구자가 사회사실과 연관될 때 마땅히 개인의 가치 준칙을 회피하고 평가를 해야 하며 무조건으로 경험사실의 서술과 자신의 그에 대한 가치 평가를 분리시켜야 한다는 것이다. 그는 이렇게 말하였다. "실제 규범의 유효성과 경험 명제의 진가는 성격 상 완전 다르다. 이런 논리 유형이 다른 명제를 동일한 유형으로 대하는 그 어떤 시도도 다만 각자의 특수 가치를 삭감할 뿐이다."[20] 예하면 "의사가 환자들이 요하는 약물을 초과한 처방을 떼어주지

20 [독일] 막스 웨버, 〈사회과학방법론〉, 양부빈 역, 화하출판사 1999년, 111쪽.

않았다면" 이는 하나의 사실 판단으로, 사실상 의사가 환자의 수요를 초과하는 "큰 처방"을 떼어주지 않았다면 우리가 내린 판단은 진짜이다. 한편 "의사는 마땅히 환자의 수요를 초과하는 약물처방을 떼어주지 말아야 한다"는 다른 판단도 있다. 막스 베버 입장에서는 이는 실제 규칙으로서 의사들이 모두 환자의 수요를 초과하는 약물처방을 떼어주지 않는다면 우리는 이 실제규칙은 유효한 것이라고 말할 수 있다. 비록 우리는 이와 마찬가지로 "의사가 환자들이 요하는 약물처방을 떼어주지 않았다"는 판단으로 이 두 명제를 점검할 수 있지만 전자를 만족시키는 것은 진가이고 후자를 만족시키는 유효성이다. 이 양자는 완전 다른 것이다. 우리가 앞 명제의 진가를 논증하려면 그것이 사실과 부합되는 가를 설명해야 하며 뒤 명제가 유효적임을 논증하려면 그것이 의사들의 행위를 규범화 할 수 있는 가를 설명해야 한다. 막스 베버는 서로 다른 이 두 명제의 구별을 통하여 두 가지 유형의 서로 다른 문제를 진일보 명확히 하였다. 정치철학에서는 "이는 하나의 민주국가이다", "국가는 마땅히 민주적 제도에 따라 건립되어야 한다" 등 문제들이 대체로 이와 비슷하다.

하지만 막스 베버는 그 후의 실증주의자처럼 실증할 수 없는 지식을 합법적 지식에서 배제시키지 않고 이들을 분리시켜 논의해야 한다고 주장하였다. 사람들은 막스 베버를 가치중립 이론의 주요 대표자로 보고 있지만 이런 칸트식의 신중성은 그로 하여금 과학주의와 거리를 두게 하였다.

> 논쟁의 초점은 이런 가장 기본적인 요구에 있다. 연구자와 스승은 마땅히 무조건 경험 사실의 확립(그가 조사한 경험 개체의 "가치정향" 행위도 포함함)을 그 자신의 실제 평가 즉 그가 이런 사실의 평가에 대한 만족여부(이런 사실에는 연구 객체로서의 경험 개체가 내린 평가를 포함함)와 구별해야 한

다. 이 두 가지 사실은 논리적으로 완전 다른 것으로 이들을 동일한 것으로 보는 것은 질적으로 완전 다른 것을 혼돈시하는 것이다.[21]

실증주의 및 실증주의를 기초로 한 지식취향은 신칸트주의와 다른 한 방향에서 흄과 칸트의 사실과 가치 구분에 관한 사상을 발휘하여 과학연구에서의 가치중립의 원칙을 극단으로 이르게 하고 나아가 사회역사 문제 연구에서의 가치 평가를 일종의 지식 유형으로 보는 합법성을 부정하였다. 실증주의 및 그 지식취향은 사실과 가치를 상호 구분하는 원칙을 견지할 뿐만 아니라 과학 연구는 마땅히 가치중립의 원칙을 지켜야 한다고 보았다. 그러나 실증주의는 사회과학과 자연과학 간의 실질적 차별을 인정하지 않기에 이른바 사회과학의 특수성이 존재하지 않는다고 보며 자연과학의 연구에서든 사회과학의 연구에서든 가치 평가는 마땅히 배제되어야 한다고 본다. 실증주의가 실증 가능한 지식 외의 지식의 합법성을 배제하기에 실제적으로 인류 지식체계에서 가치평가와 연관된 지식의 합법성을 배제하였다고 하겠다.

실증주의는 자연과학의 거창한 발전의 산물인 동시에 과학주의의 유행에 철학적 기초를 마련해 주었다. 콩트든 막스 뮐러든 그리고 기타 추종자든 모두 자연과학이 이미 사회역사문제의 연구에 본보기를 보여 주었으며 인간의 사고가 몽매한 신학 단계를 초월한 후 자연과학의 방법으로 하나의 사회적 과학을 설립하는 것은 향후 사회문제연구의 목표임을 믿어 의심치 않는다. 이들은 사회 현상은 자연 현상과 마찬가지로 "사실"과 "실물"로 환원할 수 있으며 사회과학의 임무는 바로 이러한 것들에 대하여 묘사적 설명을 하는 것이며 아울러 이를 기반으로 하여 반복적으로 나타나는 사회역사규칙을 발견하는데 이런 사회역사규칙

---

21 [독일] 막스 베버, 〈사회과학방법론〉, 양부빈 역, 화하출판사 1999년, 110쪽.

은 경험 사실을 귀납한 결과에 불과한 것이라고 본다. 다시 말하면 사회과학이론은 경험 귀납을 기반으로 설립된 것이며 사회과학이론이 발견한 규율은 자연사실과 같은 사회 사실 귀납을 기반으로 형성된 일반성 결론에 지나지 않는다는 것이다. 실증주의의 이런 신념은 완전하고 철저한 가치중립의 입장에서 형성된 것이며 또한 가치중립 구호하의 가치문제에 대한 취소이기도 하다. 이런 신념은 사실 판단과 가치 판단을 구분할 것을 요구할 뿐만 아니라 사회문제에 관한 연구에서 가치 판단을 하지 말아야 하는 것을 요구하며 가치 문제에 대해 침묵할 것을 요구한다. 실증주의의 이런 신념은 아주 큰 영향을 미치고 있다. 현대사회과학연구를 부각하는 하나의 기본 신념으로 되었다고 할 수 있다.

인지이론으로서의 "정치학"은 일반적인 의미의 "정치이론"에서 분리되어 나와 정치철학과 정치학으로 하여금 명확한 학술 분야를 형성하게 하였다. 바로 상기한 지식론의 기변 속에서 완성 되었다. 이런 기변이 발생하기 전에 우리는 아리스토텔레스 "정치학"의 의미에서 정치철학을 담론할 수 있었지만 그 후에는 "정치학"의 의미가 실증 가능한 지식으로만 한정되어 가령 권한을 갖고 정의 등 이른바 정치철학 문제를 담론한다고 하더라도 이런 담론은 "신화" 또는 "의식형태"의 담론만으로 간주되었다. 즉 상기한 지식론의 현대 기변 속에서 과학적 "정치학"으로 일반적인 의미의 정치이론으로부터 분리되어 나온 후에야 비로소 정치철학은 정치학과 구별되는 하나의 현대 학문으로 되었다. 비록 일종의 지식 전통으로 아주 유구한 역사를 갖고 있지만.

현대 학문으로서의 정치철학은 규범적인 이론으로 자리 잡고 "정치사물에 대한 규칙적 훈련을 받은 탐구"속에서 주로 "마땅히 어떠해야 한다"는 문제에 관심을 갖는다. 조나단 울프Jonathan Wolff가 정치철학의 학문 특성에 대해 토의할 때 말한 바와 같이 "묘사적 연구는 사물이 실제적으로 어떠한가를 발견하고자 하는 것이며 규범성 연구는 주로 사물이 마땅히 어떠하여야 한다는 것 즉 무엇이 정확한 것이고 정의적인 것인가 혹은 도덕적으로 정확한 것인가에 대해 탐구한다."[22] 이는 만약 현대 학과 분야의 측면으로만 고찰한다면 "정치철학"은 하나의 독립적인 학과로 볼 수 있다. 한 것은 "정치학"이 혼잡한 "정치학설" 속에서 분리되어 과학적 방식으로 정치문제를 회답하려고 애쓰기 때문이다. 따라서 정치철학이 하나의 독립적 학과로 된 것은 정치학이 독립하는 과정에서 생긴 하나의 "부산물"에 지나지 않는다.

간단히 말하면 학과 구분의 의미에서 정치철학과 정치학의 구별은 주로 "무엇인가"와 "마땅히 무엇이어야 한다"는 두 가지 유형의 문제의 구분에 있다. 과학적 현대 정치학은 주로 사회의 정치 구성, 정치의 책임과 범위, 권력의 작동과정 등 경험적 문제를 탐구하는 것으로 핵심적 관심사는 현실 사회의 실제 구조, 정치 작동의 기술문제와 권력 행사의 구체적 과정이다. 정치 철학은 주로 사회 구성과 정치과정의 합법적 정당성이며 그 핵심적 관심사는 공중의 정치생활이 어떻게 되어 마땅히 이러하여야 하는 가하는 기본 이념이다.

물론 특별히 지적할 점은, 정치철학과 정치학의 구분은 다만 학과 분야의 의미에 있을 뿐이며 현실문제와 관련된 연구에서는 이들 간의 경계는 분명하지 않다는 것이다. 연구자 개인의 가치 선호와 가치 중립 간의 관계에 관한 막스 베버의 이론도 이와 비슷하다. 정치철학자는 확실히 가치 고찰을 하고 또한 가치 고찰은 서로 다른 정치철학가가 서로 다른 가치를 우선적 가치로 그들의 가치 선호를 반영한다. 그러나 철학가들이 서로 다른 우선적 가치 관점을 갖게 된 것은 이들이 우연하게 그 어떤 가치 선호를 갖게 된 것이 아니라 행복한 삶이란 무엇이고 어

---

22 [영국] 조나탄 울프, 〈정치철학도론〉, 왕토우, 조우룽화, 천런버 역, 지린출판그룹유한책임회사 2009년, 2쪽.

떻게 하여야 행복한 삶을 누릴 수 있는 가하는 문제에 대한 이해가 다르기 때문이다. 이런 이해는 경험적 인식과 갈라놓을 수 없으며 이 세계가 "어떠한 세계인가"하는 인지와도 연관되기에 이들의 사회정치생활에 대한 모든 인식을 기반으로 형성되었다고 할 수 있다. 말하자면 가치문제는 인지와 완전 격리될 수 있으며 도덕 논증은 도덕 영역에서만 그쳐서는 안 된다. 그렇지 않을 경우 도덕규범의 객관적 기초를 확립할 수 없다. 자본주의 정치학과 사회학에 대한 연구를 통하여 마르크스는 아래와 같은 것을 확신하게 되었다. 자본주의 사회의 개인 자유는 불평등을 기초로 하고 있기에 진정한 평등을 이루어야 비로소 진정한 자유를 누릴 수 있다. 로버트 노직Robert Nozick의 자유 가치에 관한 우선적 원칙도 그의 자본주의에 대한 인식을 기초로 형성되었다. 이들의 도덕적 판단은 주관과 임의로 이뤄지는 것이 아니라 그와 관련된 인지 기초 위에서 이뤄진다.

이 외에 또 존재론적 문제가 있다. 도덕규범을 위해 어떤 객관적 기초를 확립하느냐 하는 것은 사회에 관한 사실적 인지에 따라 좌우될 뿐만 아니라 인지와 가치의 객관적 기초란 무엇인가 하는 철학가의 이해에 따라 좌우된다. 초월적인 존재를 인지와 가치의 객관적 기초로 보느냐 아니면 감성적 실재를 객관적 기초로 보는가? 어떤 방식으로 이런 객관적 기초에 대한 이해와 설명을 갖게 되는가? 이런 문제는 판이한 철학관에 의해 좌우지되며 사람들이 갖고 있는 기본 철학관에 의해 좌우된다. 이런 문제는 당연히 철학가들이 토의하는 문제이지만 흔히 정치철학의 구체적 내용을 벗어나기에 일반적 철학문제에 속한다. 정치철학자들은 비록 이런 문제를 꼭 구체적으로 토의한다고 볼 수 없지만 최소한 이런 문제에 대해서는 윌러드 밴 오먼 콰인Willard Van Orman Quine이 말하는 "본체론적 승낙"이 있을 것이고 이를 통하여 견고 출발점을 마련하게 될 것이다. 아래에 정치철학과 윤리학의 분야에 대해 토의한 후

본 장의 마지막 절에서 진일보 이 문제를 토의하고자 한다. 말하자면 규범적 이론으로서의 정치철학의 가치 고찰은 최종적으로 제1철학과 상호 연관된다고 하겠다.

② 정치철학과 윤리학

정치철학과 윤리학이 해결해야 할 문제는 같은 문제 즉 가치문제이지만 이 양자는 서로 차이가 있다. 아리스토텔레스는 일찍 윤리학이 관심 갖는 것은 개인의 작은 선행이고 정치학(정치철학)이 주목하는 것은 도시 국가의 큰 선행이기에 정치학이 윤리학보다 상위에 있다고 하였다. 현대 영국 학자 제프리 토머스Geoffrey Thomas도 이와 비슷하게 구분하였다. "정치철학에서 흔한 관점의 하나가 바로 정치철학은 도덕 이론을 공공사무에 적용하는 것이라고 보는 것이다."[23] 토머스는 이런 도덕이론과 정치철학의 관계에 대한 관점은 헨리 시드윅Henry Sidgwick의 관념에 따른 것이라고 지적하였다. 헨리 시드윅은 "윤리학(도덕철학)의 목적은 개인이 마땅히 어떻게 하여야 하는 가에 따라 결정되지만 정치학(정치철학)은 국가 또는 정치사회의 정부가 마땅히 어떻게 하여야 하며 마땅히 어떻게 지속되어야 하는 가를 결정하고자 한다."[24] 고 주장하였다. 이런 논술을 통하여 가장 기본적인 구별은, 윤리학이 해결하는 문제는 개인 영역에서의 가치문제이고 정치철학이 해결하고자 하는 문제는 공공 영역의 가치문제임을 알 수 있다.

그러나 개인 영역의 가치와 공공 영역의 가치 그리고 일반 도덕과 정치 가치는 항상 상호 교차될 뿐만 아니라 상호 내포하고 있다. 존 보들리 롤스John Bordley Rawls는 자신의 정치철학의 토의를 위해 경계를 확정하

---

23 [영국] 제프리 토머스, 〈정치철학도론〉, 구수, 류쉐메이 역, 중국인민출판사 2006년, 37쪽.

24 [영국] 제프리 토머스, 〈정치철학도론〉, 구수, 류쉐메이 역, 중국인민출판사 2006년, 37쪽.

기 전에 이들의 관계에 대하여 아래와 같이 자세하게 설명하였다.

> 정치철학이 우리의 이성과 상식적 사고에 어떻게 적용되든 상관없이 이는 필경 도덕론설이 아니다. 도덕론과 종교 그리고 제1철학인 형이상학은 모두 같은 차원에 속한다. 반대로 자유의 정치 원칙과 정치 가치는 본질적으로 도덕 가치에 속하지만 이들은 정의의 정치 개념을 통하여 구체적 설명될 뿐만 아니라 정치 관념 부류에 속한다. 이런 정치 개념은 구체적으로 세 가지 기본 특징을 갖고 있다. 첫째, 이들은 원칙상 기본적 정치와 사회제도(사회 기본 구성)에 적용된다. 둘째, 이들은 그 어떤 유형의 완정한 논설에서도 독립적으로 표현된다. (물론 이들도 당연히 이런 논설의 합리적인 중첩적 공통 인식의 지지를 얻어야 한다.) 셋째, 이들은 헌정 정권에 은연중 내포된 공공정치문화 속에 도출될 수 있어야 한다.[25]

롤스의 이 논술은 정치철학이 윤리학과 비교된다는 연구 범위에 관한 정의라고 할 수 있다. 그는 우리에게 정치철학도 윤리학의 도덕론에 속하며, 정치철학이 자유, 평등 등 정치개념을 통하여 설명되는 논리 가치이기에 이는 일종 특수한 도덕론설이라는 것을 알려준다. 즉 이는 하나의 정치문제로 확정된 도덕론설이라는 것을 알 수 있다.

그렇다면 일반적 도덕론설이 어떻게 정치문제와 관련된 도덕론설로 되었가? 또는 일반적 도덕 가치가 어떻게 하나의 정치 가치로 되어 정치 철학 연구 문제로 되었는가? 이는 일반적 도덕철학과 정치철학 간의 차이를 이해하는 핵심이다.

---

25 [미국] 존 보들리 롤스, 〈공중 이성 관념에 대한 재 탐구〉, 시허싱 역, 하버드 옌징학사 산련서점 편 〈공공이성과 현대학술〉, 생활, 독서, 신지 산련서점 2000년, 12쪽.

> 공공 이성의 정치 가치와 기타 방면의 가치 간의 구별은 그들이 정치제도에서 체현될 뿐만 아니라 정치제도가 특유한 것으로……한 가치가 완정한 정치가치로 되자면 그가 대표하는 그 사회 형식social form 자체가 정치적인 것으로 될 때 비로소 이루어진다. 다시 말하면 사회 형식이 그 기본 구성의 일부분이 정치화를 실현하였을 때 아울러 이런 사회 형식의 정치와 사회 제도가 정치성적일 때 비로소 이루어진다.[26]

말하자면, 각종 사회 가치 가운데서 정치제도 시스템에 있는 가치 또는 이 시스템에 속하는 가치만이 비로소 정치가치로 되며 정치 철학이 관심을 가져야 할 가치문제에 속한다. 이를테면 자녀 교육의 문제는 원래 하나의 개인 영역의 도덕문제일 수 있지만 그것이 사회제도가 요구하는 미성년 보호와 관련된 법률제도와 연관될 때 공정, 권리 및 취약계층과 관련된 정치문제로 되어 공공 영역으로 들어와 하나의 정치 가치로 된다. 이때 이런 문제는 롤스가 말한 "부분적으로 정치화를 실현"한 것으로, 정치성을 구비하여 더는 개인 영역의 문제로만 되지 않는다. 어떤 사회에서는 하나의 사회 문제로서의 자녀 교육 문제가 이 사회의 법률 정치 제도와 연관되지 않으면 여전히 일반적 도덕문제로 되어 이 사회에서 정치가치가 있는 문제로 되지 않으며 이 사회의 정치철학이 관심을 갖는 범주에 속하지 않는다. 물론 이는 정치 영역과 개인 영역 간, 정치가치와 일반 도덕 가치 간에 한계가 분명하지 않고 상호 교차되며 끊임없이 전환됨을 제시해준다.

일반적 윤리학에서 정치철학으로, 개인 도덕에서 정치 가치로 된 것은 바로 도덕적 성찰에서 정치적 반성으로 전변된 것이다. 우리는 현실

---

26 [미국] 존 보들리 롤스, 〈공중 이성 관념에 대한 재 탐구〉, 시허싱 역, 하버드 옌징학사 산련서점 편 〈공공이성과 현대학술〉, 생활, 독서, 신지 산련서점 2000년, 13쪽.

생활에서 각종 도덕 문제와 부딪치게 되는데 이런 문제에는 상호 경쟁하는 관점과 입장이 존재한다. 우리는 항상 옳고 그른 것을 밝혀야 하며 공정한 것과 불공정한 것을 밝혀야 한다. 이런 문제에서 서로 다른 관점과 입장이 생기게 되며 이런 관점과 입장의 차이는 항상 논증 사고가 서로 다른 데서 생긴다. 이런 문제와 부딪쳤을 때 우리는 각종 부동한 관점과 입장을 반복적으로 판단해야 하며 이상적인 답을 찾아야 하는데 이 것이 바로 이른바 도덕적 성찰이다. 많은 경우, 이런 도덕적 반성은 정치적 성찰로 전환한다. 마이클 샌델Michael J. Sandel은 도덕적 반성은 "우리가 판단하는 것과 인정하는 원칙 사이에서 찾은 합의점에 있다. 이런 반성이 또한 어떻게 우리를 이끌어 공정과 도덕적 사실을 도출하는가?" "우리는 자기반성만으로는 공정한 의미와 가장 좋은 생활방식을 얻을 수 없다." 반드시 공공적인 문제에 대하여 반성해야 한다.[27] 우리가 마땅히 어떤 법률로 우리의 사회를 다스릴 것인가 하는 문제를 문의하고 사고하기 시작할 때 우리는 도덕적 반성에서 정치 성찰로 들어가게 된다. 이런 정치 성찰이 바로 이른바 정치철학이다. 이런 문제는 공정과 정의, 권리와 의무, 민주와 법제, 도덕과 법률 등을 포함한다. 이러한 것들에 대한 고찰은 모두 도덕적 성찰과 갈라놓을 수 없다. 이런 의미에서, 정치철학은 규범적인 것이며 도덕 철학의 한 형식이라고 할 수 있다. 정치 반성은 도덕 반성의 연장선이고 심지어 직접 도덕 성찰의 한 형식으로 되기 때문이다.

현대 사회에서 정치 가치는 날로 그 중요성을 나타내고 있다. 이는 정치 가치에 관한 연구가 도덕 철학의 연구에서 날로 중요한 자리를 차지하고 있음을 말해 주며 심지어 점차 도덕 철학의 핵심으로 자리 잡

---

27 [미국] 마이클 샌델, 〈공정: 어떻게 해야 하가?〉, 주후이링 역, 중신출판사 2011년, 31쪽.

고 있음을 말해 준다. 이 또한 정치 철학이 윤리학 연구에서 분리되어 나와 하나의 독립적 영역으로 된 중요한 원인이기도 하다. 누군가 이를 "윤리학의 정치철학으로의 전향"이라고 하였다. 이런 전향이 생기게 된 기본적 원인은 현대 사회가 복잡한 "낯선 사람들의 사회"로 되어 날로 법률의 한계적 윤리로 도덕 문제를 해결해야 하는데 있다. 전통 사회에서 사람들은 주로 특정 혈연과 지연에 국한된 봉폐 공동체에서 생활하였다. 페르디난트 퇴니에스Ferdinand Tonnies의 말로 말한다면 이런 생활은 "공동 경력과 정감에 대한 기억에 기초한 것으로 항상 일반적 도덕규범에 의해 조율하고 정치와 법률에 호소하는 방식으로 해결할 필요가 없다."[28] 현대 사회는 시민사회와 공동영역이 충분히 발전한 사회로서 이런 사회에서 공동생활 속에서 형성된 기억과 정감은 사람들의 공동 의지를 응집하는데 역할을 발휘하기 매우 어렵다. 비정치적 도덕이 사회생활에 대한 조율 역할이 날로 미약해짐과 동시에 이와 상대적으로 공공 이성을 기초로 한 사회 단결은 사회 공동 의지를 응집하는 과정에서 핵심 역할을 한다. 법률을 기초로 한 한계적 윤리의 사회생활에 대한 조율이 날로 중요해지고 있다. 바로 이런 사회 배경 속에서 정치철학이 대표하는 정치 성찰의 중요성이 날로 커가고 있다.

물론 정치철학과 정치학의 구분이든 정치철학과 윤리학의 구분이든 모두 학과 분야 의미에서의 이론적 구분에 지나지 않는다. 이들의 구분에 대해 해석하는 목적은 이들 간의 차이점을 더욱더 잘 파악하고 이런 차이점을 통하여 정치철학의 특징을 보다 잘 이해하려는 데 있을 뿐이다. 결코 이런 분리방법으로 이 상호 연관적 학과를 격리시키거나 이들 간의 상호 교차와 교환을 반대하고자 하는 것은 아니다. 사실상 정치철

28 [독일] 페르디난트 퇴니에스, 〈공동체 사회: 순수 사회학의 기본 개념〉, 린융우앤 역, 상무인서관 1999년, 58-94쪽.

학이 하나의 독립적 현대 학과로 이미 사람들의 광범위한 인증을 받았다고 하더라도 정치철학인들은 각종 정치 문제를 토의할 때에 종래로 학과의 울타리에 국한되어 단순하고 순수한 철학적 성찰을 하지 않는다. 당대 사회 정치 생활 속의 중대한 문제로부터 출발하여 각종 방법을 종합적으로 운용함과 동시에 철학적 성찰을 이런 토의에 적용하여 문제를 제출하고 규명하고 그 해결 방안을 제시한다.

③ 정치철학과 제1철학

정치철학은 정치 사물의 가치와 정치 활동의 마땅한 규범에 관심을 갖고 있는 동시에 정치 사물과 정치 활동의 내재적 본질에 대해서도 관심을 갖고 있다. 정치철학은 주로 공정, 평등, 정의, 자유, 민주 등 기본 사회가치에 대한 연구를 통하여 정치 평가의 기본 규범을 파악한다. 이는 정치 사물의 근본적 특징에 대해 성찰하고 그 내재적 본질을 파악할 것을 요한다. 규범적 활동의 핵심은 "마땅한 것이란 무엇인가?"하는 문제이다. 이는 정치 사물의 가치론에 대한 정치철학의 연구는 인류가 마땅히 어떻게 생활해야 하는 가는 문제 또는 인류 생활의 윤리 목표에 대한 철학적 캐물음임을 의미한다. 이런 캐물음은 정치 사물의 가치와 정치 활동의 마땅한 규범과 연관되어 있고 정치 사물과 정치 활동의 내재적 본질과도 연관되어 있다. 사물 정치, 정치 활동의 근본 특징과 내재적 본질에 대한 캐물음이든 인류 생활 윤리 목표와 정치 사물, 정치 활동의 당연한 규범에 대한 캐물음이든 모두 제1철학의 궁극적 캐물음에 속한다. 이는 정치철학과 제1철학 간의 관계 문제가 형성되게 한다.

정치 사물의 내재적 본질과 당연한 규범에 대한 정치철학의 연구는 내재적 통일을 이루고 있다. 인류 생활 윤리 목표에 대한 정치철학의 캐물음은 구체적 가치와 연관될 뿐만 아니라 최종적으로 인류 생활의 궁극적 가치를 지향하게 된다. 사람은 정치 생활 속에서만 비로소 행복을 얻을 수 있지만 인류 생활의 궁극적 가치의 성찰은 정치 사물의 내재적 본질의 반성을 통하여서만이 얻을 수 있다. 정치 사물의 내재적 본질에 관한 고찰을 떠나서는 정치의 궁극적 가치를 파악할 수 없으며 인류의 궁극적 가치의 성찰을 떠나서는 정치의 내재적 본질을 파악할 수 없다. 이는 정치 사물의 규범성에 관한 정치철학의 연구는 최종적으로 정시 사물의 내재성과 당연한 가치에 대한 이중적 궁극적 캐물음의 학문에서 이뤄진다. 정치 사물의 내재적 본질에 대한 궁극적 캐물음은 정치철학의 본체론이며 정치 사물의 당연한 가치에 대한 궁극적 캐물음은 정치철학의 가치론이다. 이 양자의 내재적 통일에 대한 문제는 마찬가지로 제1철학의 범주에 속한다.

철학의 발전이 현대에 들어서기 전, 하나의 학술 전통으로서의 정치철학은 시종 본체론과 가치론의 궁극적 캐물음과 연관되어 있었다. 말하자면 정치철학의 탐색은 처음부터 제1철학과 상호 연관되어있었다. 셸던 월린Sheldon Wolin은 고금의 정치철학인들의 연구 작업의 공통점을 비교 연구하여 정치철학과 제1철학 간의 이와 같은 연관성을 발견하였다.

> 폴라톤이 개인의 선한 삶의 본성에 대한 탐구가 선한 공동체의 본성에 대한 탐구 (평행하는 것이 아니라) 수렴하면서 필연적으로 연관되어 있다고 처음 인지한 이래, 정치철학과 철학 일반 사이에는 긴밀하고 지속적인 연관이 존재해 왔다. 뛰어난 철학자들은 대부분 정치사상의 본체에 풍성하게 이바지해 왔을 뿐만 아니라 정치 이론가들에게 많은 분석 방법과 판단 기준을 제공해 왔다. 역사적으로 철학과 정치철학의 주된 차이는 방법이나 성향의 문제라기보다는 전문화의 문제였다. 이런 연계

덕분에 정치 이론가들은 체계적인 지식에 대한 철학자들의 근원적인 추구를 자신의 일로 받아들였다.[29]

플라톤이 〈국가〉와 〈티마이오스〉 간에 관련 연구를 진행한 것은 바로 정치철학과 제1철학 간에 긴밀한 내재적 관련이 존재함을 보여준 좋은 사례로 된다. 〈국가〉는 주로 어떤 것이 가장 좋은 사회 구성 형식인가를 탐구하였는데 이는 전형적인 정치철학 사고이고 〈티마이오스〉는 주로 우주론 문제를 탐구하였는데 이는 전형적인 제1철학 사고이다. 그러나 〈티마이오스〉의 서두에서 플라톤은 우선 〈국가〉 속의 논제에 대해 회고하였다. 플라톤은 무엇 때문에 이렇게 하였는가? 그는 무엇 때문에 우주론 문제를 토의할 때 먼저 정치철학부터 논의하였는가? 그는 이 양자 간의 관련성 문제를 어떻게 이해하였는가? 이에 대해 린궈지林国基는 이렇게 분석하였다.

〈티마이오스〉는 가장 신학적인 대화로서 〈국가〉에서 기술한 "정의"라는 이 최고의 정치철학 원칙에 대한 신학적 보충과 논증으로 된다. 다시 말하면 각 사회 계층이 각자 소임을 다하면서 공동으로 하나의 조화롭고 총체적 질서가 잡힌 당위성을 구성하고 일종의 신적인 목적과 기획으로까지 소급하여 우주론을 증명하였다.[30]

린궈지는 이어 프랜시스 콘퍼드F.M.cornford의 분석을 아래와 같이 인용하였다.

---

29 [미국] 셸던 월린, 〈정치와 비전: 서구 정치사상에서의 지속과 혁신〉, 신형부 역, 상하이인민출판사 2009년, 4쪽.

30 린궈지, 〈신의론 담론에서의 사회계약론 전통〉, 몽몽 주편, 〈계시와 이성--철학문제: 회기와 전향?〉 참조, 중국사회과학출판사 2001년, 129쪽.

깊이 관찰해 보면 우리는 이 우주론 서두의 주요 목적은 이상국가 속에서의 외재된 덕성과 우주의 총체적 구성을 연계시키는 것이다. 〈국가〉는 국가와 개인 영혼 간의 구조적 유추에 진력하였다. 플라톤은 개인적인 것과 사회적인 인류 생활의 개념을 하나의 의심할 여지가 없는 우주 질서의 기초위에 건립하고자 하였다. 대우주와 소우주의 유추가 전체 대화를 관통하였다.[31]

플라톤에게 있어서 개인의 아름다운 생활은 정치생활을 통하여서만 이 이루어지기에 오직 도시국가 정치생활의 철학 사고만이 개인 행복에 대해 궁극적으로 이해하게 된다. 아울러 정치생활이 요구하는 조화로운 질서와 우주 자연이 구비하고 있는 조화로운 질서 간은 내재적으로 일치하며 도시국가 정의는 곧 우주 질서이며 그들은 하나의 동일한 법칙을 따른다. 이는 도시국가 정의에 관한 철학사고와 우주질서에 관한 철학사고는 동일한 사고이며 정치철학은 곧 제1철학이라는 것을 의미한다. 다시 말하면 정치철학은 제1철학에서 "파생되어 나온 것"이 아니고 제1철학에 "포함된 것"도 아니며 철학의 낮은 차원의 서열 속에서 "분리되어 나온 것"도 아닌 그 자체가 바로 제1철학의 형식으로 존재한다는 것이다. 레오 스트라우스Leo Strauss는 정치철학과 제1철학 간의 관계에 대해 보다 구체적으로 해석하였다. "정치철학은 보통의 정치사상과 다르다. 정치사상과 정치생활은 동시 발생적이지만 정치철학은 문자기록이 있는 역사에서의 특수한 정치생활 즉 고대 그리스의 정치생활이다. 전통적인 관점에서 볼 때 아테네 사람 소크라테스는 정치철학

31 Cornford F.M, Plato's Cosmology, London: Kegan Paul, 1937, p.6, 린궈지, 〈신의론 담론에서의 사회계약론 전통〉, 몽몽 주편, 〈계시와 이성--철학문제: 회기와 전향?〉 참조, 중국사회과학출판사 2001년, 128-129쪽 재인용.

의 창시인이다."[32] 레오 스트라우스는 이어 이렇게 해석하였다. 소크라테스 그 이전의 철학 주제는 우주론으로 탐구의 대상이 "자연"이기에 철학자들을 "자연을 논하는 사람"이라고 하였다. 소크라테스는 철학을 정치철학으로 전향시켜 탐구의 대상을 우주론으로부터 인류 사무로 전향하였다. 인류사무(예하면 법률)는 "약정"이지 "자연"이 아니었다.

이와 같은 레오 스트라우스의 해석에서 제일 관건적인 두 개의 개념은 "자연"과 "약정"이다. 표면적으로, 소크라테스의 정치철학은 그 이전의 철학과 다르다. 철학연구의 기본 문제를 변화시켰기 때문이다. 그러나 실제로, 소크라테스가 창립한 정치철학과 그 이전의 철학 간에는 내재적 일치성을 갖고 있다. "자연"과 "약정" 은 결코 완전 판이하게 분립된 것이 아니라 내재적으로 일치하게 때문이다. 이런 내재적 일치성은 두 가지 측면에서 나타난다. 첫째, "자연"이 "약정"보다 먼저이고 "약정"의 근거는 "자연"이다. 즉 사람들은 "자연"에 따라 "약정"을 한다. 둘째, "자연"을 "자연"으로 이해하여서는 안 된다. "자연"은 반드시 "발견"되게 되어있다. "자연"은 원래부터 "약정"에 의하여 약정인들의 자연으로 된 것이다. 즉 사람들의 자연인 것이다. 다시 말하면 오직 사람들의 "약정"으로만 "자연"을 이해할 수 있다. "약정"의 근거는 "자연"이기에 자연은 약정법 위에 있고 법률적 약정은 자연의 근거까지 소급되어야 한다. 동시에 "자연"은 반드시 "약정"을 통하여 발견되어야 하는데 이는 약정법을 통하여서만이 자연법을 이해할 수 있음을 말해준다.

레오 스트라우스는 이렇게 말하였다.

32 [미국] 레오 스트라우스, 〈정치철학사(상)〉, 리텐란 등 역, 허베이인민출판사 1993년, 1쪽.

소크라테스는 선인들 보다 더 진지하게 "자연"의 본의를 탐구하였다. 그는 "자연"이 "형식" 또는 "이념"보다 우선이라고 생각하였다. 만일 진짜 이러하다면 그는 자연사물에 대한 연구를 완전 포기하지 않고 자연사물에 대한 새로운 연구를 개시하였다. 이런 연구에서 예하면 정의의 자연 또는 이념, 혹은 자연의 정의 그리고 사람 또는 사람 영혼의 자연은 태양의 자연과 같은 자연 보다 더 중요하다.[33]

소크라테스가 자연 연구를 포기하고 정치철학 연구로 전향한 것은 자연 사물에 대한 새로운 연구를 창립한 것으로 된다. 이는 정치철학이 처음부터 제1철학과 밀접하고 불가분한 연관이 있고 처음부터 철학의 한 부분이나 아류가 아니라 제1철학 자체임을 의미한다. 한 면으로, 정치철학은 우주론으로부터 전환해 온 만큼 그 연구는 "인류사무"이지 "자연" (우주론의 연구 대상)과 연관 없는 사무가 아니다. 다른 한 면으로, 제1철학은 "자연"을 연구하지만 직접적으로 "자연"을 발견, 이해할 수 없다. 오직 인류 사무를 연구하는 정치철학을 통하여서만이 실제로 발견, 이해할 수 있으며 조기 우주론이 이루지 못한 목표에 달할 수 있다.[34] 이는 정치철학이 실제로 제1철학의 전개와 발전이며 심지어 보다 더 높은 차원의 제1철학임을 의미한다.

레오 스트라우스는 복고주의자이지만 그의 분석은 정치철학과 제1철학의 관계를 깊이 있게 제시하였을 뿐만 아니라 현대성의 근원도 깊이 있게 제시하였다. 앞의 한 면에서[35] 레오 스트라우스는 이렇게 제시

33 [미국] 레오 스트라우스, 〈정치철학사(상)〉, 리텐란 등 역, 허베이인민출판사 1993년, 5쪽.

34 [미국] 레오 스트라우스, 〈정치철학사(상)〉, 리텐란 등 역, 허베이인민출판사 1993년, 서언.

35 "앞의 한 면으로부터"는 위에서 기술한 "한 면으로", "뒤의 한 면으로부터"는 위에서

하였다. 정치철학이 그 자신의 이론을 위해 보다 깊이 있는 근거를 찾으려면 반드시 제1철학 영역을 언급해야 한다. 즉, 규범적 문제는 반드시 가치규범의 궁극적 근거에 대하여 캐물어야 하며 이런 캐물음은 궁극적으로 인식론과 존재론 문제를 언급해야 한다. 우리는 이런 캐물음을 차치할 수 있지만 정치철학으로서는 이런 캐물음은 시종 존재한다. 문제가 시종 존재하기 때문이다. 당대 정치철학에서, 정치 정의 연구에서의 진리 문제 언급 여부에 대한의존 롤스John Rawls와 위르겐 하버마스Jurgen Habermas간의 논쟁은 이런 차치된 문제가 항상 "사라지지 않은 망령"임을 말해 준다. 뒤의 다른 한 면에서 레오 스트라우스는 이렇게 제시하였다. 서양의 현대성 이행 과정에서 과학주의, 도구적 이성, 관료정치의 발전 및 이러한 것들이 초래한 인류 생존 문제의 부각은 모두 마르틴 하이데거Martin Heidegger의 이른바 인간존재의 "무관심"과 연관된다. 이런 "무관심"의 가장 직접적인 체현이 바로 이성의 운용을 도구적인 것으로 절하시켜 인간으로서의 본래의 자기를 잊고 인간이 어떻게 인간 생활을 할 수 있는가 하는 근본을 잊게 하는 것이다. 레오 스트라우스는 이러한 문제는 모두 소크라테스의 지혜로 돌아가 정치철학으로서의 제1철학의 캐물음을 통하여야만 이해할 수 있다고 보았다.

여기서 우리는 레오 스트라우스가 정치철학과 제1철학이 서로 다른 것이 아니라 정치철학이 곧 제1철학이며 따라서 이런 "무관심"을 극복할 수 있는 근본적 방법은 바로 정치철학의 방식으로 제1철학의 캐물음을 통하여 얻을 수 있다고 한 점을 유의해야 한다. 레오 스트라우스의 제자 하인리히 마이어Heinrich Maier의 정치철학과 제1철학의 관계에 대한 해석이 보다 대표적일 수도 있다.

기술한 "다른 한 면으로"을 말함.

철학은 "문화나라"의 "속주"가 아니다. 그 자연 의미에 따라 철학은 하나의 생활 방식 자체이다. 마찬가지로 정치철학도 철학 분야의 한 부분이 아니라 철학 탐구와 그 관심의 전향을 대표하며 일종의 교체로서 총체적 의미에서 철학의 모든 품성을 변화시켰다. 정치철학은 철학 생활을 심화시키고 풍부하게 할 수 있다. 자아 지식이 생활 자체를 심화시키고 풍부하게 할 수 있기 때문이다. 정치철학은 철학 전체를 새롭게 조명받게 하였다.[36]

"자연"에 대한 관심에서부터 "자아"에 대한 관심으로 바꾼 것은 소크라테스가 철학의 전향을 가동한 것이라고 할 수 있다. 직접적으로 "자연"에 관심을 가진 우주론에 비해 정치철학은 "약정"을 통하여 "자아"를 관심하였는데 이로 인하여 "철학의 모든 품성을 변화시키고" "철학 전체를 새롭게 조명받게 하였다." 다시 말하면, 소크라테스 이 후의 정치철학은 인간의 생존이라는 근본적 철학문제를 깊이 있게 제시하고 인간의 생존 문제에 대한 제시를 통하여 그 전의 우주론이 달할 수 없는 새로운 경지에 달하였다. 그러나 현대 철학은 다시 나타난 언어학의 전향에 대해서는 이 학술적 전통을 없애버리려고 시도하고 철학은 언어분석에만 관심을 가질 것을 요구하면서 이런 캐물음은 철학 연구에서 배제시켰다. 20세기 전반기에 들어와 철학의 이런 언어학 전향은 두 갈래로 나뉘어 발전하였다. 하나는 영국 미국 언어분석 철학의 과학주의이고 다른 하나는 유럽 대륙 언어철학의 휴머니즘이다. 이들은 철학이 언어문제를 철학의 기본문제로 삼고 형이상학적 토의 방식에서 벗어나 언어를 중심으로 세계의 의미 전체를 구축할 것을 요하였다.

---

36 [독일] 하인리히 마이어, 〈무엇 때문에 정치철학인가? --또는 하나의 문제에 대한 회답: 철학은 무엇 때문에 정치로 전향하려 하는가?〉, 몽몽 주편, 〈계시와 이성--철학문제: 회기와 전향?〉 참조, 중국사회과학출판사 2001년, 25-26쪽.

이와 같은 철학의 현대적 전향은 윤리학에서 체현되었다. 즉 이른바 규범적 윤리학의 "메타 윤리학meta-ethics이 나타나 정치철학연구에 직접적으로 영향을 미쳤다. 신실증주의로부터 생긴 윤리학은 도덕 언어와 그것이 전하고자 하는 내용을 분리시켜 도덕신념과 원칙체계가 "중립"을 지킬 것을 요하며 도덕 연구를 도덕 언어를 분석하는 논리로 정의하고 도덕 술어 및 판단의미를 해석하였다. 말하자면, 윤리학을 단지 논리와 언어분석의 방법으로 도덕 개념과 판단의 성격과 의미를 연구하고 윤리 어휘, 구절의 기능과 용법을 연구하는 이론으로만 보았다.

구체적으로 정치철학을 연구할 때, 이른바 "분석적 정치철학analytic political philosophy"이 나타났다. 이 "분석적 정치철학"은 분석철학과 메타 윤리학을 기반으로 정치철학을 이해하고 본질적으로 고전정치철학의 방식으로 정치문제를 토의하는 합법성을 부정한다. 정치철학은 오직 언어와 논리의 분석을 통하여서만이 정치 이론의 개념 용법과 의미를 밝힐 수 있을 뿐 기타는 모두 불가능하다고 보기 때문이다. 이렇게 되면 분석의 정치철학은 철학을 현실생활과 무관한 언어와 논리의 분석 활동으로 보게 된다. 철학은 현실 생활에 관여하지 말아야 하며 현실 생활에 대하여 실질적 가치판단을 하지 말아야 하기에 "규범적 정치철학normative political philosophy과 뚜렷하게 대조를 이룬다.

메타 윤리학과 분석적 정치철학의 출현과 발전은 분석철학의 성공을 과시하였다. 분석철학이 그 역할을 제일 적합하지 않는 영역까지 확장되었음을 명시하기 때문이다. 어쩌면 이 정복하기 어려운 영역에서 이런 성공을 거두었기 때문에 분석철학 자체의 문제가 드러났다고도 할 수 있다. 20세기 후반기 존 롤스의 〈정의론〉 출판을 징표로 규범적 정치철학이 부흥하고 점차 철학에서의 현학으로 되었다. 이는 메타 윤리학과 분석적 정치철학에 대한 충격으로 될 뿐만 아니라 전체 분석철학에 대한 충격으로도 된다. 이는 "철학이 현실생활에 참여하지 말아야 하며 현실생활에 대하여 실질적 가치판단을 하지 말아야 한다"는 철학 관념이 질의를 받게 하였다. 특히 유의해야 할 것은 이는 전체 철학 영역에서 일어난 전환이고 단지 정치철학 영역에서만 일어난 것이 아니라는 점이다.

여기서 알 수 있다시피 전체 철학영역에서의 이런 전환과 정치철학의 현대 부흥은 아주 중요한 연관성이 있고 정치철학이 이런 역할을 할 수 있는 것은 그 자신의 특수성과 연관되어 있다. 정치철학이 탐구하는 문제의 성격은 단지 논리적 또는 언어의 분석을 통하여서만은 이 문제에 대한 이해를 얻을 수 없으며 항상 이성적 사변 내지 도덕 직감을 호소하여 인간의 존재 문제 자체를 직면하도록 한다. 현대 정치철학사학가 윌 킴리카Wilkinska는 이 문제를 담론할 때 이렇게 말하였다.

> 어떤 사람들은 정치 추리란 도덕 평등의 공인을 전제로 출발하여 특수한 원칙을 정확하게 변화 발전시키는 것이라고 이해할 것이다. 따라서 정치 논증의 주요 임무는 바로 그런 착오적 변화 발전을 해석하는 것이다. 그러나 정치학은 논리학이 아닌 만큼 오로지 논리의 변화 발전 속에서만 그 결론이 비로소 완전히 전제 속에 포함되게 된다.[37]
>
> 정치 변론을 논리 논증으로 되게 하는 것은 이 사업의 성격을 오해한데 불과하다.[38]
>
> 문제의 본질은 어떤 형식의 평등한 대우가 평등한 대우의 정수를 제일 잘 파악하였는가에 있다. 이 것은 결코 논리 문제가 아니라 도덕 문제이다. 이 문제의 답은 도대체 무엇이 인생이고 어떤 것이 인간의 이익interests에 속하는 가하는 복잡한 문제를 어떻게 답하는가에 달려 있다.

---

37 [캐나다] 윌 킴리카, 〈현대 정치철학(상)〉, 류선 역, 상하이산련서점 2004년, 84쪽.

38 [캐나다] 윌 킴리카, 〈현대 정치철학(상)〉, 류선 역, 상하이산련서점 2004년, 84쪽.

어떤 구체적 형식의 평등한 대우가 평등한 대우의 정수를 제일 잘 파악하였는가 하는 문제를 확정하려면 우리는 논리적 변화 발전에 능숙한 논리학자만을 필요로 하는 것이 아니다. 우리는 인생을 깊이 이해할 수 있고 인간은 무엇 때문에 존중과 관심을 받아야 하는 가를 알고 있으며 어떤 행위가 이런 존중과 관심을 제일 잘 구현하는 가를 알고 있는 사람을 필요로 한다.[39]

"인생이란 무엇인가?", "인간은 무엇 때문에 존중과 관심을 받아야 하는가"하는 문제는 규범적 문제를 답할 때 반드시 답해야 할 문제이며 제1철학과 관련된 문제이기도 하다. 따라서 정치철학은 정치사물과 관련된 규범적 이론인 동시에 정치사물의 본체론과 관련된 학문이라고 할 수 있다. 과학적 정치학은 이런 문제를 차치할 수는 있지만 이런 문제의 합법성을 부정할 수는 없다.

여기서 반드시 짚고 가야 할 점은 정치철학의 설명 방식의 특수성과 철학의 반성 특징에 관한 설명이다. 정치철학의 설명 방식의 특수성은 그와 정치학 설명 방식의 차이점에 두드러지게 나타나는데 이런 차이점은 철학언어와 과학언어간의 차이로 나타난다. 비록 언어철학은 전통철학의 정치사물 본질과 마땅한 규범에 관한 본체론적 캐물음 방식을 해소하려고 하지만 그 문제 자체를 해소할 수 없다. 언어철학에서의 현대 철학의 독특한 발전으로 인하여 정치철학과 정치학의 구분은 실제로 설명 방식에서의 차이를 통하여 더 많이 나타난다. 바꾸어 말하면 현대 철학이 본체론 문제를 언어 문제로 전환하였기에 정치사물의 내재적 본질과 마땅한 가치에 대한 정치철학의 탐구는 정치사물의 내재적 본질과 마땅한 가치의 가언적 특징 즉 언어문제를 통하여 부각해야

39 [캐나다] 윌 킴리카, 〈현대 정치철학(상)〉, 류선 역, 상하이산련서점 2004년, 85쪽.

한다. 이로부터 논하자면, 만약 다만 차치하였을 뿐 본체론 문제의 존재를 부정하지 않는다면 언어철학도 여전히 정치철학의 토의에서 역할을 발휘할 수 있다. 정치철학과 정치학은 비록 모두 인류의 정치생활을 설명 대상으로 하는 정치담론이지만 과학으로서의 정치학과 비교할 때 정치철학은 그 설명 대상의 특수성으로 인하여 하나의 특수한 담론 방식으로 된다.[40] 정치 사물의 내재적 본질과 마땅한 가치는 결코 경험할 수 있는 사실이 아니다. "내재적 본질"이든 "마땅한 가치"이든 모두 비경험적인 존재이기 때문에 비록 우리에 의해 담론될 수 있지만 우리의 경험 이성에 의해 파악되지는 않는다. 따라서 이들에 대한 설명은 경험과 사실에 대한 묘사와 다르다. 이들에게 있어서 "보다"는 것은 하나의 사상 은유에 불과하고 "말하다"는 것은 하나의 사상의 사事에 불과할 뿐 결코 사실과 연관되는 경험과 직접 대응되는 것이 아니다. 이들은 정치사물의 총체적, 궁극적 존재와 상호 연관되는 사상 성상에 불과하며 경험할 수 있는 사실일 수 없다. 경험적 이성을 기반으로 하는 현대 과학의 설명 방식에서 이들은 인류가 설명하려는 대상으로 설명될 수 없는 신비한 것이다. 정치철학에서 현대 철학은 반드시 경험고학의 설명방식을 돌파해야만 진정으로 발전을 가져올 수 있다. 물론 이는 현대 철학이 전통정치철학의 설명방식으로 돌아가거나 지속해야 한다는 것은 아니라 반드시 정치사물의 내재적 본질 및 정치활동의 당연한 규범적 설명 방식과 경험 사물에 관한 설명방식을 구분하여 그 독특한 대상에 적응해야 함을 의미한다.

사상활동의 형식으로 말하면, 철학의 현대 전환과 분화는 우리가 위

---

40 아리스토텔레스가 정치문제를 연구하는 모든 학문을 통털어 "정치과학"이라고 칭하였지만 현대 담론에서 정치철학은 더는 이 "계관"을 향유하지 못하고 있다. 따라서 여기서 말하는 "과학으로서의 정치학"은 현대 지식 분류학의 의미에서 사용하는 것이다.

에서 논의한 정치철학과 제1철학 간의 내재적 일치관계를 변화시키지는 못하고 새로운 방식으로 이런 관계를 체현하였을 뿐이기에 여전히 철학의 성찰적 활동에 속한다. 현대철학은 철학의 방식으로 정치사물의 내재적 본질과 정치활동의 당연한 규범을 설명하며 자신을 경험 묘사와 구별되는 성찰적 활동으로 되게 한다. 우리가 흔히 철학을 성찰적 이론 활동으로 보는데 이른바 성찰은 “생각”에 대한 생각이기에 철학이 연구하는 것은 “생각”의 조건과 의미이다. 이른바 조건은 바로 어떻게 하여야 합리적으로 생각하고 또 합리적 생각은 어떤 조건하에서 가능한 가하는 것이다. 구체적 과학은 생각의 조건을 관심하지 않고 생각의 대상 및 생각과 그 대상 간의 일치성을 관심할 뿐이다. 어떤 사상이든 구체적 사상을 초월한 생각을 생각의 조건으로 한다면 이는 철학의 생각이며 정치의 생각에 관련된 것도 이와 마찬가지이다. 생각의 의미란 바로 무엇 때문에 생각하는가 하는 것이며 생각은 무엇 때문에 필요한 것인가 하는 것으로 이는 궁극적으로 하나의 가치 캐물음으로 된다. 구체적 경험적 과학은 생각의 필요성에 관심이 없고 생각의 정확성과 유효성에만 관심을 갖기에 생각의 가치를 관심할 필요가 없다. 그 어떤 사상이든 오로지 구체적 생각 자체를 생각하는 필요성을 초월한다면 철학적 생각으로 된다. 생각의 조건을 생각한다면 곧 생각의 가능성의 본체론에 대한 캐물음이 되며 생각의 의미를 생각하면 곧 생각의 당연한 목적에 관한 가치적 평가로 된다.

생각의 조건과 생각의 의미는 모두 철학적 캐물음이다. 이런 캐물음은 구체적 사실경험을 대상으로 하지 않고 구체적 지식이 생기지 않으며 사고의 조건을 제한하고 사고의 방향을 리드할 뿐이다. 이렇게 언어학으로의 전환 이후의 정치철학의 생각을 이해하여야만 비로소 현대 정치철학과 전통정치 철학의 일치성과 통일성을 파악할 수 있으며 비로소 현대 정치철학이 모종 의미에서 여전히 전통정치철학과 함께 “정치철학"으로 불리는 것에 대해 이해할 수 있다. 그렇지 않으면 우리는 연관적 의미에서 "정치철학"이라고 하는 철학 연구 영역을 고찰할 수 없게 된다.

이와 같은 이해에 기초하여 우리는 현대 지식 체계에서의 정치철학의 역할과 가치에 대해 명확하게 알 수 있고 정치학과 구분되는 정치철학의 이론 임무를 분명히 이해할 수 있으며 나아가 현대 정치철학과 제1철학의 내재적 친밀 관계를 한층 더 깊이 이해할 수 있다.

기왕에 정치철학이 현실의 정치사물을 직접 연구하지 않고 정치사고에 대해 성찰하고 정치이론의 기본 이념, 규범적 준칙이 성립될 수 있는 조건 및 그 가치에 대한 재 사고라면 즉, 정치 생각의 조건과 의미에 대한 성찰이라면 현대 정치철학의 한 임무는 바로 정치이론에서의 관련 범주, 이념과 준칙이 확립된 기초와 전제를 명확히 해야 한다. 이 것은 현대 정치철학이 해야 할 하나의 중요한 과업으로서 정치학으로서는 완수할 수 없다. 이는 분석철학, 언어철학의 발전을 정치철학의 개척으로 보는 중요한 문제역으로 된다. 이를 테면, 영국과 미국의 언어철학을 기반으로 하는 정치철학의 임무는 정치학의 언어에 대해 분석을 통하여 정치학의 연구로 하여금 하나의 합리적인 기초위에서 진행될 수 있게 하는 것이다. 이는 정치학처럼 정치 행위 자체를 연구하는 것이 아니라 이런 행위를 연구하는 정치학에 기초를 마련해주기 위해서이다. 만약 이런 방식으로 언어분석의 정치문제를 연구하고 동시에 만약 이런 언어와 논리의 분석을 정치철학연구의 모든 내용으로 하고 이런 연구 방식으로 기타 연구 방식을 배제하지 않는다면 언어철학과 분석철학은 정치철학연구에서 중요한 역할을 하게 될 것이다. 존 롤스의 정치철학이 바로 이런 방식으로 정치철학을 연구한 모범으로 된다.

정치철학은 실질적 문제를 배제할 수 없다. 정치이론의 의미를 성찰하는 것은 바로 미리 설정한 인류생활의 마땅한 목표를 기준으로 하여 서로 다른 정치이념과 그 기초위에 설립된 정치제도의 좋고 나쁨 및 선과 악, 정의와 비정의 등을 평가하고 이러한 것들이 문명한 인류 생활에서 갖는 가치를 평가하는 것이다. 레오 스트라우스, 위르겐 하버마스, 존 롤스, 로널드 드워킨Ronald Dworkin 등 현대 정치철학인들은 비록 철학관에서 차이가 있지만 모두 이런 실질적 문제를 깊은 관심을 쏟았다. 이들이 보다 더 주목한 것은 이런 문제에 대한 탐구 자체이지 어떤 방식을 취할 것인가가 아니다. 이들이 정치문제에 관한 철학 논쟁에서 각종 방법을 종합적으로 활용한 것은 정치철학의 지속성을 체현하였을 뿐만 아니라 정치철학의 발전을 체현하였다. 철학의 언어학적 전환은 이런 문제들이 소실되게 하지 않으며 이런 문제에 대한 철학적 성찰이 소실되게 하지 않는다. 이런 문제들이 보다 많은 성찰의 방법이 생기게 할 뿐이다.

바꾸어 말하면, 정치철학의 사고방식은 시대의 변화에 따라 변화하며 현대 언어철학, 분석철학의 발전을 기반으로 정치철학은 고전 정치철학과 다른 특징을 보여주고 있는데 이런 변화는 정치철학 사고방식의 진보이다. 예하면, 정치철학에서의 근본 문제의 하나인 "정치란 무엇인가" 하는 문제에 대한 캐물음은 그 어느 시대의 정치철학가든 모두 답해야 할 문제이다. 그러나 정치란 무엇인가를 캐묻는 데는 캐물음 방식의 문제가 있다. 즉 이 문제를 파고드는 방법의 문제이다. 이런 방식과 방법은 시대가 다름에 따라 다르다. 고대에 이 문제는 직접 담론할 수 있는 본체론 문제였지만 현대에는 전통적 형이상학이 이미 지속적이고 설득력 있는 비평을 받았기에 철학가들은 더 이상 직접적 태도를 취하지 않을 뿐만 아니라 이를 직접적 대상으로 삼지 않고 언어분석과 연관된 문제로 전화시켰다. 현대 철학의 언어분석은 사실상 언어와 논리에 대한 분석을 통하여 생각의 조건을 밝히는 것이며 사람들이 어떤 의미에서 그리고 어떤 언어 조건하에서 이 문제를 담론할 수 있는가를 밝히는 것이다. 비록 문제가 여전히 이 문제이기는 하지만.

존 롤스는 공정으로서의 정의에 대한 분석에서 고대 정치철학에서의 기본 문제를 따랐기에 〈정의론〉의 탄생을 정치철학의 현대 부흥의 징표로 본다. 그러나 존 롤스는 오히려 현대 분석철학의 성과를 수용, 활용한 기초 위에 그 정치철학체계를 구축하였다. 그의 정의론 연구는 20세기 이래 윤리학 연구에서의 행위주의 한계와 형식주의 경향을 타파하고 실질적 도덕관념의 정치철학에서의 중심적 지위를 강조하였지만 당연한 도덕 결론을 기점으로 설정하지 않고 고대정치철학의 독단론적 문제사고 방식을 피하려 하였다. 그는 정치철학의 연구가 반드시 언제나 현대철학가 구축한 어의와 논리분석의 방법론에 기초하여 언어와 논리에 대한 조심스러운 분석과 서로 다른 도덕관념에 대한 성찰이 평행적으로 결론을 내림을 아주 정확하게 알고 있었다. 상당한 정도로 그가 하려는 작업은 공정으로서의 정의 문제를 사고하는 언어조건에 대한 해명이다. 고대정치철학과 마찬가지로 존 롤스의 공정으로서의 정의 문제에 대한 연구는 여전히 정치 관념의 선과 악에 대한 평가와 마땅한 태도로 진행한 철학 성찰이다. 다만 그는 현대 철학의 설명 방식으로 현대인의 가치 입장에서 이런 문제를 논술하였을 뿐이다.

정치철학과 제1철학의 관계 문제에서 우리는 이미 그 관계의 일치성을 아주 충분하게 설명하였지만 다른 한 문제도 마찬가지로 주목해야 한다. 즉 그들 간의 차이 문제이다. 실제로 이 문제는 정치철학이 하나의 독립적 학과로 성장하는 과정에서 이미 주목받은 문제이다. 20세기 중엽의 정치철학은 정치철학의 합법성이 가장 많은 질의를 받은 시기이다. 이 시기의 정치철학인들은 보통의 정치이론으로부터 독립하여 나온 정치철학의 발전이 정치철학에 미친 충격을 깊이 느꼈다. 이와 동시에 철학의 언어학 전환도 철학내부에서부터 정치철학의 전통문제와 이런 문제의 고찰 방식 형성에 충격을 주었다. 지식분화와 학과 제도화의 현대지식체계에서 하나의 학술 전통으로서의 정치철학이 현대지식체계에서 하나의 독립적 학과로 성립되느냐 안 되느냐 그리고 정치철학이 어떻게 자신의 기초적 문제를 구축하느냐 하는 것도 자연스럽게 극히 도전적인 문제로 되었다. 마침 이 시기에 정치철학의 독특성 문제가 정치철학인들의 깊은 관심을 받게 되었다. 로버트 E구딘Robert E.Goodin은 이렇게 말하였다.

> 그때 그 시기 정치철학들에 대해 이야기하자면, 많은 사람들은 정치철학이 그 이전의 몇 십년간 고통을 겪었는데 이는 보통 철학에 너무 의존하여 후자를 부단히 변화하는 형식의 허수아비로 되게 하였기 때문이라고 보았다. 따라서 이들은 각자 다른 방식으로 갖은 방법을 다하여 정치철학의 자립성을 구축하고 정치철학은 응용철학이 아니며 고립적으로 발전한 보통 철학학설의 정치생활 영역에서의 확장이 아니라 상당히 자체 포괄적 연구 방식으로 자체의 독특한 범주와 조사형식을 갖고 있다고 보았다.[41]

정치철학이 철학의 한 분과로 독립적으로 분리되어 나올 수 있는 것은 당연히 그 연구자가 많아서가 아니고 그 문제가 사람들의 주목을 받은 것도 아니라 그 내재적 원인이 있기 때문이다. 학과 분야로부터 본다면, 이 내재적 원인은 바로 독특한 범주 체계와 로버트 E구딘이 말한 "자체 포괄적 연구 방식"을 갖고 있기 때문이다. 이렇게 되어야만 비로소 전체 철학 연구에서 그 독특한 영구 역역을 확립할 수 있으며 기타 철학 분과와 구분되는 철학 분과로 될 수 있다. 이러한 것이 바로 정치

---

41 [미국] 로버트 E구딘, 디터 클린그먼Hans Dieter Klingenmann주편, 〈정치과학의 새 수첩(하)〉, 중카이빈, 왕뤄중, 런빙창 등 역, 생활 독서 신지 산련서점 2006년, 718쪽.

철학이 제1철학과 장력을 이루게 하고 특수한 방식으로 제1철학의 문제를 표현할 수 있게 한다. 이는 정치철학이 철학의 독립적 분과로 될 수 있는 필요조건이며 한 학과로서의 상징적 존재로도 된다.

(3) 정치철학의 현대 양상

우리가 여기서 말하는 "현대"는 사상사에서 아주 짧은 시기 즉 20세기 냉전이 끝난 후부터 현재까지의 시기를 일컫는다. 여기서 우리는 이 시기와 그 이전 특히 냉전 전의 정치철학 상황과의 비교를 통하여 오늘날 정치철학의 상황이 형성된 원인을 분석하고 나아가 마르크스 정치철학이 이 시기에 맡은 역할과 그 자체의 변화를 고찰하고자 한다.

19세기 후, 사회주의와 자본주의, 마르크스주의와 자유주의, 좌익과 우익 간의 대립은 전체 세계 정치 질서에 상호 배척하면서도 상호 작용하는 이론 지주로 되었다. 20세기 전반 역사에서 거의 모든 정치이론을 모두 이 양극으로 이어진 연결선에 들어가 있다. 이와 같이 상대적으로 대립되는 이론 진영은 사회주의와 자본주의의 정치대립에 의식형태의 성원을 해주었고 좌익과 우익의 사회 활동에 사상 동력을 제공해주었다. 간단히 요약한다면, 가치와 자유는 각자 이런 대립되는 양극이 갖고 있는 우선적 가치이다. 평등을 지키고 자유를 지키는 것은 각자 사회주의와 자본주의 제도의 중요 내용으로 되며 평등 우선과 자유 우선은 각자 마르크스주의와 자유주의의 가치 준칙으로 되며 자유를 위하여 싸우는 것과 평등을 위하여 싸우는 것은 각자 좌익과 우익의 행동 지침으로 된다. 이 본선은 마르크스 정치철학이 생성된 후 그 제반 역사 과정을 횡단하였다.

말하자면, 만약 우리가 정치철학자들을 좌 우 두 개의 서로 다른 진영으로 나눈다면 좌 우 철학자들을 연결시켜 정치문제를 토의하는 기준선이 존재하며 이 기본선의 한 끝은 평등이고 다른 한 끝은 자유이다. 좌익 입장을 갖고 있는 정치철학자들은 평등을 원칙으로 정치제도의 우열을 가늠하고 우익 입장을 갖고 있는 정치철학자들은 자유를 준칙으로 삼는다. 전자는 평등의 준칙으로 인하여 사회주의 제도를 지향하고 후자는 자유의 준칙으로 인하여 자본주의 시장경제를 지향한다. 자유주의는 자본주의 사회의 주류적 의식형태로서 그 이론 구성은 사람들에게 잘 알려져 있기에 여기서 더 서술하지 않기로 한다. 마르크스 정치철학의 발전으로 말한다면, 이 시기에도 일련의 중요한 사상가들이 나타났다. 로버트 E구딘은 20세기 50-60년대의 정치철학을 담론할 때 이렇게 말하였다. "이 시기에 루이스 알츄세르Louis Althusser, 사르트르Jean-Paul Sartre, 위르겐 하버마스 그리고 마르쿠제Marcuse, Herbert 등은 모두 체계적으로 마르크스 정치철학을 구축하려고 하였다.... 마르크스 정치철학은 그 발전과 더불어 그에 대한 비평도 격분시켜 이 시기에 마르크스를 연구하는 뛰어난 비평 저서들이 나타났다."[42] 로버트 E구딘이 열거한 이런 마르크스 철학자들과 그들의 비평 연구는 이 시기 정치철학 발전의 기준선 및 이 기준선에서의 대립되는 양극의 발전 상황을 아주 전형적으로 반영하였다.

물론 20세기 정치철학에도 일부 이 기본선을 이탈한 것 같은 이론들이 존재하는 것도 사실이다. 예하면, 오크숏Michael Oakeshott의 〈정치에서의 이성주의〉라는 저서에서 서양의 지배적 지위를 차지하고 있는 이성주의를 비평함과 아울러 이에 기초하여 현대성을 성찰하였는데 이는 보수주의 관점을 다시 부활시켰을 뿐만 아니라 현대성 성찰을 기반으로 자유주의와 마르크스주의를 이성주의 비판 속에 포함시켜 그 후 각종 급진적인 현대적 사회정치이론을 비평하는 데 광범위한 학술 논

42 (미국) 로버트 E구딘, 디터 클린그만Hans Dieter Klingenmann주편, 〈정치과학의 새 수첩(하)〉, 중카이빈, 왕뤄중 런빙창 등 역, 생활 독서 신지 산련서점 2006년, 716-717쪽.

의 영역을 개척하였고 포스트현대주의의 출현과 발전의 밑거름이 되었다. 오크숏이 개척한 이 이론은 심지어 최근 중국 학계에 나타난 "혁명과의 작별"과 "전통 부흥" 사조의 외부 지원 이론으로도 간주되고 있다. 또 다른 예로, 20세기 중엽에 출판된 한나 아렌트Hannah Arendt의 많은 저서들 특히 〈인간의 조건〉과 〈혁명을 논하다〉라는 저서에서는 인간의 생존가치와 생존가치의 의미에 대한 정치 시각에서 정치를 반성하였는데 집권주의 등 개념을 핵심으로 나치와 스탈린의 사회주의 모식을 하나로 합치고 더욱더 보편적인 기초위에서 사회주의와 자본주의 대립의 정치해석 모식을 초월하고자 하였다. 이 밖에 스트라우스의 자연법에 대한 강조 및 현대성에 대한 비평, 이사야 벌린Isaiah Berlin의 도덕 일원론 비평 기초에서의 자유개념에 대한 창의적 해석 등은 모두 앞서 언급한 정치철학 논쟁에서 벗어난 것으로 볼 수 있다. 그러나 이러한 "격리"는 실질적인 의미를 갖지 못하며, 문제 본선의 제약 하에 있는 일종의 "격리"에 불과하다. 이런 이탈은 자유주의 내부에서 어떻게 자유를 이해하고, 자유 기반의 문제에서 이론적 차이를 어떻게 표현할 것인가에 불과함으로, 결국 자유주의 전통 내에서 해결되어야 하는 문제로 귀속될 수 있다.

정치철학의 발전은 20세기 70-80년대에 들어와 복잡한 국면을 맞게 되었다. 그 후의 정치철학의 중요한 변화에 대하여 현대 정치철학사학자 윌 킴리카는 비교적 상세한 고찰을 하면서 이렇게 말하였다. "오늘날 정치철학의 지혜 양상은 이미 20세기 전 심지어 10년 전의 양상과 상당한 차이가 있다."[43] 과거의 정치철학의 중심 논제는 현대에 부흥한 정치철학에서 이미 더는 중심 내용으로 되지 못하였다. 이사야 벌린 Isaiah Berlin

---

43 [캐나다] 윌 킴리카 〈현대 정치철학(상)〉, 류선 역, 상하이산련서점 2004년, 4쪽.

근간의 정치철학 중점은 정의, 자유, 공동체 등을 강조하는 이상에 있다.[44] 정치철학의 최신 저서는 대부분 정의로운 사회, 자유로운 사회, 우량한 사회와 관련된 이론들이다.[45] 일찍 제기된 "평등"(사회주의)과 "자유"(자유지상주의)에 대한 요구사항을 제외하고 정치철학이론은 현재에도 아래와 같은 일련의 근본적 가치 즉 "계약주의"(존 롤스), "공동이익"(사회단체주의), "효용"(실용주의), "권한", "신분"(문화다원주의), "남녀평등"(페미니즘) 등을 주제로 하고 있다. 따라서 우리에게 현재 더 많은 근본적 가치가 있으며 우리는 이들 가운데서 이성적 논증을 할 방법이 없다.[46]

다시 말하면, 예전의 정치철학 해석 방식으로는 현재 새로 나타난 정치철학 주장을 이해, 묘사할 수 없다. 예하면, 예전의 정치철학으로 최근에 대두한 페미니즘과 사회단체주의의 주장을 해석할 수 없다. 페미니즘이든 사회단체주의든 이들이 제기한 문제를 단순히 평등과 자유의 논쟁으로 귀결시켜서는 안 된다. 보다 넓은 시야와 보다 포용적인 해석으로 토의해야 한다. 윌 킴리카는 "전통적 시야의 문제점은 협애하다는 것이다"[47] 고 지적하였다. 즉 좌와 우의 구분으로 서로 다른 정치철학을 개괄하는 것은 너무 협애한 해석 방식으로서 일부 새로 나타난 정치철학 학파들을 그 속에 귀결시킬 방법이 없다. 다만 "평등"과 "자유"의 이념만으로 모든 정치철학의 논쟁을 개괄하는 것은 "너무나 협애하다"하고 하겠다.

정치철학의 이와 같은 전환과 현대 양상은 우리에게 무엇을 말해주

44 [캐나다] 윌 킴리카 〈현대 정치철학(상)〉, 류선 역, 상하이산련서점 2004년, 4쪽.
45 [캐나다] 윌 킴리카 〈현대 정치철학(상)〉, 류선 역, 상하이산련서점 2004년, 4쪽.
46 [캐나다] 윌 킴리카 〈현대 정치철학(상)〉, 류선 역, 상하이산련서점 2004년, 6쪽.
47 [캐나다] 윌 킴리카 〈현대 정치철학(상)〉, 류선 역, 상하이산련서점 2004년, 6쪽.

는가? 무엇 때문에 이와 같은 전환이 발생하는가? 윌 킴리카는 우리에게 전통적 정치철학 "양상"의 소실을 보여주었지만 이런 "양상"의 소실은 보다 심오한 사회 배경과 역사 원인으로 기인된 것임을 설명하지 못하였다. 그가 관심을 가진 것은 어떻게 통일적인 정치철학을 구축할 것인가 하는 문제이다. 그는 기본 가치에 대한 서로 다른 이해가 이렇게 많은 상황에서 "정의의 이론이 성공하려면 부득이하게 현존하는 일부 이론에서 이런 저런 내용을 흡수하지 않을 수 없다. 그러나 만일 그런 가치에 관한 이견 충돌이 실제로 근본적인 것이라면 그러한 것들은 또한 어떻게 하나의 이론으로 귀결될 수 있는가?[48] 유일한 방법은 모든 정치철학이 공동으로 인정하는 기본가치를 찾고 그 가치를 기반으로 "정확하고 믿을 만한 정의 이론"을 구축하는 것이다. 즉 전통적인 좌와 우의 대립, 평등과 자유의 대립이 점차 복잡해지는 상황에서 보다 포용적인 "정의"의 개념과 이를 기반으로 한 정의 이론으로 정치철학의 버팀목을 마련해주는 것이다. 우리는 마땅히 윌 킴리카가 정치철학 문제의 변화를 보아냈음을 인정해야 한다. 하지만 우리는 이런 변화가 전통적 분석의 틀이 이미 유효성을 상실하였다고는 보지 않는다. 실제로 많은 현대 정치철학자들과 마찬가지로 윌 킴리카 자신은 최종적으로 여전히 전통 정치철학의 해석의 틀에 의존하여 현대정치철학의 발전을 해석하여야 하였고 평등과 자유라는 두 가지 근본적 가치의 사이에서 선택을 해야 하였다. 개인의 입장을 밝힐 때 그는 결국 로널드 드워킨Ronald Dowrkin의 이해에 따라 평등을 모든 현대 정치철학이 공동으로 인정하는 가치로 간주하고 이를 모든 기본 가치를 통일할 수 있는 종합 표준으로 간주하였다. 그는 이 종합 표준을 기준으로 서로 다른 정치철학의 기본 논쟁을 해소하고 현대 정치철학이 실패하는 운명을 모면해야 한다고

---

48 [캐나다] 윌 킴리카 〈현대 정치철학(상)〉, 류선 역, 상하이산련서점 2004년, 6쪽.

주장하였다.

> 만약 각 이론이 "평등주의의 공한 인식"을 모두 공유한다면, 다시 말해 각 이론이 사회 구성원에게 평등한 자의 사회, 경제, 정치의 조건으로 설정하려고 한다면, 우리는 그 중 하나의 이론이 다른 이론들보다 그들이 공동으로 인정하는 기준에 더욱 적합하다는 것을 증명할 수 있을 것이다.[49]

종합적 정의 이론 구축을 통하여 평등과 자유 간의 긴장 관계를 해소하려고 많은 현대 정치철학자들이 노력하고 있다. 이런 확실히 날로 다원화되어가는 현대 세계에 이론적 해석을 해주고 있다. 하지만 이는 원래 문제의 소실이나 전환을 의미하지 않는다. 그러나 원래 문제가 더욱 더 복잡한 조건하 정치철학이 보다 복잡한 새 양상을 보여주고 있음을 의미한다. 사회주의와 자본주의 간의 논쟁이 해소되지 않았고 좌익과 우익 간의 대립이 여전히 남아 있으며 평등과 자유의 이견 충돌이 해소되지 않았다. 해소된 것은 다만 사회주의와 자본주의에 대한 간단한 이해이고 좌 우 진영 간의 간단 명확한 경계이고 평등과 자유 가치와 각자 이상화된 제도 간의 간단한 대응관계이다. 사회주의는 이제 더는 단순히 평등만 추구하지 않고 효율을 소홀히 하고 개인 자유를 배려하지 않는 정치제도로 이해하지 않게 되었다. 자본주의도 더는 단순히 자유만 선양하고 평등한 "시민사회"를 무심하지 않게 되었다. 진보 진영과 보수 진영은 새로운 정치문제로 인하여 이미 더는 사회주의와 자본주의 제도에 대한 추구와 직접적으로 연관되어 있지 않으며 그들의 주장도 더는 마르크스를 지지하거나 반대하는 판단 기준으로 되기 어렵게

---

49 [캐나다] 윌 킴리카 〈현대 정치철학(상)〉, 류선 역, 상하이산련서점 2004년, 8-9쪽.

되었다. 이러한 모든 변화는 모두 문제가 이전에 비해 더 복잡하게 하였지만 문제는 여전히 해결되지 않았다. 따라서 마르크스주의와 자유주의의 상호 대립, 평등과 자유 간의 긴장 관계도 해소되지 않았다. 마르크스의 정치철학에 대한 영향은 해소되지 않았지만 방식이 변화하였다. 예전의 대립 상황에서는 진보 진영은 계급, 국가와 사회혁명 등 이론으로 자유주의와 대립하였지만 현재는 마르크스의 사상 자원으로 그 규범적 정치철학을 구축하고 새로운 현실을 해석하고 있다. 자크 데리다Jacques Derrida가 말한바와 같이 현대에 비록 사람들이 마르크스는 이미 죽었다고 여러 번 선언하였지만 마르크스의 사상은 이미 "무수한 조각"으로 나뉘어 서로 다른 정치이론에 흡수되었다. 종합적 높은 단계 개념으로서의 정의는 자유 평등 등 낮은 단계 개념으로 해석해야 한다. 만일 역사와 현실을 떠나 자유와 평등 등을 분리시켜 단독으로 이해하거나 추상적인 논리 관계로 이해한다면 우리는 이들을 통하여 높은 단계의 정의 개념을 진정으로 이해할 수 없게 된다. 이 것이 바로 오늘날 우리가 문제를 마르크스까지 소급하고 마르크스 정치철학과 자유주의의 차이까지 소급하는 근본적 원인이다. 바로 이런 의미에서 자크 데리다는 이렇게 말하였다.

> 마르크스를 읽지 않거나 반복적으로 열독하고 토의하지 않는다면 —— 기타 일부 사람들도 포함한다고 할 수 있다 —— 심지어 학자를 초월하는 방식의 "열독"과 "토의"는 모두 영원히 착오적이다. 이론적이고 철학적이며 정치적이며 책임적인 착오이다.[50]

50 [프랑스] 자크 데리다 〈마르크스의 유령: 책무국가, 추모활동과 새 국제〉, 허이 역, 중국인민대학출판사 1999년, 21쪽.

이밖에 정치철학 주제의 현대 전환을 정치철학의 내부적 문제로만 보아도 시야가 협애한 것이다. 이런 이해는 현대 철학의 발전이 정치철학에 미치는 영향을 소홀히 한 것으로 된다. 정확하고 믿을 수 있는 종합적 정의 이론 구축을 통하여야만 평등과 자유 간의 형평성을 해석할 수 있을 것이다. 필경 높은 단계의 개념을 통하여 낮은 단계 개념을 통합하는 것은 이견을 제거시키는 합리적 방법이기 때문이다. 이론은 항상 융통성과 일치성을 요하기에 일원적 정의 이론을 구축하는 것은 모든 정치철학의 공동한 이론 포부이며 그 어떤 정치철학이든 모두 마땅히 해야 할 이론적 노력이기도 하다. 그러나 만일 기타 가치보다 높은 가치(정의)의 발견을 통하여 기타 가치(자유와 평등)을 통합하려 하고 나아가 이 기초위에 일원주의의 정의 이론을 구축하려 한다면 이런 이론 구축은 가치론 자체의 규범 안에서 이뤄질 수 없으며 최종적으로 제1철학을 호소해야 한다. 다원 가치관과 서로 어울릴 수 있는 정의 이론은 많은 자유주의자들이 말하는 것처럼 무엇이 좋은 생활인가 하는 가치 캐물음을 방치하지 않으며 이를 기초로 정치활동에 대한 성찰을 요할 수 있으며 무엇이 좋은 생활인가 하는 가치 캐물음과 정의란 무엇인가 하는 캐물음 자체가 일치할 수 있다. 그러나 무엇이든 간에 이런 정치철학의 토의는 모두 제1철학을 떠나 독립적으로 진행될 수 없다. 마르크스의 철학으로 말하면 만일 그의 철학관을 떠난다면 그의 유물론적 역사관을 떠난다면 그의 가치와 사실 간의 관계 문제에서 역사주의 방법론을 떠난다면, 우리는 정의 이론을 단독적으로 토의할 수 없게 된다.

2. 정치철학의 쇠퇴와 부흥

(1) 정치철학은 무엇 때문에 쇠퇴와 더불어 부흥하였는가?

19세기 중엽 후 지식 추구의 엄격성과 실증 가능성을 목표로 하는 과학이 점차 현대지식체계에서 지배적 지위를 확립함에 따라 "서술성 문화"로서의 인문 담론은 날로 그 합법성을 상실하게 되었다. 사실 묘사로 가치판단을 대체하고 과학적 해석으로 형이상학적 캐물음을 대체하면서 각 학과의 기본 준칙으로 되었다. 이런 상황에서 정치사물의 가치와 의의를 탐구하고 정치사물의 내재적 본성을 캐묻는 것을 목표로 하는 정치철학은 자연적으로 그 언설의 대상인 "불가언설적인"이 질의를 당하여 지식 합법성의 위기에 빠지게 되었다. 과학주의의 지식론 원칙은 이를 근거로 정치철학 존재 권한을 부인하였다. 이런 지식론 원칙에 의거한다면 정치문제에 관한 과학연구는 사실만 호소하고 가치판단을 할 수 없으며 정치본성과 같은 문제에 대하여 형이상학적 판단은 더욱더 호소할 수 없다. 한 것은 과학연구의 목적은 실증 가능한 진리를 탐구하는 것이기에 반드시 "전前과학"의 형이상학적 사고를 배제하야여 하며 반드시 가치중립의 원칙을 지켜야 하며 반드시 실증 가능한 경험사실을 근거로 해야 하기 때문이다.

과학성과 규범성을 대립시키고 이론적 과학성으로 규범적 이론의 가치를 부인할 것을 요하는 것은 유唯과학주의의 지식론 경향이다. 현대철학에서 경험주의와 분석철학은 과학의 이름으로 합쳐 하나의 막대한 지식론의 힘을 형성하였다. 이런 힘은 전통 형이상학의 합법성을 취소할 것을 요구할 뿐만 아니라 규범적 이론을 기초로 한 정치철학의 합법성도 취소할 것을 요구한다. 이는 20세기 전반기 규범적 이론으로서의 정치철학이 쇠퇴된 중요한 원인으로 된다.

현대철학에서 특히 20세기 70년대 후, 사람들은 규범과 사실 및 종합

명제와 분석 명제 간의 구분으로 규범적 이론의 지식론을 배척하는 경향에 대하여 날로 의구심을 표하며 이로부터 사람들은 관련 문제에 대하여 여러 면의 탐구를 진행하였다. 이는 규범적 이론 발전의 길을 개척하는 것으로 되며 정치철학도 바로 이런 총체적 철학 배경 속에서 부흥하였다. 사람들은 특수 형식으로서의 규범적 이론을, 정치철학의 부흥이 실제로 이미 규범적 이론의 재궐기의 징표로 되고 철학연구의 극히 활력적인 성장 요소로 되었음을 날로 깊이 인식하고 있다. 이런 발전 추세는 사람들이 정치철학 연구에서 가치론 연구의 구체적 방법을 찾았음을 말해준다.

전통 정치철학을 위기에 빠지게 한 다른 한 원인은 사람들이 정치이론이 단순한 의식형태로 변환될 것 같아 걱정하는 초조함이다. 이런 초조함은 어떤 의미에서 정치철학과 의식형태 간의 실질적 연관성을 반영하며 정치철학이 단순한 의식형태로 변화할 수 있는 내재적 위험성을 갖고 있음을 말해주며 이런 위험은 정치에 관한 지식을 비범한 지자의 지혜로 보고 검증할 수 있는 지식으로 보지 않은데서 기인하였음을 말해준다. 확실히 그 어떤 의식형태이든 모두 일련의 철학 신앙위에 설립된다. 정치철학자들은 흔히 자신의 이상사회에 대한 형이상학적 이해를 사회가 정립해야 가치목표로 삼고 사람들을 격려하여 어느 한 유토피아식의 이상을 실현하려고 한다. 정치철학과 단순한 의식형태 간의 차이는 단지 아래와 같은데 있다. 즉 철학은 하나의 내성적 활동이기에 정치철학이 권장하는 가치원칙은 이론 형태에 지나지 않지만 의식형태는 대중을 동원하여 그가 권장하는 가치 원칙을 실현하고자 한다. 이 점에서 양자는 서로 구분된다. 그러나 정치철학과 의식형태 간의 이런 구분은 믿을 만한 보증이 없다. 철학자들은 다만 "세계를 해석"하는데 만족하지 않을 것이며 특히 정치철학으로 말하면, "세계를 변화"시키는 자체가 원래의 내적 추구이다. 만일 일부 철학 분과가 "세계를 해석"하는 것을 기본 과제로 할 수 있다면 정치철학은 곧 하나의 가 현실에 대한 관심이 뚜렷한 철학 분과로서 "세계를 변화"시키는 것에 참여하지 않을 수 없게 되는데 이는 그의 특질에 의해 정해진 것이다. 정치철학의 이런 특질은 설령 과학연구의 가치중립 원칙과 저촉된다고 하더라도 사람들로 하여금 그 변화를 다만 의식형태에 복종하는 도구로 되게 하여 불안을 느끼게 한다.

전통 정치철학자들은 대부분 자신의 의식형태 입장을 숨기거나 회피하지 않을 뿐만 아니라 종래로 자신이 가치중립이라고 표방하지 않는다. "의식형태"는 현대 개념에 불과하며 정치철학이 의식형태에 빠지는 것을 두려워 하는 불안함도 하나의 현대적 불안함이다. 정치사물에 관한 지식이 의식형태에 빠지는 것을 회피하기 위하여 현대지식론 원칙은 과학지식과 규범적 지식 간에 장벽을 칠 것을 요한다.

과학주의의 지식론 원칙과 이런 이론의 불안함은 상호 작용 하에 정치철학의 가치판단과 형이상학적 사고방식이 진리를 인식하는 유효한 방식이라고 보지 않을 뿐만 아니라 오히려 사람들이 정치문제를 진리적인 파악한 것을 저애한다고 본다. 이러한 원인으로 인하여 상당히 오랫동안 정치철학은 전면적으로 쇠퇴하였다. 20세기 60년대에 이르러 정치철학사학자 스트라우스는 정치철학의 이런 궁경에 대하여 크게 개탄하였다. "오늘날 '정치철학'은 거의 '신화' 가 아니더라도 "의식형태"의 동의어로 되나 다름없다."[51] 스트라우스가 볼 때 소크라테스 이래의 철학의 제일 중요한 과제는 바로 정치사물에 관한 본성과 정확한 정치제도에 관한 지식을 제공하는 것이다. 따라서 근본적으로 정치철학은 곧 제1철학이다 또는 제1철학은 원래 마땅히 정치철학이어야 한다고

51 [미국] 레오 스트라우스, 〈정치철학사(상)〉, 리톈란 등 역, 허베이인민출판사 1993년, 1쪽.

말할 수 있다. 그는 정치 사물과 관련된 문제에서 사람들은 반드시 찬성 또는 부결, 선택과 거절, 찬양과 비평의 선택에 직면하게 되기에 정치철학은 본질적으로 중립적이 않고 사람들이 반드시 가치 판단을 하도록 요한다고 보았다. 정치철학은 경험 실증 이론이 될 수 없으며 단지 언어와 논리 분석 영역 내에서의 철학 활동으로 머물 수 없다. 반드시 생활에 적극적으로 참여하는 태도로 사회 정치생활에 규범을 확립하고 나아가 인간의 본성과 인류 생활의 궁극적 선善에 대해 해석해야 한다. 만일 지식론의 의미로부터 이런 문제의 합법적 토의를 부인한다면 정치철학도 "사망"을 고하게 된다.

20세기 후반기에 들어서서 정치철학은 전 세계적으로 소리 없이 부흥하였다. 자유주의와 사회단체주의의 개인 권한과 공익 가운데서 마땅히 어느 것이 우선이어야 하는가 하는 논쟁이든 민족주의와 문화다원주의의 글로벌화에 대한 질의든 페미니즘과 생태주의의 현대성에 대한 도전이든 모두 경험 이성을 기초로 한 "정신적 정치과학"의 범주를 초월하여 정치사물의 당연한 목적 고찰을 내용으로 하는 연구 영역과 사고 진로 즉 규범적 정치철학을 구축하였다. 예컨대 인성이란 무엇이며 사람은 무엇 때문에 평등해야 하며 인간과 자연의 관계는 마땅히 어떠하여야 하며 이성 등 전통정치철학의 규범적 문제가 다시 사람들의 시야에 들어오고 이미 철저히 거절당하고 배척당한 바 있는 정치철학이 다시 흥기한 것을 어떻게 이해하는가 하는 것이다. 비록 이렇게 부흥한 정치철학이 스트라우스가 기대한 것처럼 반드시 고대정치철학을 답습하여 인류생활의 궁극적 선에 대하여 언설해야 한다고는 할 수 없지만 규범적 정치철학은 적극적으로 현실 생활에 개입하는 방식으로 사회정치생활의 규범을 확립하고자 하였다. 이에 대하여 조우둔화赵敦华는 이렇게 말하였다. 현대 서양에서 정치철학은 이미 19세기 행동주의 정치과학의 속박에서 벗어나 현학으로 되었으며 영국과 미국에 미친 영향은 이미 분석철학을 초월하여 철학이론의 중요한 분과를 되었다. 언어철학, 과학철학, 정치철학은 영국과 미국에서 이미 삼자가 병립하는 구조를 형성하였다.[52]

현실로부터 볼 때 정치철학의 현대 부흥은 일부 국가발전방향 또는 세계 패턴과 연관되는 중대한 정치 문제가 이미 현대철학의 이슈로 되어 철학자들의 사상과 연구방향에 막대한 영향을 미치고 있음을 말해준다. 20세기 이후 인류의 사회생활과 사회구성이 일련의 중대한 변화가 생겼는데 이런 변화는 정치적 방식으로 체현되었을 뿐만 아니라 인류의 사회생존 방식에 커다란 영향을 미쳤다. 제2차 세계대전 후 서양 선진국은 "복지국가전략"으로 자유자본주의를 바로잡으려고 애썼는데 이는 근대에 줄곧 서양 사회를 지배하던 사회질서와 가치 관념에 큰 변화를 가져왔다. 그러나 이런 변화의 결과는 결코 이상적이 못하였다. 전통적 충돌이 발생할 가능성을 낮추고 사회 대중들에게 보다 안전한 생존공간을 마련해준 동시에 복지제도가 노동으로부터 도피하는 대피소로도 되게 하였다. 많은 사람들은 이런 변화가 사람들이 우려하는 "도덕 공해moral hazard"를 유발하여 일련의 새로운 사회문제를 야기하였다고 보고 있다.[53] 어떤 사상가들은 아예 이런 변화를 자본주의 사회생활의 "재현된 봉건"이라고 칭하면서 이런 변화의 퇴보와 실패를 암시하였다. 이런 인식이 정확한지의 여부와 공정 타당한지의 여부를 막론하고 사람들은 반드시 하나의 사실을 인정해야 한다. 즉 이런 사회생활의 총체적 변화는 일련의 새로운 형식의 정치 충돌과 항쟁을 불러일으키고 또한 이런 충돌과 항쟁은 다시 전통정치 충돌과 항쟁에 포함시킬 수 없기에 전통적 정치 이념으로는 합리적으로 해석할 수 없다. 동시에 세계

---

52 조우둔화, 〈현대서양철학신편〉, 베이징대학출판사 2000년, 317쪽.

53 [영국] 앤서니 기든스, 〈제3의 길: 사회민주주의의 부흥〉, 정거 역, 생활 독서 신지 산련서점 2000년, 119쪽.

의 다른 지역에 소련과 동유럽 사회의 격변으로 소련 모델의 전통 사회주의의 실패도 사회생활의 새로운 분화와 새로운 질서를 형성하여 시장화 지향의 사회주의개혁이 일련의 완전 새로운 정치문제를 유발하였다. 예컨대 자본주의를 기초로 한 서양 시장경제와 전통적 사회주의 발전 모델이 많은 문제에 부딪친 오늘날 사회주의와 시장경제의 결합은 도대체 어떤 신형의 사회 발전 모델인가? 이런 신형의 사회 발전 모델은 어떠한 제도가 필요하며 이왕과 다른 어떤 사회 구조를 형성하는 가 하는 문제이다. 또한 정치적 차원에서 사회주의의 시장경제는 도대체 어떻게 건설해야 하는가? 건설과정에 어떠한 정치문제에 부딪치게 되는가? 서양 선진국이 주도하는 경제글로벌화 과정에서 사회의 발전은 어떠한 추세를 보여주는가? 정치 활동은 또 어떤 특징을 보여 주는가? 등등 이러한 문제는 모두 현시대 사람들이 관심하지 않을 수 없다.

분명한 것은 이왕의 시대와 달리 현대에서 정치의 사회생활에 대한 조정과 규범 역할은 날로 중요해지고 있으며 정치의 사회에 대한 조정방식과 규범 방식도 커다란 변화를 가져오고 있다. 이런 사회생활의 급변과 각종 문제가 서로 교착된 역사적 시기에 사람들은 사회 조정과 사회 발전을 위해 새로운 정치이념적인 정치철학을 제공하여 사회생활을 유도하고 규범적 역할을 할 것을 절실히 바라고 있다. 이 것이 바로 정치철학이 현대에 부흥하게 된 가장 근본적인 원인이다.

(2) 특수 형식으로서의 현대철학

만일 정치철학이 쇠퇴하게 된 원인의 하나가 바로 사람들이 정치문제에 관한 연구가 의식형태 담론으로 변하는 것을 우려한 것이라면 정치철학이 부흥하는 과정에서 방법론의 변화를 추진한 많은 동기 가운데서 다른 한 상반되는 측면의 우려가 중요한 역할을 하였다고 하겠다. 즉 날로 심화되는 실증주의 경향의 지배하에 정치문제 연구가 날로 사실을 수집하는 학문으로 변하고 정치과학이 날로 정치 시스템 운영에서 구체적 사실의 수집기계로 되고 종합적 이성이 날로 변두리로 밀리는 것에 대한 우려이다. 사람들은 이런 극단적 사실주의는 "정치과학"에 대한 일종의 조롱임을 날로 분명히 느꼈다. 과학이라고 칭하는 그 어떤 학문도 모두 이론의 종합을 떠날수 없기 때문이다. 자연과학이라고 할지라도 마찬가지이다. 사람들은 정치철학이론의 회복을 통하여 이런 위험에서 벗어나기를 바란다.

필자는 정치철학이 현대에 부흥함과 아울러 철학 연구에서의 현학으로 될 수 있는 것은 결코 정치철학이 관심 갖고 있는 영역의 특수성이 아니라 정치철학이 독특한 방식으로 철학의 근본 문제를 깊이 파고들고 이로 하여 현대인의 생존 곤경을 적중한 방식으로 사람들이 세계와 인생의 근본 문제를 이해하는데 독자적인 가치의 성찰 방법을 제공하였기 때문이다. 이에 근거하여 보면 우리는 부흥한 정치철학을 현대 철학의 한 전형적 형식으로 볼 수 있고 단지 영역 철학만이 아님을 알 수 있다.

근대 이후 경험적 이성을 기초로 한 실증주의 지식 원칙이 끊임없이 확장됨과 아울러 승승장구하였다. 하지만 경험적 이성의 "승리"는 기대한 바와 같이 철학과 사회 지식의 유효성을 위해 보통적인 이성 기초를 찾아주지 못하고 오히려 실천에서 "사회적 기술화 지배"와 "기술이 지배하는 의식형태"를 유발하였다. 충분히 기술화되고 "합리화"된 세계에서 경험적 이성은 새로운 물리적 방식으로 개체와 사회의 생존 개성을 부각하고 있으며 하나의 비인성적인 생활 세계를 부각하였다. 이런 세계에서는 모든 초월적 관심과 가치적인 호소는 모두 실증 가능한 경험 지식과 상호 약속하지 않았기에 "비이성"으로 배척당하고 "합법적 지식"밖으로 배척당하였다. 실제로 세계의 기술화 지배는 바로 경험적 이성이라는 이 "합법적 지식"의 단일적 확장으로 유발된 것이다. 의식형태의 경험적 이성 자체를 극복하려면 독보적인 의식형태로 변화하고 비이성적인 실증적 지식 자체를 배척하려면 제멋대로 해야 한다. 어떻게 경험과 이성, 진리와 가치, 실제 상황과 희망 상황 간에 장력을 유지할 것인가? 어떻게 현실 세계가 생활 의의에 대한 리드를 수용하게 하고 동시에 이상 세계가 경험적 이성의 제한을 수용하게 하여 이들이 세계 질서 구축에서 단일적으로 팽창하는 것을 피면할 수 있는가? 이러한 문제는 현대 철학자에게 있어서 이미 가장 큰 이론적 곤혹으로 되었다.

정치 철학은 바로 이런 배경 하에 부흥하였다. 정치철학은 자체의 문제역域, 생활세계에 파고드는 독특한 시각 그리고 줄곧 지속된 현실 세계에 대한 이성적 관심의 학술 전통으로 인하여 이런 곤혹에 답할 수 있는 대체불가의 가장 적당한 방식의 하나로 되었다. 정치사물의 내재적 본질과 희망 상황의 가치에 대한 철학적 성찰로 정치철학이 관심하는 것은 정치가치관, 이상적 정치 모델과 정치 규범의 이론 기초이다. 따라서 정치철학의 비판하는 데 직접 경험적 이성의 단일적 팽창으로 유발된 인류 생존 곤경으로 향하게 하였고 일반 철학처럼 현실적 생활세계를 멀리 떠나지 않게 하였으며 일부 영역 철학처럼 가치 평가 시야가 결핍하지 않게 하고 직접 인간의 현실 생존 상황을 파고들게 하였다. 정치철학은 정치과학과 다른 시각으로 경험적 이성의 곤경을 제시하고 변증적 이성의 가치를 뚜렷하게 하였을 뿐만 아니라 기타 영역 철학과 다른 측면에서 철학이 현대 인류의 생존 곤경을 해결하는 가운데서 나타낸 독특한 가치를 선명하게 보여주었다. 때문에 정치철학의 부흥을 이해하는 것은 정치철학 자신의 일일뿐만 아니라 우리가 현대 철학의 발전 맥락을 이해하는데 독특한 사고방식을 제시해 줄 것이다.

현재 사람들은 철학 자신의 전환 문제를 아주 열정적으로 토의하고 있다. 사실 스트라우스가 말한 바와 같이 제1차 진정한 철학 전환은 바로 고대 그리스 철학이 자연 철학으로부터 소피스트 철학으로 전환한 것이다. 이 전환 과정에서 소크라테스를 대표로 하는, 사람과 인간 사회 문제를 관심하는 철학이 나타났다. 이 것이 바로 정치철학의 시작점이다. 우리는 정치철학의 이런 시작점으로부터 정치철학과 철학 간의 말로 표현하기 힘든 관계를 잘 이해할 수 있으며 철학의 본질과 기능을 더욱더 잘 이해할 수 있다. 이 시작점으로부터 출발하여 우리는 현재 사람들이 토의하는 철학 전환에 관한 일부 문제들을 비교적 분명하게 보아낼 수 있다.

고대철학의 핵심은 본체론 문제이다. 그렇다면 소크라테스 등이 우주, 자연의 본성을 연구하다가 인간의, 사회적, 정치적 문제 연구로 전환한 것은 그들이 세계 "존재"의 비밀을 더는 관심하지 않음을 의미하는가? 혹시 단지 철학의 문제역과 연구 대상이 "인간"으로의 전환을 의미하는가? 한 측면으로 그렇다고 할 수 있지만 다른 한 측면으로 오히려 그렇지 않다고 할 수 있다. 확실히 스크라테스는 정치 생존은 문명인으로서의 도시 국가 시민의 유일하게 의의가 있는 생존방식이기에 인간과 관련된 철학을 연구하는 것과 정치와 관련된 철학을 연구하는 것은 일치하다고 보았다. 그는 심지어 인간의 정치생존에 대한 설명을 통해야만 비로소 진정으로 인간의 생존에 대해 설명할 수 있다고 보았다. 그러나 소크라테스로 놓고 말하면 인간과 관련된 철학을 연구하고 인간의 생존과 밀접히 연관된 정치철학을 연구하는 것은 결코 세계의 궁극적 본체 문제에 대한 고찰을 포기한다는 것이 아니며 인간의 이런 특수한 존재 및 그 사회 생존 방식에 대한 고찰을 통하여 세계 존재의 비밀을 깊이 파고들 수 있었다. 인간에서 있어서 이 세계에서 가장 기본적인 존재가 바로 인간 자신의 존재이고 정치적 생존방식은 사회동물로서의 인간의 본성적 생존방식(적어도 고대 그리스의 사람들은 이렇게 생각하였다)을 제일 잘 체현하고 있기에 이런 존재와 생존방식을 파악하여야만 합리적으로 "존재 그 자신"을 연구할 수 있다. 고대철학을 놓고 말하면 "존재 그 자신"에 대한 파악이 바로 궁극적 진리에 대한 파악으로 되는 데 이 것은 철학의 사명이다. 비록 소크라테스가 인간은 신처럼 최종적으로 존재 그 자신을 파악할 수 없다고 선포하였지만 그의 이런 "겸손"은 단지 그가 합리적인 착안점을 애써 찾고 있음을 명시할 뿐 궁극적 관심을 포기하였음을 의미하지 않는다. 때문에 인류의 정치사물을 연구 대상으로 하는 것은 결코 철학의 가장 큰 문제를 관심하지 않는 것이 아니며 오히려 보다 진지한 방법으로 철학의 제일 큰 문제를 탐구하기 위한 것이다.

고전정치철학을 우러러 모시는 스트라우스는 소크라테스로 돌아갈 것을 호소하였는데 그의 진실된 의도는 고전정치철학의 부흥을 통하여 현대인들이 직면한 철학의 가장 큰 문제에 답하려는 데 있었다.

> 소크라테스를 정치철학의 창시자라고 단언한다면 무엇을 의미하는가?[54] 소크라테스는 "자연"의 원래 의의를 선인들보다 더 진지하게 대하였다. 그는 "자연"이 무엇보다 먼저 "형식" 또는 "이념"임을 인지하였다. 만일 진짜로 이러하다면 그는 자연 사물에 대한 연구를 완전히 포기하지 않고 자연 사물에 대한 새로운 연구를 개척한 것으로 된다. 이런 연구에서 예컨대 정의적 자연 또는 이념 아니면 자연적 정의 및 인간 혹은 인간 영혼의 자연 등은 태양의 자연보다 더욱 중요한 것이다.[55]

여기서 그는 "정의", "정의적 자연 또는 이념", "인간 혹은 인간 영혼의 자연"과 "태양의 자연"을 비교하면서 "자연과 관련된 철학"으로부터

---

54 [미국] 레오 스트라우스 〈정치철학사(상)〉, 리텐란 등 역, 허베이인민출판사 1993년, 서론 4쪽.

55 [미국] 레오 스트라우스 〈정치철학사(상)〉, 리텐란 등 역, 허베이인민출판사 1993년, 서론 5쪽.

"정치철학"으로 전환한 중요한 의의를 제시하였다.

철학이 "자연"을 이해하려면 우리가 처하고 있는 세계를 이해하여야 한다. 그러나 자연을 이해하는 과정은 자연 자체로부터 출발할 것이 아니라 인간으로부터 출발하여야 한다. 우리가 이해하려는 자연은 인간의 자연이고 인간과 무관한 자연이 아니기에 이런 자연은 "우리의 자연"으로 존재하기 때문이다. "자연"을 이해하려면 인간으로부터 출발해야 한다. 즉 "인간 자신의 자연"부터 이해하여야 한다. 정치동물로서의 인간이 자신의 자연을 이해하는 데는 정의에 대한 이해도 포함된다. 정의에 대한 이해가 만일 "정의의 자연"에 대한 이해로 거슬러 올라가지 않으면 그 진의를 파악할 수 없다. 정의에 대한 서로 다른 이해는 결국 "정의의 자연" 앞에서 검증을 받아야 하기 때문이다. 과학주의를 대표하는 지식관과 실증주의를 대표하는 철학관은 인간의 세계에 대한 인식을 주체와 객체 간의 양안 교통으로 보며 지식을 가급적이면 가치 판단을 배제한 객관적 형태로 정의한다. 이런 지식관과 인식론은 인간, 정의와 자연의 관계를 이해할 수 없다. 이렇게 본다면 부흥한 정치철학도 현대 철학으로 이런 지식관과 대항하는 제일 적당한 철학 형식의 하나라고 할 수 있다.

요컨대 근본적으로 말하면 정치철학의 특수성은 연구 영역의 특수성에만 국한되지 않으며 이러한 명백한 특수성은 표면적인 것에 불과하다. 우리는 정치철학을 영역 철학 또는 부문 철학으로 칭하는 것을 동의할 수 있다. 바꾸어 말하면 정치철학은 정치학지식에 대한 개괄과 총괄이 아니라 정치사물의 일반 본성에 대한 성찰을 통하여 세계 본성을 깊이 이해하는 학문이다. 여기서 정치 사물은 단지 특수한 영역일 뿐이며 인생과 세계의 긴요한 문제를 사고하는 특수한 시각일 뿐이다.

(3) 영역 철학의 흥기와 그 의의

여기까지 토의한 후 우리는 시각을 바꿔 현대철학의 중요한 특징을 명시하는 영역 철학의 흥기와 철학적 영역의 분화 문제에로 시야를 돌려야 한다.

근대 철학의 현대철학으로의 전환은 직접적인 본체론 캐물음이 불합리한 이성 참월로 되게 하고 이를 기초로 한 체계적 철학의 구축이 시대에 뒤떨어진 "거대한 서사"로 되게 하였다. 따라서 인간의 현실생활세계에서 출발하여 서로 다른 영역의 문제를 철학적으로 사고하는 것이 서로 다른 형식의 철학의 당연한 귀결로 되었다. 헤겔식의 사변적 철학과 체계적 철학은 이제 더는 인류지식전당에서의 주재의 신으로 되기 어렵게 되었다. 각종 형식의 영역 철학이 분분히 흥기하는 것은 현대철학의 한 경관으로 되었다. 다시 말하자면 철학이 그 시야를 재차 인간 자신에게 돌리고 인간의 생활세계로부터 출발하여 세계를 관찰할 때 영역 철학의 흥기는 그로서의 필연성이 있게 되었는데 마르크스 철학 연구도 예외가 아니다.

현대 분업이 현대사회의 분화를 야기하였다. 현대 분업의 조건 하 생활세계는 더는 다시 추상적인 전체적 세계로 나타나지 않고 다차원, 다각도의 총체적 세계로 나타나기에 현대 사회에서의 철학도 필연적으로 다시각적이며 여러 영역을 구비하고 있다. 만일 전통사회의 사회생활이 영역분화를 이루지 못하고 이 영역과 연관되는 영역 철학으로 되기 어렵다면 근대 이후 사회생활의 변화는 현대지식의 분화와 영역철학의 발전을 이해하는데 합리적 해석을 제공해준다.

인류의 사회생활이 날로 복잡해지고 있는 상황에서 사회생활의 영역 분화는 필연적이며 지식의 분화도 필연적인 것으로 이런 분화한 지식에 대한 철학적 성찰의 분화도 필연적이다. 이런 철학 분화는 헤겔식 거대한 서사가 쇠퇴하였음을 의미하며 영역 철학의 출현은 그 필연성을 갖고 있음을 의미한다. 그러나 이는 분화된 영역 지식과 분화된 영역의 지식을 성찰내용으로 한 영역 철학이 반드시 그들의 연구 대상을 전체 생활세계와 격리시켜 특수한 이론 언어를 요소로 특수이론을 구축하여 이제 더는 이 이론에서 다시 진실한 생활세계로 돌아갈 필요가 없음을 의미한다. 예컨대 단일적 경제학 언어로 구성된 단일한 경제세계는 순수한 이론 세계이지 진실한 세계가 아니다. 이런 순수한 이론 세계는 이론구성을 복잡한 생활세계와 격리시키고 이 생활세계에서의 경제 현상을 해석한다. 그러나 격리되어 나온 이론 세계가 현실적 생활세계를 망각하고 단지 경제발전의 요구에 따라 현실생활을 규정할 때 자본의 논리가 생활의 논리를 대체하며 자본의 지배가 인간의 지배를 대체한다. 이런 논리 전환의 과정은 당연히 현실생활 속에서 발생하지만 이론은 결코 "무위한 것"이 아니라 이 논리 전환을 위해 합법적 논증을 제공하고 생활논리를 부각하는 역할을 한다. 중국의 시장화 과정에서 경제학과 각종 사회 과학 이론이 사회생활 논리 전환 과장에서 맡은 역할을 보면 문제가 아주 명확해진다. 개혁 개방 후 30여 년간 자본의 논리는 과거의 혁명의식형태의 논리를 끊임없이 축출하여 성공적으로 초보적인 경제시장화 전환을 이루어 사회생활로 하여금 커다란 변화를 가져오게 하였다. 이 과정에서 경제학, 사회학 등 이론이 사회생활을 구축하고 사회 전환을 이루는데 합리적 논증을 하는 중요한 역할을 하였다.

일반적 지식분화를 떠나서 단지 철학으로 말한다면 철학은 현대 곤경에 직면하고 분화한 영역 철학이 그들이 부분별로 나눈 지식을 성찰대상으로 할 것을 요하며 부분별로 나눈 지식에 대한 성찰은 또 반드시 총체적이어야 한다. 이는 절학지식의 본성이 요구한 것이기 때문이다.

현대철학은 바로 이런 곤경에서 터벅터벅 전진하였다. 그 하나하나의 진보는 모두 이런 곤경에 대한 진실한 성찰에 의하였다. 이런 성찰의 진실성은 현대지식 본성 및 그 문제에 대하여 얻은 참된 지식이었기 때문이다. 이런 참된 지식을 얻어야 만이 철학은 비로소 분열된 세계에서 진실한 생활세계에로 돌아오는 길로 찾을 수 있다. 마르크스, 후설 Husserl, 하이데거, 비트겐슈타인Wittgenstein의 탐구는 모두 이와 같은 것이다. 또한 이런 의미에서만이 우리는 비로소 현대영역철학이 흥기한 의의를 진정으로 이해할 수 있으며 영역 철학으로서의 정치철학이 마르크스 철학 연구에서 갖는 중대한 의의를 진정으로 이해할 수 있다.

서로 다른 영역 철학은 비록 서로 다른 영역의 지식을 성찰대상으로 삼고 있지만 이들의 궁극적 관심은 다만 총체적인 생활세계이며 이들의 영역 차이는 다만 이론 시각의 차이일 뿐이다. 서로 다른 이론 시각이 서로 다른 측도에서 동일한 총체적 생활세계를 "보며" 서로 다른 방식으로 동일한 총체적 생활세계를 "말하며"현대철학에서의 서로 다른 영역 철학을 구축하였다. 정치철학은 단지 이 여러 영역 철학 속의 한 가지일 뿐이다. 보다 일반적으로 말하면 정치철학뿐만 아니라 모든 현재의 영역 철학 예하면 경제철학, 사회철학, 문화철학, 도덕철학 등은 실제로 모두 철학의 현대 방식으로서 체계철학의 방식과 달리 여러 가지 서로 다른 시각으로부터 총체적 성찰을 한다. 비록 이러 한 것들은 특수영역을 대상으로 하는 철학 성찰이지만 영역 철학으로서 현대철학에서 분리할 수 있는 부분이 아니라 현대 철학 자신이고 제1철학으로서의 현대 철학이다.

기왕에 영역 철학이 생활세계를 지향한 철학의 사고인 바에 그 어떤 영역 철학이든 모두 현실 생활에 대한 관심을 떠날 수 없는 것에 대해서는 스스로 생각해야 한다. 그렇지 않으면 다시 옛 철학의 추상적 구성 체계의 이론 순환에 빠지게 된다. 물론 더욱 핵심적 문제는 어떻게 현실적 생활에 대하여 철학적 관심과 언설을 할 것인 가는 것이다. 이는 영역 철학과 생활세계 간의 관계를 이해하는 요점이다. 서양 현대철학은 헤겔식의 사변철학에 반기를 들면서부터 시작되었고 현재 중국의 마르크스 철학 연구에서의 새로운 진전도 전통 교과서를 대표로 하는 체계 철학에 반기를 들면서 시작되었다. 표면적으로 보면 생활세계 각 영역의 현실에서 출발하여 현실 문제를 연구하면 현대 영역 철학이 옛 철학을 돌파하는 제일 좋은 방식인 것 같지만 문제는 결코 그렇게 간단하지 않다. 세계에 대한 철학의 파악은 총체성을 대상으로 하고 성찰적인 것을 특징으로 하며 궁극적인 것을 목표로 하기에 현실에서의 모든 것이 전부 성찰의 내용으로 되는 것이 아니다. 직접적 지식은 현실의 생활세계에서 오지만 철학의 성찰은 이런 구체적 지식에 대한 거듭되는 생각으로 구체적 지식 자체가 아니다. 철학 사고의 이런 특징은 그와 현실 생활 간에 특수한 장력이 존재하게 하며 철학이 현실에서 오지만 또 현실을 초월하게 한다. 즉, 사상 활동이 특수 영역의 현실을 초월할 때만이 그리고 이 영역 현실에 대한 구체적 지식 위에 있을 때 비로소 총체성과 궁극적인 것을 지향하며 철학의 사고로 된다. 현재의 철학 발전에서 사람들은 이미 응당 현실의 생활에서부터 출발해야 함을 충분히 인식하고 있으며 심지어 마땅히 현실생활의 각 영역에서 출발하여 철학의 새 시야를 넓혀야 함을 의식하고 있지만 어떻게 이런 새 시야로부터 출발하여 진정으로 각 영역에서의 근본적, 총체적 문제를 파악할 것인가는 더욱더 어려운 문제이다. 이런 상황에서 서로 다른 영역 지식을 영역 철학으로 동일시하고 영역철학을 제1철학의 구체적 생활 영역에서의 응용 등으로 인식함과 아울러 이러한 것들은 은폐하여 또는 공개적으로 이 영역 철학에 대한 형형색색의 이해 속에 존재한다고 하겠다.

때문에 여기서 특히 강조해야 하는 것은 우리는 현대철학을 각 영역 철학의 모둠으로 보거나 영역철학을 현대철학의 서로 다른 구성 부분으로 보아서는 안 된다는 것이다. 다시 말하면, 우리는 "영역철학"이라는 이 개념으로 현대철학의 다차원, 다시각의 특징을 표현하고 “영역철학”이 생활세계와 밀접한 연관이 있다는 것을 명시함은 문제될 바 없지만 반대로 우리가 영역철학을 철학의 한 영역에서의 전개로 보거나 영역철학을 어느 영역지식에 대한 개괄과 총화로 보는 것은 아니다. 엄격한 의미에서 영역철학을 응당 철학의 한 특수한 차원, 특수한 시각 또는 한 특수한 언설발식으로 보는 것이 마땅하다. 결코 철학의 한 “영역” 또는 “차원”이 아니다.

(4) 영역철학으로서의 마르크스 정치철학

상기한 현대 영역철학의 흥기 원인에 대한 분석에 따라 우리는 마르크스 철학에서 발생한 실천 전환과 영역철학 흥기 간의 관계에 대하여 진일보 고찰할 수 있다.

마르크스 철학의 실천전환이 새로이 강조되는 주요 원인은 아래와 같다. 마르크스 철학 연구는 기존의 이론 틀 안에서는 전개하거나 깊이 있는 연구를 하기 어렵고 “실천전환”을 새로이 강조하는 이 “근본으로 돌아가는” 작업을 하여야만 비로소 그 연구가 직접 현실생활과 밀착된 각 영역 철학에서 “새로운 것을 개척”할 수 있기 때문이다. “실천전환”은 단지 “근본으로 돌아가는”의 작업에 불과하고 향후 영역철학에서 각종 구체적이고 내실 있는 연구만이 진정으로 “새로운 것을 개척하는 것” 다. 이런 새로운 작업이 없으면 마르크스 철학 연구는 영원히 철학관 변혁에 관한 공허한 설명에 멈춰있게 된다.

여기서 알 수 있다시피 마르크스 철학에서 “실천 전환”과 “영역 철학”의 관계는 두 가지 문제점을 말해주고 있다. 하나는 “근본으로 돌아가는 것”과 “새로운 것을 개척하는 것” 간의 잇닿음은 결코 실천의 원칙이 영역철학에서의 응용 소치가 아니며 “근본으로 돌아가는 것”이든 “새로운 것을 개척하는 것” 이든 모두 하나의 공통된 기초-현실의 생활에 관심을 갖는 것에 기반을 두고 있기 때문이다. 마르크스 철학의 실천전환의 근본적인 것은 바로 철학이 마땅히 생활실천을 기반으로 해야 함을 강조한 것이다. 이 현실 입각점을 파악하면 각종 서로 다른 방식으로 생활세계의 영역철학의 발전을 언설하는 원동력을 마련할 수 있다. 다른 하나는 실천전환은 단지 새로이 강조한 마르크스 철학의 총체적 특징이고 각 영역철학은 서로 다른 측면에서 이 총체적 특징에 대한 깊이 있는 해석과 구체적 개척을 한 것에 불과하다. 각 영역철학의 깊이 있는 진전을 통하여야만 비로소 이 총체적 특징을 체현하는 마르크스 철학이 진정으로 깊이 있는 진전을 가져올 수 있다. 우리는 사회생활과 인류지식이 이와 같이 커다란 변화를 가져온 현시대에 만일 서로 다른 영역에서 일어난 변화에 대하여 깊이 있게 성찰을 하지 않고 단지 덮어놓고 추상적으로 혁명을 담론한다면 그 혁명성을 어디에 낙착할 것인가 하는 문제를 생각하지 않을 수 없다.

근년에 마르크스 철학의 옛 해석체계가 해체됨에 따라 중국 국내 학계는 마르크스 철학의 미래 발전 방향에 대하여 수많은 새로운 해설을 창안하였다. 그러나 이런 해설은 대부분 "하루살이"여서 전후로 서로 교체되면서 지구적 생명력이 결핍하였다. 더욱더 우려되는 것은 몇 십 년의 "근본으로 돌아가는" 작업을 하였음에도 불구하고 사람들은 여전히 끊임없이 이런 새로운 해설을 창안하고 이런 새로운 해설의 창안 작업을 창조적 작업으로 인식하면서 피곤함을 모른다는 것이다. 이는 경박한 철학 상황이며 속박을 벗어난 후의 ㅊ 초조함과 불안함이며 막연해서 어찌할 바 모르는 것이다. 마르크스는 그가 살던 시대 독일의 철학 상황을 이야기할 때 이렇게 말하였다.

> 독일의 공상가들이 선언한 바와 같이 독일은 최근 몇 년 간에 한 차례 미증유의 변혁을 겪었다. 스트라우스로부터 시작된 헤겔 체계의 해체

과정은 모든 "과거의 힘"을 휩쓸어버린 세계적 소동으로 발전하였다. 보편적 혼란 속에서 일부 강대한 왕국이 생겼다가 서둘러 사라지고 순시간에 허다한 영웅들이 나타났지만 보다 과감하고 용맹스러운 상대가 나타나는 바람에 소리 없이 자취를 감추었다. 이는 한 차례의 혁명으로서 프랑스 혁명은 이에 비하면 소꿉놀이에 불과하다. 이는 한 차례의 세계적 싸움으로서 디아도코이Diadochoi의 싸움은 새발의 피라고 할 수 있다. 일부 원칙들은 다른 일부 원칙으로 대체되고 일부 사상 투사들은 다른 일부 사상 투사들에 의해 섬멸되었는데 그 속도는 전대미문으로 빨랐다. 1842년-1845년이라는 이 3년 사이에 독일에서 진행한 숙청은 지난 3개 세기보다 더 철저하였다.[56]

이는 두 가지 서로 비슷한 철학 양상이다. 이런 철학 양상은 무엇을 말해주는가? 옛 철학을 타파하려면 반드시 현실의 생활 세계에 입각해야 함을 아직 의식하지 못하였기 때문인가? 대체로 이렇게 귀결해서는 안 된다. 사람들도 끊임없이 문제로부터 출발할 것을 호소하고 현실생활이 제기한 문제를 연구할 것을 호소하고 있다. 문제점은 대체로 철학이 현실생활에 파고들어가는 결합 부분이 아직 성장하기 못하거나 혹은 그 중 어느 한 중요한 문제가 영역 철학의 발전에서도 아직 미숙한 단계에 있다는 것이다.

마르크스 철학의 실천 전환과 영역 철학의 발전은 상호 추진하는 가운데 상호 "성숙하였다." 물론 실천 전환이 이뤄지기 전에 영역 철학은 나타나지 못하였지만 영역 철학이 현실생활에서의 총체성 문제와 근본성 문제에 대해 깊이 있는 성찰을 하지 못할 때 "실천 전환"도 단지 공

56 중공 중앙 마르크스 엥겔스 레닌 스탈린 저작 편역국 편역, 〈마르크스 엥겔스 선집(제1권)〉, 인민출판사 1995년, 62쪽.

허한 구호에 그쳐 있었다. 이런 상황에서 마르크스 철학에 대한 새로운 해설들은 비록 현실의 생활에 입각할 것을 강조하였지만 왕왕 추상적으로 마르크스 철학이 "무엇인지"에 대해서만 담론하였을 뿐 이런 "새로운 생명력을 얻은" 마르크스 철학이 현실의 생활세계와 도대체 어떤 연관이 있을지를 설명할 수 없었다. 이들도 비록 체계의 구축을 반대한다고 강조하였지만 항상 일부 "해석력이 있는 "신 개념으로 모든 것을 추상적으로 해석하면서 현대 생활의 다시각적으로 출발하여 세계와 인생의 근본 문제를 꿰뚫어 보는 것을 무관심하거나 그런 능력이 없었다. 이는 현재 중국의 마르크스 철학 연구가 철학체계의 거대한 서사 충동에서 근본적으로 벗어나지 못하였음을 말해준다. 단지 마르크스 철학의 실천 전환을 공허하게 강조할 뿐이고 현실 생활로의 전환을 의미하지 않는다. 세계와 인생과 관련된 각종 근본적 문제에 대하여 깊이 있고 구체적인 성찰을 통하여야만 비로소 진정으로 현실생활을 깊이 있게 이해할 수 있다. 이런 근본적 문제는 다른 곳에 있는 것이 아니라 각 영역의 현실생활 속에 존재한다.

인류가 철학을 요하는 것은 근본적으로 말하면 인류 생활의 의의에 대한 궁극적 관심을 요하는 데 있다. 때문에 인류는 형이상학에 대한 추구를 영원히 멈추지 못하는데 이 것이 바로 제1철학의 기능이다. 다만, 현대 철학에서 이미 다시는 체계철학의 방식으로 철학을 서술하기는 어렵겠지만 각 영역 철학이 제1철학으로 상승하여 원래의 체계철학이 담당했던 제1철학의 기능을 담당할 것을 요한다. 각 영역 철학은 모두 특유한 방식으로 인류의 생활에 대하여 총체적 해석과 궁극적 해설을 하며 그 특유의 시각으로 인류의 궁극적 운명을 관심하였는데 마르크스 철학도 예외가 아니다.

인류 생활의 궁극적 문제는 자유와 필연의 관계 문제이며 인류의 운명은 이 근본적 문제에 대한 끊임없는 시대적 해답과도 연관된다. 현대에서 각 영역 철학은 결국 모두 그 특정된 시각으로 이 문제에 회답하면서 자신을 제1철학으로 상승케 하였다. 단지 자기 영역에서 자기만의 시각으로 이 문제에 회답하여야만 자기의 "영역" 특색이 있게 되며 궁극적으로 이 문제에 회답하여야 비로소 철학으로 칭할 수 있다. 이러한 해석은 비록 인간의 본성에 대하여 서로 다르게 단정하였지만 상호 간 위배되지 않으며 영역 철학은 서로 다른 시각으로 문제에 대한 궁극적 이해를 하였지만 상호 간 위배되지 않는다. 예컨대 도덕철학은 인간의 윤리적 존재와 윤리적 관계로부터 출발하여 인류생활을 해석하고 인류의 자유와 필연의 관계를 해석하며 사회철학은 인류의 사회적 존재와 사회적 교제로부터 출발하여 인류 생활을 해석하고 인류의 자유와 필연적 관계를 해석하며 정치철학은 인류의 정치적 존재와 정치적 교류로부터 출발하여 인류 생활을 해석하고 인류의 자연과 필연적 관계를 해석한다.…… 제반 이런 해석은 모두 서로 다른 시점으로 세계와 인생의 근본적 문제를 파고들었다. 마르크스 철학이 이런 서로 다른 각도에서 이런 문제를 해답하지 않았다면 현시대 정신의 구축 속에서 자신의 위치를 찾지 못하였을 것이다.

현시대는 이미 날로 글로벌화 추세를 보이고 있다. 역사적으로 바라볼 때 이런 추세의 생성과 발전은 초기에 시장 경제의 발전으로 추진되었음은 의심할 바 없지만 글로벌화는 단지 하나의 경제 과종아 아니라 모순과 모험 그리고 충돌이 가득찬 사회 변동의 과정이다. 이 과정에서 전통적 가치 관념은 강력한 충격을 받게 되었다. 그 중에 개인이 전통철학가치에 대한 인정을 냉담하게 대하는 것과 전통 질서가 무너진 것은 제일 돌출적인 사회와 정치 문제로 되었다. 이 문제가 현대에 돌출해진 것은 현대 사회에서 개인과 사회단체의 전통적 정치 가치와 실천행위에 대한 인정이 전환되고 현대 사회에서 인간의 정치 인정과 사회귀속이 변화하였음을 명시한다. 이는 현대 사회에서 사람들은 자기의 현대 정원을 애써 찾고 구축하고 있음을 말해 준다. 그렇다면 이 정원의 구축은 마땅히 어떤 정의 원칙을 따라야 하는가? 이런 원칙은 어디서 오는 가? 이 정원은 어떤 의미에서 정치적 성격을 띠게 되는가? 사람들은 어떤 의미에서 정치활동이 그들의 가든 구축 활동을 위해 준비해 준 것을 수용할 수 있는가? 이와 관련하여 현대 의미에서의 정치 활동은 마땅히 어떤 방식으로 사람들의 사회생활에 개입해야 하는가? 이런 정치활동은 실제로 또 어떻게 사람들의 사회생활을 개입하는 가? 이런 문제에 대한 회답은 어느 문화가 해야 할 일이 아니라 현대 세계에 생존하는 모든 인류가 해야 할 일이다. 서로 다른 민족과 서로 다른 문화가 이에 대한 회답이 서로 다를지라도 이런 회답은 모두 정치철학을 떠날 수 없다. 서양에서 이런 문제는 이미 현재 바야흐로 부흥하고 있는 현대 정치철학이 애써 회답하는 문제로 되었다. 이런 문제는 중국 마르크스 철학이 향후 마땅히 애써 주목해야 할 문제로도 되었다.

3. 마르크스 정치철학에 대한 연구 및 그 의의

본 저서의 주요 과제가 마르크스 정치철학의 기본 이론을 탐구하는 것이기에 정치철학에 대하여 제일 일반적인 고찰을 한 후 우리는 바로 이 주제로 들어가야 한다. 여기서 먼저 언급해야 할 것은 마르크스 정치철학을 어떻게 이해할 것인가 하는 문제이다.

(1) 마르크스 정치철학을 어떻게 이해할 것인가?

마르크스, 엥겔스 등 경전 저자들의 저술에서 사회정치생활에 관한 논술이 매우 중요한 부분을 차지하고 내용이 아주 풍부하기에 과거의 마르크스 철학 해석 체계도 이런 사상에 대한 연구를 간과하지 않았다.

하지만 마땅히 알아야 할 것은 이런 연구는 정치철학 특유의 학과 시각으로 진행된 것이 아니라는 것이다. 게다가 무엇이 마르크스 정치철학이며 마르크스 정치철학이 존재하는가 하는 문제에 관한 사람들의 이해도 아주 큰 차이가 있다. 과거의 유물사관 해석 틀에서 사회 구성의 이론 및 계급, 국가, 사회 혁명에 관한 학설은 곧 "마르크스주의 정치학설"로 이해되었다. 일부 사람들은 이를 대충 "마르크스주의 정치사상"으로 칭하고 일부 사람들은 아예 "마르크스 정치철학"이라고 칭하였다. 이와 반대로 또 일부 사람들은 정치철학은 현실정치질서의 정의성에 관한 이론이며 현실제도 비평자로서의 마르크스 등 경전 저자들은 종래로 이런 이론 구축 작업을 하지 않았기에 마르크스의 이론에는 단지 현실정치질서의 정의성에 관한 비평 이론이 있을 뿐 정치철학은 없다고 본다.

만일 정치철학을 일반적인 의미서의 정치사상으로 이해한다면 마르크스 정치철학의 존재를 의심하는 사람이 거의 없을 것이다. 한 것은 모종 의미에서 전체 마르크스의 이론은 실제로 어떻게 정치투쟁을 통하여 최종적으로 인류해방을 실현할 것인가 하는 정치이론이기 때문이다. 그러나 만일 엄밀한 의미에서 정치철학을 논한다면 반드시 아래와 같은 일련의 문제들을 언급해야 한다. 규범적 이론으로서의 마르크스의 윤리학이 존재하는가? 만일 마르크스가 그 윤리학이 있다면 그것은 어떤 윤리학인가? 어떻게 가능한가? 마찬가지로 규범적 이론으로서의 마르크스 정치철학은 어떠한 것인가? 우선적으로 방법론적 의미에서 이런 일련의 문제들을 해명하지 않으면 마르크스 정치철학의 기타 문제에 대한 토론이 기반이 없게 된다.

다시 말하면, 만일 마르크스의 정치학설을 직접 정치철학으로 보면 역사유물주의와 마르크스 정치학 이외에는 정치철학을 확립할 필요가 없다. 그 자체가 바로 역사유물주의와 마르크스 정치학의 구체적 내용이기 때문이다. 그 외에 마르크스 등 경전 저자들은 확실히 현실정치 제도의 정의성에 대하여 변호하는 것을 반대하였고 종래로 루얼스 정의 이론과 비슷한 정치철학을 구축한 바 없는데 이런 의미에서도 마르크스 정치철학이 없다고 명확히 말할 수 있다. 그러나 한 이론(예하면 마르크스 이론)이 어느 한 학술 영역(예하면 정치철학)을 포함하느냐 않느냐를 판정하는 근거는 그 명칭에 있지 않고 그 영역의 기본 문제에 대한 토론 참여 여부에 있다. 정치철학사에서 명확히 알 수 있는 것은 마르크스주의가 생성되어서부터 거의 모든 중대한 정치철학 문제의 토론에 모두 마르크스가 참여하였다. 현재 서양으로부터 보면 마르크스의 정치철학 논쟁에서 맡은 역할은 더욱더 뚜렷하다. 현대 서양의 제반 정치철학 유파 가운데서 일부는 마르크스를 직접적 또는 잠재적 적수로 보고 있으며 일부는 동행자로 보고 있으며 일부는 그 계승자로 자칭하고 있다. 이런 학술 유파는 모두 그들 나름대로 이해한 유물사관으로 정치철학 문제를 토론하고자 한다. 이들에게 있어서 마르크스의 정치철학은 정치철학의 한 중요한 분파일 뿐만 아니라 이미 정치철학에서 자유주의와 상호 맞댈 수 있는 또 다른 한 극의 좌표로 되었다고 할 수 있다. 마르크스가 현대 정치철학 문제 토론에서 맡은 역할은 마르크스가 분명히 자신의 정치철학이 있음을 명시해준다. 문제는 바로 어떻게 모든 마르크스 정치이론 속에서 그의 정치철학을 위해 합리적인 이론 포지션을 찾는가 하는 것이다.

마르크스 정치철학을 명확히 이해하려면 우선 마르크스의 정치이론에서 구체적 과학으로서의 정치학과 철학으로서의 정치철학에 대하여 구분해야 한다. 위의 분석에서 우리는 이미 정치철학이 정치학 등 구체적 과학과 다르다는 것을 설명하였다. 철학이 구체적 과학과 구별되는 것은 철학이 구체적 과학을 위해 기본적 이념과 기초적 입장, 관점, 방법을 마련해줄 수 있다는 것이며 또한 이 점이 바로 철학으로 하여금 특수하고도 독립적인 것으로 되게 하였다. 마찬가지로 명확한 것은 모든 마르크스의 이론에서 유물사관은 하나의 기초적인 것과 방법론 의미를 구비한 것으로 모든 마르크스 정치이론을 위하여 기초 입장, 관점과 방법을 마련해준다. 이런 기본 입장, 관점과 방법을 떠나면 전체 마르크스의 정치이론은 기반을 잃게 되며 그 이론의 특수성도 파악할 수 없게 된다. 여기서 알 수 있는 바 마르크스 정치철학 이론의 포지션에 관한 문제는 유물사관에 대한 이해와 밀접히 연관되어 있다. 이는 우리에게 몇 가지 기본 문제를 제기하였다. 즉 마르크스 정치철학이 특유한 학과 시각은 무엇이며 이 시각은 정치학 등 구체적 과학의 학과 시각에 비해 어떻게 다르며 마르크스 정치철학과 유물사관은 도대체 어떻게 다른가 하는 문제들이다. 이런 문제에 대한 초보적인 회답은 본 저서가 마르크스 정치철학이론의 포지션에 관한 회답으로 될 뿐만 아니라 본 저서의 연구를 지도하는 핵심 관점으로 된다.

역사유물주의는 철학을 기초적 과학이론으로 하는가 아니면 실증과학을 기초적 과학이론으로 하는가 하는 문제는 마르크스 철학연구에서의 현안 중 하나이다. 마르크스 철학 발전사상 이 문제는 시종 유물사관 문제의 토론과 동반하고 있다. 최근 몇 년간 마르크스 정치철학에 관한 연구에서 이 문제는 다시 사람들의 주목을 받고 있을 뿐만 아니라 새로운 방식으로 나타났다.

위에서 논한 바와 같이 가장 일반적인 의미에서 정치철학은 규범적 이론으로 묘사적 이론과 다르다. 그러나 전통적 마르크스 철학 해석 틀에 따르면 유물사관은 과학 사실에 근거하여 사회역사발전 규칙을 규명하는 학문으로서 그 이론 과제는 우리에게 객관적 사회구성과 역사 규칙이 "어떠한 가"를 제시하는 것이기에 객관사실에 관한 묘사적 이론에 불과하며 사회생활은 "마땅히 어떠하여야 하는 가"에 관한 규범적 이론이 아니다. 이 견해에 따르면 유물사관은 단지 과학적 사실을 호소하여 사회구성의 객관성과 역사 규칙의 필연성을 고찰하는 것으로 희망적인 도의 원칙을 호소하여 사회정치제도의 정당성을 고찰하는 것이 아니다. 유물사관에 대한 이런 기본 이해는 규범적 문제를 주요 내용으로 하는 마르크스 정치철학의 합법성이 문제로 되게 한다. 이는 우리가 마르크스 정치철학을 포기해야할 뿐만 아니라 마땅히 모든 마르크스의 명의로 진행한 도덕 언설을 포기해야 함을 의미한다. 이와 같은 마르크스의 사상을 정치철학과 윤리학 문제 밖으로 배제한 이해는 분명히 문제가 있으며 문제의 근원은 유물사관에 대한 편면적인 이해에 있다.

필자는 유물사관은 단순히 사회역사사실에 대한 묘사적 이론이 아니라고 본다. 유물사관을 단지 사실을 묘사하는 방식으로 역사를 언설하는 것으로 본다면 유물사관을 실증주의와 동등하게 보는 것이다. 분석철학은 논리분석의 중요성을 강조함과 아울러 사실 묘사와 논리분석만이 과학이론이 가히 사용할 수 있는 방법이라고 본다. 분석적 마르크스주의는 간단한 실증주의 관점을 포기하였지만 오히려 실증주의가 강조한 묘사적 방식과 분석철학이 강조한 분석방식을 상호 결부하여 실증주의의 부족한 점을 보완하여 과학적 인지를 위해 기본 방법을 확립하였다. 실제로 이는 여전히 과학적 방법에 대한 협애한 이해로서 이런 이해를 기초로 유물사관을 평가하여서는 안 된다. 즉 설사 우리가 유물사관을 단지 묘사적인 것으로 보지 않고 과학적 인지 이론으로 본다고 해도 여전히 유물사관에서 문제를 고찰하는 규범적 차원을 배제한 것으로 된다.[57] 유물사관을 단지 인지적 방식으로 문제를 고찰하는 인지

---

57 분석철학의 입장에서는 "무엇인가"하는 문제든 "마땅히 무엇이다"라는 문제든 모두 마땅히 언어분석의 검증을 받아야 하기에 묘사적 활과 규범적 활동 외에 이른바 분석적 활동도 있다. 미국 정치학학자 알렌 C 아이작Alan C Isaak은 이렇게 말하였다. 현대에서 "아주 중요한 사실은 규범 활동과 분석활동은 과학 활동 간의 차별이 날로 뚜렷하여 규범 활동과 분석활동이 정치철학을 구성하고 과학 활동은 정치과학을 구

이론으로 보아서는 안 되며 마땅히 규범적 방식으로 문제를 고찰하는 역사관과 방법론을 동시에 포함하고 있는 것으로 보아야 한다. 이 점은 우리가 반드시 방법론에서 확인해야 한다. 유물사관에 사회생활 및 그 역사발전을 파악하는 두 가지 상호 구분되는 동시에 상호 연관되는 방식과 경로가 있는데 이들 간에는 비록 장력이 있지만 상호 보완하며 유기적 통일을 이룬 동일한 이론으로 유물사관의 사회생활 및 그 역사발전에 대한 총체적 파악을 구성하였다. 한 면으로 인지적 경로에서 유물사관은 객관사실로서의 사회역사조건에 대한 묘사와 분석을 통하여 실제 상황으로 사회적 객관 구성과 역사적 객관 규칙을 제시하며 다른 한 면으로 규범적 경로에서 희망적 가치 준칙에 대한 호소를 통하여 인간사회의 도의 목표를 제시하고 우리에게 활동적 목적을 뚜렷이 가리켜 준다.

유물사관에서 이는 두 개의 상호 구분되는 이론 차원으로서 문제를 고찰하는 두 가지 서로 다른 방식이지만 상호 충돌이 아닌 상호 통일을 이루고 있다. 이들 간의 통일은 사실과 가치, 실제 상황과 희망 사항 간의 통일을 파악하는데 기초를 마련해 주었다. 이런 통일을 이해할 때 마땅히 세 가지 측면의 문제에 유의해야 한다. 하나는 여기서 말하는 것은 두 개의 서로 다른 이론 차원으로서 단지 이들이 우리에게 두

성하고 있다"([미국] 알렌 C 아이작, 〈정치학의 범위와 방법〉, 짱지우, 두안쇼광 역, 난징대학출판사 1988년, 8쪽). 알렌 C 아이작의 분석철학에 입각한 이런 구분은 전통적인 묘사성과 규범성의 2분법 한계를 타파하고 서사적으로 사실성에 관한 과학 고찰방식에 대응하고 규범성으로 가치성에 관한 도덕철학의 고찰 방식을 대응한 동시에 분석활동은 묘사성 문제에 미치기고 하고 규범성 문제에도 미친다고 보았다. 분석활동과 연관되기에 단지 사실성에 관한 과학고찰방식을 "서사적 고찰방식"이라고 칭하기에는 분명 타당치 않다. 때문에 사실성 문제를 핵심으로 하는 이론을 "인지이론" 또는 "인지적 고찰방식"이라고 칭하고 이에 상응하여 규범성 문제를 핵심으로 하는 이론을 "규범적 이론" 또는 "규범적 고찰방식"으로 칭할 수 있다. 본 저서에서는 아래에 이런 개념을 사용하여 문제를 토론하고자 한다.

가지 서로 다른 문제 고찰 방식을 마련해 줄 뿐 이들이 서로 다른 이론에 속한다고 보지 않는다. 바꾸어 말하면 이들은 모두 유물사관에 속한다. 다른 하나는 문제를 고찰하는 두 가지 서로 다른 방식인 만큼 같은 사회생활과 사회 역사를 직면하였을 때 이들은 서로 다른 시각에서 이러한 것을 고찰하여 서로 다른 학과 경로를 형성하고 해명적인 학술 연구를 성원할 수 있다. 유물사관은 사회 역사를 고찰하는 총체적인 방법론으로서 이런 총체적 방법론 하에서의 인지적 고찰방식과 규범적 고찰방식은 내재적 통일을 이룬다. 마르크스 정치철학은 바로 이런 의미에서 그 자체의 독립적 존재의 가치를 갖게 되며 마르크스 정치철학의 규범적 경로는 마르크스 정치철학으로 하여금 인지적 경로에서 제대로 잘 설명할 수 없는 문제를 제시할 수 있게 한다. 그 다음 하나는 문제의 종합성과 학과의 해명적 관계를 마땅히 아래와 같이 이해하여야 한다. 서로 다른 학과의 공통적 연구 대상으로서의 현실 문제는 항상 종합적이며 서로 다른 학과의 그에 대한 해명적 연구는 서로 다른 방식과 서로 다른 측면에서 동일한 대상을 파악하여 서로 다른 지식을 형성한다. 하지만 이들은 종래로 문제 자체의 종합적 성질을 변화시키지 못하였다. 예컨대 "공산주의"에 대하여 유물사관은 인지적 측면에서 그 필연성을 해석하기도 하고 규범적 측면에서 그 도의의 합리성을 해석하기도 하는데 이들은 비록 서로 다른 측면이기는 하지만 모두 동일한 유물사관에 속한다.

따라서 우리는 이런 결론을 도출할 수 있다. 첫째, 유물사관은 마르크스주의가 인간 사회생활 및 그 역사발전을 고찰하는 이론으로서 하나의 총체적 방법론이다. 둘째, 마르크스주의의 사회학, 정치학, 경제학 또는 기타 인지적인 과학이든 마르크스주의의 정치철학, 사회철학, 경제철학 또는 기타 철학연구이든 모두 마땅히 이 방법론과 일치해야 한다. 이 방법론은 마르크스주의 이론의 상징이다. 이 방법론과 일치한 것은 마르크스주의 이론에 속하며 이 방법론과 일치하지 않은 것은 마르크스주의 이론이라고 할 수 없다. 셋째, 이런 유물사관을 기반한 해명적인 마르크스주의 이론 학과는 이러한 것들이 어떠한 방식으로 그 구체적인 학과 이론을 구축하든 모두 동일한 현실의 인간 사회생활 및 그 역사발전을 직면하게 된다. 이러한 현실의 인간 사회생활 및 그 역사발전은 마르크스도 마찬가지로 직면한 사회생활 및 그 역사 발전이다.

정치철학의 핵심 문제는 규범적 합리성을 기반으로 하는 도의 원칙 문제이다. 마르크스 등 경전 저자들은 비록 과학적 방식으로 세계를 인식할 것을 아주 강조하였지만 그들은 자본주의의 도의에 대한 비평과 미래 사회의 가치 구성에 대해 종래로 포기한 적 있다. 비록 그들은 도의 규범 문제를 아주 적게 토의하거나 심지어 때론 그 토론은 반대하기도 하였지만 그들의 이론에는 문제를 고찰하는 규범적 방식과 이론 차원이 있음은 의심할 바 없다. 유물사관을 단지 인지이론으로 이해하거나 심지어 그와 규범적 이론으로서의 정치철학이 서로 화합되지 않는다고 보면 마르크스주의의 기본 이상을 이해할 수 없을 뿐만 아니라 유물사관을 기계적 결정론과 반인도주의 이론으로 해석할 위험한 경향도 존재하게 된다. 이런 경향은 전통적인 마르크스 철학 해석 틀에서 실제로 나타난 바 있다. 마르크스주의의 모든 사회역사이론에서 규범적인 도의 척도와 인지적인 진리 척도는 상호 결부된 불가분의 관계이다. 이들 간의 관계가 분리되는 것을 피하기 위하여, 마르크스 정치철학을 보다 깊이 있게 연구하기 위하여서는 반드시 이 두 개 차원 및 그 관계를 깊이 있게 이해하여야 한다.[58] 이 기초위에서만 비로소 유물사관에 대한 마르크스 정치철학의 특수 가치를 정확하게 파악할 수 있고 정치철

58 이 문제에 대한 심입된 분석은 왕신성의 <유물사관과 정치철학>(<철학연구> 2007년 8호 3-7쪽)참조.

학 사고방식의 특수성을 파악할 수 있으며 이로부터 마르크스 정치철학의 핵심문제, 기본 관념과 방법을 연구하는데 정확한 이론 포지션을 제공해줄 수 있다.

동시에 하나의 특수한 영역 철학으로서의 정치철학은 그 독특한 변론 방식을 구비하고 있는 만큼 자신 특유의 개념과 범주 계통을 갖고 있다. 만일 정치철학을 전통 교과서 틀에 속하는 유물사관으로 간단히 이해한다면 그 독특한 사고방식을 은폐하게 된다. 학술이론 활동에서 이는 단지 마르크스주의로 하여금 기타 정치철학과 효과적인 대화를 할 수 없게 할 뿐만 아니라 마르크스주의로 하여금 현재 막강한 자유주의 담론 앞에서 실어 상태에 처하게 한다. 실제로 이는 없는 우려가 아니다. 현대 서방은 권리, 민주와 정의 등 중대한 정치철학 문제에서 자유주의가 담론권한을 거의 독점하고 있다. 서양의 이런 학술 상황은 일정한 정도에서 중국의 정치철학 연구에도 영향을 미쳐 권리, 민주와 정의 등 문제를 담론하기만 하면 자유주의의 이론 담론의 도움을 청할 수밖에 없게 된다. 이런 상황을 만든 중요한 원인은 오랫동안 사람들이 유물사관의 전통 해석에 따라 권리, 민주와 정의 등 문제를 유물사관으로부터 배제하여 유물사관으로 하여금 마르크스 철학에서 진공지대로 되게 한데 있다. 윌 킴리카는 이런 문제에 대한 이해에서 과거 사람들이 특별히 강조한 것은 마르크스의 미래 공동체에 관한 구상에서의 초월적 이상이었다고 보았다. 이 초월적 이상에 따르면 미래 사회는 경제 결핍과 이익충돌이 없으며 종족과 종교 갈등이 없는 사회이다. 이런 사회에 있어서는 권리, 민주와 정의는 모두 쓸모없는 것들이기에 권리의 정의성을 핵심으로 하는 정치철학 토론도 필요 없는 것이다. 윌 킴리카는 이렇게 말하였다.

때문에 얼마 전까지 이런 정의, 권리, 관용 또는 민주에 관한 규범적 이론에 관심을 갖고 이를 발전시킨 마르크스주의자는 거의 없었다. 하지만 오늘날 거의 모든 분석적 마르크스주의자들은 모두 결핍, 충돌, 다원 및 이성적 불완전은 인류의 영구적인 특징이라고 인정하고 그 어떤 흡인력 있는 규범적 정치이론이든 모두 반드시 정치제도가 마땅히 어떻게 이런 문제를 직면하는 가를 해석해야 한다고 하였다. 이 방향으로 내디딘 첫 걸음이 바로 마르크스주의의 정의 이론을 발전시킨 것이다.[59]

윌 킴리카의 이 해석은 정확하다. 마르크스주의 정의 이론을 구축하고 또 그 기초위에 전체 마르크스 정치철학을 구축하는 것은 오늘날 마르크스 철학 발전의 중요한 과제이다. 특히 마땅히 알아야 할 것은 오늘날의 세계 구도에서 마르크스주의 이론을 지침으로 하는 사회주의 시장경제와 민주정치 건설에 있어서 이 과제는 더욱더 절실하다는 것이다.

(2) 마르크스 정치철학의 실천 취지

세계에 대한 해석을 모색할 뿐만 아니라 세계에 대한 변화를 더욱더 모색하는 것은 마르크스 철학의 기본 특징의 하나이다. 과거에 우리는 마르크스가 〈포이어바흐에 관한 테제〉에서 명확하고 분명하게 천명한 이 사상을 주로 그의 철학관으로부터 이해하였다. 바로 이 사상에 따라 사람들은 마르크스 철학을 하나의 "실천철학"으로 보았다. 실제로 마르크스 철학의 이 특징은 마르크스 정치철학을 이해하는 데서 아주 중요하며 심지어 오직 마르크스 정치철학에서만 실천철학으로서의 마르크스 철학의 이론 특징을 비로소 보다 깊이 있게 보다 진정으로 이해할

59 [캐나다] 윌 킴리카, 〈현대 정치철학(상)〉, 류선 역, 상하이산련서점 2004년, 319쪽.

수 있다. 모든 정치철학의 문제는 모두 사회관계를 변화시키는 정치활동과 직접적으로 연관되어 있기에 인간의 해방과 자유와도 직접 연관된다. 마르크스 철학의 이런 특징으로 말미암아 마르크스 정치철학은 보다 직접적으로 그의 실천 특성을 제시할 수 있고 마르크스 철학이 주장한 세계를 변화시키는 실천 활동이 인간의 해방과 자유와 관련된 활동임을 명확히 이해하게 한다.

이 문제는 두 개의 서로 다른 측면으로 이해할 수 있다. 한 면으로, 전체 마르크스 철학으로 말하면 이는 그 기본 이론과 그 정치철학의 관계에 대한 이해와 연관되며 다른 한 면으로, 마르크스 정치철학으로 말하면 이는 그 이상적 측면과 그 현실적 측면의 관계에 대한 이해와 연관된다.

전체 마르크스 철학에 대하여 말하면 필자는 마르크스 정치철학은 비록 사회정치 문제를 대상으로 하는 한 영역 철학이지만 마르크스 철학의 기본이론의 외재적 보완이 아니라 본연의 내용이다. 따라서 마르크스 철학의 기본 이론을 심화하는 의미에서 중국의 현재 마르크스 정치철학연구를 이해하여야 이 바야흐로 흥기하고 있는 영역 철학의 의의와 가치를 진정으로 파악할 수 있다. 또한 이런 의미에서만이 우리는 정치철학의 연구를 통하여 마르크스 철학 연구에서의 학술적 방향과 그 실천의의 간의 관계를 돌이켜 볼 수 있다.

근본적으로 말하면 철학의 생활에 대한 의의는 다만 세계를 이해하는 사상 패턴을 구축하여 자유와 필연 간의 모순을 파악하고 해결한다는 것이다. 계몽운동 이후의 철학이 구축한 세계를 이해하는 현대 패턴은 신학사상체계가 그 해석 효력을 잃은 후 다시 인류생활 속의 이상 세계와 현실 세계, 자유와 필연, 희망 사항과 현실 사항 간의 긴장과 모순을 파악하여 인류생존 의의에 대한 해석을 제공하고자 하는 것이다. 이는 종교와도 다르고 사변철학과 다른 세계와 인류 생존의의를 이해하는 사상 패턴이다. 종교적 이해의 패턴에서는 자유와 필연 등 모순을 파악하려는 목적은 신성한 보장으로 실현할 수 있고 사변철학에서는 이 목적은 어떤 형이상학적 설정을 통하여 실현할 수 있지만 계몽운동 이후 세계에 대한 새로운 해석체계에서는 인간의 자유 및 이 자유를 체현하는 인간의 존재 방식의 문제는 정치제도의 정의성으로만 실현할 수 있다. 계몽주의자는 권리 원칙 및 그 것이 대표하는 제도의 정의성은 인류생활을 위해 자유의 한도를 정하고 이 한도 외에 인류는 자유에 대하여 더 많은 것을 바라서는 안 된다고 믿는다. 마르크스는 이는 계몽운동 이래 정치해방이 달할 수 있는 최고 목표이라고 말하였다.[60] 따라서 계몽운동 이후의 철학은 그 어떤 추상적 언어와 특별한 논제로 그 내용을 표현하든 최종적으로 모두 이런 "시민사회"에 입각하여 세계를 해석한 철학체계에 속한다. 여기서 제1철학으로서의 철학 자체가 곧 정치철학이다. 한 것은 그들이 다룬 것은 동일한 문제이기 때문이다. 따라서 마르크스가 말한 바와 같이 "옛 유물주의"철학은 실제로 "시민사회에 입각한" 계몽주의의 정치철학임을 알 수 있다.

마르크스가 초월하고자 한 것이 바로 이런 철학이다. 그는 〈포이어바흐에 관한 테제〉에서 직접 자신의 철학과 그가 초월하려는 그런 철학의 차이를 두 가지 유물주의의 차이로 표현하였는데 실제로 보다 일반적으로 말하면 두 가지 신구 철학관에 관한 차이이다.

> **직관적** 유물주의는 감성을 실천 활동으로 이해하는 유물주의도 아니고 기껏해야 "시민사회"에 대한 한 개인적인 직관으로밖에 될 수 없다.

---

60 [독일] 마르크스, 〈유대인 문제에 관하여〉, 중공 중앙 마르크스 엥겔스 레닌 스탈린 저작 편역국 편역, 〈마르크스 엥겔스 전집(제3권)〉, 인민출판사 2002년, 163-198쪽 참조.

옛 유물주의의 입각점은 "**시민**"사회이고 새 유물주의의 입각점은 **인간** 사회 또는 사회화적인 인간이다.[61]

여기서 마르크스는 그의 모든 이론을 위하여 과거 이론과 완전 다른 입각점을 찾았다. 단지 두 가지 신구 유물주의의 인식론 구분으로 마르크스가 논술한 이 이 새로운 입각점을 이해하면 안 될 뿐만 아니라 단지 철학사적 의의에서 마르크스 철학의 이 실천전환을 이해하여도 안 된다. 이 서술에는 마르크스의 선명한 실천의도가 포함되어 있기 때문이다. 이 새로운 입각점은 시민사회가 대표하는 사회관계 유형 및 그가 요구하는 윤리원칙을 벗어났기에 단지 개인 권리를 기초원칙으로 한 정의 범위 내에서 사회정치문제를 해결하는 시야를 초월하였다. 즉 근본적으로 근대 이래의 철학이 정치제도의 정의성으로 인간의 자유를 위해 정한 한도를 타파하였다. 이는 정치해방을 초월하여 인간해방의 기초 위에 입각한 완전 새로운 철학관이다. 마르크스는 근대 이후의 철학은 계몽운동의 산물로서 정치해방의 성과로 자유를 위해 한도를 정하여 사람들로 하여금 자아권리의 속박에 빠져 진정한 자유를 얻지 못하게 하였는데 이는 그가 추구한 해방 취지 간에 모순이 발생하게 하였다고 보았다. 하여 마르크스는 이렇게 말하였다. 이런 철학은 비록 자유를 취지로 하지만 "그러나 자유이라는 이 인권은 사람과 사람이 상호 결부한 기초 위에 설립되는 것이 아니라 반대로 사람과 사람이 상호 분리된 기초 위에 설립된다. 이 권리가 바로 이런 분리의 **권리**로서 **협애**하고 자신에게만 국한된 개인 권리이다."[62] 마르크스는 현대성이 스스

---

61 중공 중앙 마르크스 엥겔스 레닌 스탈린 저작 편역국 편역, 〈마르크스 엥겔스 선집(제1권)〉, 인민출판사 1995년, 57쪽.

62 중공 중앙 마르크스 엥겔스 레닌 스탈린 저작 편역국 편역, 〈마르크스 엥겔스 전집(제3권)〉, 인민출판사 2002년, 183쪽.

로 빠진 이론 곤경을 극복한다는 의미에서 새 철학의 입각점을 "시민사회"와 다른 "인간 사회"에 두었다. 이런 이론 곤경을 극복하려면 반드시 그의 실천기초를 극복하여야 하며 반드시 시민사회의 윤리 원칙을 초월하여야 한다. 이 것이 바로 그의 철학이 "실천전환"한 진정한 의미이다. 여기서 마르크스가 변화시킨 것은 전반적인 철학이며 동시에 정치철학이기도 하다. 마르크스 철학 연구에서 그 실천 취지를 제시하고 그 철학 변화의 의의를 파악하여야만 비로소 마르크스가 철학 변화를 일으킨 실천의도를 진정으로 이해할 수 있으며 마르크스 철학 연구의 학술성을 위해 진정한 실천 입각점을 찾을 수 있다. 이런 의미에서 마르크스 정치철학을 깊이 있게 이해, 해석하지 않으면, 마르크스 철학연구에 관한 그 어떤 학술성 진전이든 모두 그 가치 바탕을 잃게 됨과 아울러 그 학술성 가치도 잃게 된다고 명확하게 말할 수 있다.

물론 반드시 주의해야 할 것은 마르크스가 "시민사회"를 초월한 "인간 사회"의 입장으로부터 출발하여 논리적으로 반드시 개인 권리를 기초로 한 자유를 초월할 것을 요하지만 이런 자유에 대한 이론은 현실정치제도의 정의성을 초월한 이상적 정치철학이어야만 한다.

마르크스 정치철학 자체로 말하면 현실정치제도의 정의성을 초월한 이상적 정치철학은 다만 그의 한 측면에 지나지 않는다. 그의 다른 한 측면은 그 진실성 측면 즉 현실생활에 대한 정의적 관심이다. 현실생활에 대한 정의적 관심은 현실정치제도 정의성에 대한 긍정을 통하여 이뤄질 것을 요하며 현실정치제도의 정의성에 관한 이론은 바로 현실성적인 정치철학이다. 만일 마르크스 정치철학의 초월성 측면이 비평성적이라면 그 현실성 측면은 구축성적이다. 이는 그 초월성 측면은 초월성 이론에 따른 현실사회 정치질서에 대한 비평이고 그 현실성 측면은 현실정치질서가 마땅히 어떠해야 하는 가에 대한 이론 구축이다. 마르크스와 엥겔스는 살아생전에 확실히 현실정치질서의 정의성에 대하여 이론적 구축을 하지 못하지만 이로 인하여 마르크스 정치철학을 단지 비평적이고 초월적인 것으로 이해하여서는 안 되며 오늘날 우리도 그들의 사상 원칙에 따라 이런 구축을 할 수 없고 더욱이 이로 인하여 마르크스 정치철학이 있어서 안 된다고 생각지 말아야 한다. 마르크스주의는 무정부주의가 아니고 유토피아주의도 아니고 그 정치철학에서 정치해방을 초월하여 확립한 이상적 정의 원칙은 비역사적으로 현실정치질서의 근거를 취소한 것이 아니라 초월성적 입장에서 비평적으로 현실정치질서 및 그 제도 규범을 이해할 것을 강조하여 그 자체 철학으로 하여금 끊임없이 합리적인 방향으로 나아가게 하였다. 정치해방을 초월한 정치이상은 무조건으로 현실정치질서의 현재와 즉시에 대하여 부인하는 것이 아니라 이상적 정의 원칙으로 그 결함에 대하여 비평하는 것이다. 현실의 사회생활이 정치해방의 역사 과제를 초월하지 못하였을 때 현실의 사회생활은 여전히 권리를 핵심으로 하는 정의원칙을 규범으로 할 것을 요하며 민주적 정치제도로 이런 정의 원칙의 실행을 보장할 것을 요한다. 어떤 사람들은 항상 마르크스 본인의 언론으로 마르크스는 초월성적인 이상이 있을 뿐 현실의 정의 관심은 없다는 것을 증명하는데 이들은 마르크스가 〈유대인 문제에 관하여〉에서 아주 명확히 지적한 것 즉 현대 역사 조건에서 유대인에게 인간 해방의 입장에서 자신의 정치권리와 자신의 종교를 인식하도록 요하는 것은 완전 불합리한 것이라고 지적한 것을 모른다.

현재 중국의 사회주의 시장경제와 사회주의 민주정치는 아직 초급단계에 있으며 그와 상응한 사회정치규범도 여전히 장기간 존재한다. 즉 사회주의 초급단계에서는 권리를 핵심으로 한 정의원칙으로 사회생활에 대하여 통폐합하거나 구조 조정을 하며 사회주의 민주제도로 이런 정의 원칙의 실행과 적용을 보장하는데 이 과정은 아주 기나길 것이다. 이는 필연적으로 현대 마르크스 정치철학이 마르크스 초월적 정의 입장을 준수함과 동시에 민주정치의 정의성을 위해 말하고 개인 권리의 정의성을 위해 말하며 개인 자유를 보장하는 시민사회의 발전을 위해 말할 것을 요한다. 이런 일찍이 콩스탕Henri-Benjamin Constant de Rebecque에 의해 현대인 자유로 일컬은 것은 시장경제가 존재하고 발전할 수 있는 기초적 조건으로 당연히 사회주의 시장경제의 존재와 발전의 필수이기도 하다.[63] 사회주의 시장경제와 자본주의 시장경제의 차이는 권리를 핵심으로 하는 정의 원칙과 그와 연관된 정치제도에 대한 긍정 여부에 있는 것이 아니라 이러한 것은 다만 역사성적 정의원칙과 정치제도에 불과하다는 것을 인정하느냐 부인하느냐에 있다. 이는 동시에 마르크스 정치철학과 자유주의 정치철학의 이론적인 근본 차이기도 하다.

마르크스 정치철학은 그 역사주의에서 출발하여 초월성 정의원칙과 권리 정의 원칙, 궁극적 자유와 현실 자유 간에 구축한 장력 관계이며 현대인 자유 비밀을 밝히는 열쇠이다. 종교와 사변철학처럼 궁극적 자유를 어느 한 현실을 초월한 실험에 기탁하는 것도 아니고 자유주의처럼 현실의 자유를 인간 자유의 궁극적 가능성으로 보지도 않는데 이는 역사주의적으로 정치해방과 인간 해방의 관계를 이해할 것을 요하며 이들의 이중변주에서 인간의 자유 및 그 실현 조건을 파악할 것을 요한다. 시장제도에 대하여 비평적 태도를 유지함과 동시에 시장경제를 발전시키는 것은 사회주의 이상 목표를 향해 나아가는 데서 반드시 거쳐야 하는 길임은 분명하며 현실성 마르크스 정치철학을 구축하는 현실 입각점이기도 하다.

---

63 [프랑스] 앙리 벵자맹 콩스탕, 〈고대인의 자유와 현대인의 자유〉, 앤커원, 류만구이 역, 상하이인민출판사, 2003년.

(3) 마르크스 정치철학의 시대 상황

정치철학은 현대 서방 철학에서의 현학이며 마르크스 정치철학은 현대 서방 철학에서 중요한 자리를 차지한다. 서방 정치철학 특히 서방학자들의 마르크스 정치철학에 대한 연구를 강조하는 것은 현재 중국의 마르크스 정치철학 연구를 크게 추진하게 될 것이다.

그러나 우리도 반드시 근대 이래의 서방 정치철학이 시종 자유주의를 가치 기점으로 하고 있다는 것을 명확히 인식해야 한다. 자유주의가 담론권한을 주도하고 있는 서방 학계에서 마르크스 정치철학은 역대로 그의 자유주의에 대한 비평과 자유주의의 마르크스주의에 대한 반대 비평이 서로 연결되어 있다. 이런 배경 하에서의 마르크스 정치철학은 시종 자유주의의 참조 대상으로만 되어 자유주의의 대립 면으로 되거나 자유주의 결함의 역보완이 되여 자신의 논리를 독립적으로 보여주지 못하였다. 이는 우선 마르크스 정치철학의 중대한 문제와 중요한 방법은 자유주의와의 대치와 대화 속에서 형성되었음을 의미하기에 서방 정치철학을 고찰하고 참고할 때 우리는 마땅히 시종 마르크스주의와 자유주의의 중대한 문제, 중요한 관점과 방법론에서의 영역 본선을 파악해야 함을 의미한다. 동시에 비평성은 마르크스 정치철학의 유일한 기능이 아니며 "반대파"도 마르크스 정치철학이 맡을 수 있는 유일한 역할이 아니며 현대 상황에서의 마르크스 정치철학을 구축하기 위하여 우리는 반드시 서방 정치철학의 이론과 실천 맥락을 초월하여야 함을 의미한다.

19세기 말부터 마르크스주의와 자유주의는 평등, 자유, 민주, 권리, 국가, 계급 등 일련의 정치 철학 문제와 관련될 때면 줄곧 논쟁이 그치지 않았다. 20세기 후반기 이래 존 롤스, 로널드 드워킨 등 "평등주의적 자유주의자"의 출현은 평등문제가 날로 두 가지 정치철학의 논쟁의 핵심으로 되었고 평등문제에 관한 논쟁은 주로 실질 평등을 마땅히 추구해야 하느냐 않는냐 하는 문제에 집중되었다. 오랫동안 이어진 이론 논쟁에서 마르크스주의의 자유주의 평등관에 대한 핵심 비평은 주로 자유주의 평등관은 단지 형식적 평등 등만 인정하고 실제적 불평등을 무시하기에 허위적으로 평등을 주장한다는 것이다. 현대 서방의 각종 형식의 마르크스 정치철학은 마르크스의 자유주의에 대한 이 핵심 비평을 지속해 왔는데 다른 점은 이들이 마르크스가 그 당시 자유주의 평등관에 대한 이 비평이 주로 경제 영역에서 전개되었기에 현재는 마땅히 마르크스의 사상을 확장하여 성별, 소비, 문화 등 기타 영역에서도 실질 평등의 실현을 추진해야 한다고 보는 것이다. 이 또한 현대 사방에서 다종다양한 "마르크스 정치철학"이 형성되게 된 중요한 원인이기도 하다. 비록 담론이 잡다하지만 자유주의와 대항할 수 있는 학술 역량으로서의 이런 좌익 정치철학은 마르크스주의를 비평성적인 급진적 정치철학으로 발전케 하여 마르크스주의로 하여금 서방 정치철학에서의 "반대파" 이미지로 굳어지게 하였다. 더글라스 러미스Douglas Lummis가 말한 바와 같이 20세기 60년부터 정치문제를 연구하는 많은 학자들은 "줄곧 마르크스주의에 자유주의의 국가관과 자유주의의 경제학에 대한 비평의 힘을 빌려" 하나의 정치 이론으로 삼았다. "마르크스주의는 민주 좌익과 일정한 거리가 있는 것으로 해석되었는데 말하자면 민주 좌익보다 더 급진적이라고 해석되었다."[64]

평등문제는 단지 하나의 거울로서 이 문제를 통하여 우리는 서방 마르크스 정치철학의 성격과 의의를 비교적 명확하게 이해할 수 있다. 이 문제는 현대 서방 문맥에서의 마르크스 정치철학이 직면한 주요한 문제는 현대 서방 자본주의의 사회정치문제임을 제시해준다. 이런 상황에

---

64 [미국] 더글라스 러미스, 〈급진적 민주주의〉, 류위앤치 역, 중국인민대학출판사 2008년, 1쪽.

서 "반대파"로 나타난 마르크스 정치철학이 뚜렷하게 강조한 것은 마르크스주의의 비평적 기능인데 이로 인하여 마르크스주의도 단지 초월성적 이상으로만 이해되었다. 마르크스 정치철학이 실제로 역할 발휘하는 것도 현실에 대한 비평을 통하여 자본주의 및 자유주의를 주요 내용으로 하는 의식형태의 폐단을 지적하여 자본주의 정치제도와 정치 이념의 변화를 불러일으킨데 불과하다. 서방 마르크스 정치철학의 이런 상황은 19세기와 20세기에 비해 현시대 세계 구도에서 마르크스주의와 자유주의의 관계는 보다 복잡해지고 따라서 현대 마르크스 정치철학에 대해 말하면 비평이든 구축이든 모두 완전 새로운 과제와 완전 새로운 내용을 포함한 이론 탐구이어야 한다. 특히 현실성 마르크스 정치철학을 구축하는 과제로 말하면 서방의 연구를 참조하는 것은 당연히 필요하지만 중국의 사회주의 시장경제실천은 필수불가결한 현실 참조 대상이다.

여기서 주목해야 할 것은 20세기 후반기 이래 마르크스 정치철학과 자유주의 간의 논쟁은 날로 방법론 문제로 전향하고 있으며 논쟁의 핵심은 개인 자유와 역사 규칙의 관계 문제에 집중되어 있다는 것이다. 자유주의 측면에서 보면 칼 포퍼Karl Popper, 이사야 벌린이든 기타 자유주의자이든 모두 애써 마르크스의 방법을 단지 인과율만 강조하는 기계적 결정론에 귀결시켜 마르크스가 역사규칙으로 개인을 통제하고 개인의 자유를 부인한다고 비평하였다. 이들은 역사적 결정론은 개인을 역사 규칙의 통치 하에 놓고 개인의 윤리책임에 대한 담당을 취소하고 나아가 개인 자유 선택의 권한을 부인하고 궁극적으로 전제주의를 초래한다고 보았다. 마르크스주의 측면에서 보면 이런 비평에 응하는 과정에서 각종 형식의 마르크스주의도 방법론에서 마르크스 정치철학의 연구를 추진하였다. 하버마스, 악셀 호네 등 비평이론가와 일부 분석적 마르크스 철학자들의 사실과 가치, 유물사관과 규범적 이론의 관계 등 문제에 관한 토론은 바로 이런 비평에 응하는 과정에서 형성된 중요한 성취이다.

마르크스가 유물사관을 창립한 과정은 바로 그의 철학방법론의 형성과정이다. 이 과정 역시 마찬가지로 마르크스의 정치철학 및 그 방법론의 형성과정이다. 우리는 마르크스가 헤겔의 "법" "시민사회" "정치국가" 및 이들 간의 관계에 대한 비평 고찰을 통하여, 현실정치제도 및 그와 사회생활 간의 소외의 관계에 대한 심입된 분석을 통하여 비로소 자본주의 경제 관계를 깊이 있게 파악하고 유물사관을 창립하였음을 알고 있다. 과거에 사람들은 마르크스가 이런 문제를 해석하는 가운데서 체현한 사상 방법을 단지 인지적 경로의 단일 방향에서 이해하여 마르크스 철학의 규범적 차원을 항상 미숙한 시기의 인도주의 잔여로 보고 추방하였다. 이런 마르크스 사상에 대한 시기 나눔과 자리 매김이 관련되는 가장 심층적인 문제는 어느 이론 내용이 유물사관에 속하는가 하는 문제가 아니라 방법론 문제이다. 마르크스는 도대체 어떤 방식으로 사회정치문제와 사회역사를 고찰하였으며 그는 어떤 방식으로 사실과 가치, 현실 사항과 희망 사항, 합리성과 합목적성, 자유와 필연의 관계 문제를 해결하였는가? 한마디로 말하자면 정치철학과 유물사관의 관계는 도대체 어떠한가? 만일 방법론 영역까지 깊이 들어가지 않으면 이런 문제에 관한 토론은 획기적인 발전을 이룰 수 없다. 우리가 애써 설명한 바와 같이 유물사관에서 사실과 가치, 역사 척도와 가치 척도의 통일은 모든 문제를 고찰하는 방법론 기초이며 따라서 마르크스 정치철학의 방법론의 기초이기도 하다. 이 방법론을 기반으로 하여야만 마르크스 정치철학의 비평성과 구축성, 사실성과 가치성, 이상성과 현실성의 통일이 비로소 합리적인 설명을 얻을 수 있다. 보적인 설명을 하였다. 아래 각 장절의 내용은 이로써 우리는 본 저서에서 언급되는 문제, 맥락, 틀과 방법에 대하여 초 서론에서 밝힌 글의 구상에 따라 구체적으로 전개하고자 한다.

제1장

마르크스 정치철학의 기본 이론

제1절

마르크스 사회이론에서의 정치철학의 위치

1. 마르크스 사회이론의 복합적 성격

마르크스는 어떤 단일한 영역에 대하여 단일한 방법으로 연구하는 이론가가 아니다. 그의 저술에는 여러 방법과 여러 영역이 망라되어 있다. 마르크스와 그의 계승자들이 창립한 마르크스주의 이론은 복합적인 사회이론으로서 여러 이론 분야를 포함할 뿐만 아니라 관련된 연구방법도 결코 단일하지 않다. 때문에 마르크스의 전반적인 이론에서 정치철학의 자리를 매김 할 때 우리가 먼저 부딪치는 문제는 어떻게 전부의 "마르크스 사회이론"을 이해하는가 하는 것이다. 보다 정확하게 말하자면 우리가 부딪치는 문제는, 사회생활 및 그 역사에 대한 마르크스의 전반적 이론에서 독립적 연구내용으로 나눌 수 있는 부문이 몇 가지이며 그 부문들은 어떻게 구성되었는가 하는 것이다. 이 문제는 사회과학 방법론과 관련될 뿐만 아니라 사회 과학과 철학의 관계 문제와도 관련된다.

사회생활을 연구 대상으로 하는 인문 사회 과학으로 말하면, 질서와 발전은 두 가지 서로 다른 영역이다. 질서는 안정적 사회 구성과 관련되고 발전은 역사적 변화와 관련된다. 이런 의미에서 우리는 마르크스의 사회생활 및 그 역사에 대한 전반적인 고찰을 "사회역사이론"이라 칭한다. 만약 한 이론이 정태적인 구성 시각으로 사회생활을 고찰하면서 그 역사에 대하여 고찰하지 않는다면 우리는 이런 이론을 "사회이론"이라고 칭한다. 그리고 마르크스와 같은 사상가들이 비록 전문적인 사회학자나 정치학자는 아니지만 상호 관련 영역의 지식을 풍부히 구비하고 또한 사람들이 항상 정치 생활을 사회생활과 구별하여 보기 때문에 우리도 항상 사회 정치 생활에 대한 정태적인 연구를 "사회정치이론"으로 칭한다. "사회역사이론", "사회이론", "사회정치이론" 등은 모두 사회생활을 연구하는 이론의 총괄적 표현이지만 각자 치중하는 바가 다르다.

사회학의 창시자 오귀스트 콩트Auguste Comte는 일찍 사회 생활을 연구 대상으로 하는 과학을 분류하고 사회 과학의 방법에 대하여 연구한 사상가이다.[1] 그는 사회생활에 대한 연구는 마땅히 "사회정역학社會静力學"과 "사회동역학社會動力學"이라는 서로 다른 내용으로 구별해야 한다고 주장하였다. "사회정역학"은 사회에 대한 정태적 연구로서 주로 일반적 사회관계, 사회 구성과 성격 그리고 그 존재 조건을 연구하는 것으로 사회 질서의 원리를 제공한다. "사회동역학"은 사회에 대한 동태적 연구로서 주로 사회 운동과 발전 규칙을 연구하는 것으로 사회 발전의 원리를 제공한다. 이 구분에서 콩트는 우리에게 사회학과 역사학을 구별하는 근거를 제공하여 주었다고 할 수 있다. 만약 정치 생활을 사회생활

1 현대 학과로서의 사회학은 점진적으로 발전하여왔다. 콩트는 사회학의 창시자로 존칭되고 있지만 그가 말하는 사회학은 현대적 의미에서의 사회학과는 완전히 일치한 것은 아니다. 그는 사람과 사회 영역에 대한 모든 이론을 사회학으로 칭하였다.

의 일부분 또는 일종의 연장으로 본다면 콩트의 이 구분은 또 우리에게 정치학과 역사학을 구별하는 근거를 제공하여 주었다고 할 수 있다. 그러나 실증주의자로서의 콩트의 철학지식과 실증지식 간의 관계에 대한 관점은 특수한 점이 있다. 그는 반성적 철학지식의 가치를 전적으로 부정하기에 가의 두 가지 지식 구분 관점에는 중대한 결함이 존재한다. 즉, 철학지식과 구체적 과학지식 간의 차이점을 소홀히 하여 반성적 지식이 전반 지식 체계에서 마땅히 있어야 할 지위와 역할을 부여하지 않은 것이다. 이로 인하여 전반 사회생활의 지식 체계에서 이해와 비평에 관련된 지식 내용을 합리적 위치에 배정할 수 없게 되었다. 비실증적 지식을 배제하는 것이 콩트 등 실증주의자들이 의도한 것일 수 있지만 콩트 이 후의 사회 이론 발전사는 이런 방법론이 사회 이론과 관련된 모든 지식 내용에 대하여 합리적인 분석과 요약을 할 수 없음을 증명하였다.

콩트가 범한 우는 복잡한 사회생활을 그냥 경험 사실로 간단하게 여기고 사회생활이 자연 세계 보다 상대적으로 더 복잡하다는 것을 소홀히 한 것이다. 사회생활이 복잡한 것은 무엇보다 사람이 복잡하기 때문이고 사람 복잡한 것은 사람의 활동이 복잡하기 때문이다. 우리는 사람의 활동을 단지 순수한 생리 반응 활동으로 이해할 것이 아니라 아주 복잡하게 구성되었음을 알아야 한다. 다시 말하면 우리는 간단하게"자연사실"을 이해하는 방식으로 사람과 사람의 활동을 이해하여서는 안 된다. 만약 우리가 사람의 활동을 간단하게 일종의 "자연사실"로 이해한다면 사람 행위의 복잡성을 설명할 수 없다. "행동"은 동물적인 생리 반응의 "활동"과 달리 행동자의 주관적 의미가 부착된 활동이다. 이런 의미가 부착된 활동이 우리의 활동으로 하여금 사회적 활동을 칭하게 하였고 또 이로 인하여 우리를 사회 동물이라고 칭할 수 있게 하였다. 행동자가 행동에 부여한 의미의 고찰을 떠나서 단지 우리가 관찰한 한 사람의 행위 사실로 그 행위가 전반 사회생활 속에서 미치는 역할을 평가한다는 것은 상상할 수 없는 일이다. 한 사람이 다른 한 사람을 살해한 것은 하나의 행위 사실이지만 이 행위 사실은 서로 다른 의미와 관련되면 고의살인으로도 되고 정당방위로 되며 정의로운 일로도 될 수 있다. 일본제국주의와 싸운 항일 전쟁은 정의의 전쟁이지만 만약 단지 경험 사실의 측면에서만 본다면 두 나라 간의 전쟁 충돌의 "사실"로 볼 수 있어 그 본질을 인식할 수 없게 된다. 사회생활에 대한 연구는 당연히 이 점에서 사회사실과 자연 사실을 구별해야 한다. 이런 자각에 이르러야 사회생활에 대한 연구가 비로소 과학적인 방법론으로 이뤄지게 된다.

막스 베버는 비록 사회문제 연구의 과학적 특성을 강조하고 가치중립의 원칙을 강조하였지만"사회 사실"과 "자연 사실"간의 구별을 콩트보다 더욱 신중하게 대하였다. 막스 베버는 사회과학 방법론을 고려할 때 "해석", "행동", "의미" 등 개념을 도입하여 이 개념으로 사회과학 방법론과 자연과학 방법론 간의 구별을 강조하고자 하였다.

> 사회학(여기서 사용하는 아주 모호한 의미에서)은 해석적으로 사회 행동을 이해하고자 애쓰고 따라서 원인과 결과에 대하여 인과관계를 설명하는 하나의 과학이다. 우리가 말하고자 하는 "행동"은 행동하는 개체가 주관적 의미를 그 행위에 부착한 의미에서 말하는 행동이다. 그 의미가 선명하든 모호하든, 인정하든, 묵인하든 간에. 오직 행동의 주관적 의미가 기타 사람의 행위를 설명할 수 있고 따라서 그 원인을 지향하는 의미에서만 행동은 비로소 "사회적"으로 된다.[2]

---

2 [독일] 막스 베버 〈사회과학방법론〉, 양부빈 역, 화사출판사 1999년, 35-36쪽.

막스 베버는 우리가 단지 경험으로 의미 있는 행동과 그 어떤 주관적 의미도 없는 순수한 반응적인 행위 간의 경계를 구분할 수 없다고 보았다.

사회 이론에 도입한 "해석", "행동", "의미" 등 개념은 사회 이론의 비평기능을 긍정하는데 해석적 근거를 제공하였다. 비록 베버는 확고한 가치중립론자이지만 그의 사상은 실증주의 방법론의 경험주의 편파성을 바로잡는데 방향을 제시해주었다. 그 후의 사회 이론은 바로 그 방향을 따라 발전하였다. 리처드J.베른슈타인Richard Bemstein이 말한 바와 같이 그 시대에 나타난 "실천과 행동 개념을 강조한" 사상운동은 사람들로 하여금 "인류가 처한 환경에 대하여 보다 깊은 이해를 갖게" 하였고 이와 같은 인류가 처한 환경에 대한 보다 깊은 이해로 인하여 사회 이론은 비로소 실증주의를 초월하게 되었다. 그는 오늘날 날로 분명해진 것은 "적당한 사회정치 이론은 반드시 경험적이고 해석적이고 비판적이어야 한다"[3]고 말하였다. 말하자면, 오늘날의 사회이론이 만약 합리적이고 설명력이 있다고 하면 인지적인 차원이 필요할 뿐만 아니라 사회사실에 대하여 경험적인 서술과 인지적인 분석을 할 수 있어야 하며 또한 규범적인 차원을 있어야 하고 이성적인 변론을 거쳐 사회생활의 질에 대하여 비평을 할 수 있어야 한다. 이런 합리적이고 설명력이 있는 사회 이론은 비평적 기능을 배격하지 않을 뿐만 아니라 필연적으로 구비하게 된다.

위르겐 하버마스의 종합적 사회비평이론은 이런 사회 이론의 가장 좋은 해석으로 될 수 있다. 위르겐 하버마스는 인간 사회 특징에서 인간지식 취미를 구성하는 기초를 찾아내어 인간지식을 기술적인 것, 실

---

3 [미국] 리처드J.베른슈타인, 〈사회정치이론의 재구성〉, 황루이치 역, 역림출판사 2008년, 서언.

천적인 것, 해방적인 것 등 세 가지 인지 취미로부터 기인한 것으로 보고 있다. 그는 이 세 가지인지 취미는 사회생활의 세 가지 측면에서 기인하였다고 보았다. 또는 업무, 상호 작용, 권력 등 세 가지 사회생활의 향도에서 기인하였다고 보았다. 이러한 것들은 전혀 다른 사회생활 향도에서 기인하였기에 그들 간의 차이는 근본적이고 환원 불가능하며 각자 세 가지 유형의 학과를 대표한다. 기술적인 인지 취미는 "경험적이고 분석적인 학과"에 대응되고 실천적인 인지 취미는 "역사적이고 해석적인 과학"에 대응되며 해방적인 인지 취미는 "비평적 학과批判性學科"에 대응된다.[4] 위르겐 하버마스 사회이론의 범례적인 표명은 "좋은 사회이론은 경험적인 것만 또는 경험적인 것에 분석적인 것을 더한 것만이 아닌 다차원적이고 복합적인 것이어야 한다."는 것이다. 위르겐 하버마스에게 있어서 사회 이론의 종합적 특징 및 세 가지 차원에서의 구분은 자각적이다. 기타 일부 적당하고 설명력이 있는 사회 이론에서 이 세 가지 차원은 충분하게 자각하지 못하였지만 이런 사회 이론의 복잡한 내용으로 되는 것을 저해하지 않는다.

위르겐 하버마스의 사회비평이론은 우리에게 합리적인 사회이론의 복합적인 특성을 보여주었을 뿐만 아니라 사회생활에 대한 관찰을 통하여 정치적인 실천이 사회 활동에서 갖는 중요성과 현대 지식체계가 이를 소홀히 하고 있음에 대하여 해석해 주었다. 여기서 사회 이론과 정치 이론의 관계가 언급되는데 이는 우리가 마르크스의 정치철학 이론을 진일보 이해는 데 의미하는 바가 있다. 위르겐 하버마스는 아리스토텔레스를 대표로 하는 고전 사회 이론의 핵심 문제는 행복하고 공정한 사회생활을 탐구하는 것이기에 이런 사회이론은 논리학 연장으로서

---

4 [미국] 리처드J.베른슈타인, 〈사회정치이론의 재구성〉, 황루이치 역, 역림출판사 2008년, 253쪽.

의 정치철학이라고 보았다. 이런 고전 사회정치이론에서는 오직 도시국가의 정치 생활만이 시민들로 하여금 행복하고 공정한 사회생활을 할 수 있게 한다. 사회 습속 및 개인의 논리 생활과 도시국가의 법률은 일치한 것으로 균열과 불일치가 존재하지 않는다. 따라서 아리스토텔레스가 "사람은 사회동물"이라고 할 때의 말과 "사람은 정치동물"이라고 할 때의 말은 모두 같은 말이다. 정치적인 것이 사회적인 것이고 사회적인 것이 정치적인 것이다. 마찬가지로 사회 논리가 곧 정치철학이며 정치철학이 곧 사회 논리이다. 그러나 현대사회의 발전과정에 정치는 점차 사회의 한 형태로 환원되어 아리스토텔레스의 의미에서의 "정치과학"은 사회과학의 하나로 환원되었다.

위르겐 하버마스는 이를 보다 심도 있게 살펴보면 이런 변화와 결과는 사람의 행동 영역으로 거슬러 올라가야 한다고 하였다. 고전 정치철학은 고전의 실천관과 행동관 위에 창설되었다. 고전 정치 철학에서 실천은 사람이 정치 생활을 통하여 성품을 형성하고 육성하는 것을 특별히 지칭하는 것이지만 성품의 형성과 육성은 교육으로 이루어지는 것이 기술적으로 이뤄지는 것은 아니다. 이런 실천 지식은 과학처럼 필연적이고 진실한 지식을 추구하는 것이 아니라 사람들의 정치 실천에서의 행동 능력에 대하여 해석하는 것으로 어떤 "행동"에 대한 "세밀하고 신중한 지식"이라고 할 수 있다. 이런 의미에서의 실천지식은 정치실천으로서의 "행동"과 내재적으로 연관되어 있다. 정치실천으로서의 "행동"은 항상 도덕의 선택과 결단에 직면하기에 지향하는 것은 성품의 육성과 교육이지 기술과 통제가 아니다. 그러나 근대에 들어서서 경험 과학에 의거하여 형성된 현대적 사회 논리는 오히려 모든 "행동" 문제를 기술 통제와 조종 문제로 환원하였다. 그 근원을 따져 보면 이런 사회 이론은 한번 고생으로 영원히 평안해지는 방식으로 국가를 구성하고 사회의 올바른 질서의 모든 조건으로 공중 생활의 영구적인 기초를 확립하고자 하였다. 오직 이런 기초위에서 올바른 질서가 필요한 모든 조건을 구성하여야 사람들은 예측할 수 있는 방식으로 행동할 수 있으며 (자연 사물에서 발생한 것과 같은 것) 인간 사회가 다스려질 수 있다. 따라서 이런 사회 이론은 일단 자신이 이런 기초를 마련하였다고 생각되면 필요한 것은 다만 기술적 통제에 대한 조건 인지뿐이고 "세밀하고 신중한" "행동"의 정치 실천을 힘들게 이해하고 설명할 필요가 없게 된다. 이는 필연적으로 지식에서 행위 의미와 관련된 내용을 배제하게 되며 기술적인 통제로 정치 행동을 해석하게 된다. 위르겐 하버마스는 고전 정치 철학과 현대 사회 이론의 대비를 통하여 우리에게 사회 이론에서의 "정치적 것"과 "사회적인 것"의 차이점을 제시해주었다.

다시 말하면, 현대 학술 분업의 조건 하에 우리가 사람 행동의 의미에서 "정치"와 "사회"를 연구하면 이러한 것들은 사람 행동의 의미와 서로 관련되어 있기에 실질적인 차이가 나타나게 된다. 이런 상황에서 사람의 "정치적 활동"과 "사회적 활동"은 의미적 차이로 인하여 서로 다른 인간 생활 영역에 속하게 되며 이를 연구 대상으로 하는 이론도 따라서 구별된다. 우리가 현대 학과 구별의 의미에서 한 학술 분야를 연구할 때 이 구별에 주의해야 하지만 우리가 어느 한 종합적 이론을 전면적으로 고찰할 때는 이 구별이 결코 종합적 이론에서의 부동한 시각을 분리하는 근거로 되어서는 안 된다는 점을 주의해야 한다.

우리는 사회생활 및 그 역사에 대한 마르크스주의 이론을 일반적으로 "마르크스주의 사회역사이론"이라고 지칭한다. 학과 구분의 의미에서 이 이론을 세 가지 내용으로 구분한다. 하나는 총체적 방법론으로서의 유물사관唯物史觀이고 다른 하나는 구체적 인지과학으로서의 역사학, 사회학, 정치학 등이고 또 다른 하나는 규범적 이론으로서의 도덕 이론, 정치철학 등이다. 이러한 것들은 부동한 방식과 부동한 학과 시각으로 사회생활 및 그 역사를 고찰하면서 마르크스주의 이론의 완전한 체계를 구성한다. 유물사관에서 체현된 과학적 인지의 진로는 마르크스주의가 사회 정치 생활 및 그 역사를 고찰하는 기본 방식임에 틀림없다. 때문에 역사유물주의를 "과학적"이라고 하며 마르크스의 사회주의 이론이 그전의 기타 사회주의 이론과 구별된다고 할 수 있다. 하지만 유물사관은 바로 일정한 가치 입장 위에 설립되었는데 말하자면 사람의 본성과 이상 사회의 규범적 파악 위에 설립되었다. 만약 마르크스가 규범적 이론 방법으로 설립한 가치 입장을 "마땅한 것"이라고 한다면 그의 유물사관은 단지 과학인지의 방법으로 이 "마땅한 것"에 대하여 "무엇 때문에"라는 체계적인 논증을 진행한 것에 불과하다. 이 양자 간의 차이는 결코 마땅히 제거해야 할 사상 모순이 아니라 규범적 이론과 인지 이론이 사회 정치 생활을 고찰할 때 방법과 차원에서 나타나는 차이이다. 마르크스의 사회 정치 생활 및 그 역사에 대한 고찰에서 이 양자는 그 어느 하나라도 없어서는 안 된다.

마르크스의 정치철학에 대한 연구는 마르크스주의 사회역사이론에서의 규범적 이론에 대한 고찰로서 사회정치제도에 대한 마르크스주의의 도덕 원칙과 평가 기준을 제공해주고 있다. 하지만 마르크스의 정치철학은 유물사관과 경험과학을 그 기초로 삼고 있기에 아래 두 가지 문제를 반드시 명심해야 한다. 하나는 이런 규범적 이론이 유물사관의 총체적 방법론 위에 구축되었다는 것이다. 유물사관은 마르크스주의를 위하여 사회생활과 그 역사를 고찰하는 기본 방법을 제공하여 주었다. 바로 이런 기본 방법이 우리가 고찰하는 것은 마르크스의 정치철학이고 자유주의 또는 기타 정치철학이 아님을 보증해주고 있다. 다른 하나는 마르크스주의 사회역사이론의 총체적 방법론으로서의 유물사관은 결코 "텅 빈 것"이 아니라 인지 기초와 규범적 내용을 갖고 있다는 것이다. 따라서 사회정치제도에 대한 마르크스주의의 규범적 이론은 유물사관을 기초로 구축되어야 뿐만 아니라 반드시 인지를 내용으로 하는 사회정치이론을 기초로 구축되어야 한다. 그것은 경험 과학을 기초로 한 사회정치 문제에 대한 인지적 연구만이 비로소 우리에게 사회생활 및 그 역사적 경험의 근거를 제공해주고 우리로 하여금 현실 역사 속에서 부동한 규범적 이론을 검증할 수 있게 하고 또 이에 따라 어느 사회제도가 진정으로 역사를 갖게 될 수 있는가를 판정하게 하기 때문이다. 규범적 이론으로서의 마르크스의 정치철학은 인간의 해방과 자유를 욕망하는 목표를 제공해주었다. 이 목표를 가질 수 있다는 것은 기타 이론이 제공하는 목표의 윤리와 비교하여 보면 기타 이론보다 더 추구할 만하기 때문이다. 그러나 추구할 만한 목표라도 합리적인 해석이 있어야 사람들의 마음을 정복할 수 있다. 인지적인 근거가 바로 가장 설득력이 있는 합리적 해석이다. 우리는 항상 "사실이 웅변보다 낫다"는 말을 하는데 그 근거는 실제로 사실 자체가 설득력 있는 논거를 제공한다는 것이 아니라 과학적 사실이 제공하는 논거를 기초로 한 인지적 논증이 흔히 도덕적 논증에 논거를 제공해주기 때문이다. 종교와 공상적 사회주의는 우리에게 유혹적인 윤리 목표를 제시해주고 있지만 인지적 근거는 제공해주지 못한다. 따라서 이들이 설령 설득력 있는 규범적 논리 논증을 제공한다고 하더라도 실제로는 설득력이 없다. 마르크스주의 사회역사이론을 믿을 수있는 것은 그 유물사관이 우리가 사회생활 및 그 역사를 연구하는데 미증유의 과학적 방법을 제공해줄 뿐만 아니라 추구할 만 목표를 제공해고 있는데 이 목표 또한 인지적 과학 검증을 거친 목표이다.

2. 사회생활을 고찰하는 두 가지 방식

유물사관의 총체적 방법론으로 사회생활을 고찰하는 구체적 방식에 대하여 진일보 분석할 수 있다. 이런 의미에서 사회 정치 생활을 고찰하는 방식에는 서로 다른 두 가지가 있다고 할 수 있다. 하나는 인지를 목적으로 진행하는 경험 서술과 이성 분석인데 이를 과학인지식科學認知式 고찰 방식이라고 한다. 다른 하나는 규범 구축을 목적으로 진행하는 가치평가 방식인데 이를 규범적인 이론적 고찰 방식이라고 한다. 예하면, 공산주의는 도덕적으로 자본주의보다 더 우월한 가히 추구할 만 사회 형식이라는 것이 공산주의에 대한 규범식 판단規範式判斷이다. 따라서 그 어떤 정치행동(사회 혹은 정치혁명)이 이런 사회를 구축하는데 필요하고 유익하다면 도덕적으로 정당하다. 마르크스주의 사회정치이론에서 이 규범적 판단은 공산주의에 대한 인지적 판단과 구별되는데 공산주의는 과학적으로 증명된 진리이라고 판단한다. 우리가 공산주의를 믿는 것은 공산주의가 도덕적으로 자본주의보다 우월해서가 아니라 필연코 실현되는 것이기 때문이다.

학과 특성으로 볼 때 정치철학은 규범적 이론이다. 정치철학이 탐구하는 근본적 문제는 시비의 옳고 그름 문제이지 사실의 진실 여부 문제가 아니다. 따라서 인지 기초 위에 구축된 과학 이론과 다르다. 말하자면, 정치철학의 핵심 문제는 가치문제이다. 이 논의의 영역에서 핵심 문제는 정치 조직과 정치 활동이 실제 상황이 어떠어떠하다는 서술이나 설명이 아니라 제일 좋은 국가 또는 정치 조직이란 무엇이며 무엇이 적합하고 정확한 정치 행동과 정치 목표인가 하는 문제를 논의하는 것이다. 따라서 과학적 인지 방식으로 사회 정치 생활 및 그 역사를 고찰하는 사회학, 정치학, 역사학과는 다르다. 정치철학은 실제로 마르크스가 사회 정치 생활을 고찰하는 또 다른 방식이다.

마르크스에게는 기본상 그 누구도 그가 사회 정치 생활을 파악하는 과학적 인지이론을 확립하였다는 것을 의심하지 않으며 흔히 유물사관이 곧 이 이론의 전형이라고 생각한다. 하지만 오랫동안 마르크스의 추종자든 비평자이든 모두 흔히 마르크스는 규범적 이론을 설립하지 못하였을 뿐만 아니라 규범적 논제로 자본주의를 비평하고 사회 역사를 설명하며 정치현상을 해석한 것을 반대하였다고 본다. 많은 사람들은 나아가 마르크스주의 이론에서 과학적 인지로서의 유물사관과 규범적 이론으로서의 정치철학은 서로 용납하지 않는다고 보았다. 이에 대하여 어떤 사람은 문헌을 진술하며 마르크스가 "정의에 대한 텅 빈 말"을 반대하였음을 강조하고 어떤 사람은 사상발전의 논리를 호소하며 마르크스의 "성숙한" 유물사관과 초기 "미숙한" 휴머니즘 사상 간에 일종의 "단절"이 있음을 강조하였다. 이 문제에서 앨런 멕슨스 우드의 관점이 제일 대표적이다. 그는 유물사관의 과학적 인지 특징은 사회 역사 발전의 필연적 측면에서 자본주의의 필연적 멸망과 공산주의의 필연적 실현을 설명할 것을 요구할 뿐 도의를 호소하는 원칙으로 이러한 것을 판정하는 것은 아니다. 마르크스는 유물사관에 입각하여 정의를 "특정 생산 방식에 내재된 것"으로 보기 때문에 "자본주의가 도덕적인가" 하는 규범적 문제를 무관심하고 한 제도와 특정적 생산 방식이 서로 적응하면 정의적이라고 보았다. 이에 앨런 멕슨스 우드는 마르크스에게 있어서 착취가 기왕 자본주의 생산방식에 내재된 이상 자본주의 생산방식에 적응되는 것으로 자본주의의 도덕에 적합함으로 결코 정의롭지 않은 것이 아니라고 보았다. "마르크스는 정의 또는 기타 도덕으로 자본주의를 견책하지 않았다. 그가 이 입장에서 문제를 천명하는 것을 모두 거절한 이유는 이 입장이 도덕에 대한 착오와 비현실적인 관념에 머물러 있다고 보았기 때문이다. 하지만 그의 역사유물주의는 우리로 하여금 그 착오와 의식형태의 성질을 제시할 수 있게 한다."[5] 분명히 앨런 멕슨스 우드는 마르크스주의에 규범적 이론을 포함하고 있다는 견해를

5 Wood A W, karl marx, London: Routledge Taylor & Francis Group, 2004,p.159.

반대하기에 규범적 이론으로서의 마르크스의 정치철학의 합법성도 부정하였다.

과연 이러한가? 규범적 차원에서 마르크스의 정치철학 연구를 시작하고자 하는데 있어서 이 문제는 "생사존망에 관계되는" 문제이다. 만약 마르크스의 철학에 규범적 차원이 아예 없다면 또는 앨런 멕슨스 우드 등이 말한 바와 같이 사회정치 생활을 고찰할 때 도의를 호소하는 입장에서의 규범적 고찰 방식과 유물사관의 과학적 원칙이 서로 모순된다면 규범적 이론으로 존재하는 마르크스의 정치철학의 견해는 당연히 문제가 아닐 수 없다.

진실한 상황은 결코 그렇지 않다. 위에서 논하다시피 규범적 문제를 고찰하는 것과 인지적 문제를 고찰하는 데는 서로 다른 방법을 따르게 된다. 이런 방법들은 사회 정치 생활을 고찰할 때 각자 기능이 따로 있다. 일반적으로 정치 문제를 고찰할 때 정치학을 인지적으로 고찰하면 어떤 진실성 문제를 천명하게 되며 규범적으로 고찰하면 마땅한 것이 무엇인가를 제시한다. 그러나 앞에서 논한 바와 같이 이런 구별은 다만 양자가 하나의 동일한 복잡한 현실 문제를 고찰함에 있어서 서로 다른 시각과 방법을 취하였음을 의미할 뿐이고 그들 간의 대립과 용납 불가를 의미하지 않는다. 그런데 데이비드 흄 이후로 과학적인 것과 규범적인 것을 대립시켜 모든 지식에 대한 과학적 요구를 전제로 규범적 이론의 가치를 부정하는 것이 오히려 끊임없이 강화되는 지식 경향으로 되었다. 이런 지식 경향은 "묘사성描述性"사실 판정이 진가를 판정할 수 있는 것으로 보고 "비묘사성非描述性" 가치 판정은 진가를 판정할 수 없기에 비과학적인 언어라고 본다. 이렇게 "객관성"과 "서술성"을 정의하고 비서술적 판정(가치 판정을 포함함)을 기초로 한 지식을 객관성 없는 지식으로 보고 비과학적 지식이라고 하였다. 아울러 이런 지식 경향은 오직 사실 서술을 기초로 설립한 과학지식만이 합법적 지식이고 기타의 이른바 "비과학적 지식"은 형이상학적인 허위 또는 진위를 판정할 수 없는 정서 표현이기에 무의미하다고 본다. 이런 지식경향은 경험주의를 기초로 사실 판정이 아니거나 경험 원칙으로 실증할 수 없는 모든 규범적 문제를 합법적 지식 밖으로 배제하여 정치철학을 포함한 모든 규범적 이론으로 하여금 오랫동안 쇠해지게 하였다. 규범적 문제의 합법성이 질의를 받아 "정의"에 대한 논의 등 규범적 문제를 기본 내용으로 한 마르크스의 정치철학의 존립 여부도 문제가 되었다. 그러나 이런 지식론 경향 자체에 문제가 있다.

3. 종합적 윤리 사실과 복합적 사회정치 이론

앞에서 천명하다시피 20세기 70년대 이후 정치철학이 서방에서 부흥함에 따라 사람들은 사실과 가치 관계의 문제에 대하여 새롭게 주시하기 시작하였다. 정치철학은 이 문제를 다시 반성하는데서 특수한 역할을 하였다. 한 것은 정의, 공정 등 정치철학의 핵심 개념에 대한 토론 과장에서 상술한 지식론 원칙이 심각한 도전을 받았기 때문이다.

힐러리 퍼트넘Hilary Whitehall Putnam은 이 문제에 대하여 "복잡한 윤리 개념은 절대적인 사실과 가치 2분법이라는 관념의 반례로 존재한다."[6]고 논술하였다. 말하자면, 윤리 사실 자체는 복잡한 것으로 현실적 사회 정치 생활에서는 단순하며 주관적 평가를 완전히 벗어난 사실적 요소가 존재하지 않기에 단순한 사실적 서술은 문제가 천명될 수 없게 한다. 바로 이런 복잡한 윤리 사실 앞에서 과학적 정치학과 철학적 정치철학

---

6 [미국] 힐러리 퍼트넘, 〈사실과 가치 2분법의 붕괴〉, 잉지 역, 동방출판사 2006년, 44쪽

간의 서로 구별되는 관념이 넘을 수 없는 장애물과 부딪치게 되었다. 힐러리 퍼트넘은 또 이렇게 말하였다. "만약 우리가 우리의 제반 언어의 어휘를 관찰하고 논리 실증주의자에 의해 족히 '사실'을 서술할 수 있다고 하는 극히 일부가 아니라면 설령 개별적 술어의 차원이라 하더라도 우리는 사실과 가치(윤리적인 것, 미학적인 것과 매 기타의 가치를 포함함)가 서로 더욱 심각하게 뒤엉켜 있음을 발견하게 될 것이다."[7] 힐러리 퍼트넘은 많은 사례를 들어 사실과 가치가 서로 "뒤엉킨 것"을 설명하였는데 그중 하나가 "냉혹하다"는 개념이다. 그는 우리가 "냉혹하다"는 단어를 고찰할 때 이 것이 하나의 "혼잡한 윤리개념"임을 발견하게 된다. 즉 "사실"과 "가치" 또는 "서술적인 것"과 "규범적인 것"으로 구별할 수 없다는 것을 알 수 있다. 예하면, 우리가 한 교사에 대하여 서술성 설명을 할 때 "그는 냉혹한 사람이다"고 하면 이런 서술 자체에 일종의 비평이 포함되어있다. "그가 좋은 교사가 아니다"라는 말을 덧붙이지 않아도 사람들은 이미 우리의 서술에 포함된 윤리 비평을 알고 있다. 우리의 어휘 가운데 "냉혹하다"와 같은 "혼잡한 윤리개념"이 아주 많은데 "강개하다, 숙련되다, 고상하다, 강건하다, 우둔하다, 허약하다, 우악스럽다" 등이 그 실례로 된다. 일부 전형적인 윤리개념(평가성 개념) 이를테면 "응당, 좋다, 나쁘다, 미덕, 악덕, 의무, 직무 등과 비해 이런 "혼잡한 윤리개념"은 인지주의의 규범과 사실의 2차원 획분 원칙을 만족시키지 못한다.[8] 따라서 힐러리 퍼트넘은 아래와 같이 말하였다.

---

7 [미국] 힐러리 퍼트넘, 〈사실과 가치 2분법의 붕괴〉, 잉지 역, 동방출판사 2006년, 43쪽.

8 [미국] 힐러리 퍼트넘, 〈사실과 가치 2분법의 붕괴〉, 잉지 역, 동방출판사 2006년, 43-44쪽.

나는 **객관성**과 **서술**을 동일시하는 시대는 이미 끝났다고 본다. 다양한 진술—진정한 진술이 존재하는데 "정확하다", "부정확하다", "진짜", "가짜", "근거가 있다", "근거가 없다" 등과 같은 용어의 진술은 서술이 아니라 이성의 통제를 받으며 이런 용어의 특수 기능과 문맥에 적합한 여러 가지 기준의 지배를 받는다. 언어의 가장 중요한 기능은 바로 우리로 하여금 이 세계를 서술할 수 있게 하는 것인데 이는 유일한 기능이 아니며 또한 "이런 기능을 실현하는 방식이 합리한 가 아니면 불합리한가, 이성적인가 아니면 비이성적인가, 근거가 있는가 없는가" 하는 것과 같은 문제들의 유일한 기능이 아니다.[9]

20세기 후반기 특히 70년대 이후 정치 문제에 대한 연구에서 사실과 가치의 협애한 구분에 집착하는 관점은 이미 날로 많은 시장을 잃어가고 있고 보다 융통성 있게 두 가지 방식의 상호 교차와 통달로 문제를 설명하는 지식 경향이 날로 사람들의 주목을 받고 있다. 현대 영국 철학가 맥칼럼G.C.MacCallum의 경우를 보기로 한다. 이런 논쟁이 있는 "사실"개념을 놓고 일부 사람들은 이미 사실과 가치 구별의 방법을 포기하는 것으로 정치학과 정치철학 간의 구별을 설명하고 "변명"과 "운영" 등보다 모호한 구별로 대신하고자 한다. 그러나 보다 많은 사람들은 비록 여전히 정치철학은 규범적 이론이라는 것을 강조하지만 사실적 고찰과는 관련이 없고 다만 정치철학이 주목하는 사실은 사회생활 속의 비교적 안정적인 사실일 뿐이라고 본다.

9 [미국] 힐러리 퍼트넘, 〈사실과 가치 2분법의 붕괴〉, 잉지 역, 동방출판사 2006년, 42쪽.

그럼에도 불구하고 정치학자들이 마땅히 어떻게 변명적인 평론을 할 것인가를 극력 회피하는 것과 마찬가지로 정치철학자들도 정치학자들의 임의의 특정적 지점 또는 시간의 현실 상황에 대한 가설을 비평 없이 수용하지 않지만 사람들이 확인되었다고 여기는 정치 생활 사실에 대해서는 주의 깊게 보고 있다.[10]

말하자면, 규범적 문제는 여전히 정치철학의 핵심 문제이며 규범적 문제에 대한 규범적 고찰과 사실적 고찰의 관계 문제는 이미 그 어떤 정치철학도 회피할 수 없는 방법론 문제로 되었다. "객관적인 것"은 당연히 이론이 추구해야 하는 것이고 어떻게 "객관적인 것"을 이해할 것인 하는 것은 더는 "사실적" "서술"에 한정되지 않고 "이해", "변호" 등 더욱 폭넓은 이지적인 행위를 호소할 수 있다.

실제로, 사회정치 이론의 연구는 항상 종합적 방법을 운용하였다. 동일한 이론으로 볼 때 서사적이고 분석적인 과학인지 활동과 규범적인 가치 판정 활동 간에는 강제적인 배척 관계가 존재하지 않는다. 그 어떤 사회정치 이론을 놓고 보아도 규범적 가치 선입견은 모두 필수이며 심지어 그 입론의 전제라고도 할 수 있다. 마찬가지로 그 어떤 규범적 이론도 모두 경험 자료와 이론 분석의 해석과 증명을 필요로 한다. 정치철학은 그 문제 역에서 말하면 이상적 또는 적합한 정치 목표를 고찰하는 것이기에 그 학과 성격으로 말하면 하나의 규범적 이론이지만 이와 동시에 경험과 분석적 방법 사용하여 이런 목표와 관련된 구체적 사회문제와 역사문제에 대하여 모두 서사적인 설명과 논증을 하지 않을 수 없다. 사상사에서 거의 모든 정치철학가들이 규범적 활동과 서사와

10 [영국] 맥칼럼, 〈정치철학〉, 리소우쥔, 쌍지안신 역, 타이완계관도서주식공사 1994년, 6쪽.

분석 활동을 상호 결부시켜 자신의 이론 체계를 천명하였다. 그들은 흔히 우선 규범적 이론의 기초위에 하나의 가치 선입견을 제기하고 다음 과학적 방식으로 그 가치 선입견을 증명하면서 경험적 또는 분석적 논증을 제공하였다. 현대 미국 정치철학가 알렌 C 아이작Alan C Isaak은 이 문제를 논할 때 이렇게 말하였다.

> 정치철학자는 흔히 먼저 하나의 최종적 목표 또는 가치를 제기한 후 다시 이 목표를 실현하는 가장 좋은 방법을 서술한다. 토머스 홉스는 먼저 평화(내홍이 없는 것)가 마땅히 정치 계통의 목적이라고 제기한 후 그 실현 목표의 방법 즉 절대적인 정치 통치-레비아탄의 건립에 대해 토론하였다.[11]

다시 말하자면, 하나의 종합적 정치 이론에는 규범적인 정치철학의 내용을 망라하고 있을 뿐만 아니라 과학적 판정의 정치학 내용도 망라하고 있다. 이 양자는 서로 배척하는 관계가 아니라 반대로 서로 지지한다.

마르크스의 사회정치이론은 하나의 "종합적 이론"으로서 서사적인 내용을 망라할 뿐 아니라 규범적 내용도 망라하고 있으며 이러한 것들은 유물사관의 총체적 방법론에 통일되어 있다. 이 점을 제대로 이해하지 못하면 마르크스의 모든 이론에서의 정치철학의 지위와 역할을 이해할 수 없게 된다.

---

11 [미국] 알렌 C 아이작, 〈정치학의 범주와 방법〉, 장지우, 단쇼광 역, 난징대학출판사 1988년, 6쪽.

제2절

마르크스 사회정치 이론에서의 두 가지 차원

유물사관은 제반 마르크스 사회정치이론의 총체적 방법론이며 마르크스 종합적 이론의 기초이다. 한 편으로 이 총체적 방법론은 우리가 마르크스 사회정치이론에서의 인지적인 것과 규범적인 것이라는 두 이론 차원의 통일을 이해하는데 근거를 제공하여 준다. 다른 한편으로 유물사관은 또 우리가 마르크스 정치철학과 기타 정치철학의 구분을 이해하는데 기본적 방법을 제공하여 준다.

1. 유물론적 역사관에서의 두 가지 차원의 통일

사실성 명제事實性命題와 규범성 명제規範性命題의 관계에 대하여 유물사관은 기타 철학과 다른 특수한 해결 방식을 갖고 있다. 유물사관은 자기의 이론 미션은 사회 역사 규칙에 대한 과학적 인지임을 강조하면서 사실적 인지의 기초적 지위와 규범적 명제의 상대성을 강조한다. 이는 마르크스의 이론이 여러 모로 오해를 받게 한다. 사실적 인지의 기초적 지위를 견지하는 것은 단순히 사실적 인지의 가치만 강조하고 규범적 명제의 합법성의 역사 이론을 부정하는 것으로 오해받기 쉽고 나아가 비도덕적 심지어 반도덕적 천박한 결정론이라는 오해를 받는다. 이런 오해는 마르크스의 역사적 원칙을 소홀히 하여 기인한 것으로 비역사주의非歷史主義 입장에서 마르크스의 역사이론을 해석한 필연적 결과이다.

비역사주의의 시각에서 사실적 명제와 규범적 명제는 평행을 이루고 서로 교차되지 않는 두 가지 벡터向度이기에 양자 간의 관계도 아래와 같을 수밖에 없다. 즉 규범적 명제는 규범적 명제에 속하고 사실적 명제는 사실적 명에 속하며 양자는 서로 용납하지 못한다. 우리는 기껏해야 다만 힐러리 퍼트넘처럼 이론 진술에서 사실과 가치가 "서로 뒤엉켜진 것"이라는 것을 증명할 수 있거나 현대 인지주의 윤리학처럼 경험 또는 이성적 방법으로 사실 판정으로부터 가치판정을 논증할 수 있음을 강조하고 사실과 가치의 "니키 격차二岐鴻溝"를 퇴치하는 것으로 규범적 명제를 사실적 명제에 속하게 할 수 있다. 비역사주의는 기존의 모든 것을 자연 또는 이성의 질서로 호소할 것을 요구하기에 필연적으로 자연 질서를 기초로 사실과 가치 간의 "격차"를 퇴치시키려고 한다. 스트라우스가 말한 바와 같이 비역사주의는 "보편 원리에 대한 인정이 사람들로 하여금 자연적인 또는 이성적인 질서에 의존하여 기존의 질서 또는 이 시각 이 지점의 기존의 모든 것을 판정하게 한다."[12]

그러나 역사주의의 사고방식은 이와 완전 다르다. 사실과 가치의 격차를 퇴치하는 근거는 영원히 발전하는 역사적인 것으로 다른 것이 아니라고 본다. 역사주의 이론에서 진정 현실 의미를 갖는 것은 이 시각

---

12 [미국] 레온 스트로스, 〈자연 권리와 역사〉, 평깡 역, 생활 독서 신지 산련출판사 2003년, 14쪽.

이 지점의 기존의 모든 것과 그 자신의 발전에만 있을 뿐 추상적 보편적 이성이 아니라고 본다. 스트라우스가 역사주의를 찬성하든 안 하든 그의 역사주의와 비역사주의에 대한 구분은 아주 독보적이다. 스트라우스는 역사주의는 "보편적인 규범의 의미를 부정한다."고 보면서 "이 시각 이 지점의 기존의 모든 것의 대부분은 그런 보편적이고 영원불변의 규범에 적합하지 않다"고[13] 보았다. 만약 여전히 사실과 가치의 구분에 의존한다면(만약 이런 구분에 의존하지 않으면 우리는 이 문제를 담론할 수 없기에) 역사주의는 이 문제의 해결에서 이미 문제 최초의 제기 방식을 변화시켰다고 할 수 있다. 즉 사실과 가치의 2원 획분二元劃分에서 역사적 벡터에 가입하였다고 할 수 있다. 역사적 벡터에의 가입은 사실과 가치 관계의 구해로 하여금 더욱 복잡하게 변하도록 하였지만 결코 문제를 간단하게 2차원에서 3차원으로 변화시킨 것이 아니라 기나긴 시간적 차원으로 사실적인 것과 가치적인 것이 평면 관계에서의 2원 대립을 해소하였다. 말하자면 공교롭게 역사적 벡터의 개입은 사실과 가치의 관계를 해결할 때 이 것 아니면 저것이라는 절대적 해답 방안을 퇴치하고 양자의 통일을 이해하는데 가능성을 제공하였다. 역사적 벡터의 개입은 의무 규범道義規範을 역사적 척도 하 의무 규범이 생산한 역사 조건의 사실적인 것에 대한 고찰을 통하여 의무 규범에 대한 이해를 얻게 된다. 이 추상적 자연 권리 또는 보편적 이성에서 일반적 규범을 도출하는 추상적 방법과 완전히 다르다.

마르크스의 규범적인 것과 사실적인 것 간의 관계에 대한 이해도 이와 마찬가지이다. 그는 의무 규범을 그 생산적 역사 조건 밖에 독립한 추상적 규정으로 보는 것을 반대하며 마땅히 그들에 대한 이해를 과학

---

13 [미국] 레온 스트로스, 〈자연 권리와 역사〉, 평깡 역, 생활 독서 신지 산련출판사 2003년, 14-15쪽.

적 인지가 파악한 사실적인 것에 기초해야 하고 도의 규범으로 생산된 사실에 기초한 인지적인 것에 대한 고찰을 통하여 이런 규범을 설명하였다. 다시 말하면, 마르크스에게서 사람들은 인지적 고찰을 통하여 특정 역사 조건하의 도의 규범을 역사 조건의 이해를 얻을 수 있으며 이런 이해는 도의 규범의 역사적 내용의 근거로 되며 도의 규범의 근거로도 된다. 여기서 규범적인 고찰은 사실적인 고찰에서 벗어난 것이 아니라 사실적인 인지를 기초로 한 것이다. 마르크스로 놓고 말하면 도의 규범은 상대적인 것이지만 역사적 원칙에는 특정 역사조건하의 도의 규범은 오히려 정확한 것이며 인지적으로 파악하였다고 볼 수 있다. 그의 존재 방식과 의존하는 그런 조건들은 인지할 수 있기 때문이다. 말하자면, 인지적인 명제는 확실히 규범적 명제와 다르지만 역사적 벡터에서 그들은 오히려 서로 다른 차원에서 동일한 것을 표현하며 사람들은 사실적인 인지을 통하여 도의 규범적인 객관적인 것을 파악할 수 있다.

2. 마르크스는 분열되었는가?

한 가지 보편적으로 유행되는 관점은 성숙한 마르크스는 그 이론의 과학성을 강조하며 과학적인 인지로 사회 및 그 역사를 파악하는 것을 강조하며 심지어 항상 과학적 인지는 마땅히 경험적 관찰을 기초로 할 것을 강조하기에 그의 이론을 과학적인 인지적 이론에 귀속시켜야 하며 규범적 이론을 배척해야 한다고 본다. 이런 관점은 만약 이 점을 강조하지 않는다면 역사 유물주의가 과학적 이론이라는 논단을 이해할 수 없다고 본다.

마르크스는 확실히 이렇게 말한 바 있다. "경험적 관찰은 그 어떤 상황에서도 마땅히 경험에 근거하여 사회 구성과 정치 구조와 생산의 관련을 설명해야 하며 그 어떤 신비함과 사변의 색채를 띠어서는 안 된다."[14]

그러나 이는 결코 그가 경험 관찰적인 방식만 사용하고 도의 규범으로 사회 정치 생활을 판정하거나 파악할 수 없다고 하였음을 설명할 수 없다. 다만 그가 특정 역사 조건을 벗어난 사실적 인 것으로 정의 등 의무 규범을 추상적으로 이해하는 것을 반대하고 도의 규범은 역사 사실의 변화에 따라 변화한다고 보았음을 설명할 뿐이다.

또 다른 변호도 존재한다. 즉, 마르크스가 자본주의에 대하여 도의적 비평을 반대한 원인을 하나의 책략으로 보는 것이다. 예하면, 윌·킴리카는 마르크스가 자본주의에 대하여 도의적 견책을 하는 것을 반대한 것은 그가 "혁명의 기초로 되는 것은 경제 모순이지 비도덕적인 근거가 아니다"고 하였기 때문이라고 하였다. "실제로, 마르크스와 엥겔스는 도덕으로 사회주의를 논증하려는 이론가들을 엄하게 비평하였다. 한 편으로 그들은 도덕 논증은 불필요한 것이라고 보았는데 이는 노동계급이 혁명 외에 다른 것을 선택할 수 없기 때문이며 다른 한편으로 그들은 도덕 논증은 분열을 조장할 수 있다고 보았는데 이는 정의의 이념은 끝없는 논쟁을 일으키기 때문이다."[15] 이런 변호는 그 시기의 실제 상황에 부합될 수도 있겠지만 마르크스가 보유한 정의 이론의 논거를 부인할 수는 없다. 이런 변호는 마르크스 이론의 규범적 차원과 사실적 차원 간의 내재적 관련을 분명 홀시하였기 때문에 외재적 변호에 불과하다.

위 두 가지 관점은 모두 마르크스가 숭상하는 역사주의 원칙을 소홀

---

14 중공 중앙 마르크스 엥겔스 레닌 스탈린 저작 편역국 편역, 〈마르크스 엥겔스 선집(제1권)〉, 인민출판사 1995년, 71쪽.

15 [캐나다] 윌 킴리카, 〈당대정치철학(상)〉, 류선 역, 상하이산련출판사 2004년, 304쪽.

시하였다. 역사주의 원칙의 발견은 정치철학에서의 변론과 밀접한 관련을 갖고 있는데 정치철학의 변론은 이런 원칙을 기타 영역에서 얻을 수 없을 만큼 부각시켰다. 따라서 우리는 마르크스의 정치철학을 고찰할 때 역사주의에 대해 분석하는 것은 매우 필요하며 아주 중요하다. 스트라우스는 근대 역사주의와 보편주의의 철학에서의 대립을 고찰한 후 이렇게 말하였다.

> 이른바 역사적 "발견"은 범상치 않은 철학적 성과가 아니라 정치철학의 성과이다. 18세기 정치철학이 특별히 직면한 곤경이 역사학파를 출현시켰다. 18세기의 정치철학은 자연 권리 이론으로서 자연 권리에 대한 특별한 해석이며 구체적으로 말하면 현대적 해석으로 구성되었다. 역사주의는 현대 자연 권리 이론이 바로 위기를 조우한 최종 결과이다.[16]

실제로 마르크스가 자신의 철학을 창설할 때 바로 정치철학 특히 헤겔의 법철학法哲學에 대한 고찰을 매개로 유물사관을 구성하였다. 그의 사회정치 문제에 대한 철학적 고찰은 두 가지 서로 통일되면서도 서로 구별되는 차원을 이용하였는데 하나는 규범적 도의차원이고 다른 하나는 인지적 진리차원이었다. 마르크스는 이 두 가지 부동한 척도를 이용하여 사회정치 생활의 부동한 측면과 차원을 제시하였다. 물론 그의 사회정치 이론에서 이 두 가지 측면과 차원은 서로 연관되고 서로 호응하며 서로 교차되고 서로 대체할 수 없다. 그의 사람의 본질, 소외, 착취, 정의, 공산주의 등 문제에 대한 해석에는 모두 이 두 가지 차원이 서로 결합하는 원칙이 관통되어 있다. 그러나 유감스럽게도 마르크스주의는 그 발전 과정에 사회정치를 고찰하는 마르크스의 두 가지 차원이 분

16 [캐나다] 윌 킨리카, 〈현대 정치철학(상)〉, 류선 역, 상하이산련출판사 2004년, 35쪽.

리되어 후세의 해석에서 두 가지 편향이 나타나게 되었다. 심지어 서로 다른 해석에 근거하여 사람들은 서로 다른 두 마르크스를 만들어냈는데 하나는 규범적 이론에 근거한 "휴머니즘 마르크스"이고 다른 하나는 과학적 해석에 근거한 "과학주의 마르크스"이다. 한 편으로, 이른바 인지적 차원 즉 사실적인 것을 근거로 문제를 고찰하는 차원은 현실적 역사조건에 근거하여 사회정치 및 그 역사를 고찰할 것을 요하며 사회정치를 고찰할 때 역사발전이 제시한 사실에 근거할 것을 요한다. 따라서 역사 사실 간의 인과적 연관과 역사발전의 규칙에 치중하며 인지 과정에서 가치 경향의 영향을 배제할 것을 요한다. 이 요구 사항은 원래 문제가 되지 않지만 만약 사회정치문제를 고찰할 때 단독으로 이 차원을 하나의 방법론 원칙으로 이용하면, 이 차원에서 파악한 사회 정치 사실을 생활 실천 속에서 떼어내어 단순한 사실적 서사와 분석을 하고 사람의 인식 활동을 사람의 생존과 무관한 도구적 활동으로 이해하며 합리적인 결과를 얻을 수 없게 된다. 다른 편으로, 이른바 도의적 척도 즉 가치적 차원은 마땅한 도의규범을 사회 정치 생활을 판정하고 정치생활과 정치체제를 모색하는 정의적 기초로 할 것을 요한다. 그러나 만약 사회정치문제를 고찰할 때 단독으로 이 차원을 하나의 방법론 원칙으로 이용하면 이 차원과 관련되는 가치 원칙을 사람의 현실생활 속에서 떼어내고 도의적 척도는 구체적 역사 사실을 벗어난 추상적 도덕 원칙으로 변하게 된다. 이런 방법론을 기초로 문제를 고찰하면 이론이 현실적 기초를 이탈하여 이론가의 가치 구획으로 되게 한다.

이 두 가지 일방적인 방식으로 사회정치생활을 고찰하면 모두 사회정치생활의 한 편면적인 모습만 얻게 된다. 한 가지 편면적인 모습은 나중에 점진적으로 구성된 마르크스 철학 교과서에서 마르크스 철학의 규범적 차원이 마르크스 사상의 미성숙시기의 추상적 휴머니즘의 잔여로 추방당하여 인간의 내재적 차원을 잃어버린 필연적 세계로만 남게 된다. 이 단편적 모습에는 사회정치생활의 풍부한 내용이 간략하게 추상적 인지개념으로 되어 다차원적인 사회정치 관계가 단순한 인과 추론 관계로 되었다. 이 단편적 모습 속에는 자본주의 사회정치구성과 사회운동규칙을 제시한 저서의 저자로서의 마르크스가 단지 사실에 대한 냉정한 관찰자, 서술자와 필연적인 게시자로만 되어 그 가치 입장과 가치 목표가 저술과정에서 철저히 배제되었다. 이런 모습의 마르크스는 자본주의 정치제도에 대한 도덕적 의분이 없을 뿐만 아니라 미래 이상적인 사회에 대한 도의적 표창도 없다. 그에게 있어서 착취는 가증스럽지 않고 자유도 욕망적인 것이 아니라 다만 자연물과 객관적 존재일 뿐이다. 다른 한 편면적인 모습은 주로 일부 서양 마르크스주의 이론에서 나타난다. 즉 도의적 규범을 근거로 한 사회 비평 이론에서 자본주의의 착취와 압박이 경제 사실로 간주되지 않고 도의의 결함으로 간주되고 공산주의는 역사적 필연으로 간주되지 않고 도의적 목표에 불과할 뿐이다. 이런 모습에는 경전마르크스주의 이론에서의 과학적 인지 원칙이 범속한 결정론으로 지양받고 사회정치 구성과 사회발전 규칙에 대한 서술과 분석이 없으며 남은 것은 다만 자본주의 도의에 대한 비판과 이상 사회 가치에 대한 규획뿐이다.

이 두 가지 서로 단절된 방법론의 원칙에 근거하여 마르크스의 최초 문맥으로부터 우리가 오늘 볼 수 있는 서로 다른 변화 경로를 거친 두 가지 마르크스 철학이다. 이 두 가지 경로가 각자 일방적으로 발전하는 과정에 역사주의 원칙을 근원으로 사실적인 것과 규범적인 것을 통일한 마르크스 정치철학이 사라졌다. 첫 번째 경로는 규범적인 차원을 취소하여 자신도 사라지게 되고 두 번째 경로는 인지적 차원을 취소하여 자신도 비마르크스주의 정치철학에서 사라지게 하였다. 중국의 마르크스 철학은 과거 오랫동안의 발전은 첫째 경로에 속하고 마르크스 철학을 일종의 비판 이론으로 귀결시킨 서방 마르크스는 두 번째 경로에 속한다고 할 수 있다. 이 것이 바로 20세기 80년대 이후의 가치론 토론이 많은 사람들의 관심을 받고 현재 서방 정치철학의 강세적인 담론에 직면하여 중국학자들이 규범적 이론으로서의 마르크스 정치철학을 어떻게 발굴하고 재건할 것인가를 부득이하게 다시 새롭게 생각하지 않을 수 없게 한 중요한 원인으로 되었다. 만약 이런 재건이 없었다면 마르크스주의는 규범적 이론의 의미에서 정의, 평등, 자유, 민주, 권리 등 문제들에 대하여 합리한 설명을 할 수 없었을 것이다.

3. 두 가지 공산주의 이론이 있는가?

일찍 제2인터내셔널시기第二國際時期, 에드워드 번스타인Eduard Bernstein, 칼 포렌트Karl Vorlander등 사상가들은 마르크스주의는 역사 규칙에 대한 객관적 인식뿐만 아니라 마땅히 일련의 사회주의 가치관을 구축해야 한다고 강조하였다. 즉 공산주의는 역사적 필연이라는 것을 설명해야 할 뿐만 아니라 그것이 윤리적으로도 마땅한 것임을 설명해야 한다고 주장하였다. 카우츠키Karl Kautsky와 같은 사상가들은 마르크스주의 이론은 사회역사규칙에 대한 과학적 인지일 뿐이기에 근원적으로 말할 때 도덕 이상과 윤리설을 배제한다고 강조하였다. 그 후에 형성된 "정통 마르크스주의"와 "서방 마르크스주의" 간의 장기간 대치 속에서 논쟁의 초점은 여전히 마르크스주의를 휴머니즘의 이상으로 보느냐 아니면 역사 필연적인 이론으로 보느냐 하는 것이었다. 이들은 각자 자신이 주장하는 방법론 입장을 펴면서 날로 편면적인 두 가지 서로 다른 이론 방향으로 나아갔다.

겉으로 보면 이 것은 마르크스의 초기 사상과 만기 사상 간의 관계 문제이고 마르크스와 휴머니즘 간의 관계를 어떻게 보느냐 하는 문제이지만 실제로 이는 규범적 이론 방법이 마르크스주의 이론에서 갖는 지위를 어떻게 보느냐 하는 문제이다. 오랫동안 중국의 마르크스주의 연구는 줄곧 구소련과 동유럽의 "정통 마르크스주의"를 추종하면서 마르크스주의를 일련의 과학적 인지방법으로 이해하고 마르크스주의가 규범적 이론도 동시에 포함하고 있다는 것을 반대하였다. 이런 이해에 따르면 마르크스와 엥겔스가 비록 1845년 전에 자신의 공산주의 이상에 대하여 명백하게 논술하였지만 유물사관이 창립되기 전에 이 이상은 다만 인본학人本学 기초위에 설립된 "철학적 공산주의"일 뿐이고, "과학적 공산주의"로는 될 수 없었다. 이런 이해에 따르면 마르크스 초기의 "철학적 공산주의"는 추상적 인성론의 기초위에 설립된 가치설이기에 하나의 윤리 설정이며 그의 "과학적 공산주의"는 이성적 인지로서 역사 필연성에 대한 파악이다. 더욱 중요한 것은 사람들은 이 두 가지 본질의 구분을 설정하고 동일한 이론체계에 용납되지 않아 반드시 그중 하나를 버려야 한다는 것이다. 따라서 마르크스 초기의 공산주의 이상은 청년 마르크스의 사상이 헤겔에서 포이어바흐에로 넘어간 데 지나지 않으며 마르크스가 비마르크스주의 사상을 가진 바 있는데 불과할 뿐이라고 본다. 이런 논리의 사슬고리에서 사람들은 유물사관이 과학적 공산주의 이론으로 통하는 필연적 이론의 고리라면 무엇 때문에 마르크스는 먼저 혁명적 민주주의에서 공산주의로 전환하고 그 다음 비로소 포이어바흐를 거쳐 유물주의로 전환하였는가 하는 문제에 대하여서는 별로 캐묻지 않았다. 하여 이에 대한 설득력 있는 해설은 단지 마르크스가 1845년 전에 확립한 공산주의 이상은 과학적이지 않다는 것뿐이다. 그런데 유물사관은 마르크스가 사상 전환을 하는데서 필요조건이었는가? 마르크스가 과학적 인지의 기초위에 창립한 공산주의와 그 초기에 가치설위에 설립한 공산주의는 도대체 어떤 구분이 있는가? 이런 문제는 위와 같은 이해로서는 모두 설득력 있게 해석할 수 없다.

언명 여부를 떠나서, 이런 문제에는 모두 강제적인 사고를 전제로 하고 있다. 즉, 공산주의는 결코 가치 면에서의 마땅한 것이 아니라는 것이다. 그렇지 않으면 필연적으로 유물사관의 과학성과 서로 모순된다. 말하자면, 마르크스 철학의 과학성은 규범적인 구축을 배제하고 "그렇다"라는 고찰과 "마땅히 그렇다"라는 고찰이 동일한 이론 체계에 들어가지 못한다고 본다. 따라서 만약 마르크스주의에 규범적 이론이 포함된다고 긍정하거나 마르크스 철학이 규범적인 설정에서 기인되었다고 인정한다면 필연적으로 그 과학성을 상실하게 되기에 반드시 전자를 버리고 순수한 과학성을 확보해야 한다고 본다.

하지만 실제 상황은 이와 다르다. 주지하다시피, 마르크스는 초기에 사회생활에 대한 정치비판을 통하여 경제 비판으로 나아갔다. 그는 먼저 헤겔의 국가관에 대한 비판을 거쳐 그 다음 소외 노동에 대하여 분석을 하고 나중에 정치경제학에 대한 과학적 연구를 통하여 유물사관을 설립하였다. 우리는 마르크스의 이런 출발점은 임의로 선택된 것이 아니라 모든 사회정치이론의 통상적 출발점으로서 홉스처럼 반드시 우선 "평화설"의 설정이 있어야 비로소 그 "레비아탄Leviathan"을 논증할 수 있다고 본다. 마르크스 초기에 진행된 이런 정치철학이 변론한 것은 전형적인 규범적 이론으로서, 그의 인간 해방과 미래 사회에 대한 이론 설정은 실제로 규범적 이론 위에 설립된 윤리 설정이다. 이 윤리 설정은 〈1844년 경제학 철학 초고〉에서 비교적 충분하게 보여주었다. 마르크스는, 공산주의는 "사람을 통하여 또한 사람을 위하여 사람의 본성을 대하는 진정한 소유이기에 사람이 자신과 사회를 향한 인성에 알맞은 사람의 복귀이다……"[17] 분명히 사람들이 재삼 강조한 바와 같이 마르

17 중공 중앙 마르크스 엥겔스 레닌 스탈린 저작 편역국 편역, 〈마르크스 엥겔스 전집(제3권)〉, 인민출판사 2002년, 297쪽.

크스가 여기서 말하고자 한 것은 사람의 본성에 근거하여 설립한 윤리설이다. 그러나 우리가 여기서 강조하고자 하는 것은 이 것이 마르크스 초기의 미숙한 사상이 아니라 제반 마르크스주의 사회정치이론의 출발점이라는 것이다. 사상사의 시각에서 볼 때, 이 사상은 마르크스의 철학사상 발전 과정에서 이를 현대 유물주의 고지에 이르게 한 우연한 매개도 아니며 그 사명을 완수하면 버릴 수 있는, 제반 마르크스 철학의 공시성 구성에서 대신할 수 없는 지위를 차지하는 사상이다.

인간의 본성에서 출발하여 이루어진 가치설정은 필연적으로 마르크스주의 이론이 그 과학성을 상실하게 하지 않는다. 문제의 핵심은 어떻게 역사적 필연성에 대한 인지에서 이상적인 가치설을 배제하였는가 하는 것이 아니라 어떻게 인간의 본성을 이해하고 설명하는 가에 있고 그 기초 위에 이상적 가치설과 역사 필연성 간의 내재적 관련을 파악하여 역사 활동의 합목적성과 합규칙성의 일치를 명시하는 가에 있다. 마르크스는 일찍 인간의 실제 수요로부터 출발하여 인간을 이해하고 해석해야 한다는 것을 인식하고 초기 저서에서 자신의 규범적 이상을 천명할 때 칸트처럼 사람을 추상적 이성에 귀결시키지 않았기에 칸트처럼 당연한 가치 설정을 불변의 추상적 이성이 결정하는 것으로 보지 않았다. 물론 마르크스의 인간의 본성은 인간의 수요 및 이 수요를 만족시키는 사회 조건에 의해 결정된다는 사상, 역사 조건은 변화하는 것이기에 사람의 본성도 그에 따라 변화한다는 사상은 점진적으로 명백해졌다고 하겠다. 그러나 이 점은 마르크스의 가치 설정이 추상적 인성론의 기초 위에 설립되었다고는 전혀 의미 하지 않는다. 마르크스의 규범적 이론을 위해 변론할 때 마르크스의 규범적 언설을 칸트의 경로에 속한다고 상상한다면 최종적으로 마르크스는 어떻게 추상적 인성론이라는 칸트 철학의 전제를 피하였는가 하는 문제를 회피할 수 없다.

마르크스의 초기 저서에서 특히 〈1844년 경제학 철학 초고〉에서 우리는 인간의 실제 수요로부터 출발하여 역사를 해석하는 것과 가치 이상에서 출발하여 역사를 해석하는 것 간의 내적 장력을 아주 두드러지게 느낄 수 있다. 이런 장력은 이론상의 모순이 아니라 서로 다르게 세계를 파악하는 두 가지 이론의 상호 간 호응이다. 데이비드 매크렐런 David Mclellan은 〈1844년 경제학 철학 초고〉를 분석한 후 이렇게 말하였다.

> 마르크스의 기본 관점은 자본주의 사회에서 인간 자신의 객관화가 그 본질을 부정한 것이지 확인한 것이 아니라는 것이다. 마르크스는 이는 완전히 사실 연구에 근거한 판단이라고 공언하였다. 그는 고전 경제학가가 제출한 증명을 이용한 것은 그들의 전제를 비평하기 위한 것이었다고 하였다. 그는 몇 번이고 경제 사실을 서술할 뿐이라고 공언하였는데 제반 원고의 서언에서 "나는 국민경제학에 익숙한 독자들에게 보증설 필요가 없다. 나의 결론은 온전히 경험한 국민경제학에 대한 진지한 비평 연구를 기초로 한 분석을 통하여 얻은 것이다."고 공언하였다. 그러나 그가 활용한 "소외"와 "인간 본성의 실현" 등 술어들은 그의 분석이 불완전한 과학이라는 것을 분명히 보여주었다. 만약 이 것이 가치판단을 의미한다면 마찬가지로 경험한 것이 아니다.…… 마르크스의 사상을 이해하려면 아래와 같은 것을 인식하는 것이 중요하다. 즉 그에게 있어서 "경험적인 것"은 사실-가치의 구별(이 점은 그가 원래부터 줄곧 반대한 관념이다)과 관련되지 않지 않지만 그의 분석(그것이 어느 쪽으로 발전하든지 상관없이)은 완전히 정확한 곳 – 물질의 수요로부터 출발한 것이다.[18]

---

18 [영국] 데이비드 매크렐런, 〈마르크스전〉, 왕전 역, 중국인민대학출판사 2006년, 119-120쪽.

데이비드 매크렐런은 하나의 중요한 사실을 말하였다. 일찍 〈1844년 경제학 철학 초고〉에서 마르크스 사회정치 이론에 두 가지 서로 관련되면서도 불가분한 이론 차원 간의 관계가 이미 충분히 드러났다. 마르크스는 사실과 가치를 분리하는 것을 "줄곧 반대하고" 시종 "물질 수요"로부터 출발하여 사실적인 고찰과 가치적 고찰을 결부하여 문제를 토론하였는데 이 점은 만기든 초기든 모두 마찬가지였다. 때문에 사실적 서술과 가치 판정의 구별에 근거하여 마르크스의 이론을 분리시킬 수 없으며 더욱이 그의 가치 이론을 해석하기 위하여 그를 그가 이미 초월한 칸트 사상의 경로에 속하게 하여서는 안 된다. 마땅히 어떻게 사실과 가치의 통일 속에서 마르크스의 사회정치 이론을 해석할 것인가를 생각해 보아야 한다.

마르크스에게 있어서 가치설은 현실 생활에 실행하지 못한다면 종교왕국의 피안에 방치되어 기독교의 이상처럼 인류 역사가 종결될 때를 기다려 실현하는 이상에 지나지 않는데 이는 그가 시종 반대하는 것이다. 반대로 만약 가치설을 현실생활과 동등하게 한다면 물욕과 이익을 만족시킨 후의 잉여물질로 되어 최선의 경우에도 자유주의처럼 개인의 덕성으로 격하되어 인류가 "해방"될 수 있는 가능성을 포기하게 되는데 이 역시 그가 시종 반대한 것이다. 마르크스는 이 모순을 충분히 인식하고 새로운 이론으로 이 모순을 해결하고자 애썼다. 따라서 그에게 있어서 가치설의 근거를 반드시 하늘로부터 인간에게로 돌아오게 해야 하는데 이 또한 결코 인간을 다만 자기 수요를 만족시키는 동물로 본다거나 역사를 다만 인간의 수요를 만족시키는 역사로 본다는 의미가 아니다. 마르크스는 인간은 사회적 동물이며 이로 인하여 인간을 단순히 자신의 수요를 만족시키기 위하여 활동하는 동물 특성에서 벗어나게 하고 또한 이 점은 반드시 단순히 인간에게 속하는 활동에서부터 설명해야 한다고 보았다. 이런 사고방식은 마르크스가 일찍부터 확정한 것으로 결코 그가 "유물사관을 발견한" 후에 확정한 것이 아니다. 의심할 바 없이 여기서 사람이 역사를 바꾸는 활동이 하나의 포인트이다. 바로 이런 활동 속에서 자유와 필연, 이상과 현실 사이에 서로 통하는 통로가 생기고 바로 이런 활동 속에서 인간이 역사적 필연성을 파악하는 것을 통하여 이상적인 "설"이 상호 간의 일치를 이루었다.

이것이 바로 마르크스의 규범적 이상과 과학적 인식 간의 관계이다. 바로 이 사람의 실제 역사 활동, 가치설과 사람들의 역사에 대한 과학적 인식, 이 삼자간의 관계에 기초한 새로운 이해로 인하여 마르크스는 비로소 그 후 인간 사회의 구성과 역사에 대한 연구 및 생산력과 생산관계, 경제기초와 상층건축 간의 관계에 대한 과학적 이해를 통하여 이 가치 목표 실현의 필연성과 현실 경로를 제시하였다. 바로 이런 의미에서, 휴머니즘의 이상을 부인하는 것이 아닌 이론 의미에서 마르크스는 비로소 〈독일이데올로기 비판〉에서 이렇게 말하였다. "공산주의는 우리에게 있어서 당연히 확립해야 할 상태가 아니며 당연한 현실과 적합한 이상이 아니다. 우리가 말하는 공산주의적인 것은 기존 상태를 소멸하는 현실적 운동이다. 이런 운동의 조건은 현존의 전제에서 마련된다."19우리는 공산주의에 대한 마르크스의 이 설명과 그가 〈1844년 경제학 철학 초고〉에서의 설명을 대립시키는 것을 찬성하지 않는다. 마치 이 설명만이 마르크스의 성숙한 사상이고 〈1844년 경제학 철학 초고〉에서의 설명은 버려야 할 것 같다. 마르크스의 공산주의 학설에 대한 이와 같은 이해는 사실과 가치가 통일을 이루지 못하는 데이비드 흄 사상 기초 위에 설립된 비역사주의적 이해이다. 마르크스는 아주 명확하게 이해하고 있었다. 공산주의를 단지 당연히 실현되는 이상으로만 이

19 [독일] 마르크스 엥겔스, 〈게르만 의식형태〉(발췌본), 중공 중앙 마르크스 엥겔스 레닌 스탈린 저작 편역국 편역, 인민출판사 2003년, 31쪽.

해하면 과학적 인식의 근거를 잃게 되며 공상에 빠질 수 있다. 마찬가지로 공산주의를 단지 역사적 필연으로 이해하면 우리가 현실을 변화하기 위하여 그 어떤 노력도 할 필요가 없게 된다. 이 문제에서 서로 대립되는 두 개의 마르크스는 존재하지 않는다. 그의 사상 발전 과정으로 보나 그의 이론 논리로 보나 모두 마찬가지이다.

제3절

규범적 이론으로서의 마르크스 정치철학

우리는 위에서 이렇게 제기하였다. 현대 학과 구분의 의미에서, 규범적 이론으로서의 정치철학이 과학적 정치철학 또는 (보다 일반적으로 말하면) 인지적 이론과 다른 점은 바로 근본적으로 규범적 정치 개념을 통찰하여 특정 정치 제도를 수용 또는 거절하는 합리적 근거를 찾는 것으로 정치 사물 또는 정치 활동에 대한 경험적 분석과 인지적 의미에서의 과학적 해석이 아니다. 요컨대, 과학적 정치학 또는 인지 이론은 "그렇다"를 탐구하고 규범적 이론으로서의 정치철학은 "당연히 그렇다"를 탐구한다. "그렇다"의 문제는 이성적 인지에 기초한 것이고 "당연히 그렇다"의 문제는 가치 판정에 기초한 것이다.

마르크스주의의 사회정치이론에 규범적 이론이 망라된 만큼, 마르크스주의는 대체 어떤 윤리학인가 하는 문제를 연구하지 않을 수 없다. 이 문제에는 아래와 같은 문제들이 망라되어 있다. 첫째, 마르크스주의는 어떤 규범적 관점을 갖고 있는가? 둘째, 그 규범적 관점에는 어떤 평가적 개념이 뒷받침 되어 있는가? 즉 이런 규범적 관점을 뒤받침 할 수 있는 기본적 도덕 명제는 무엇인가? 셋째, 각기 다른 여러 가지 선善에 대하여 어떻게 가치 서열價值排序을 배정하였는가? 이와 같은 어떤 가치를 우선시해야 하는가 하는 규범적 관점이 특수한 도덕 이론으로 성립될 수 있는가? 넷째, 이 이론의 가치 관점에 대한 해석과 변호 방식에 따르면 이 이론은 여러 가지 서로 다른 도덕 이론 가운데서 어떤 유형에 속하는가? 실리주의인가 아니면 비실리주의인가? 특히 이 이론은 현대 사회 주요 도덕이론으로서의 자유주의와는 어떤 관계인가? 우선 이런 문제들을 명백히 설명하여야 비로소 마르크스주의 윤리학에 기초한 마르크스의 정치철학을 설명할 수 있다.

1. 마르크스의 규범적인 도덕관점

마르크스 등 경전 저자들은 전문적인 윤리학 저서를 저술한 바 없지만 마르크스주의는 확실히 규범적 도덕 관점을 갖고 있다. 마르크스는 최초에 자신의 관점들을 몇 개의 소책자로 제각기 작성하여 자신의 사상을 따로따로 나눠 표현하고자 하였는데 이런 "몇 개의 소책자" 속에는 "도덕" 에 관한 문제도 포함되어 있다고 일찍이 말한 바 있다. 이는 마르크스와 엥겔스가 도덕 문제에 관한 전문 저서를 쓸 계획을 세웠음을 말해준다. 비록 이 계획을 추진하지 못하였지만 마르크스가 도덕 문제를 아주 중요시하였음을 알 수 있다. 이 저서로 말하면 중요한 것은 마르크스의 규범적 관점은 그의 윤리학 성격을 정하고 전반적인 마르크스주의 윤리사상의 발전 기초를 마련해주고 그 발전 방향을 제시해 주었다는 것이다. 때문에 마르크스주의 윤리학을 고찰할 때 마땅히 우선 마르크스 자신의 윤리사상부터 고찰해야 함은 명확히 알 수 있다.

사람들 마르크스 사상을 고찰할 때 습관적으로 전반적인 이론의 형성과 발전 과정을 모든 하위 영역 문제를 고찰하는 지도 지침으로 하는데 이로 인하여 이 지침으로 기타 하위 영역 문제를 해결하는 불변 격식이 형성되었다. 이런 격식 하에 마르크스의 도덕에 관한 관점은 그 전반적인 사회정치이론과 함께 “성숙”하였는데 그의 규범적 주장도 그 전반적인 사회정치이론이 성숙한 후 비로소 그 특유의 규범적 주장으로 변화하였다. 확실히 마르크스 도덕관점의 형성과 발전에 대하여 설명할 때 이를 전반적인 마르크스 사회정치이론의 공시성 이론으로 보는 것은 아주 매력이 있는 이론 패턴이다. 마르크스 사상에 대하여 상세한 하위 영역적 연구를 하기 전에는 이런 규격화한 이해는 기피하기 어렵다. 서로 다른 하위 영역 이론과 전반적인 사회정치이론의 공시성으로 하위 영역 이론의 발전을 설명하는 것은 쉬운 일이기 때문이다. 그러나 이런 간단화한 방법은 마르크스의 규범적 주장과 그의 이런 규범적 주장에 대한 경험적 논증 간의 구분을 명확히 할 수 없으며 이들 간에 존재하는 차이와 장력을 더욱더 볼 수 없게 된다. 비록 우리는 최종적으로 이 두 가지 서로 다른 이론 차원 사이에서 이들의 접합 점을 발견할 수도 있고 또한 이들을 동일한 이론에서의 두 가지 서로 연관되는 차원으로 이해할 수 있지만 이들 간의 차이를 발견함과 아울러 우선 이론적으로 이들을 “떼어놓는 것”은 이들 간의 관계를 깊이 있게 이해할 수 있는 전제조건으로 된다.

도덕에 대하여 마르크스는 확실히 서로 다른 사상 발전 시기에 서로 다르게 표현하였지만 마르크스 자신의 사상 역정에서 그의 규범적 주장은 아주 일찍이 기본적으로 형성되었을 뿐만 아니라 일생 동안 근본적인 변화가 없었다. 미국 마르크스주의 윤리학 연구학자 로드니 G. 페퍼Rodney G. Peffer가 마찬가지이다. “비록 마르크스는 충분히 발전한 도덕에 관한 철학 이론은 하나도 없지만 하나의 규범적인 도덕 관점을 확실히 갖고 있을 뿐만 아니라 그 관점에는 기본적인 연관성이 존재하는데 적어도 1844년 조기 계통 관점의 형성부터 그의 후기 저작에까지 관통되어 있다."[20]

그렇다면 마르크스가 일생동안 시종 믿어 의심치 않을 뿐만 아니라 근본적으로 변화하지 않은 도덕 신념은 무엇인가? 우리는 도덕 신념에서 마르크스의 주장은 결코 사람들이 이해하는 그런 자유주의와 완전 대립되는 것이 아니라 반대로 그들의 도덕 신념은 근원이 같을 뿐만 아니라 궁극적 신앙도 같다. 마르크스는 자유, 평등, 박애의 도덕 이상을 반대하지 않으며 단지 이러한 것들은 현존 제도에서는 실현될 수 없다고 볼 뿐이다. 마르크스와 자유주의자 간의 구분은 규범적인 도덕 주장에 있는 것이 아니라 이런 규범적 도덕 주장을 실현하는 루트가 어떤 것인가에 있다. 즉 마르크스의 규범적 도덕 주장과 계몽시대에 형성된 규범적 도덕 주장은 실질적 구분이 없이 일치하다고 할 수 있다. 마르크스는 계몽사상가의 자유, 평등, 박애의 도덕 이상을 계승하고 이러한 것들을 가장 기본적인 도덕규범으로 보았다. 마르크스와 계몽 사상가는 도덕 이상 문제에서 아래와 같은 점 즉 이런 도덕 이상을 어떻게 해석하며 어떤 실현 루트로 이런 도덕 이상을 실현할 수 있는가 하는 문제에서 차이를 보이고 있다.

이 문제에서 로드니 G. 페퍼가 제기한 관점을 아주 중요시해야 할 바가 있다. 로드니 G. 페퍼는 마르크스의 도덕관을 상세히 고찰하고 현재 마르크스주의 도덕 이론 연구의 최신 성과들을 종합한 후 마르크스의 전반적인 도덕관은 세 개의 기본적 도덕 가치를 기초로 구축되었다고 제기하였다. 그는 이렇게 말하였다. "이런 도덕관은 세 개의 우선적 도덕 가치위에 구축되었다. 즉 **자유**(자아결정으로서의), **인류공동체**와 **자아**

---

20 [미국] 로드니 G. 페퍼 〈마크르스주의, 도덕, 그리고 사회 정의〉, 뤼량산, 이양, 저우홍쥔 역 고등교육출판사 2010년, 3쪽.

실현, 그리고 이런 선-적어도 자유에 대하여-에 대하여 **평등**주의 분배를 할 것을 요구하는 어떤 원칙에 기초하였다."[21] 로드니 G. 페퍼는 마르크스는 비록 이런 우선적 도덕 가치를 핵심개념으로 사용하지 않고 항상 소외, 착취 등 개념으로 자신의 도덕관점을 표현하였지만 소외와 착취 등 개념은 궁극적으로 모두 상술한 세 개의 우선적 선과 원칙에 따라 분석되었다.[22]

로드니 G. 페퍼의 이 관점은 마르크스의 도덕관이 도덕의무론에 귀결되는 것으로 이해하는 대표적 관점이다. 현대에 이와 같은 이해를 하고 있는 학자들로는 또 시드니 훅Sidney Hook, 유진 카우프만, 미하일로 마르코비치Mihailo Marković 등이 있다.[23] 이들은 모두 마르크스가 중요시하는 도덕 가치 중 가장 중요한 것은 자유, 자아실현과 인류공동체라고 보고 있다. 우리는 로드니 G. 페퍼 등 학자들의 이러한 이해를 기본적으로 찬성한다.

만일 마르크스가 확실히 이런 가치를 가장 기본적인 가치로 하였다면 그의 윤리학은 마땅히 이런 기본 가치의 기초위에 정립되어야 한다. 때문에 문제는 우선 마르크스가 확실히 이런 가치를 가장 기본적인 가치로 보았느냐 하는데 있다. 동시에 만일 우리가 근거 있게 마르크스가 확실히 이런 가치를 가장 기본적인 가치로 보았다고 한다면 우리는 또 반드시 동시에 아래와 같은 문제 즉 마르크스는 시종 이런 신념을 견지하였는가, 이런 사상의 변화 발전 과정에 이런 신념은 근본적인 변화가

---

21 [미국] 로드니 G. 페퍼, 〈마크르스주의, 도덕, 그리고 사회 정의〉, 뤼량산, 이양, 저우훙쥔 역 고등교육출판사 2010년, 3쪽.

22 [미국] 로드니 G. 페퍼, 〈마크르스주의, 도덕, 그리고 사회 정의〉, 뤼량산, 이양, 저우훙쥔 역 고등교육출판사 2010년, 36쪽.

23 [미국] 로드니 G. 페퍼, 〈마크르스주의, 도덕, 그리고 사회 정의〉, 뤼량산, 이양, 저우훙쥔 역 고등교육출판사 2010년, 88-89쪽.

일어나지 않았는가 하는 문제를 설명해야 한다. 만일 마르크스가 시종 이런 가치를 가장 소중히 여길 수 있는 가치라고 보았다면 우리는 반드시 마르크스가 현실의 도덕 상황에 대하여 어떠한 분석을 하였든 막론하고 그가 모두 반드시 이런 도덕 가치의 현실을 마땅한 것으로 보아야 한다는 점을 승인해야 한다. 이는 이 두 개 측면의 문제가 마르크스의 도덕설에 대하여 말하면 아주 중요하다는 것을 말해준다.

아주 분명한 것은, 마르크스의 사상은 복잡한 변화 발전 과정을 거쳤고 이런 변화 발전 과정에서 도덕 문제는 비록 그가 관심 갖고자 하였지만 그의 주요한 관심사가 되지 못하였다는 점이다. 게다가 마르크스 본인이 남겨 놓은 초고에서 사람들은 마르크스 사상의 발전에 따라 그는 날로 도덕 문제를 그의 의제에서 배제하는 경향을 보였음을 보아낼 수 있었다. 하여 이는 사람들에게 마르크스의 도덕관을 토론하는 것은 불법적인 것 혹은 최소한 요령부득한 것 같은 인상을 준다. 아래에 우리는 마르크스의 사상 역정을 회고, 분석하기로 한다. 이 회고와 분석을 통하여 우리는 마르크스가 도덕입장과 도덕관점이 부족하다는 인식은 마르크스 사상에 대한 오해의 기초위에 정립되었다는 것을 증명하고자 한다.

마르크스의 도덕관은 그의 사상 발전 초기에 형성되었다. 최초에 마르크스는 기본적으로 헤겔 철학의 신봉자였다. 비록 그는 처음부터 헤겔 철학을 비평하는 과정에서 헤겔 사상을 수용하였지만 이 시기의 마르크스는 청년헤겔주의자와 마찬가지로 정신세계의 혁명은 인류해방에서 반드시 있는 길이며 정신세계의 혁명은 곧 자아의식의 해방이라고 믿었다. 이 시기에 마르크스는 이미 계몽주의사상가의 자유, 평등, 박애에 대한 도덕 이상을 완전 수용하였다. 그 후 포이에르바하Ludwig Andreas Feuerbach 이론의 중개역할로 마르크스는 인본주의자로 되었고 포이에르바하의 종교 소외의 이론을 차용하여 소외를 자유, 평등, 박애 이상을 실현하는 장애로 보았다. 다만 이 시기의 마르크스는 아직 이런 장애를 정신 장애로 보고 정신적 속박에서 벗어나기만 하면 곧 해방될 수 있고 이런 도덕이상이 실현될 수 있다고 보았다. 하여 이 시기 마르크스의 도덕관념은 "소외"개념으로 "반대로" 표현되었다. 이는 상반되는 표현방식으로 무엇이 가히 추구할만한 도덕 이상이 아니라 무엇이 가히 추구할만한 도덕이상을 실현되지 못하게 하는가를 표현한 것이다. 이런 표현방식으로 보면 초기 마르크스는 항상 "윤리적"인 것과 "도덕적"인 평가적 술어로 그의 도덕 판단을 표현하고 직접적으로 그의 도덕관점을 설명하였으며 도덕을 하나의 자율적 영역으로 보았다. 그는 비록 "소외"등 개념을 더 많이 사용하여 자본주의를 비평하고 또한 "소외"는 확실히 도덕의 평가적 술어가 아니지만 로드니 G. 페퍼가 말한 바와 같이 "소외"개념의 배후에는 이런 기본적 도덕가치가 은연중 내포되어있다.

그렇다면 이는 단지 마르크스가 그 사상의 미숙성기에만 소유한 관점인가? 마르크스의 사상이 점차 성숙된 후 그는 주로 자본주의 사회의 경제학 분석과 사회학 분석에 열중하였다. 이 시기 그는 확실히 항상 묘사적인 술어로 특정 계급 및 이런 계급을 대표하는 사상가의 도덕관점을 담론하였다. 하지만 반드시 알아야 할 것은 이렇게 할 때 그는 다만 도덕을 사회경제생활의 표현으로 보았기에 반드시 사회생활에 대한 경험적 설명으로 도덕의 사회 기초를 해명해야 한다고 보았다는 점이다. 많은 사람들이 마르크스의 서로 다른 시기의 이런 사상 차이를 마르크스 도덕관의 변화로 보는데 이는 정확한 이해가 아니다. 마르크스가 사회생활에서의 경험 사실로 도덕 문제를 설명할 때 그의 무엇이 가히 추구할만한 도덕 이상인가에 대한 관점은 변화되지 않았으며 단지 그가 더는 도덕 자체로부터 도덕을 설명하지 않고 내재적, 평가적인 설명방식으로도 도덕을 설명하지 않았을 뿐이다. 외재적, 과학적인 문제 고찰 방식으로 도덕을 설명하고 도덕적 조건으로도 도덕을 설명하였다. 바꾸어 말하면 마르크스의 일생에서 그의 도덕에 관한 관점은 확실히 일부 중대한 변화를 거쳤지만 변화가 일어난 것은 단지 그의 이런 규범적 주장에 대한 설명 방식일 뿐 이런 규범적 주장 자체가 아니다.

마르크스주의 이론의 전통 해석 체계도 마르크스 초기사상에 규범적 이론이 존재함을 인정하지만 항상 이를 포이에르바하의 영향을 받은 이른바 "인도주의관념"에 귀결시켰다. 즉 마르크스의 아주 일찍이 형성된 규범적 주장에는 자유, 자아실현과 인류공동체라는 이 세 가지 중요한 가치가 있다는 것은 틀림없다. 마르크스 사상 발전의 역정으로부터 볼 때 의문이 있는 것은 마르크스가 그 삶 전반에서 시종 이런 규범적 주장을 견지하였는가 하는 문제인 것 같다. 그러나 문제의 시각을 바꿔서 만일 이런 우선적 선을 보다 기본적 개념 혹은 원칙으로 그의 기타 개념 또는 원칙을 해석할 수 있느냐 없느냐 하는 것을 기준으로 한다면 우리는 마르크스가 시종 자신의 도덕관을 변화시키지 않았다는 것 즉 이런 우선적 선으로 사회정치사물을 평가하는 원칙을 시종 포기하지 않았음을 알 수 있다. 〈1857-1858년 경제학 초고〉에서 마르크스는 여전히 초기의 "소외"개념으로 문제를 설명하였을 뿐만 아니라 여전히 소외된 노동이 자본주의 생산의 기초라는 것을 견지하였다. 이는 그가 여전히 이런 소외를 없애는 것을 추구할만한 도덕가치라고 보았음을 말해준다. 이는 동시에 또 그가 여전히 자유, 자아실현과 인류공동체 등 인류의 보편적 가치를 마땅히 추구해야 할 도덕 목표로 보았음을 말해준다.

우선 우리는 마르크스가 선후로 〈1844년 경제학 철학 초고(혹은 파리 초고)〉와 〈1857-1858년의 경제학 초고〉에서 논술한 소외에 관한 두 단락을 비교해 볼 수 있다.

A. 〈1844년 경제학 철학 초고〉:

이 사실은 다음의 것을 표현할 따름이다: 노동이 생산하는 대상, 즉 노동의 생산물이 하나의 **낯선 존재로서**, 생산자로부터 하나의 **독립적인 힘**으로서 노동과 대립한다는 것. 노동의 생산물은 하나의 대상 속에 고정된, 사물화된 노동인바, 이는 노동의 **대상화**이다. 노동의 현실화는 노동의 대상화이다. 노동의 이러한 현실화는 국민 경제학적 상태에서는 노동자의 **탈현실화**로서, 대상화는 **대상의 상실**과 **대상에 대한 예속**으로서, 전유는 소외로서, 외화로서 나타난다.

인간 대 자신의 관계는 그와 타인의 관계를 통하여서만 그에게 **대상적**이고 **현실적**인 관계로 된다. 따라서 만약 인간이 자신의 노동 생산물 즉 대상화 노동의 관계를 이기적이고 적대적이고 유력하고 그에 의존하지 않은 대상의 관계라고 한다면 그가 이 대상과 이런 관계를 가지는 것은 **다른 것**이고 적대적이고 유력하고 그에 의존하지 않은 사람이 바로 이 대상의 주인이라는데 있다. 만약 인간이 그 자신의 활동을 자유롭지 못한 활동으로 간주한다면 그는 이런 활동을 타인을 위해 봉사하고 타인의 지배를 받으며 타인의 강박과 억압으로 하는 활동으로 간주한다.[24]

B. 〈1857-1858년의 경제학 초고〉:

노동력과 대립되는 가치의 독립적 자아존재-이에 따라서 가치는 자본의 존재로 되고 노동의 객관 조건은 노동력에 대한 객관적이고 전혀 상

---

24 중공 중앙마르크스 엥겔스레닌스탈린저작편역국 편역, 〈마르크스 엥겔스 전집(제3권)〉, 인민출판사 2002년 267-268, 276쪽.

관없는 즉 이단으로 되어-이미 이와 같은 상태에 이르러 이런 조건이 자본가의 인격 형식으로 되었다. 즉 자신의 의지와 이익을 구비한 인격화로서 공인하는 인격과 대립되었다. 재산 즉 노동의 물질조건의 노동력과의 이런 절대적 **분열** 또는 **분리**는-노동조건이 **타인의 재산**으로 되게 하고 다른 법인의 실재로 되고 이 법인의 의지의 절대 영역으로 되어 노동력과 대립되었다. 그러므로 다른 한 면으로 노동이 인격화되어 자본가의 가치와 대립되거나 노동조건과 대립되는 타인의 노동으로 되었다. 재산과 노동 간, 노동력과 그의 실현조건 간, 대상화 노동과 노동력 간, 가치와 창조가치의 활동 간의 이런 절대적 분리- 이에 따라서 노동 내용이 노동자 자신의 이단이 되고 상술한 이런 분열은 현재에도 마찬가지로 노동 자신의 생산물로 나타나며 노동 자신의 요소 대상화와 객체화로 나타난다.[25]

A와 B 이 두 단락의 표현은 얼마나 비슷한가! 비록 13년 간격이 있지만 마르크스 소외사상의 규범적 내용은 변화되지 않았다. 이는 또한 마르크스가 그 사상이 성숙된 후도 그 전에 형성에 도덕관념을 변화시키지 않았음을 말해 준다. 아래에 우리는 마르크스의 〈1857-1858년의 경제학 초고〉에서의 인간의 자유, 자아실현과 인류공동체에 대한 이해를 다시 보기로 한다. 이 설명을 통하여 우리는 마르크스가 이미 거둔 경제학 연구 성과로 소외에 대해 설명할 때 소외가 발생하는 근원과 소외를 해소하는 방법에 대한 이해에서 과학적 인지의 근거가 더욱더 많아졌음을 알 수 있다.

25 중공 중앙 마르크스 엥겔스 레닌 스탈린 저작 편역국 편역, 〈마르크스 엥겔스 전집(제30권)〉, 인민출판사 1995년, 443-444쪽.

> 전면적으로 발전한 개인은-그들의 사회관계는 그들 자신의 공동적인 관계로 또한 그들 자신의 공동적인 통제에 복종하는-자연적 산물이 아니라 역사적 산물이다. 만약 이런 개성이 가능케 하려면 능력의 발전도 일정한 정도에 달해야 하며 전면적이어야 한다. 이는 바로 교환가치의 기초위에 창업한 생산을 전제로 하며 이런 생산은 개인이 자신과 다른 사람과 상호 소외되는 보편성을 형성하는 동시에 개인관계와 개인능력의 보편성과 전면성도 형성한다.[26]

위의 두 초고의 비교를 통하여 우리는 아래와 같은 3 개의 결론을 도출해 볼 수 있다.

첫째, 만년의 마르크스는 여전히 그의 〈1844년 경제학 철학 초고〉에서 보유한 가치입장과 도덕목표를 완전 견지하였다. 그는 여전히 개인의 전면 발전 즉 인간의 소외되지 않은 상태는 마땅히 추구해야 하는 상태임을 견지하였다. 이른바 "전면 발전한 개인" 혹은 "인간의 소외되지 않은 상태"는 인간이 자유롭게 자주적으로 자기의 일을 결정할 수 있는 것을 말하는데 인류공동체의 생활로 자본 지배 기초위에 맺어진 소외된 인간 대 인간의 사회관계를 대체하는 것이다. 바꾸어 말하면 마르크스는 만년에도 여전히 자유, 자아실현과 인류공동체 등 보편적 도덕 가치를 견지하였다.

둘째, 그는 자신이 구축한 유물사관과 경제학이론으로 자신이 보유한 가치입장과 도덕목표를 논증하여 자신의 도덕논설이 든든한 과학인지기초위에 구축되게 하였다. 만일 초기(예하면 〈1844년 경제학 철학 초고〉에서)에 소외 등 개념으로 그의 도덕주장을 표현하고 헤겔식의 언어로 소

---

26 중공 중앙 마르크스 엥겔스 레닌 스탈린 저작 편역국 편역, 〈마르크스 엥겔스 전집(제30권)〉, 인민출판사 1995년, 112쪽.

외 발생의 근원을 제시하였다면 그의 만년에는 주로 자본주의 생산제도의 측면에서 소외 발생의 근원과 소외 해소의 루트를 제시하였다. 마르크스가 초기에 사용한 헤겔식 논증방식에서 규범적인 이론 차원은 기본적 차원이다. 이런 논증방식에서 자아 폐합적인 논리는 무장애로 소외 발생의 근원과 소외 해소의 루트를 설명할 수 있으며 경험 인지적 고찰과 설명을 호소할 필요가 없다. 마르크스가 만년에 사용한 논증방식에서 규범적인 가치 설정은 과학인지적 고찰의 기초위에 설립하였다. 즉 "교환가치 기초위에 창립한 생산을 전제로 한" 전반 자본주의 경제생활에 대한 과학 고찰위에 설립되었다.

셋째, 마르크스 사상의 성숙 상태는 규범적 차원과 인지적 차원이 유물사관 기초위에서 유기적으로 결합하였음을 체현하고 역사척도와 가치척도가 전반 마르크스 사회정치이론에서 내재적 통일을 이루었음을 체현하였다. 이런 통일은 마르크스가 사회정치생활에 대한 매개 이론 고찰에서 체현된다. 마르크스는 그 어떤 학과를 구축하기 위해 연구를 진행한 스콜라 철학 학자가 아니라 세계를 변화시키기 위해 현실사회생활을 고찰하는 이론가이다. 그는 종래로 마땅히 그 어떤 철학원리, 정치학원리, 사회학원리, 경제학원리를 구축해야 한다고 노심초사하지 않았으며 심지어 그의 〈자본론〉도 경제학원리를 천명하고자 한 아카데미식의 연구가 아니다. 만일 우리가 현대 학과분화의 의미에서 마르크스 종합적인 논술에서의 학술사상을 이해하려고 한다면 반드시 우선 그의 모든 논술의 이런 종합적인 성격에 유의해야 한다. 동시에 우리는 또 반드시 마르크스의 사회정치문제에 대한 종합적 고찰이 의거한 것은 규범적인 고찰방식과 인지적인 고찰방식을 유기적으로 결합한 방법이라는 것을 분명히 알아야 한다. 비록 서로 다른 학과에서 우리는 그것을 논리적으로 분리하여 토론할 수 있지만 실제 문제에 운용할 때 그것은 불가분적이다. 실제문제는 종래로 학과의 구분에 의해 형성되지 않기 때문이다.

요컨대, 마르크스의 전반 사회정치이론은 그의 도덕관념과 분리된 것이 아니라 그의 도덕관념을 기반으로 하였다. 바꾸어 말하면 마르크스의 전반 사회정치이론은 모두 자유, 자아실현과 인류공동체라는 이 세 가지 기본 선의 가치 설정위에 정립되고 따라서 그들에 관한 합리성 논증의 도덕이론위에 구축되었다. 비록 마르크스가 도덕이론에 대하여 아카데미식의 계통적 해석을 하지 않았지만 그도 이런 방식으로 계통적으로 자신의 기타 이론을 설명하지 않은 것처럼 이는 그의 전반 사회정치이론에 도덕학설이 포함되지 않는다는 것을 의미하지 않는다.

2. 의무론 아니면 공리주의?

마르크스가 계몽운동의 기본 도덕 가치를 인정한 것은 마르크스가 자유주의자와 같은 도덕철학을 갖고 있음을 의미하는가? 답은 당연히 부정이다. 앞 문장에서 우리는 이미 마르크스는 비록 자유주의자와 공동한 도덕 가치를 향유하고 있지만 그는 이러한 가치를 역사를 초월하는 추상적 가치로 보는 것을 반대하며 더욱 중요한 것은 이런 도덕 가치를 어떻게 이해하고 설명하며 또한 이런 것을 어떻게 실현할 것인가 하는 문제에서 마르크스와 자유주의자는 근본적 견해차가 있음을 설명하였다. 자유주의는 인간의 보편적 이성에서 출발하여 이런 보편적 도덕 가치를 추상적 도덕가치로 이해하지만 마르크스는 현실사회에 대한 과학적 인지에서 출발하여 그러한 것들을 서로 다른 특정 역사형식을 가진 도덕가치로 본다. 자유주의는 인간의 자사자리 본성에 근거하여 자본주의를 영원한 사회제도로 이해하고 나아가 이런 도덕 가치를 이런 사회제도에서 얻은 궁극적인 합리한 형식으로 이해하지만 마르크스는 자본주의 생산방식의 합리성의 한계에 근거하여 이런 도덕가치의 실현은 공산주의를 지향한다고 보았다. 이런 의의에서 우리도 그들의 구분을 진실적이고 실현가능한 도덕이상과 허위적이고 중도 하차밖에 될 수 없는 도덕이상이다.

마르크스의 도덕이상 이론과 자유주의 도덕이상 이론의 관계와 차이는 일정한 정도에서 마르크스 도덕이론의 내용과 특징을 명시해주지만 이런 한 것들을 깊이 있게 이해하자면 도덕이론의 갈래 차이에서 마르크스의 도덕이상을 고찰해야 하며 마르크스가 도대체 어떠한 방식으로 그가 소중히 여기는 도덕 가치를 토론하였는가를 보아야 한다. 이런 고찰은 우리로 하여금 윤리학의 가장 일반적 갈래에서 마르크스의 도덕이론이 도대체 어떤 갈래에 속하는 도덕이론인가를 보다 깊이 있게 이해할 수 있게 한다.

현대 도덕이론의 여러 가지 갈래는 전통사회가 현대세계에로 전환하는 과정에서 발원하였다. 알래스데어 매킨타이어Alasdair MacIntyreAla는 이 과정에서 "아리스토텔레스의 미덕 개념과 인류의 선 개념"을 핵심으로 하는 목적론 세계관이 사람들의 신뢰를 잃어감에 따라 "원래 통일된 도덕 도식도 분열 와해되었다. 따라서 여러 가지 의무, 권한, 선, 미덕과 법률 간의 관계와 연관된 대체적 관점들이 나타나고 현대성의 근본 특징으로 되는 도덕 다원화가 이에 응하여 나타났다."[27] 알래스데어 매킨타이어는 그의 〈도덕적 탐구의 세 가지 경쟁적 입장들〉에서 도덕이론의 탐구 전통에 근거하여 현대도덕이론을 "백과전서파"와 니체, 미셜 푸코의 계보학 방법 그리고 토마스주의의 아리스토텔레스주의 등 3개의 서로 다른 갈래로 구분하였다. 비록 우리는 알래스데어 매킨타이어

27 [미국] 알래스데어 매킨타이어, 〈도덕적 탐구의 세 가지 경쟁적 입장들〉, 완쥰런, 탕원밍, 펑하이옌 등 역, 중국사회과학출판사 1999년, 1-2쪽.

의 현대윤리학 출현 원인에 대한 분석을 찬성하지만 여기서는 그가 제공한 여러 가지 현대도덕이론에 대하여서는 전면적인 고찰을 하지 않기로 하고 마르크스 도덕이론의 특징을 이해하여야 하는 수요로부터 출발하여 현대사회에서 영향력이 가장 큰 두 가지 현대도덕 이론을 대체적으로 회고하면서 아래에 토론할 문제를 이끌어내려고 한다.

복잡하고 잡다한 현대도덕이론에서 칸트를 대표로 하는 의무론과 막스 뮐러Max Muller, 제러미 벤담Jeremy Bentham을 대표로 하는 공리주의는 영향력이 가장 큰 두 가지 도덕이론으로 사람들이 마르크스 도덕이론을 토론할 때의 참조 좌표로도 되었다. 도덕 갈래에서 마르크스의 도덕이론은 하나의 의무론인가 아니면 공리주의인가 혹은 기타 도덕이론의 갈래인가 하는 문제에서 시작부터 마르크스 사상에 대한 해석에서 의견이 존재한다. 폐퍼는 이렇게 말하였다.

> 예컨대 에두아르트 베른슈타인Eduard Bernstein, 칼 와들랜드Carl Wadland는 마르크스를 칸트주의자라고 보았다. 비록 엥겔스, 카를 카우츠키Karl Kautsky와 같은 "과학사회주의자"들은 도덕을 "의식형태"와 "비과학적"으로 명확히 인식하고 배제하였지만 통상적으로 그들이 아주 간단한 공리주의를 암묵적으로 찬성하였음을 발견할 수 있다.[28]

진짜 상황은 확실히 이러한가? 이는 당연히 마르크스의 사상과 그들을 비교하여야 하지만 이에 앞서 우리는 우선 이 두 가지 서로 다른 도덕이론의 핵심관점에 대하여 비교 분석해야 한다.

의무론은 책임을 행동의 근거로 보고 이어 기초하여 도덕논증의 윤

---

28 [미국] 로드니 G. 페퍼, 〈마르크스주의, 도덕, 그리고 사회 정의〉, 뤼량산, 이양, 저우훙쥔 역, 고등교육출판사 2010년, 86쪽.

리학설을 역설하였다. 의무론이 인간은 마땅히 자기가 한 일에 책임지어야 한다고 보는 것은 인간은 자유적이기 때문에 즉 인간은 자기가 하는 일을 좌우지할 수 있다고 보기 때문이다. 인간은 반드시 목적적으로 존경을 받아야 하지 단지 도구가 되어서는 안 된다. 칸트는 이렇게 말하였다. "자유 개념은 순수한 이성적 개념이다. 그렇기 때문에 이론철학으로 말하면 초경험적이다." 비록 이성적 실천 응용에서 자유의 실재성이 증명되었지만 이는 단지 "우리 마음속의 순수한 의지이고 도덕 개념과 도덕 법칙의 근원이 바로 이런 순수한 의지라는 것을 증명하였을 뿐이다."[29] 그러므로 공리주의와 다른 것은 의무론에서 동기, 의무와 책임이 핵심개념이라는 것이다. 의무론은 인간의 동기는 그 행동이 도덕적인가 아닌가를 판단하는 근거이며 행동의 시시비비는 행동자의 동기에 달려있지 행동 결과와 무관하다고 본다. 따라서 어떤 일은 내재적으로 옳고 그름이 정해져 그 효과와 무관하다. 효과론이 그르다고 하는 것은 한 행동의 나쁜 결과가 그 행동의 비정당성을 증명할 수 없고 한 행동의 좋은 결과도 그 행동의 정당성을 보증할 수 없기 때문이다. 한 사람이 선량한 동기로 한 행동이 설사 나쁜 결과를 초래하였다고 하더라도 마땅히 긍정해 주어야 하며 한 사람이 불량한 동기로 한 행동이 설사 좋은 결과를 초래하였다고 하더라도 규탄을 받아야 한다. 우리는 마땅히 무엇을 해야 하거나 혹은 무엇을 하지 말아야 하는가 하는 것은 이런 일 자체가 결정하기에 의무론과 목적론은 밀접히 연관되어 있으며 흔히 목적론의 논증에 의거한다. 의무론의 가장 유력한 이론 논증은 칸트가 마련하였고 현대에서 가장 중요한 대표 인물은 로버트 노직 RobertNozick이다.

---

29 [독일] 칸트, 〈도덕형이상학〉, 장룽, 리츄링 주편, 〈칸트저작전집(제6권)〉, 중국인민출판사 2007년, 228쪽.

공리주의는 행동 효과를 행동의 옳고 그름을 가늠하는 근거로 삼는 도덕이론이다. 공리주의가 견지하는 공리 원칙은 바로 최대 쾌락 원칙 혹은 최대 행복 원칙이며 공리는 도덕의 유일한 기준이라는 것이다. 공리주의 원칙은 우리에게 행동으로 인한 결과에 따라 그 도덕 가치를 평가할 것을 요한다. 공리주의는 한 행동의 정당여부는 마땅히 그 결과에 따라 평가해야 한다고 본다. 쾌락과 행복을 가져온 행동은 선한 것이고 고통과 불행을 가져온 행동은 악한 것이라고 본다. 공리주의는 그 원칙을 인간의 행동을 평가하는 기준으로 보았을 뿐만 아니라 국가 정치법률 제도를 평가하는 기준으로도 보았다. 한 나라의 정치법률 제도가 만일 최대 다수의 사람들에게 행복과 쾌락을 가져다 줄 수 있다면 그것은 곧 좋은 정치법률 제도이고 이와 정반대되면 나쁜 법률제도이다. 비록 공리주의는 많은 서로 다른 형식이 있지만 그 기본 원칙은 오히려 의무론과 구분된다. 제러미 벤담, 막스 뮐러, 헨리 시즈윅Henry Sidgwick등은 공리주의의 가장 대표적인 인물들이다.

마르크스의 도덕이론은 의무론 혹은 공리주의 가운데서 어느 것에 속하는가?

의무론에서 가장 중요한 방법론의 특징으로부터 보면 마르크스는 분명히 의무론의 문제를 생각하는 방식을 찬성하지 않을 것이다. 우선 의무론의 논증이 성립할 수 있는 것은 사물 자체의 선을 근거로 하기 때문이다. 따라서 목적론의 지지가 없으면 의무론은 도덕 행동을 위한 근거를 찾을 수 없게 되며 모든 도덕 논증도 적용할 수 없게 된다. 물론 그 어떤 의미에서든 마르크스는 이런 목적론적인 문제를 생각하는 방식을 모두 찬성하지 않을 것이다. 비록 우리는 마르크스의 전반 이론에 의무 규범적 차원이 있는 것을 인정하지만 마르크스가 목적론자라는 것은 상상할 수 없다. 마르크스에게 있어서 도덕 원칙의 근거는 특정된 물질 생산방식이 대표하는 사회생활 속에 있지 그 어떤 선재先在적 목적에 있지 않다. 그러므로 만일 마르크스가 의무론자라면 추상적 도덕원칙은 가장 근본적 것으로 모든 행동을 가늠하는 도덕 근거로 된다. 그러나 마르크스는 도덕원칙을 역사적인 것으로 보고 사회생활의 역사적 변화에 따라 서로 다른 형식을 갖는다고 보며 도덕 원칙을 추상적으로 보는 것을 반대한다. 따라서 마르크스는 추상적 의무원칙을 근거로 도덕 판단하는 것을 찬성할 리 없다. 그러므로 만일 마르크스가 의무론자라면 그도 꼭 역사주의 원칙과 의무론을 결부시킨 의무론자일 것이다.

그렇다면 마르크스는 공리주의자인가? 이에 대하여 많은 사람들은 긍정적인 답을 보유하고 있다. 앨런 E. 뷰캐넌Allen E.Buchanan은 마르크스의 도덕사상에 대하여 공리주의적으로 해석하려고 애썼다. 앨런 E. 뷰캐넌은 마르크스가 초기에 제기한 "유적 존재" "진정한 인성" 등 개념을 전형적인 규범적 개념이라고 보았다. 그는 마르크스에게 있어서 이런 개념은 변화무상하다고 하였다.

> 최초에 수용할 수 있은 하나의 답은 이 변화무상한 개념은 아래 관점에 초점을 맞추었기 때문이다. 즉 인류역사는 기본적으로 수요를 만족시키는 활동이며 마르크스의 유일한 평가 기준은 단지 이 활동이 성공에 달하는 정도이다. 이 해석에 따르면 자본주의가 규탄을 받는 것은 자본주의가 정의롭지 못하거나 도덕적이지 못해서가 아니라 혹은 인성에 부합되지 않아서가 아니라 모든 인간 사회가 다 갖고 있는 기본 의무를 완성하지 못하여 수요를 만족시키지 못하기 때문이다. 하지만 공산주의가 우월한 것은 공산주의가 인성에 보다 더 부합되어서도 아니고 단지 보다 더 좋게 수요를 만족시킨다는 것이다. 역사의 총체적인 진보도 마찬가지로 이런 간단한 만족 기준으로 가늠한 것으로 …… 이런 해석

에 따르면 기본적인 및 비기본적인 수요에 대한 혹은 수요와 욕구의 만족에 대한 성공 정도는 마르크스의 궁극적 가치척도이다."[30]

만일 앨런 E. 뷰캐넌의 이 해석이 옳다면 마르크스는 확실히 결과를 도덕 평가의 기준으로 하였을 것이며 개인의 행동이든 역사적 활동이든 모두 마땅히 이 기준의 검증을 받아야 한다. 이는 당연히 에누리 없는 공리주의이다.

로드니 G. 페퍼는 앨런 E. 뷰캐넌의 이 해석에 대하여 상세하게 다각도적으로 비평하였다. 필자가 보건대 그의 일련의 비평가운데서 가장 정곡을 찌른 것은 오류로 앨런 E. 뷰캐넌의 논증을 반증한 것이다. 로드니 G. 페퍼는 이렇게 말하였다. 이런 가능성이 완전 존재한다. 즉 사람들은 적대적이고 착취적인 사회관계 속에 처하면 자신이 불행하다고 생각지 않고 오히려 그 속에서 행복과 쾌락을 얻을 수 있다. "공리주의 관점으로부터 출발하면 이러한 사회관계는 도덕적으로 변호를 받는 것은 완전 가능하다."[31] 물론 피착취자는 이런 사회관계에서 흔히 불행을 느끼지만 착취자의 쾌락과 행복의 합계가 피착취자의 쾌락과 행복의 합계를 초월하기만 하면 공리주의 관점에 따라 이런 사회관계는 여전히 도덕의 변호를 받을 수 있을 뿐만 아니라 우리는 마땅히 이러한 사회에 처하는 것을 선택하여야 한다. 그러나 마르크스는 이런 관점을 찬성할 리 없다. 그가 자본주의의 적대적이고 착취적인 사회관계를 부정하는 것은 이런 사회관계는 근본적으로 착오적이며 불공정하다고 보기

---

30 [미국] 앨런 E. 뷰캐넌, 〈마르크스와 정의〉; [미국] 로드니 G. 페퍼 〈마르크스주의, 도덕, 그리고 사회 정의〉, 뤼량산, 이양, 저우훙권 역 고등교육출판사 2010년, 88쪽, 재인용.

31 [미국] 로드니 G. 페퍼 〈마르크스주의, 도덕, 그리고 사회 정의〉, 뤼량산, 이양, 저우훙권 역 고등교육출판사 2010년, 100쪽.

때문이다. 설사 이런 사회관계가 사람들로 하여금 쾌락과 행복을 느끼게 할 수 있지만 이러한 것 역시 자본이 창출한 욕망과 욕망의 만족이며 이는 왜곡된 욕망과 욕망의 만족이다. 하여 로드니 G. 페퍼는 또 이렇게 말하였다. 마르크스는 공리주의를 찬성하지 않을 것이며 단지 "한 가지 혹은 여러 가지 비도덕적 선을 추진하길 바랄 뿐인데 마르크스에서 있어서 그것은 바로 자유, 인류공동체와 자아실현이다."[32] 마르크스가 공리주의를 찬성하지 않는 것은 그가 자유, 인류공동체와 자아실현을 가장 기본적인 가치로 보고 욕망과 수요의 만족을 가장 기본적인 가치로 보지 않기 때문이다. 그러므로 마르크스는 자유의 원칙에 근거하여 욕망과 수요를 해석한 것이지 그와 상반되는 것이 아니다. 로드니 G. 페퍼는 이어 이렇게 말하였다. "무엇 때문에 마르크스는 이런 견해를 반대할 것이라고 하는가?……그중 한 가지 원인은 그가 이런 지배적이고 착취적인 관계는 자유에 대한 위배를 구성한다고 보고 자유는 그가 가장 중요시하고 가장 찬성하는 가치일 수 있기 때문이다."[33] 로드니 G. 페퍼는 마르크스의 도덕이론은 공리주의도 아니고 전형적 의미에서의 의무론도 아닌 "혼합의무론"이라고 보았다.

> 내가 보기엔 모든 이런 해석과 상반대로 마르크스는 혼합의론자이다. 그는 단지 자유, 인류공동체와 자아실현 등 이런 기본적인 비도덕적 선에 대한 최대화만 찾은 것이 아니라 이런 선(혹은 최소한 자유에 대하여)에 대하여 진행하는 철저한 평등주의적 분배를 찾았다. 심지어 그는 쾌락, 행복 혹은 인간의 완벽함을 그의 도덕 추리에서 호소한 궁극적 법정으

---

32 [미국] 로드니 G. 페퍼 〈마크르스주의, 도덕, 그리고 사회 정의〉, 뤼량산, 이양, 저우훙권 역 고등교육출판사 2010년, 86쪽.

33 [미국] 로드니 G. 페퍼 〈마크르스주의, 도덕, 그리고 사회 정의〉, 뤼량산, 이양, 저우훙권 역 고등교육출판사 2010년, 100-101쪽.

로 보지 않고 인간의 존엄이라는 이 비결과주의적 개념을 궁극적 법정으로 보았다.[34]

로드니 G. 페퍼는 나아가 마르크스는 "비도덕적 선"으로서의 자유, 인류공동체, 자아실현 심지어 인간의 존엄을 기본적 가치로 보았기에 마르크스는 의무론자이다고 지적하였다.

여기서 우리는 우선 "비도덕적 선"이라는 이 개념을 설명할 필요가 있다. 그 다음 이에 기초하여 로빈 조지 콜링우드Robin George Collingwood, 앨런 E. 뷰캐넌, 로드니 G. 페퍼 등의 이런 문제에 토론을 살펴보고 그들이 어떻게 마르크스의 도덕사상과 이 개념을 연관시켰는가를 살펴보기로 한다. 윤리학에서 "선"은 "도덕적 선"과 "비도덕적 선"으로 구분된다. 이른바 "도덕적 선"은 도덕의 내재가 요구한 선을 일컫는다. 이들은 내재적으로 선한 것이지 외재적으로 선한 것이 아니다. 구체적으로 말하면 이러한 선은 공평, 정의, 평등, 개인적으로 찬양할 만하는 품성 등 도덕이 요구하는 선을 일컫는다. 한 사람 혹은 한 제도가 공정하고 정의적이고 혹은 사람을 평등하게 대하고 사람은 선량한 품성을 구비해야 한다는 등 이런 것은 모두 도덕이 요구한 것이지 기타 원인 때문이 아니다. "비도덕적 선"은 사람들이 얻고자 갈망하는 것은 도덕의 내재가 요구한 선이 아니다. 구체적으로 말하면 이러한 선은 쾌락, 행복, 힘, 지식, 지혜, 아름다움, 사랑, 자유, 인간의 완벽함, 인간의 잠재적 능력의 실현, 선호의 만족 등이다. 쾌락, 행복, 힘, 지식 지혜, 자유, 인간의 완벽함 등은 선한 것으로 사람들이 애써 추구하는 것이지만 이러 한 것은 결코 도덕이 요구하는 선이 아니다. 고통, 불행, 허약, 우매, 부자유, 인

---

34 [미국] 로드니 G. 페퍼 〈마크르스주의, 도덕, 그리고 사회 정의〉, 뤼량산, 이양, 저우훙권 역 고등교육출판사 2010년, 3-4쪽.

간의 완벽치 못함 등은 인간이 애써 기피하는 것이지만 대다수 상황에서는 부도덕하다고 지적당하지 않는다.

그러나 "도덕적 선"과 "비도덕적 선"에 대한 구분은 객관적 기준이 없어 이들을 어떻게 구분하는가 하는 것은 도덕을 어떻게 이해하는가에 달려 있다. 따라서 도덕이론이 다름에 따라 구분하는 기준이 달라진다. 예컨대 로드니 G. 페퍼는 마르크스의 도덕학설을 고찰할 때 "도덕적 선"에 대해 확장하려 하면서 "사랑이라는 이 비도덕적 선은-조지 에드워드 무어George Edward Moore의 '이상적 공리주의'이론에서 쾌락, 지식, 지혜, 미감과 함께 모두 내재적 선이다"[35]고 말하였다. 로드니 G. 페퍼 본인이 보다 넓은 의의에서 "비도덕적 선"의 관점을 이해하는 것을 지지하였다. 바로 이런 "확장"을 통하여 그는 마르크스의 도덕이론과 의무론 간의 이론 간격을 없애고 마르크스와 의무론 간에 보다 밀접한 관계를 구축하려고 하였다.

조지 에드워드 무어는 마르크스의 도덕사상을 고찰할 때 마찬가지로 "도덕적 선"과 "비도덕적 선"을 구분하였다. 그는 공정과 권리 등을 "도덕적 선"으로 보고 복지와 자아실현을 "비도덕적 선"으로 보았다. 그는 전통적 사고방식은 공정, 정의를 사회의 기초이자 사회의 기본 준칙으로 보고 사회충돌의 궁극적 결재자로 보지만 마르크스에 있어서는 생산방식이야말로 궁극적 결재자이고 생산방식을 떠나서 정의를 논하고 자본주의를 비판하는 것은 무의미하고 문제의 근본 원인을 찾아내지 못했다고 본다. 반대로 마르크스는 "도덕적 선"을 역사적이고 의식형태적인 것으로 보며 따라서 그는 이런 차원에서 문제를 토론하는 것을 극력 회피하였다. 마르크스는 확실히 자본주의를 비판하였지만 그는 "비

---

35 [미국] 로드니 G. 페퍼 〈마크르스주의, 도덕, 그리고 사회 정의〉, 뤼량산, 이양, 저우홍 권 역 고등교육출판사 2010년, 88쪽.

도덕적 선"에 입각하여 비판하였고 그가 설명하고자 한 것은 자본주의가 어떻게 인간의 발전을 파괴하고 인간이 그 가치를 자아실현 할 수 없게 하고 행복을 얻을 수 없게 하는 가하는 등 "비도덕적 선"이지 자본주의가 어떻게 인간의 권리를 범하고 어떻게 불공정하고 정의롭지 못한 가하는 것이 아니다. 바꾸어 말하면 마르크스에 있어서는 이른바 권리, 정의와 같은 "도덕적 선"을 위해 변호하는 규범적 이론이 존재하지 않으며 오로지 자유, 공동체와 자아실현과 같은 이런 "비도덕적 선"을 위하여 변호를 하는 도덕 이론만 존재한다.

로드니 G. 페퍼는 로빈 조지 콜링우드의 이런 인식에 기초하여 진일보로 마르크스의 도덕이론은 의무론이라고 강조하였다. 그의 의무론은 "비도덕적 선"의 실현을 강조하지만 이런 "비도덕적 선"의 실현은 꼭 "정의" 등 도덕적 선을 근거로 하는 것이 아니라고 하였다. 그는 이에 근거하여 마르크스의 의무론은 일반적 의무론과 다른 "혼합적 의무론"이라고 지적하였다.

> "혼합적 의무론"이론이란 (특정적) 비도덕적 선의 출현을 하나의 중요한 고려 요소로 보지만 정당한 행동을 비도덕적 선을 최대화한 행동이 아닐 수 있다고 보는 것을 일컫는다. 예컨대 비도덕적 선의 출현은 선의 분배 원칙을 위하여 제한받거나 혹은 기타 정당적인 것에 관한 원칙에 의해 제한받기고 하지만 이런 원칙 자체는 이런 비도덕적 선을 출현함과 아울러 이를 최대화하는 기초위에서 정확하다고 증명 받지 못한다.[36]

---

36 [미국] 로드니 G. 페퍼 〈마크르스주의, 도덕, 그리고 사회 정의〉, 뤼량산, 이양, 저우홍쥔 역 고등교육출판사 2010년, 89쪽.

말하자면 마르크스가 중요시한 것은 자유, 인간 존엄의 실현이며 아울러 자유의 최대화는 공산주의 즉 추구할 만한 사회상태라고 보았다. 이런 사회상태의 실현은 자본주의 분배원칙의 충분한 발전에 의해 실현될 수도 있지만 이는 곧 자본주의의 분배원칙이 정의적이라는 것을 의미하지 않는다.

로빈 조지 콜링우드, 앨런 E. 뷰캐넌, 로드니 G. 페퍼 등의 이런 토론에서 우리는 그들이 마르크스의 도덕이론을 설명하기 위하여 많이 에둘러왔음을 알 수 있다. 에둘러온 원인은 그들이 의무론과 공리주의 간의 견해차에 너무 집착하고 마르크스의 사상을 그들의 해석 틀 안에 완전 귀결시키려고 하였기 때문이다. 사실 공리주의에 대하서든 의무론에 대하여서든 마르크스는 모두 예리하게 비평한 바 있다. 마르크스의 이론은 그들 이론의 하나로 될 필요도 없거니와 불가능하며 그들의 양자 간의 혼합도 아니다. 마르크스의 의무론에 대한 비평은 추상적 인성론과 추상적 도덕원칙에 대한 비평이자 이런 사람들이 숙지한 것에 대한 비평이기도 한데 여기서 장황하게 논술할 필요가 없다. 마르크스의 공리주의에 대한 비평은 여기서 다만 그가 〈자본론〉에서 제러미 벤담을 "평범한 사람의 시조"와 "19세기 자산계급의 평범한 이성의 무미건조하고 진부하고 번지르르한 지자"[37]라고 칭한 것만으로도 이 문제를 아주 잘 설명해준다.

필자는 마르크스는 확실히 이른바 "비도덕적 선"을 자유, 인류공동체, 자아실현 심지어 인간의 존엄을 기본적 가치를 보았다고 인정한다. 이런 의미에서 우리는 마르크스는 의무론자라고 말할 수 있다. 최소한 의무론의 차원에서 마르크스의 사상을 이해하는 것은 공리주의 차원에

---

37 중공 중앙 마르크스 엥겔스 레닌 스탈린 저작 편역국 편역, 〈마르크스 엥겔스 전집(제23권)〉, 인민출판사 1972년, 669쪽.

서 그의 사상을 이해하는 것보다 그의 사상의 진실에 더욱 가까이 접근할 수 있다. 그러나 마르크스의 도덕이론은 결코 의무론 혹은 공리주의 가운데의 하나 또는 그들 양자의 그 어떤 혼합이 아니다. 비록 우리는 그들이 제기한 문제를 마르크스 도덕이상에서의 표현형식으로 고려할 수 있지만 마르크스의 사상 특징을 확정할 때 그들이 문제를 고려하는 출발점을 마르크스가 문제를 고려하는 출발점으로 볼 필요가 없다.

우리는 마르크스의 도덕이론을 해석할 때 현대의 윤리학 술어를 사용하지 않을 수 없으며 현대의 이런 중요한 도덕학설과의 비교에서만이 비로소 마르크스의 사상을 더욱더 잘 이해하고 해석할 수 있다. 이런 이해에 기초하야 확실히 마르크스의 도덕이론을 의무론이라고 칭할 수 있지만 마르크스의 방법론으로 보면 이를 "역사주의 의무론"으로 칭하는 것이 보다 합당할 것이다. 물론 이는 단지 명칭에만 관련된 것이 아니라 더욱 중요하게는 마르크스 도덕이론의 방법론 특징과도 관련된다.

3. 역사주의 의무론

우선 반드시 긍정해야 할 것은 마르크스는 확실히 인간과 인간의 자유를 목적으로 한 것이지 이를 도구로 고려하지 않았다는 점이다. 마르크스는 옛 유물주의를 평가할 때 이렇게 말하였다. "유물주의는 제1창시자인 베이컨에게 있어서는 아직 소박한 형식에 전면적으로 발전하는 새싹으로서 물질이 시적 감성의 빛으로 인간의 심신에 미소를 지었다." 그러나 "유물주의는 그 후의 발전과정에 단편적으로 변화하고" "유물주의는 인간을 적대시하였다."[38] 마르크스는 인간은 부득이하게 필연성의 제약을 받지만 "인간은 회피해야 할 그 어떤 사물의 소극적 힘이 있어서가 아니라 자신의 진정한 개성을 표현하는 적극적 힘이 자유를 얻게 된다."고 보았다.[39] 인간도 부득이하게 필연적 왕국에서 생존하지만 "이 필연적 왕국의 대안에서 목적 자체로서의 인간능력의 발전과 진정한 자유왕국이 시작되었다."[40] 마르크스에게서 있어서는 공산주의는 바로 소외를 극복하고 물질이 인간을 지배한 것과 자본이 노동을 지배하는 것을 폐지하는 것이다. 바꾸어 말하면 공산주의에서 매개인은 모두 마땅히 전면적인 자유로운 발전을 하여야 하며 인간의 자유는 모든 목적이다.

이런 기본 관점에서 출발하면 우리는 확실히 마르크스를 의무론자라고 할 수 있다. 그러나 일반 의무론은 인간을 목적을 보는 것과 인간은 자유롭다는 것을 강조하는 이런 실질적인 관점에 구속 받지 않으며 그 어떤 특정적인 방법론을 의미하기도 한다. 우선 방법론에서 의무론은 그 실질적 관점에 대하여 해석을 할 때 흔히 이성과 도덕 직감을 호소하며 이러한 것을 궁극적 해석의 근거로 삼는다. 다음, 의무론은 흔히 보편주의 혹은 형식주의인데 말하자면 단일한 혹은 약간의 추상적 보편도덕원칙의 지지로 얻어 문제를 설명한다. 의무론자는 인간의 정감과 욕망이 도덕 행위에서 하는 역할을 배제할 뿐만 아니라 사회와 역사 환경의 차별을 완전 소홀히 하고 도덕 운을 소홀히 하였다. 이

---

38 중공 중앙 마르크스 엥겔스 레닌 스탈린 저작 편역국 편역, 〈마르크스 엥겔스 전집(제2권)〉, 인민출판사 1957년, 163-164쪽.

39 중공 중앙 마르크스 엥겔스 레닌 스탈린 저작 편역국 편역, 〈마르크스 엥겔스 전집(제2권)〉, 인민출판사 1957년, 167쪽.

40 중공 중앙 마르크스 엥겔스 레닌 스탈린 저작 편역국 편역, 〈마르크스 엥겔스 전집(제25권)〉, 인민출판사 1974년, 927쪽.

는 그들이 근거로 하는 방법론이 요한 것이다. 그들은 추상적 보편도덕원칙은 이성 존재자로의 인간의 행위를 지배한다고 보며 사람들의 행위가 도덕에 부합되는지 부합되지 않는가를 가늠할 때 단지 그들이 이런 가장 보편적 도덕원칙을 위배하였는지 위배하지 않았는가만 고려하고 사람들이 처한 특수한 역사 환경은 고려할 필요가 없다고 본다. 가장 중요한 의무론자인 칸트는 아주 명확하게 자신의 논리학을 이성 주체와 보편 원칙위에 정하고 오직 이렇게 하여야만 비로소 그의 의무론의 윤리학을 설명할 수 있다고 보았다. 그의 〈도덕형이상학의 기초〉 제1장은 아래와 같은 것을 논증하였다. 선의 의지는 도덕가치의 발원지이며 인간의 정감과 세계의 우연성에서 독립하였다. 한 것은 "세계 안에서 일반적으로 말하면 심지어 세계 밖에서 선량한 의지를 제외하고 그 어떤 것도 무제한적으로 선한 것으로 보는 것은 상상할 수 없으며" 그러나 "선량한 의지는 그가 조성 또는 달성한 것으로 인하여 선이 되는 것이 아니며 그가 그 어떤 하나의 예정한 목적에 달하기 적합하다고 하여 선이 되는 것이 아니라 단지 의욕으로 선한 것뿐이다. 즉 그 스스로 말하는 선이다."[41] 도덕 영역은 이로 인하여 선량한 의지로 정립되고 이로 인하여 정감과 우연성의 영향을 받지 않는 영역만이 도덕영역으로 되고 여러 가지 정감과 우연성의 영향을 받는 것은 비도덕적 영역으로 된다. 이에 따르면 윤리학은 마땅히 운의 영향을 받지 않는 영역을 기반으로 하여야 하며 우연성의 영향을 받는 영역이어서는 안 된다. 만일 마르크스가 의무론자라면 그도 필연코 이런 방식으로 문제를 토론하는 것을 찬성하지 않을 것이며 의무의 근거를 "그 스스로 말하는 선"의 그 "목적"에서 추인하였다는 것을 찬성하지 않을 것이기에 필연코 일반 의

41 [독일] 칸트, 〈도덕형이상학의 기초〉, 리츄링 역, 리츄링 주편 〈칸트저작전집(제4권)〉, 중국인민출판사 2005년, 401쪽.

무론자와 다른 의무론자라고 할 수 있다.

마르크스는 의무 규범은 역사적인 것이며 현실의 사회물질생활이 그들로 하여금 그들이 자신의 역사 조건 하에서 형성된 그런 양으로 되게 하였다고 본다. 인간의 전면 발전으로서의 자유는 초연한 선한 의지에 의해 결정된 "마땅한 상태"로 이해되어서는 안 되며 마땅히 역사발전과 연관된 사실로 이해되어야 한다. 사람들은 이 미래 사실에 대한 인식과 이해로 자신의 자유와 책임을 알아야 하지 선험적 선한 의지로 인해서는 안 된다. 자유와 책임의 능력은 인간의 실천 활동 및 그 역사에서 온다는 이런 인식과 이해는 "하느님의 부여" 혹은 "선험"에 의해 해석할 필요가 없다.

마르크스의 의무와 책임(따라서 인간의 자유에 대한)에 관한 해석은 완전 다른 방법론을 요한다. 이런 방법론은 역사주의적이자 유물주의적이다.

마르크스의 전반 정치이론 방법론의 문제는 그의 옹근 철학과 연관되는데 그의 본체론 관점과도 연관되고 그의 인식론 관점과도 연관된다. 이런 총체적 방법론 문제에 관하여 우리는 다음 장절에서 전문적으로 토론하기로 하고 여기서 우리가 강조하는 것은 마르크스의 방법론은 역사주의와 유물주의로서 본체론과 인식론의 의미에서 문제를 설명하려는 것이 아니다. 따라서 여기서 우리가 강조하는 것은 마르크스가 사회역사 사건과 현상을 대하는 유물주의와 역사주의의 태도와 방법이 아니라 그의 의무원칙을 대하는 유물주의와 역사주의의 태토와 방법이다. 여기서 우리가 말하는 역사주의 방법론은 사람들이 역사사건과 역사인물을 특정 역사 조건과 구체적 역사 배경 속에서 분석하는 것을 일컫는 것이 아니라 사람들이 평가 기준, 의무원칙 자체의 역사성과 객관성 문제를 어떻게 대하는가를 일컫는다.

마르크스는 유물주의와 역사주의 방법으로 의무원칙을 이해하였는데 말하자면 의무 규범을 사회물질 생활에서 기원하고 역사적이고 구체적인 것이라고 보았는데 이 또한 근본적으로 역사조건을 초월한 일반적 의무 규범이 존재한다는 것을 부인한 것으로 된다. 마르크스는 의무 규범은 사회의식으로서 사회물질생활에서 발원하고 사회물질생활에서의 인간 대 인간의 관계를 조정하기 위한 수요로부터 인간이 창제한 것이지만 의무 규범은 독립적이고 내용이 텅빈 것이 아니며 반대로 현실의 인간 대 인간의 관계의 일종 반영 형식이다. 바꾸어 말하면 의무 규범은 독립적이고 선재先在적이 아니며 선험적 인류 이성 형식이 아니라 현실생활에서 기원한 의식형식이다. 의무 규범은 사회의 경제기초와 밀접히 연관되어 있으며 사람들의 생산과 사회생활에서의 상호관계를 반영하고 그 규범적 역할을 통하여 이런 관계가 사람들의 도덕행동 속에서 체현되도록 한다. 마르크스의 사회물질생활과 사회의식간의 관계에 대한 이해는 의무 규범에 대한 이런 유물주의 해석을 결정하였지만 그의 이 유물주의 해석은 또 역사주의 기초위에 정립되었다. 마르크스가 보기에는 도덕이 반영하고 봉사하는 사회기초 자체는 변화적인데 이런 변화는 필연적으로 사회 규범의 변화를 초래하기에 영원히 역할을 하는 의무 규범은 없다. 원시사회는 세세대대로 이어온 풍습에 따라 의무와 권리가 상호 통일된 의무규범을 형성함과 아울러 그런 사회상태 하의 사람들의 사회생활을 규범화 하였다. 계급사회에 들어온 후 서로 다른 역사시기에 서로 다른 계급은 서로 다른 도덕 준칙으로 사회생활을 이해하고 도덕은 계급적 특성을 구비하게 되었다. 바로 이런 방법론의 특징이 마르크스의 도덕이론과 추상적 의무론 특히 자유주의의 도덕이론으로 하여금 근본적 구별이 형성되게 하였다. 추상적 의무론자는 추상적 이성과 추상적인 선량한 의지를 근거로 의무 규범을 설명하는데 이는 당연히 비역사주의적이다. 마찬가지로 자유주의가 추상적인 인간의 "자리自利 본성"(혹은 기타 유사한 것)을 기초로 보편적으로 적용하는 도덕규범을 구축한 것을 비역사주의적이라고 하는 것도 근거가 없는 것이다. 인간 사회에서 "사유물"과 "사리私利"가 무엇인지 모르고 지낸 시기가 있은 바 있는데 이는 "자리"는 결코 인간의 불변의 본성이 아니며 이를 기반으로 한 일반 의무 규범은 일반성을 구비하지 않았음을 증명한다.

요컨대 마르크스가 이해한 의무 규범은 역사적일 수밖에 없다. 따라서 만일 마르크스의 도덕이론을 하나의 의무론으로 해석한다면 그의 의무론은 필연코 역사주의적 의무론일 것이다. 의무 규범의 역사적 특징을 이해하고 그 기초위에 역사주의적 의무론을 정립하려면 역사주의 철학의 방법론 지지가 있어야 한다. 이 중요한 문제에 대하여서는 다음 장절에서 상세히 토론하기로 한다.

제2장

현대성에 대한 정치 비판

제1절

현대성에 대한 문제

마르크스 정치철학은 시대성을 구비하고 있다. 마르크스의 직접적 비판 대상은 일반적 인간 사회정치생활이 아니라 현대의 사회정치생활이다. 마르크스는 "인체 해부는 원숭이를 해부하는 열쇠이다."[1]고 말하였다. 그는 일반적 사회구조를 해부하려는 것이 아니라 자산계급사회를 해부 대상으로 하였다. 그는 이렇게 말하였다. "자산계급사회는 역사상 가장 발달하고 가장 복잡한 생산 조직이다. 그러므로 자산계급사회의 각종 관계를 표현하는 범주 및 그 구성에 대한 이해는 동시에 또 우리로 하여금 모든 이미 복멸된 사회형식의 구성과 생산관계를 꿰뚫어 볼 수 있게 한다."[2] 바꾸어 말하면 마르크스는 자본주의라는 이 "역사상 가장 발달하고 가장 복잡한 생산 조직"에 대한 해부를 통하여 사회생활

1 중공 중앙 마르크스 엥겔스 레닌 스탈린 저작 편역국 편역, 〈마르크스 엥겔스 선집(제2권)〉, 인민출판사 1995년, 108쪽.

2 중공 중앙 마르크스 엥겔스 레닌 스탈린 저작 편역국 편역, 〈마르크스 엥겔스 선집(제2권)〉, 인민출판사 1995년, 108쪽.

의 일반 인식을 얻고 사회역사발전 규칙을 인식하게 한다. 따라서 마르크스의 정치비평과 그의 전반 비평은 모두 현대성 비판이다. 이런 의미에서 우리는 마르크스의 정치철학은 일종의 현대성 정치 비판이라고 할 수 있다. 물론 여기서 "비판"은 넓은 의미에서 사용되는 것으로 "분석"을 일컫는 것이지 단지 "부정적인 비판"만 일컫는 것이 아니다. 비록 이 후자를 포함하지만.

1. 마르크스의 현대성에 대한 비판 범주

마르크스 정치철학의 연구에 대하여 말하면 마르크스의 직접적 비판 대상은 무엇인가 하는 문제는 어떤 맥락 하에서 마르크스 정치철학을 토론하는가 하는 문제이다. 이는 우선 우리가 마르크스의 정치철학 연구를 어떤 학술 맥락 하에서 하는 가하는 문제와 연관된다. 류쇼풍刘小枫은 이렇게 말하였다. "유럽과 미국이든 중국어 지식계이든 백년 간 관심한 실질적 문제는 현대 현상이다. 백년간의 학술계는 이 현상을 변호하기 위하여 각종 날로 분화되는 지식적 힘을 동원하였고 전에 없는 인문-사회 이론의 연구 성과를 축적하였다."[3] 최근 백년 간 세계학술이 관심한 핵심 문제는 바로 마르크스 정치철학의 자체 고찰 문제의 맥락이며 우리가 마르크스 정치철학을 토론하는 맥락이기도 하다. 우리는 류쇼풍의 이런 총괄적 논단을 찬성하지만 현대 현상에 대한 식별을 현대 학술의 핵심문제로 한 역사는 백 년에만 그치지 않는다. 마르크스 이전의 헤겔까지 소급할 수 있으며 심지어 더 이른 시기까지 소급할 수 있다.

---

3 류쇼풍, 〈현대성 사회이론 서론: 현대성과 현대 중국〉, 상하이산련서점 1998년, 2쪽.

만약 최근 백여 년 이래의 사회정치이론이 관심한 핵심문제를 "현대현상"에 대한 식별로 귀결한다면 백여 년의 사회정치이론의 핵심문제를 현대현상에 대한 제시, 성찰과 비판으로 볼 수 있다. 마르크스의 정치철학은 바로 그중 한 내용이다.

우선 반드시 알아야 할 것은 최근 백년 간 사상가들의 현대현상에 대한 제시, 성찰과 비판은 서로 다는 차원과 측면에서 전개되었다는 점이다. 막스 베버는 "종교윤리", 현대세계의 "이성화", 현대"세계의 "세속화", 현대사회체제의 "관료제" 등 차원과 측면으로부터 현대현상을 이성적으로 분석하고 에밀 뒤르켐Emile durkheim 사회유실론과 사회 총체론으로부터 출발하여 현대사회에서의 개인과 사회의 관계, 사회의식, 사회단결 등 문제에 대하여 분석하였다. 에른스트 트릴치Ernst Troeltsch는 기독교 세계관의 구축과 쇠퇴의 차원으로부터 현대성에 대하여 분석하고 프로이드Sigmund Freud는 현대성이 인간의 심리에 대한 억압과 왜곡의 차원으로부터 분석을 하고 막스 셸러Max Scheler는 현대성이 초래한 세계의 가치질서, 사회의 정신특질, 주체의 체험 구조의 변화 등 문제가 구축한 이론 차원에서 현대현상을 분석하였다. 만약 문제의 유래를 소급한다면 이런 분석 비판의 직접적 또는 간접적 사상 근원은 마르크스의 자본주의사회에 대한 비판임을 알 수 있다. 뿐만 아니라 이런 서로 다른 차원에서의 비판 분석은 모두 자본주의의 병리에 대한 분석을 통하여 일반적 인간 사회 문제를 인식하는 방법론 특징을 체현하고자 하였다. 이는 마르크스 사상의 "인체"의 해부를 통해 얻은 "원숭이체"에 대한 인식 즉 "일반 사회 구조"에 대한 인식의 방법론에 대한 계승이다.

마르크스는 사상 분열과 학술 전환의 시대에 살았다. 마르크스가 살아간 시대의 사상 분열은 현대성 구축의 노력과 현대성 비판 간의 분열을 말한다. 마르크스가 살아간 시대의 학술 전환은 사변철학을 기초로 한 추상철학 서사로부터 과학적 방법을 기초로 한 사회과학연구에로의 전환을 말한다. 마르크스는 마침 이런 분열과 전환의 격변기에 살았기에 그의 사상에는 거대한 장력이 있다. 한 면으로 그는 일부 포스트모더니스트로부터 현대성 이성 사업의 구축에 참여하였다고 질책받고 다른 한 면으로 그는 또 현대성의 해체를 위해 가장 맹렬한 포화를 제공하여 그 후의 현대성 비판에 끊임없는 사상 동력을 제공하였다. 그리고 한 면으로 그는 과학방법의 사회사물 연구에서의 중요성을 극히 강조하여 사변철학이 과학연구에 미치는 영향을 해소하고자 노력하고 다른 한 면으로 그는 또 과학연구를 진행할 때 저도 모르게 "헤겔변증법의 춤을 추고 있다"고 질책 받았다. 그러므로 마르크스의 현대성 비판이론은 그 후의 그 사상가들처럼 한 면으로 치우치지 않고 다방면과 다차원적이었으며 그의 학술 방법론도 명백하고 단일한 것이 아니라 혼잡하고 종합적이다. 현대성 비판의 진영에서 만약 막스 베버, 에밀 뒤르켐, 에른스트 트뢸치, 프로이드와 막스 셸러 등을 각자 손에 장총, 단검, 활 등을 들고 홀로 싸우는 사병이라면 우리는 마르크스의 손에 어떤 무기가 있는 지를 명확히 알기 쉽지 않다. 그는 때로는 장총을 사용하고 때로는 단검을 사용하고 때로는 장총과 단검을 두 손에 쥐고 사용하기에 방법론적으로 사람들의 눈을 어지럽힌다. 사상 겨룸에서 마르크스는 마치 현대성이라는 대형 영사막에 휩싸여 좌충우돌하며 영사막을 이리저리 찢는 분노한 투사와 같다. 셸러 등은 더욱더 마치 이미 무수히 찢게 진 구멍을 각자 서로 다른 도구로 열심히 매 구멍을 확장시키는 직업군인 같다. 마르크스의 비판은 현대성의 영사막에 무수히 구멍을 뚫었는데 포스트모더니즘 사조가 흥기한 후 자크 데리다는 이렇게 감탄하였다. 마르크스의 사상은 이미 무수한 "조각"으로 분열되어 새로 나타난 각종 사상 유파들 속에서 사상을 격발시키는 역할을 하였다. 하여 그는 심지어 "마르크스의 유령들"이라는 독점적 명사를 만들어내어 마르크스 사상이 당대 서로 다른 유파 가운데서 갖고 있는 다방면적이고

복잡한 영향을 형상적으로 표현하였다.[4]

그렇다면 마르크스의 현대성 비판 이론에서 그의 정치 비판은 어떤 비판이며 어떤 지위를 차지하는가? 이는 우리가 현대성 정치 비판과 현대성 비판의 관계를 고찰할 것을 요하며 또한 우리로 하여금 정치철학과 철학의 관계 문제로 되돌아가도록 한다. 정치철학 탐구의 소재는 당연히 정치사물로서 예컨대 정치공동체의 기초, 정치공동체 성원의 권리와 의무, 정치공동체 성원의 행위와 수단 등이다. 이렇게 보면 정치철학은 확실히 철학의 한 부분이다. 정치철학이 고찰하는 것은 사회생활의 한 영역이기 때문이다. 그러나 위에서 논술한 바와 같이 정치철학의 이런 단지 정치사물의 소재에만 국한된 연구는 실제로 단지 인류생활의 전반 총체성 생활에 대한 하나의 원근 점에 불과하며 이런 원근 점을 통하여 세계와 인류생활의 근본적 문제를 파악한다.

바꾸어 말하면 인간은 단지 정치 생존자의 몸으로 정치공동체에서 인간으로 "무엇이 정확한 것인가?", "무엇이 좋은 것인가?" 하는 문제들을 제기하고 이런 문제는 인간이 인간으로서 반드시 직면하게 되는 근본 문제로서 인간과 인간의 세계의 근본 문제이다. 만약 우리가 현대성 비평의 차원에서 마르크스의 현대사회에 대한 비판을 이해한다면 반드시 생존론 측면에서 그의 이런 현대성을 비판을 이해하여야 하고 이로부터 마르크스의 현대사회에 대한 비평의 목적과 의의를 발견하고 설명해야 한다. 이는 우리에게 마르크스의 자본주의에 대한 경제 비판을 통하여 현대 사회의 경제규칙을 발견하고 이해할 것을 요하며 이 기초 위에 현대세계는 "어떤 것인가"를 발견하고 설명해야 할 뿐만 아니라 우리에게 마르크스의 자본주의의 의무에 대한 비판을 통하여 그의 인

---

4 [프랑스] 자크 데리다, 〈마르크스의 유령: 채무국가, 추모활동과 새 국제〉, 허이 역, 중국인민대학출판사 2008년, 8쪽.

류는 마땅히 어떻게 생존해야 하고 또 어떤 생활이 우리가 추구할 만한 윤리사상인가에 대한 것을 이해하고 해석할 것을 요한다. 이런 문제는 필연적으로 규범적인 정치철학과 관련된다.

마르크스는 자신의 이론 과제를 이렇게 이해하였다. 현대사회는 이미 자신이 자기 자신을 위해 만든 곤경에 깊이 빠졌기에 이론의 과제는 사람들에게 이런 곤경을 어떻게 정확히 인식하고 어떤 루트를 통하여야 이런 곤경에서 벗어날 수 있는 가를 가리켜 주는 것인데 이는 마르크스의 전반 이론이 관심하는 근본 문제이다. 마르크스의 모든 연구는 종래로 인간 사회 자체의 사무를 떠나 자연계의 사물운동을 연구한 적이 없으며 종래로 현대문제의 범주를 떠나 일반적 인간 사회 발전 규칙을 연구한 적 없다. 마르크스는 종래로 인류의 해방과 무관한 화제는 관심하지 않았으며 종래로 현대 맥락의 문제를 떠나 인간의 해방문제를 토론한 바 없다.

마르크스를 단지 객관적 경제운동만 관심하고 정치문제를 관심하지 않은 사상가로 이해하여서는 안 된다. 마르크스는 확실히 많은 심혈을 기울여 인간 사회의 생산 활동에 대하여 제시하고 설명하여 웅대한 경제학이론을 정립하였지만 마르크스를 단지 경제학자로만 보는 사람들은 그가 진정으로 관심한 것은 경제생산이 아니라 경제생산을 통하여 인류가 마땅히 어떤 생활을 해야 하는 가를 설명하였다는 것을 보아내지 못한다. 마르크스가 관심한 진정한 문제는 자본주의 경제 생산이 인간으로 하여금 비인간이 되게 하고 인간은 마땅히 이런 생활을 하지 말아야 한다는 것이다. 그와 그전 및 같은 시대의 사상가 간의 구별은 아주 크게 나타난다. 다른 사상가들이 인간의 불변 본성으로부터 인간과 사회생활에 대한 해석을 찾을 때 마르크스는 경제적 시각으로부터 원인을 찾았다. 그러나 마르크스는 종래로 자신을 단지 경제학자로만 보지 않았고 그에게 있어서 "정치경제학"의 핵심어는 "정치"이지 "경제학"

이 아니었다. 그가 경제학을 연구한 목적은 정치를 보다 깊이 이해하려는 데 있으며 정치를 연구한 목적은 어떻게 하여야 비로소 인간의 현대성 곤경을 정확히 인식함과 아울러 그 곤경에서 벗어날 수 있는가를 탐색하는 것이었다. 이런 탐색은 정치적이지만 정치학적이 아니라 정치철학적이다. 바로 이런 의미에서 우리는 마르크스의 정치철학은 바로 이런 현대성 비판이론이며 현대성 정치 비판이라고 할 수 있다.

마르크스의 정치철학이 현대성의 제시, 성찰과 비판이라면 마르크스 정치철학의 탄생, 형성과 발전은 필연적으로 현대현상과 밀접히 얽혀 있다고 할 수 있다. 바꾸어 말하면 바로 현대성이 위기와 곤경에 빠짐으로 인하여 마르크스의 정치철학이 탄생, 형성과 발전을 하게 되었다. 마르크스의 정치철학은 여전히 당대 의의가 있는데 이는 그가 제시하고 성찰하고 비판한 것은 그 현대현상은 여전히 완결되지 못하였기 때문이다. 하버머스의 말로 말하면 "현대성은 아직 완성하지 못한 계획이다". 당대 철학가들은 여전히 이를 자기이론사업의 핵심 과제로 하고 있으며 많은 사람들은 여전히 마르크스가 제공한 사상자원을 활용하고 있다. 현대사회정치이론은 여전히 마르크스가 19세기에 제기한 사상에 심각하게 의존하고 있다고 할 수 있다. 앤서니 기든스Anthony Giddens는 이렇게 말하였다. "혹시 사람들은 마르크스의 자본주의 모식은 총체적으로 '이미 더는 우리가 오늘 생활하고 있는 포스트자산계급공업사회에 적합하지 않다'고 볼 수 있겠지만 이는 마르크스의 자산계급사회를 분석한 일부 주요 관점이 오늘날 더는 중요하지 않다는 것이 아니다."[5] 마르크스, 막스 베버, 에밀 뒤르켐 등 현대성 이론의 선구사상가들에게 있어서 그들이 제기한 문제는 확실히 우리의 시대가 직면한 문제와 다르

---

5 [영국] 기든스, 〈자본주의와 현대사회 이론: 마르크스, 투르간과 막스 베버의 저작에 대한 분석〉, 궈중화, 판화링 역, 상하이역문출판사 2013년, 311쪽.

지만 오늘날 "우리가 그들이 최초에 관심한 문제를 다시 착수하여 연구하는 것은 우리가 현재 그들의 사상에 심각하게 의존하는 상황에서 궁극적으로 벗어나고 싶기 때문인데 이는 보기에는 역설 같다"[6] 이는 확실히 하나의 역설이다. 포스트모던이론은 현대성 이론이 제공한 관념과 사상을 철저히 포기하려 하며 그 폐허위에 이른반 포스트모던사회에 있는 사람들을 위해 정신 기근을 재구축하고자 하는데 실제로 그 구축은 여전히 현대성 사상과 관념의 연속이다. 현대성 제시, 성찰과 비판이론의 한 내용으로서 마르크스 정치철학은 여전히 대체불가의 역할을 하고 있음은 의심할 바 없다. 이는 바로 무엇 때문에 포스트모더니즘사상 대표자로서의 자크 데리다가 이처럼 굳건히 마르크스 사상 유산의 중요성을 긍정하는가를 말해준다. 그는 이렇게 말하였다. "마르크스가 없어서는 안 된다. 마르크스가 없고 마르크스에 대한 기억이 없고 마르크스의 유산이 없으면 미래도 없다. 여하를 막론하고 마르크스가 있어야 하며 그의 재능이 있어야 하며 적어도 그의 그 어떤 정신이 있어야 한다."[7]

우리는 아래와 같은 결론을 도출할 수 있다. 첫째, 오직 현대성 문제의 범주에서만이 우리는 비로소 마르크스 정치철학을 담론할 수 있으며 마르크스 본인의 사상 맥락에 부합됨과 동시에 오늘날 전 세계 학술 맥락에 부합되는 마르크스 정치철학을 창출할 수 있으며 과거 마르크스 정치이론에 대한 간단한 이해(계급, 국가, 혁명의 이론)에서 벗어날 수 있다. 둘째, 오직 마르크스의 정치철학을 현대성 문제의 맥락 속에 놓아두어야 비로소 무엇 때문에 마르크스의 정치철학이 그 시대에 탄생하였는가를 이해할 수 있는데 이는 바로 사람들이 반드시 현대성 곤경을

6 수궈쉰, 류쇼풍 편, 〈사회이론의 시작과 종결〉, 상하이산련서점 2005년, 22쪽.

7 [프랑스] 자크 데리다, 〈마르크스의 유령: 채무국가, 추모활동과 새 국제〉, 허이 역, 중국인민대학출판사 2008년, 15쪽.

직면하여야 비로소 이런 수요가 생기고 마르크스 정치철학이 이런 모습으로 나타날 수 있기 때문이다. 셋째, 오직 현대성 문제의 맥락에서만 비로소 마르크스의 정치철학의 당대 가치를 이해할 수 있고 이는 단지 현대성 문제가 여전히 당대 학술의 주요 관심사일 뿐만 아니라 현대현상이 여전히 발전 중에 있어 완결되자면 아직 멀었기 때문이다. 중국과 같이 현대화 후발국가로 말하면 더욱 그러하다.

2. 현대성이란 무엇인가?

마르크스가 비판한 대상이 현대사회일진대 그렇다면 무엇 때문에 그의 정치철학은 "현대성"에 관한 비판이라고 하는가? 이는 현대, 현대성, 현대사회는 현대현상의 서로 측면의 표현으로 이른바 현대성은 현대사회의 가치체계이기도 하기에 마르크스 정치철학이 비판한 실질적 내용과 연관되어 있다. 만일 마르크스의 이론을 현대성 비판이론이라고 한다면 그의 정치철학은 곧 이 비판의 중심내용이며 심지어 핵심내용이라고 할 수 있다.

이른바 현대현상은 지성적 검토대상으로 존재하는 것을 일컫는데 류쇼풍의 말대로 말하면 "현대현상은 우선 지식적으로 검토대상으로 추천되었음이 실증되어야 하며 현대현상을 우선적으로 객관화하여 효과적으로 심사할 수 있게 하는 것이지 급진적 또는 보수적으로 비판하는 것이 아니다."[8] 이에 따라 논하면 현대성 이론은 현대현상에 관한 이론이기도 하고 현대현상을 지성적 심사대상으로 하여 현대현상에 대하

8 류쇼풍, 〈현대성 사회이론 서론: 현대성과 현대 중국〉, 상하이산련서점 1998년, 2-3쪽.

여 제시하고 표현하고 설명하는 이론이기도 하다. 하지만 현대성 비판 이론은 현대성을 초월한 관점에서 현대성을 비판적으로 성찰하는 이론이다. 만일 협소한 의미에 말하면 이런 성찰은 현대성의 부정적 가치에 대한 제시이고 광범위한 의미에서 말하면 이런 성찰은 단지 부정적 가치에 대한 제시뿐만 아니라 현대사회의 본성에 대한 전면적이고 해석적인 이해이다. 만일 우리가 마르크스의 사회정치이론을 현대성 비판이론으로 이해한다면 이는 후자 의미에서의 비판이론이라고 할 수 있다.

현대현상을 "현대"라고 하는 것은 당연히 이런 현상이 시간적으로 "전前현대" 혹은 "현대 이전"과 구분되기 때문이다. 그러나 이런 현대현상을 "현대"라고 하는 것은 당연히 간단히 물질적 혹은 실체적 요소로 이해하여서는 안 된다. 한 것은 주로 현대현상이의 내용 핵심이 자본주의적 상품생산과 교환 체계, 각종 현대의 사회제도(경제제도, 정치제도와 문화제도), 사회관계, 행위패턴, 사회의식 등이기 때문이다. 이 점을 유의해야 하는 것은 우리가 현대현상이라는 이 개념으로부터 출발하여 현대성 개념을 이해하는 관건이기 때문이다. 왜냐하면 이런 요소들은 "현대사회"가 "전통사회"와 구별되게 하고 서로 다른 현대 사회의 이른바: 포스트모던사회"의 기본 요소로도 될 수 있기 때문이다.

바꾸어 말하면 여기서 말하는 "현대현상"은 비록 포함되지만 주로 현대사회에 존재하는 실체적이고 물질적인 요소(인구, 지리환경 등)을 일컫지 않고 주로 현대사회의 교제체계(시장체계 등) 및 사회제도, 사회관계, 행위패턴 등을 일컫는다. 그렇다면 이른바 실체적인 요소 예하면 단순한 인구조건, 지리조건 등 물질조건이 만일 현대사회의 교제체계, 사회제도, 사회관계, 행위패턴 등과 상호 연관되지 않는다면 그러한 것은 곧 죽은 물질에 불과하며 전통사회 하에서의 인구, 지리 등 조건과 상호 구별되는 그 어떤 가치의의도 갖지 못하기에 "현대"라는 이 시간 의식과 상호 연관되는 요소가 아니며 현대성 문제와도 상호 연관되지 않는다.

이외에 현대현상은 현대성 의식과 밀접히 연관되어 있기에 이들은 현대의 사회의식을 떠나서는 존재하지 못한다. 따라서 특히 마땅히 유의해야 할 점은 현대성 이론으로 말하면 현대성 의식은 핵심적 개념이라는 것이다. 이는 단지 현대성 의식 자체가 현대성 이론 심사의 대상이기 때문만이 아니라 현대성 의식 자체가 현대사회의 교제체계, 사회제도, 사회관계와 행위패턴의 구축자이기에 현대성 의식을 떠나서는 현대사회의 여러 면의 현상을 이해할 수 없기 때문이다.

현대성이란 무엇인가? 사람들의 견해는 각이하여 실망스러울 정도이다. 어떤 사람은 현대성에 대한 이해를 헤겔까지 소급하여 현대성을 현대성 의식으로 이해하고 어떤 사람은 막스 셸러의 관점에 의거하여 현대성을 현재의 정신기질을 중요시하는 것으로 이해하고 어떤 사람은 포스트모던이론에 의거하여 현대성을 시간에 관한 체득으로 이해하고 심지어 어떤 사람은 어휘의 뜻에 따라 현대성을 간단히 현대회의 성질로 이해하였는데 이러한 것은 언급할 의미가 없다. 설사 막스 베버, 게오르그 짐멜Georg Simmel, 막스 셸러 같은 이런 현대성 문제를 토론한 경전 사상가들이 사용한 현대성 개념이라고 할지라도 각자 구분이 있고 그들이 관심한 현대성문제도 서로 다르다. 이로부터 알 수 있다시피 현대성은 아주 복잡한 개념으로 명백한 설명을 듣는다는 것을 결코 쉬운 일이 아니다. 이런 상황에서 많은 사람들은 이를 자명한 것으로 또는 회피할 지 언정 이에 대해 분석하려 하지 않는다. 그러나 이는 결코 명지한 처사가 아니다. 마르크스는 경제정치학 학자들이 화폐의 일반규정에 대한 파악을 회피하려 할 때 이렇게 말하였다. "화폐의 완전한 규정상에서의 화폐로 화폐를 이해하자면 아주 곤란하다. -정치경제학은 이런 곤란을 회피하려고 하는데 그 방법은 화폐의 한 규정을 잡고 다른 한 규정을 망각하는 것으로 한 규정을 직면하게 되면 또 다른 규정의 성원을 바란다.……"[9] 만일 마르크스의 말을 그대로 인용한다면 "현대성의 완전 형태로서의 현대성"으로 현대성을 이해하기 곤란하기 때문에 사람들은 흔히 현대성의 한 규정성을 잡고 현대성을 설명하고 현대성의 완전한 규정성에 대해서는 설명하지 않는다.

위우진俞吾金은 현상학의 관점에서 현대성 문제를 고찰하고 그 기초위에서 현대성을 정의하려고 하였다.

> "현대성"이 관련된 것은 마땅히 현대사회생활에서의 가장 추상적이고 가장 의미 깊은 차원인데 그것은 바로 가치 관념의 차원이다. 현대사회의 가치체계로서의 "현대성"은 다음과 같은 주도적 가치 즉 독립, 자유, 민주, 평등, 정의, 개인 본위, 주체의식, 총체성, 정체성, 중심주의, 이성 숭상, 진리 추구, 자연 정복 등으로 표현된다.[10]

위우진의 이 정의는 현대성과 현대화, 현대주의 등 개념의 구분을 확실히 파악하였지만 현대성을 현대사회의 특질로 개괄하여 어느 정도 추상적 본질주의가 있다고 볼 수 있다. 이는 "현대성"이라는 개념이 대

---

9 중공 중앙 마르크스 엥겔스 레닌 스탈린 저작 편역국 편역, 〈마르크스 엥겔스 전집(제30권)〉, 인민출판사 1995년, 193쪽.

10 위우진은 동시에 "전현대성"과 "포스트현대성"에 대하여 설명하였다. "위와 상응한 것은 전현대사회에서의 즉 전통사회의 가치체계이다. "전현대성"은 아래와 같은 주도형 가치로 표현된다. 신분, 혈연, 복종, 부속, 가족지상, 등급관념, 인정관계, 특권의식, 신권 숭배 등. 마찬가지로 포스트모던사회에서의 가치체계는 '포스트현대성'으로 아래와 같은 주도적 가치로 표현된다. 차이성, 우연성, 불확정성, 부각성, 무질서성, 유희성, 정신분열, 구조해체, 텍스트 상호 간섭, 수사와 패러디, 육체와 욕망, 무중심주의 등. 유우진, 〈현대성 현상학: 서방마르크스주의자와의 대화〉, 상하이사회과학원출판사 2002년, 36-37쪽 참조.

표하는 "현대사회의 본질 특성"과 "현대화"라는 개념이 대표하는 "현대사회의 사회제도" 및 그의 "감지할 수 있는 기타 요소"는 상호 얽혀있기 때문이다. 현대성의 연구는 포스트모더니스트들이 현대와 포스트모던에 대한 구분으로 개척한 학술영역으로부터 시작되었는데 이 학술영역의 연구자들은 처음부터 본질주의와 그 표현방식을 배척하였다. 때문에 현대사회의 "본질특성"을 현대사회의 "감지할 수 있는 기타 요소"에서부터 분리해 내려는 작법은 그 자체가 많은 현대성 문제연구자들의 찬성을 받지 못했다.

우리는 앤서니 기든스의 현대성에 관한 해석을 통하여 현대성이라는 이 개념을 진일보 이해할 수 있다. 앤서니 기든스는 〈현대성의 결과〉라는 책에서 현대성에 대하여 이렇게 서술하였다. "현대성은 사회생활 또는 조직패턴을 일컫는데 대략 17세기 유럽에서 나타나고 그 후의 세월 속에서 정도부동하게 세계적 범위 내에서 영향을 미쳤다."[11] 앤서니 기든스는 "사회생활"과 "조직패턴"이라는 이런 사회학적 특징으로 현대성을 설명하였는데 확실히 위우진이 "사회특성"으로 개괄한 현대성 보다 본질주의의 냄새가 적다. 그렇다면 "사회생활"과 "조직패턴"은 구체적으로 무엇을 일컫는가? 앤서니 기든스는 〈현대성과 자아인정: 현대 만기의 자아와 사회〉에서 그 의미를 상세히 설명하였다.

> 그것은 우선 포스트 봉건적 유럽에서 창립하고 20세기 날로 세계 역사적 영향력을 갖고 있는 행위제도와 패턴이다. "현대성"은 대체적으로 "공업화의 세계"와 같은데 우리가 공업주의는 단지 그 제도 차원에만 있는 것이 아니라는 것을 인식하기만 하면 된다. 공업주의는 생산과정 중 물질력과 기계적으로 광범위한 응용으로 체현된 사 관계 속에 내포

11 [영국] 앤서니 기든스, 〈현대성의 결과〉, 톈허 역, 역림출판사 2000년, 1쪽.

되어 있는 것을 일컫는다. 이런 사회관계로서의 공업주의는 현대성의 제도 주축으로 된다. 현대성의 두 번째 차원은 자본주의인데 경쟁적인 생산품 시장과 노동력의 상품화 과정에서의 상품생산 관계를 포함함을 일컫는다. 이 두 가지 차원은 분석에서 감독 통제 제도와 모두 구분될 수 있으며 후자는 현대사회생활의 출현과 상호 연관적인 조직화 권리가 다량으로 성장한 기초이다.[12]

앤서니 기든스와 비스하게 피터 오스본Peter Osborne은 역사사회학의 차원에서 현대성을 고찰하고 현대성에 대하여 사회학적 해석을 하였다.

일상적 규칙에 따르면 "현대성"은 역사사회학 속의 한 경험 범주로 보며 한 "시기"의 기초적이고 통일적 내부의 사회 발전에서 천지개벽적인 단열 또는 결열을 게시하는데 사용되며 이런 단열은 많은 서로 다른 차원에서 발생된다. 즉 정치, 경제, 법률 형식에서부터 종교와 문화 조직을 관통하여 가족구성, 성별관계와 개인의 심리구성에 이르기까지 많은 차원에서 발생된다.[13]

앤서니 기든스를 대표로 하는 사회학의 고찰 루트에서 현대성은 근대이래에 형성된 자본주의 시장경제를 제도기초로 한 "공업화의 세계"을 일컫는데 이 전공업화시대의 "공업화의 세계"와 구분되는 본질특성은 아래와 같은 세 가지 측면에서 표현된다. 혹은 우리는 아래와 같은 세 가지 면에서 "공업화의 세계"가 전통세계와 구분되는 현대성 특징을

12 [영국] 앤서니 기든스, 〈현대성과 자아인정: 현대 만기의 자아와 사회〉, 조우쉬둥, 방원 역, 생활 독서 신지 산련서점 1998년, 16쪽.

13 [영국] 피터 오스본, 〈시간의 정치: 현대성과 선봉〉, 왕즈훙 역, 상무인서관 2004년, 13쪽.

식별할 수 있다. 이 세 가지 면의 첫째는 근대이래의 대기계大机器 생산에서 사회관계이고 둘째는 시장제도와 상호 연관된 상품생산과 교환체계이며 셋째는 고도로 조직화된 권력과 상호 연관된 전면적인 사회 통제제도이다.

앤서니 기든스의 이런 설명은 비교적 명백하게 "현대현상"의 구체적 내용을 제시하였고 기타 일부 현대성 개념과 관련된 표현과 비하면 비교적 큰 우월성이 있다. 앤서니 기든스의 이런 설명을 참조하여 기타 설명을 거꾸로 보면 헤겔을 빌어 현대성을 "현대성 의식"으로 이해하는 견해는 실제로 말한 것은 현대성 의식이 현대사회의 교제체계, 사회제도, 행위패턴 등을 구축하고 따라서 현대성 의식은 현대사회의 교제체계, 사회제도, 행위패턴 등의 본질이라고 한 것을 알 수 있다. 막스 셸러를 빌어 현대성을 "현재의 정신기질을 중요시하는 "것으로 이해하는 관점은 단지 이런 현대제도가 사람들로 하여금 자신의 육신을 중요시하고 현실의 향수를 중요시하고 초월성 가치를 중요시하지 않게 하는데 이런 현대제도는 "충동의 정신에 대한 전면적 반란"이고 "욕망의 이성에 대한 반란"으로 현세 향수를 중요시하는 정신기질이다. 현대성을 "시간에 관한 체득" 으로 이해하거나 혹은 "현대사회의 성질"로 이해하는 것은 모두 원칙적으로 착오가 없고 구체적으로 연관된 실질 내용이 없는 일반적 개괄이다. 말하자면 기타 사상가들의 현대성에 관한 표현과 앤서니 기든스의 현대성 개념과 관련된 표현은 서로 충돌되지 않지만 모두 서로 다른 측면에서 현대성을 설명한 것으로 된다.

물론 우리는 반드시 이런 비판의 합리성을 의식해야 한다. 앤서니 기든스의 현대성 개념은 사회 구성과 제도의 차원에 국한되어 현대성의 문화 차원을 완전 소홀히 하였는데 이는 그가 현대성 의식이 현대성에서 차지하는 지위를 소홀히 하였다고 할 수 있다. 일부 사상가(예컨대 자크 데리다 등)들은 현대성을 정신문화현상으로 완전 귀결시키고 심지어 현대성을 수사학 문제로 귀결시키는데 이는 앤서니 기든스와 앤서니 기든스와 정반대된다.[14] 실제로 현대성에 대하여 전면적으로 설명하려면 현대사회관계, 현대의 상품교환체계, 현대사회의 통제제도 등에 대해 설명해야 할 뿐만 아니라 현대성의식도 설명해야 한다. 위에서 우리가 설명한 바와 같이 이러한 것들은 서로 얽혀있고 얽힌 집합 점은 바로 위우진이 말한 이른바 "현대사회가치체계"이다. 그러므로 현대성의식에 대한 분석은 현대사회의 교제체계, 사회제도, 사회관계, 행위패턴 등에 대한 진일보 심도 있는 분석이며 "현대사회가치체계"에 들어가는 것은 현대성의 커널로 깊이 들어가는 것과 같다.

본 저서에서 우리는 위우진의 현대성에 관한 일반성 정의와 앤서니 기든스 등의 현대성이 사회학의의를 더욱더 구비하고 있다는 설명을 결부시켜 현대성에 관한 추상적이면서도 구상적인 우리의 설명으로 만들고자 한다. 우리가 이렇게 하는 것은 아래와 같은 점을 고려하여서이다. 첫째, 마르크스 현대성 정치비판의 일반 특징을 파악하려는 이론과제에 대하여 말하면 추상적 일반성 설명은 없어서는 안 되며 둘째, 앤서니 기든스와 마르크스는 모두 사회제도 면에서 현대성에 대하여 분석을 하였기에 문제를 관심하는 차원에서 그들의 이론은 서론 근접한 곳이 있다. 그러므로 앤서니 기든스의 해석으로부터 출발하면 우리의 논제 전개는 더욱 쉽게 된다. 물론 우리는 앤서니 기든스의 현대성 개념에 관한 이해에 국한되지 않을 것이며 이런 이해에서 출발하여 점차적으로 마르크스의 사상의식에 들어갈 것이다.

이런 이해에 근거하여 우리는 현대성 개념을 이렇게 개괄할 수 있다: 현대성은 현대성의식이 구축한 현대사회의 교제체계, 사회제도, 사

14 주어샌, 〈현대성의 문제사〉, [독일] 우르리히 벡Ulrich Beck, [영국] 앤서니 그든스, [영국] 스콧 래쉬Scott Lash, 〈반사성自反性현대화: 현대사회질서에서의 정치, 전통과 미학〉, 조우원수 역, 상무인서관 2001년, 268쪽 참조.

회관계, 행위패턴 및 이런 것들의 상호작용 속에서 형성됨과 아울러 이런 한 것들을 내부 핵심으로 하는 사회생활패턴을 일컫는다. 바꾸어 말하면 유형화 개념으로서의 현대성은 현대인이 특유한 사회생활 패턴을 일컫는데 현대성은 사람들의 현대의식으로 구축한 현대사회의 교제체계, 사회제도, 사회관계, 행위패턴을 커널로 하며 이러한 것들의 상호작용 속에서 전前현대와 포스트모던생활패턴과 구분되는 특정 유형의 사회생활을 떠맡는다.

현대성에 관한 이런 이해에 따라 우리는 현대성 비판의 한 내용으로서의 마르크스의 정치철학은 자본주의의 정치 비판을 통하여 "원숭이 해부"를 통하여 인류가 마땅히 어떻게 자본주의의 정치 곤경으로부터 벗어나야 하는 가를 제시한 현대성 정치비판이론이라고 말할 수 있다.

현대성의 개념은 결코 자명한 것이 아니며 현대성 개념에 관한 우리의 설명도 쓸모없는 것이 아니다. 마르크스 정치철학을 명백하게 깊이 있게 해석하는 이런 이론목표에 대하여 말하면 이런 정의성 설명을 도출한 것은 적어도 아래와 같은 몇 가지 면에서 의의가 있다.

우선, 초기 현대성 비판이론의 사상가들은 현대성을 하나의 전문적인 문제로 고찰하지 않았고 현대성 문제를 단지 포스트모던이론이 흥기함에 따라 비로소 사람들에 의해 자각적 이론 형식으로 제기되었을 뿐이다.

헤겔, 마르크스 지서 막스 베버 등은 비록 현대성에 대하여 깊이 있는 비판을 하였지만 그들은 현대성 개념을 제기하지 않았다. 마르크스를 포함한 초기의 경전 현대성 비판이론의 사상가들은 각자의 이론 맥락에서 현대사회생활의 특수성을 토론하였지만 "현대성"이라는 개념을 명확히 사용하여 그들의 관련 이론을 귀결하지 않았다. 그들의 현대성이란 무엇인가에 관한 관점은 우리의 총괄에서만 나타나게 된다. 이는 우리에게 현대성이란 무엇인가를 명백히 설명한 기초위에 그들의 현대성 비판이론을 설명하기 위하여 경계와 틀을 정할 것을 요한다.

다음, 서방 학술에서 현대성 문제는 하나의 독립적인 학술 문제로 사람들의 시야에 들어왔는데 이는 포스트모던 사조가 흥기한 후의 일이다. 포스트모던이론이 현대성을 비판하는 것을 기본 내용으로 하기에 현대성은 비로소 하나의 독립적인 비판 대상으로 현대 서방 학술에 나타났다. 그러나 서방이 현대성 문제에 관한 토론이 동일한 서방문화전통 속에 기존한 현대성 문제의 토론을 직접 승계하였기 때문에 현대성 개념에 대하여 정의하지 않아도 사람들은 헤겔, 마르크스, 막스 베버 등이 개척한 이런 문제역问题域에서 자연스럽게 토론을 진행할 수 있다. 이외에 서방학자들은 현대성 속에 존재하기에(심지어 곧 완성될 현대성 속에 존재한다고 할 수 있다) 그들에게 있어서 현대성은 직접적인 생존직감이며 현대성 존재의 문제는 많은 상황에서는 증명이 필요 없는 문제이다. 이런 상황에서 설사 현대성 개념에 대하여 정의하지 않더라도 현대성과 전현대성, 포스트 현대성 간의 차이를 직접 식별할 수 있어 이해하는데서 어려움이 생기지 않는다. 그러므로 우리는 그들의 현대성 문제 토론에 관한 저작을 읽을 때 이런 사상들이 흔히 직접 각자의 이해로부터 출발하여 현대성이 나타낸 구체적 문제를 토론의 중점으로 하고 종래로 사람들의 토론을 통일적으로 귀납하는 그 중의 그 현대성 개념의 보편적 의미를 진지하게 고려하여 정의하지 않았음을 알 수 있다. 그들에게 있어서 이 문제는 아주 상당한 정도로 자명한 것이다.

그러나 중국의 학자와 독자들에게 있어서는 현대성은 자명한 것이 아니다. 한 면으로 우리의 문화와 학술 전통에 이와 관련한 문제역이 없기 때문이고 다른 한 면으로 현대성은 우리에게 있어서 아직 단지 성장 중에 있기에 우리가 문제를 토론하기 전에 우선 서방 학술전통에서 토론한 문제가 무엇인지를 명백히 알아야 하는데 이는 이 개념에 대한 해명을 통하여 현대성의 다중 특성과 관련된 공동문제의 소재를 똑똑히 밝힐 것을 요한다. 동시에 우리도 이 개념의 해명을 통하여 우리가 들어오고 있는 중 현대성 자체를 더욱더 명확히 파악할 수 있다. 이 두 가지 면의 수요는 모두 우리로 하여금 마르크스의 현대성 비판 이론을 토론하기 전에 현대성 개념에 대하여 분석하지 않을 수 없게 한다. 사실, 단지 현대성 문제만 아니라 그 어떤 이론 문제에 대한 토론도 초기에 문제가 형성될 때 설사 개념 분석을 많이 하지 않아도 사람들은 흔히 소급되는 문제역 내에서 서로 마음이 통하고 서로 이해하는 토론을 하게 된다. 그러나 토론이 깊어짐에 따라 잘못된 뜻이 점차 생겨나고 통일적인 개념 정의가 날로 필요함을 느끼게 된다. 현대성 개념도 이와 마찬가지이다. 실제로 비교적 최근의 일부 서방사상가들 속에서 현대성 개념에 대한 설명이 이미 독립적인 문제로 나타나기 시작하였다. 단지 일치해지기 어려울 뿐이다.

우리는 우리의 현대성에 대한 정의의 장점은 현대성의 보편적 특징을 지적한 것이고 부족한 점은 현대성의 특질이 무엇인가를 구체적으로 지적하지 못한 것임을 아주 잘 알고 있다. 그러므로 우리는 계속하여 구체적인 토론 속에서 현대성 행위와 제도의 구체적 특질을 구체적으로 분석해야 한다. 동시에 계속하여 이런 행위와 제도의 사회의식의 특수 내용과 구체적 형식을 구체적으로 분석하고 부각하고 구축해야 한다. 이런 구체적 작업을 통하여야만 우리는 비로소 현대성이 대표하는 현대사회생활이 도대체 어떠한 사회생활인가를 설명할 수 있다. 바꾸어 말하면 현대성의 내포는 위에서 우리가 토론한 것과 아래에 우리가 토론할 내용 속에서만이 비로소 충분히 표시될 수 있다. 이렇게 현대성을 이해하여야 우리는 비로소 마르크스가 비판한 그 특정된 현대성 의식과 현대성이 구축한 교제체계, 사회제도, 사회관계, 행위패턴 및 이러한 것을 커널로 형성된 사회생활의 특정 유형을 충분히 파악할 수 있다.

3. 현대성 의식과 현대가치체계

이른바 "현대성 의식"은 현대사회의 보편적 의식, 현대인이 보편적으로 보유한 기본 신념, 가치 취지와 사고방식 등을 일컫는다. 현대인을 지배하는 집단의식으로서의 현대성 의식을 현대사회의 의식형태라고도 볼 수 있다. 한 사회의 가치체계와 그 의식형태는 상호 형상화한 것이다. 현대사회의 가치체계는 현대성 의식을 포함할 뿐만 아니라 또한 현대성 의식의 형상화로 이루어졌다. "현대성 의식"은 "현대현상"의 한 측면으로 현대성 의식을 떠나서는 현대현상을 이해할 수 없다. 따라서 현대성 문제를 분석하려면 반드시 현대성 의식을 분석해야 한다.

현대현상은 바로 현대성 의식과 현대사회의 교제체계, 사회제도, 사회관계, 행위패턴 등 현실 요소의 상호 작용과 상호 전환의 과정에서 끊임없이 성장하였다. 현대사회가 현대로 된 것은 바로 현대성 의식과 현대제도의 상호 구축, 상호 강화의 과정에서 현대사회가 현대성이 자체를 표시하는 현실생활 공간으로 되었기 때문이다. 한 면으로 현대성 의식이 현대사회의 교제체계, 사회제도, 사회관계, 행위패턴을 형상화하고 구축하였으며 현대성 의식의 한 내용으로서의 정치철학은 이런 형상화와 구축 과정에서 중요한 역할을 하였다. 근대이래, 자유주의의 기본 이념이 서방사회의 교제체계, 사회제도, 사회관계, 행위패턴을 구축하는 과정에서 극히 중요한 역할을 하였다. 19-20세기 국가주의 발전 전략의 정치실천 속에서 헤겔의 국가이념은 극히 중요한 역할을 하였고 마르크스의 정치이념이 20세기의 사회주의 국가 건설에 기여한 역할을 우리는 더욱더 잘 알고 있다. 다른 한 면으로 현대사회의 교제체계, 사회제도, 사회관계, 행위패턴 등은 또 거꾸로 현대성 의식을 형상화하여 현대성 의식으로 하여금 더욱더 강화되고 굳건해지게 하였고 현대성 의식으로 하여금 현대사회제도, 사회관계와 행위 패턴의 요구에 더욱더 순응하도록 하여 현대성 의식으로 하여금 현대사회의 의식 형태로 되게 하였다. 그러므로 현대성 의식은 현대현상의 해석체계에서 기초적인 지위와 역할을 구비하고 있으며 현대성 문제를 연구하려면 반드시 현대성 의식을 연구하여야 한다.

그렇다면 현대사회의 의식으로서의 현대성 의식은 어떤 주요한 내용들을 포함하고 있는가?

(1) 현대는 과거 시대의 시간의식과 다르다는 것이다

현대성 의식은 우선 "과거의 시대"의 시간의식과 다른 "현대"를 일컫는다. 이런 의식은 "현재의 시간"과 "이전先前의 시대"와 대립하고 "미래의 시대"와 구분하였다. 이런 의식은 "현재의 시대"와 "이전의 시대", "미래의 시대" 간에 심각한 "단열"이 존재한다는 것을 전제로 한다. 이는 현대성 의식의 가장 표면적인 의미이다.

"현대"는 당연히 시간의 개념을 표시한다. 시간을 표시하는 개념으로서의 "현대"는 "현재"를 일컫는다. 이 "현재"는 "과거"와 대립될 뿐만 아니라 "미래"와도 대립된다. 그러나 우리가 단지 "현재"를 표시하는 시간 개념을 말할 때 "과거와 서로 구분되는 시대의식"이라고 말하지 않는 것은 이런 "현대" 개념은 완전히 "현재는 과거의 동질적 연속"이라는 기초위에 정립할 수 있기 때문이다. 만일 "현대사회"을 "이전 사회생활"의 동질적 연속으로 본다면 "현대성"의미에서의 "현대" 개념은 존재하지 않고 단지 단순한 시간 연속의 개념으로 존재한다. 현대성 이론에서 "주周나라는 비록 옛 나라였지만 그 운명은 유신이었다"는周虽旧邦, 其命维新 의미에서만이 "과거"로서의 시간과 "현대"로서의 시간이 비로소 연속적 의미를 갖고 "현대"와 "과거" 간은 비로소 연속의 의미를 갖는다. "현대성"문제에서 이른바 "현대"는 "현대는 과거의 시간의식과 다르다"는 것과 상호 연관된다. "현대는 과거의 시간 의식과 서로 다르다" 는 것은 근대에 형성된 "현대"에 대한 이해이며 우리가 여기서 말하는 "현대인이 구비한 시간의식"이다. 이 시간의식은 현대의식의 중요한 내용으로 된다. 순환론의 역사관으로 볼 때 "현대"라는 이 단어는 특별한 의미를 갖지 않고 단지 무한 시간의 한 현재의 점에 불과할 뿐이다. 그러나 사람들이 진보적 역사관을 시간의식에 납입하였을 때 "현대" 개념의 의미는 변화가 생긴다. 피터 오스본은 이런 상황에서 "현대"는 "과거의 단열되고 불가전향적인 의식과 교환된다"고[15] 보았다. 서방에서 이런 상황은 근대에 발생하였는데 사람들은 "완전 새로운 것과 오랜 세월을 대립시키기 시작하였다. 현대는 신기하다는 의미로 이 시기에 출현하여 고대와 현대의 논쟁의 기초로 변화하였고 이 논쟁은 12세기 후반부터 문예부흥의 시작에 이르는 기간의 중세기를 구석으로 제쳐놓았다."[16] 하여 "현대성modernity은 역사 분기 범주가 구비한 독특한 이중 역할을 맡고 한 시대의 당대성contemporaneity을 분류 행위를 하는 그 시각의 할당 대상으로 되게 하였다. 그러나 "현대성"은 성질상 신기하고 자아초월적인 시간성을 빌어 이런 당대성을 명시하고 이런 시간성은 현재와 그가 인정하는 가장 근접한 과거를 떼어 놓는 면에서 즉시적인 효과가 나타나게 하였다."[17]

이는 우리가 현대인 혹은 사회가 갖고 있는 "현대 시간의식"을 토론할 때 "현대"는 결코 하나의 사실판단만이 아니고 특정한 가치 의미도 포함하고 있음을 말해준다. 현대인의 "현대"에 대한 이해에 "현재", "과

---

15 [영국] 피터 오스본, 〈시간의 정치: 현대성과 선봉〉, 왕즈훙 역, 상무인서관 2004년, 24쪽.

16 [영국] 피터 오스본, 〈시간의 정치: 현대성과 선봉〉, 왕즈훙 역, 상무인서관 2004년, 25쪽.

17 [영국] 피터 오스본, 〈시간의 정치: 현대성과 선봉〉, 왕즈훙 역, 상무인서관 2004년, 30쪽.

거", "미래"에 대한 그 어떤 가치태도를 포함하고 있으며 이러한 것들을 단지 객관적으로 존재하는 자연적으로 연속된 한 단계의 시간으로만 보지 않는다. 가치 내포로부터 보면 현대인이 이해한 "현대"는 "이 시간"에 대한 긍정적 의식이다. 또는 현대인의 현대성 개념에는 "현재와 과거의 다름을 긍정"하는 시간의식이 존재한다고 할 수 있다. 현대인이 이해한 "현대"는 "현재"를 가리킬 뿐만 아니라 "현재는 과거와 다르다"와 "미래는 현재와 다르다"를 가리킨다.

시간에 대한 이해로서의 현재와 과거, 미래를 구분하는 시간 개념은 그 어떤 시대에서도 설사 전前현대에서라도 이런 개념은 일찍이 존재하였다. 그러나 현재의 시간을 근본적으로 과거의 시대와 다르다는 의식으로 이해하고 단지 특정한 가치 내포가 있는 현대성 의식으로 이해한다. 이런 의미에서 말하면 현대성은 바로 시간에 대한 이 특정 이해로부터 시작되었으며 이런 이해가 없으면 "현대"라는 개념이 있을 수 없다. 사람들이 현대는 과거의 시대와 다르다는 것을 의식하였을 때만이 그들은 현대사회는 과거의 사회와 다르다는 것을 의식하게 된다. 만일 시간은 차이가 없는 점의 무한 연장이라면 현재와 과거는 구분이 없고 연속되지 않는 것이 없으며 단열이 없고 "현대성 의식"은 있을 수 없다. 사람들이 현재와 과거 간에 그 어떤 구분이 존재하고 불연속적이고 심지어 단열되었다고 할 때 현재는 비로소 과거와 구분할 수 있다.[18] 자신과 과거의 시대와 상호 구분되는 시간의식이 현대사회의 의식이라고 긍정한 만큼 도대체 무엇이 사람들로 하여금 현대가 기타 시대와 구분된다고 믿게 하였는가? 혹은 어떤 신념이 사람들로 하여금 현대사회를 과거와 다른 사회로 보게 하였는가? 첫 번째는 사회 진보의 개념이고 두 번째는 "이성은 역사 진보의 근거이다"는 관념이다.

---

18 탕원밍, 〈현대성이란 무엇인가?〉, 〈철학연구〉 2000년 8기, 44-50쪽.

(2) 사회 진보의 관념

현대성 의식에는 현재가 과거와 구분된다는 시간관념을 포함하고 있는데 이는 "현대"를 "신시대"로 보는 시간의식이다. 그렇다면 이런 시간의식에서 "현대"는 어떻게 "과거"와 구분되는가? 근대 이래의 사상가들은 "사회진보"라는 개념을 통하여 논증하였다. 바꾸어 말하면 과거와 구분되는 시대의식으로서의 현대성 의식에는 "진보"에 대한 굳은 신념이 내포되어 있다.

연대성 의식은 "현대"를 과거의 시대와 구분되는 시대로 보기에 "향상 발전"의 의미에서 인간 사회를 이해하였다. 이렇게 본다면 "현대"라는 개념 자체에 진보적 개념, 발전의 개념이 내포되어 있는데 모두어말하면 "역사"의 개념을 내포하고 있다. 여기서 "역사" 자체가 향상, 앞으로, 진보와 발전의 가치를 내포하고 있다. 바꾸어 말하면 근대 사상가들이 사용한 "현대"라는 개념은 그 자체가 인간 사회는 진보적이고 발전적이고 역사적으로 변화한다는 것을 믿고 현재와 과거는 질적으로 다르다는 것을 믿으며 양자 간에는 불연속성이 존재한다고 믿음을 의미한다. 일종의 가치태도로서의 현대는 고전의 "순환론"과 완전 다르다. "순환론"은 인류역사를 일종의 발전이 없는 반복적인 순환으로 보며 단지 시간적이 아닌 공간적인 전개로 본다. 바로 이런 의미에서 스트라우스는 역사주의를 일종의 현대 의식으로 보았다.

하버머스는 더 나아가 현대의식의 시간과념은 현재와 과거를 구분할 뿐만 아니라 현재가 과거보다 우월하다는 뜻도 포함하고 있다고 지적하였다. 계몽운동이후 유럽 사람들의 현대성 의식은 막대한 현화가 생겼는데 원래 과거를 참조로 하던 현대 이념이 과학에 대한 날로 견정한 신념으로부터 "지식은 무한이 진보하고 사회와 도덕의 개량은 무한히 발전한다는 것을 믿는다."는 뜻을 이끌어내고 궁극적으로 "모든 특수한 역사의 속박에서 벗어나려고 한 급진적 현대성 의식"을 형성하였다." 하버머스는 이런 급진적 현대성 의식은 "전통과 현대 간에 **추상적**

대립"을 조성하였다고 보았다. 이런 "추상적 대립"은 사람들로 하여금 "현대"를 가치가 있는 것으로 긍정하고 "전통"을 가치가 없고 마땅히 포기해야 하는 것으로 보게 하였다.[19]

영국 역사학자 피터 버크Peter Burke는 현대의식형태가 어떻게 전통과 현대 간의 대립을 조성하였는가에 대하여 지식학적 고찰을 한 후 이런 추상적 대립은 "거울개념"을 통하여 정립하였다고 밝혔다. 예컨대 "전통사회"와 "현대사회"의 대립은 "단지 '현대' 혹은 '자본주의사회'의 기본 특징을 간단히 전도하여" 이른바 "전통사회"의 거울식의 개념을 만들어냈는데 "전정치", "전前논리", "전前공업" 등 개념이 모두 이러하다.[20] 이런 거울식의 개념은 현재가 과거보다 높고, 현대가 전통보다 높다는 것을 강조한다. 전통의 전부는 모두 현대의 반면이며 전통은 현대라는 "거울"을 통하여 반사되어 나온다. 피터 버크는 나아가 근대이래의 이런 진화론을 기초로 한 현대성 의식은 "일종의 직선론의 착오적 가설을 격려하여 사회변화의 과정에 면사포를 덮어주어 전반 과정으로 하여금 일련의 평온하고 자동배열적인 단계로 보이게 하여 전반 사회가 해야 하는 것이 마치 단지 자동 엘리베이터를 탄 것 같게 하였다"고 보았다. 피터 버크는 이런 역사에 대한 이해 패턴을 "엘리베이터식"이라고 칭하였다. 이런 이해 패턴에 따르면 엘리베이터를 타기만 하면 사회는 자동적으로 각 발전단계를 거쳐 향상하고 전진한다. 예컨대 사람들이 경제의 발전을 담론할 때 이를 "전통사회"에서부터 "이륙단계"을 거쳐 나중에 자동적으로 "고도의 소비적 대중 단계"에 이르게 된다고[21] 보았다.

---

19 탕원밍, 〈현대성이란 무엇인가?〉, 〈철학연구〉 2000년 8기, 44쪽.

20 [영국] 피터 버크, 〈역사학과 사회이론〉, 요우밍, 주어위펑, 후츄훙 등 역, 상하이인민출판사 2001년, 184쪽.

21 [영국] 피터 버크, 〈역사학과 사회이론〉, 요우밍, 주어위펑, 후츄훙 등 역, 상하이인민출판사 2001년, 177쪽.

반대로 고전의 세계 관념은 순환론이다. 이런 세계 관념에 비록 세계를 하나의 끊임없이 이어가는 과정으로 보는 사상을 포함하고 있지만 총체적으로 말하면 이런 세계관은 세계의 생성과 운연을 단 한 번에 설계 완성한 것으로 본다. 이런 관념 속의 세계에 대하여 말한다면 세계가 설계 완성된 후의 생성과 운연은 설계한 폐쇄체계 내의 전개를 이미 완성한 것에 불과하다. 이런 세계관에 대하여 말하면 개방적인 발전이 존재하지 않으며 상승식의 진보도 존재하지 않고 모든 변화는 모두 하나의 폐쇄적 체계 내의 순환이다. 이런 폐쇄적인 세계 관념에서는 세계는 단지 사람들의 앞에 "더 많이" 전시하는데 불과하며 사람들의 앞에 "더 높이" 전시하는 것이 아니다. 사람들은 단지 대상을 더 많이 인식하고 점유할 뿐이며 더 높은 단계에서 세계를 인식하고 점유하는 것이 아니다. 사람으로 말하면 세계를 구성하는 사건 혹은 사물이 질적으로 구분이 없고 이러 한 것들은 단지 세계의 서로 다른 공간을 차지하였을 뿐이다. 헤라클레이토스Heraclitus는 비록 모든 것은 변화하고 고정불변한 것은 없다고 강조하였지만 그가 말하는 만물운동은 폐쇄된 체계 내에서 순환하고 하나의 "윤회" 내에 불이 만물을 일으키고 만물이 또 불로 복귀하기를 반복한다. 그 후의 시대는 결코 과거의 시대에 비해 더욱 우월한 시대인 것은 아니며 단지 이전 시대의 반복일 뿐이다. 중국의 오행설과 음양설도 이와 마찬가지로 세계의 각종 요소 간에는 상생상극, 순환왕복, 생생불식生生不息으로 구성되었으며 어느 것이 어느 것보다 높고 더 새롭고 혹은 더 가치 있는가 하는 문제가 존재하지 않는다. 그러한 것들이 구성한 사물 간에도 단지 끝없는 순환만 있을 뿐이다. 이런 세계 관념에는 사회는 하나의 유기체이지만 유기체에 관한 관념은 오히려 진환론을 기초하지 않고 그 유기성은 단지 자아 협조적인 성질에 있을 뿐 자아성장의 성질에는 없다.

이런 세계 관념은 흔히 목적론적이다. 기왕 총체적 설계 청사진의 종점이 바로 세계 관념의 기점인 만큼 필연적으로 실현해야 할 계획은 시작하자마자 완성된 것이다. 이런 이미 출발점에서 완성된 설계 청사진은 목적으로서 존재하는 것이다. 고전의 세계 관념은 최종적 설계자, 설계자 또는 신, 혹은 모종의 기타 궁극적인 것이 있어야 하며 그것은 모든 시작과 종결 및 과정의 궁극적 보장이다. 그러므로 고전의 세계 관념에 대하여 말하면 현대성 의미에서의 "현재"개념은 존재하지 않으며 그것은 과거의 연속에 불과하며 현대성 의미에서의 "미래"의 개념도 존재하지 않으며 그것은 현재의 연속에 불과하다. 고전의 세계 관념에서 과거, 현재와 미래는 모두 동질적이다. 요컨대 고전의 세계 관념은 일종의 현대인과 다른 세계에 대한 가치태도이다. 고전의 시대에도 "현대" 개념이 있었지만 그 이른바 현대는 과거의 일종 연속이다. 이런 "현대"와 현대성 의식에서의 "현대"는 완전 다르다.

(3) 이성은 역사 진보의 근거의 관념이다

목적론적 세계 관념에는 인간의 위치가 없다. 즉 인간이 자신의 노력을 통하여 그 목적에 달할 필요가 없고 인간은 이성으로 그 목적을 이해할 필요도 없다. 그러므로 전통적 세계 질서에서 소크라테스의 "나는 자신이 아무것도 모른다는 것을 알고 있다"는 것은 최고의 지혜라고 할 수 있다. 근대 이후, 궁극적 목적 설계자로서의 하느님 혹은 기타 궁극적 근거가 이성에 의해 "세속화" 되었다. "세속화"후의 현대성 의식에서의 하나의 기본관념은 이성은 역사진보의 근거이라는 것이다. 이런 현대의식에서 인간 사회진보의 근거와 동력은 다른 곳에 있는 것이 아니며 하느님 혹은 그 어떤 추상적 형이상학 근거에 있는 것이 아니라 인간 자신이 갖고 있는 이성 능력에 있다. 이성은 인간이 인간으로 되게 하는 최후 근거이며 인간을 지도하여 역사를 창조하는 근거이다. 주지하다시피 근대 이후의 전반적인 철학은 이 신념을 둘러싸고 전개되었다.

근대 이후의 사상가들은 인간과 역사 문제를 논술할 때 모두 "자연 상태"이론과 "사회계약론"을 활용한다. 자연 상태이론과 사회계약론의 주요 문제는 인간이 어떻게 자연 상태에서 나와 사회상태로 들어가는가를 설명하는 것이다. 이 문제에 대하여 근댄 이래의 사상가들은 거의 예외 없이 인간의 이성 능력에 도움을 청하였다. 마치 과거 사람들이 거의 예외 없이 목적론과 하느님에게 도움을 청하듯이. 이 완전 새로운 논증에서 "하느님"이 아닌 "자연"이 세계의 모든 것을 지배한다. 자연 앞에서 짐승은 항상 복종하고 인간은 비록 같은 지배를 받지만 이성의 능력이 있기에 끊임없이 자신을 개선할 수 있어 이성은 인간과 동물을 구분시킨다. 루소는 이런 능역을 이른바 "자아완성화의 능력"이라고 하였다. 그는 바로 이런 자아완성화의 능력이 인간을 "자연 상태"에서 "사회상태"로 들어가게 하였고 바로 이런 능력이 시간의 역할을 활용하여 인간들로 하여금 그 속에서 평온하고 순박하게 지냈었던 원시상태에서 벗어나게 하였으며 바로 이런 능력이 각 시대에서 인간으로 하여금 자신의 지혜와 오류, 사악함과 미덕을 나타내게 하고 나중에는 이성으로 하여금 인류 자신과 자연계의 폭군이 되게 하였다."[22]고 말하였다. 이성이 하느님의 지위를 대체하고 인간이 인간을 위하게 되고 선이 선을 위하게 되고 악이 악을 위하게 되고 역사가 이렇게 변화하게 된 것을 해석하는 궁극적 근거로 되었다. 과거에는 하느님이 질서를 위하여 법을 세웠고 현재는 이성이 진보를 위해 법을 세웠다.

철학에서 근대 이후 이성 절대화의 이론 경향이 점차 형성되었다. "시대정신의 정수"로서의 철학은 이런 철학 경향에서 현대의식의 형성

---

22 [프랑스] 루소, 〈인류 불평등의 기원과 기초를 논함〉, 리창산 역, 상무인서관 1962년, 84쪽.

에 기초를 마련하였다. 이런 철학 발전의 경향 속에서 이성은 점차 절대화되고 추상화 되어 인간의 본질로 되었을 뿐만 아니라 세계의 근거로 되었다. 세계는 이성에 의해 구성되었고 사회는 이성에 의해 발전하고 이성은 더는 인간의 이성이 아니라 세계의 중심이 되었다. 이런 철학 경향은 이성주의 철학을 흥기시켰다.

정치철학의 차원에서 볼 때, 이성주의의 무한한 표현은 인간들로 하여금 인간 사회에서 모든 제도, 사회관계, 행위패턴은 모두 인간의 이성 목적에 부합되는 방식에 따라 구축되어야 하며 인류는 마땅히 이 목적과 일치할 수 없고 이성으로 사회생활을 해석할 수 없는 것은 모두 배제하여야 한다는 굳은 신념이 생기게 하였다. 따라서 정치철학의 중심 논제는 바로 이런 이성에 부합되는 사회제도를 논증하고 이런 이성에 부합되는 사회관계를 구축하고 이런 이성으로 해석할 수 있는 행위패턴을 정립한 것이다.

이성에 대한 숭배는 인류가 이성에 대하여 믿음이 넘친다는 것을 말해 준다. 비록 니체 등은 이 발단을 고대 그리스 플라톤까지 소급하였지만 이성의 진정한 발전은 근대 이후의 사실에 불과하다. 즉 현대의식에 속한다. 그렇다면 도대체 무엇이 이성으로 하여금 현대의식의 핵심으로 되게 하였는가? 미국 철학사학자 헤라클레이토스Frederick Watkins는 계몽운동 이후, 사람의 이성에 대한 견해는 근본적인 변화가 생겼는데 이런 변화와 상품경제의 발전은 밀접한 관계가 있다고 보았다.

> 대다수 사람들에 있어서 이런 관점-인류는 생명이 있는 기계이며 이성적으로 매 가능한 행동 노선의 이해득실을 가늠할 수 있다-은 부실하기로 거의 이상할 정도이다. 매우 쉽게 충동에 빠지고 습관에 좌우지되는 동물로서의 인류는 단지 계산으로 행동한다는 것은 거의 불가능하다. 그러나 예외로 이런 인성관은 중산계급 진보분자들에게는 아주 흡

> 인력이 있다. 이 이론을 창립하는 작가들은 전문적인 엘리트로서 그들은 아주 쉽게 이성 탐색의 중요성을 과장하며 이를 인류생활의 중요한 기능으로 본다. 그들이 바라는 사람은 단지 지식이 있는 사람과 제조업체인데 이런 사람들의 일상 사무는 바로 알뜰하고 득실을 가늠하는 것이다. 이런 사람들에게 있어서 인류는 이성의 기계이며 향락을 위해 계산하는 관념은 절대적으로 가능한 과념이다. 그들의 개인 경험의 한계는 바로 당시 유행한 인성관人性观과 상호 부합된다는 것이다.[23]

인간은 원래 습관과 욕망의 지배를 받는 동물로서 이성은 인간에 있어서 근본적이 아니라는 것은 명백하다. 그러나 서방의 이성주의전통으로 인하여, 특히 계몽운도의 영향으로 인하여 사람들은 이성을 인간의 본질로 보며 인간을 이성의 지배를 받은 동물로 본다. 이런 관념의 출현을 초래한 원인은 바로 인류활동방식의 변화에 있다. 농경을 업으로 하는 사람들에게 있어서 그들이 믿는 것은 자연성장의 법칙이다. 농산품을 생산하는 것은 그들의 활동방식이기 때문이다. 농산품은 자연적으로 성장하는 것으로 사람들은 이런 대상을 "제조"하지 않고 단지 "보살필"뿐이기에 활동은 자연에 따르고 과도하게 이성의 "급하게 일을 서두르다가 오히려 그르치는 것拔苗助长"과 같은 행위는 이런 대상에 부합되지 않는다. 그러나 공업생산과 상업 활동에 종사하는 사람들에게 있어서 이성적 계산은 가장 합리한 도구로서 모든 산품은 모두 사람들이 이성으로 설계한 제조물이며 상품교류도 전통의의에서 잉여물의 교환이 아니라 이성 계산을 기초로 한 이익을 도모하는 행위이다. 그러므로 그 현실 근원으로 말하면 이성을 인간의 본질의 이성주의적인 출현

---

23 [미국] 헤라클레이토스, 〈서방철학전통: 근대 자유주의의 발전〉, 리퐁빈 역, 신싱출판사 2006년, 89쪽.

으로 본다면 발달한 공업과 상품 교환 및 그와 관련된 교환관계의 보편화와 밀접히 연관된다.

요컨대 현실 차원에서 보면 현대성은 자본주의의 상품생산과 교환체계, 사회제도, 사회관계, 행위 패턴 등을 일컫는다. 이러한 것들과 정신차원에서의 현대성 의식은 상호 작용, 상호 구성의 관계를 갖고 있다. 현대성 의식의 차원에서 보면 현대성의 현실적 표현은 바로 현대성 의식이 주동적으로 구축한 것이다. 이런 의미에서 현대성의 핵심은 바로 현대성 의식이고 현대성 문제의 핵심은 바로 현대성 의식의 문제라고 말할 수 있다. 따라서 현대성에 대한 가장 엄격한 제시와 성찰과 비판은 바로 현대성 의식에 대한 제시와 성찰과 비판이다. 헤겔, 막스 베버 등은 바로 이런 사고방식으로부터 출발하여 현대성을 비판하였다. 현대성 의식은 인류의 역사를 이성을 최종 근거와 추진자로 본다. 바로 이런 현대성 의식의 "계획"으로 자본주의 상품생산과 교환체계, 사회관계, 사회제도, 행위 패턴 등이 형성되었다. 이런 현대성 의식의 진전하에 철학의 발전이 최종적으로 이성 절대화의 길로 나아가게 하였다. 헤겔철학은 바로 이런 철학의 전형적 표현이며 이로 하여 헤겔정치철학의 이성 궁극물이 바로 윤리국가이다.

이런 이성에서 출발하여 우리는 이런 결론을 도출할 수 있다: 현대성 의식이 구성한 현대성이 곤경에 빠졌기 때문에 각양각색의 현대성 비판이론이 출현하였다. 또한 각양각색의 현대성 비판이론 및 그와 관련되는 현대성의 정치철학이 곤경에 빠졌기에 새로운 방식으로 현대성을 비판한 마르크스의 현대성 비판 이론과 그의 정치철학이 출현되었다. 우리의 이상의 모든 고찰은 바로 우리를 이끌어 계속 고찰할 수 있는 이런 결론을 도출하기 위하여서라고 말할 수 있다.

현대성 비판이론으로서의 마르크스 철학은 현대성의 물질 기술 차원과 현대의식이 공동으로 구성한 현대성에 대한 제시, 성찰과 비판이다.

이런 이론의 한 면 혹은 한 차원으로서의 정치철학은 바로 현대사회의 교제관계, 사회제도, 사회관계, 행위패턴과 그들과 공동으로 구성한 현대성 의식에 대한 제시, 분석, 성찰, 비판이다. 마르크스는 물질기술차원에서 현대성을 비판하였을 뿐만 아니라 정신차원에서도 현대성 의식을 비판하고 현대성 비판이론의 불철저성(예하면 마르크스의 헤겔철학에 대한 비판이 바로 현대성 비판이론 자신에 대한 비판이다)을 비판하였다. 이 것으로 말하면 마르크스의 정치철학이 현대성 문제에 직면한 시점에서 이론이성으로부터 출발하지 않고 실천생활에서 출발한 철학의 새로운 방향을 제시하였다면 그의 철학은 바로 이 기초위에 구축된 현대인의 정치생존에 대한 제시, 분석, 성찰과 비판이다.

4. 현대성과 현대사회의 성취

현대성은 양면성을 갖고 있다. 즉 밝은 면이 있는 가하면 어두운 면도 있다는 것이다. 앤서니 기든스는 이렇게 말하였다.

> 현대성은 일종의 이중현상이다. 그 어떤 전前현대체계와 비교하여도 현대사회제도의 발전 및 그것의 글로벌 범위 내에서의 확장은 인류를 위하여 안전하고 성취적인 생활을 향유할 수 있는 기회를 부지기수로 창조하였다. 그러나 현대성은 또한 어두운 면도 있는데 이는 본세기에 더욱 뚜렷하게 변화하였다.[24]

그의 이런 판단은 마르크스가 〈공산당선언〉에서 내린 비슷한 논단의

24 [영국] 앤서니 기든스, 〈현대성의 결과〉, 텐허 역, 역림출판사 2000년, 6쪽.

다른 표현임에 틀림없다. 단지 이런 표현은 마르크스의 사회비판문맥에서 현대성 비판 문맥으로 전환하였을 뿐이다.

현대성 비판 이론에서 현대성의 부정적 가치에 대한 제시, 성찰과 비판은 중요한 내용이라고 할 수 있다. 그러나 바로 이러하기 때문에 우리는 중요한 내용에 들어가기 전에 그 긍정적 가치에 대하여 더욱더 설명할 필요가 있다. 그렇지 않으면 우리의 현대성에 대한 이해가 편파적이게 된다.

우선, 현대성의 생산과 교류 두 영역에서의 충분한 전개는 경제, 정치생활 영역의 합리화를 만들고 생산효율을 향상시키고 교제 원가를 낮추었다. 이는 현대사회가 전통사회와 비하면 최대의 성취와 영예로 되며 현대성이 창조한 가장 뚜렷한 성취와 영예이기도 하다.

현대세계의 전면적 합리화는 경제영역에서 가장 직접적으로 체현된다. 마르크스는 이렇게 말하였다.

> 자산계급이 그의 백년도 안 되는 계급통치에서 창조한 생산력은 과거의 모든 세대가 창조한 전부 생산력보다 더 많고 더 크다. 자연력의 정복, 기계의 채용, 공업과 농업에서의 화학의 응용, 선박의 운행, 철도의 통행, 전보의 사용 등 전반 대륙의 개간, 하천의 통항, 마치 법술로 지하에서 불러온 듯 다량의 인구……과거 어느 세기가 사회 노동에 이러한 생산력이 간직되어 있는 줄 알았을까?[25]

현대성이 생산 효율의 향상을 실현한 데는 두 가지 비밀이 있어서이다. 하나는 시장메커니즘의 역할을 충분히 발휘하여 자원을 효과적으

25 중공 중앙 마르크스 엥겔스 레닌 스탈린 저작 편역국 편역, 〈마르크스 엥겔스선집(제1권)〉, 인민출판사 1995년, 277쪽.

로 배정하여 물질이 최대의 효율을 내도록 한 것이다. 다른 하나는 인간의 자리自利본성을 충분히 동원하고 최대한으로 인성의 약점을 이용하고 생산노동에서의 인력자원을 효율적으로 활용하여 생산효율을 막대하게 향상시킨 것이다.

현대성 문제를 토론할 때 사람들은 항상 하버머스의 관점을 인용하여 이를 현대성의 유력한 비판자로 본다. 하버머스는 근대 이후 경제서브시스템과 정치서브시스템은 생활세계에서 분리되어 나와 합리화가 충분한 사회영역으로 되었다고 보았다. 이 두 영역에서 통합역할을 하는 것은 "금전"과 "권리"이다. 바꾸어 말하면 이런 영역에서 사람들은 금전과 권력을 교제의 매개로 하여 인간 대 인간의 관계를 조정하기에 금전과 권력 이 두 개의 매개도 그들이 통합을 하는 기본 수단으로 되었다. 하버머스는 이런 통합방식을 "제도통합"이라고 칭하였다. 이와 상호 대응되는 것은 생활세계에서의 "사회통합" 즉 사람들은 대화식의 교제를 통하여 상호 소통하고 이해하는 것이다. 하버머스는 만일 권력과 금전이 대표하는 제도통합이 생활세계에 침입한다면 생활세계의 식민화를 초래하게 되며 사람들의 생활이 소외된다고 보았다. 그러나 하버머스는 사회의 영역 분리(서로 다른 서브시스템으로 분열된) 및 영역 분리 후의 경제서브시스템과 정치서브시스템의 합리화는 단순한 퇴보라고 보지 않으며 반대로 그는 경제와 정치 영역의 합리화는 일종의 거대한 역사 진보라고 보았다. 사람들이 금전과 권리를 매개로 이런 영역에서 교제를 하면 많은 교제 원가를 낮출 수 있고 사람들의 교제가 더욱 편리하게 하는데 이는 현대생산의 효율을 높일 뿐만 아니라 기타 사회 교제도 충분히 공간을 확장하게 한다.

확실히 금전이 기준이고 통용되지만 간단하나 교제 수단으로 되어 보편적으로 역할을 할 때 전통사회에서의 인정 교제는 크게 희석되며 전반 사회관계도 날로 간단해지면서 금전관계로 된다. 전통사회에서 사람들 간의 교제는 현대사회에서처럼 충분히 합리화되지 않기에 이런 교제는 우연성, 불확정성이 넘치게 하며 심지어 위험이 넘치게 한다. 전통사회관계에서 인간의 교제에는 확실히 따뜻한 혈육의 정, 친구와 이웃의 우정이 넘치며 설사 경제 교류를 할 때 금전이 유일하게 역할을 하는 매개가 아닐지라도 이런 교제 역시 이익을 따지고 효율이 낮으며 그런 표면적인 관대하고 너그럽고 화목하고 우호적이고 정이 넘치는 면사포에 쌓인 이면은 여전히 이익이다. 마르셀 모스Marcel Mauss는 전통사회에서 "선물"은 보기에는 자원적인 바침이지만 실제로는 오히려 관대하고 너그러운 이면에는 경제이익과 거래가 있다고 지적하였다.

> 이런 이른바 자원적인 바침은 표면적으로는 자유적이고 보수가 없지만 실제로는 오히려 강제적이고 이익을 중요시한다. 외재적 형식으로 보면 바침은 대체로 항상 관대하고 너그러운 증정이지만 사실 거래와 함께 하는 이런 행위에는 단지 허구, 형식과 사회 기만이 있을 뿐이다. 혹은 까놓고 말하면 단지 의무 혹은 경제이익뿐이다.[26]

사실 현재에서도 전통적 사회관계가 비교적 발달한 지역에서는 선물교환(중국 사람들의 이른바 "부조금凑份子"과 같은 것을 포함)도 일종의 사회관례이다. 이런 것은 실제로 금전 매개가 없는 상품교환 활동이다. 이런 것은 사람들이 상상한 것처럼 그렇게 낭만적이 않을 뿐만 아니라 효율이 낮다.

현해사회생활의 각 영역은 상호 분리되어 있어 확실히 생활세계를 파편처럼 흩어지게 하였다. 이는 생활세계의 "정체성 상실"이다. 현대성

---

26 [프랑스] 마르셀 모스, 〈선물: 고대사회에서 교환의 형식과 이유〉, 지저 역, 상하이인민출판사 2005년, 4쪽.

비판 이론은 대체로 현대성이 초래한 이런 생활세계의 정체성 상실을 비판하는 것이다. 마르크스는 현대세계의 정체성 상실이 초래한 소외 사실을 보아내고 소외의 해소를 통하여 생활세계의 정체성을 다시 구축하여 인간의 인간으로서의 생존의의를 되찾으려 하였다. 이는 현대성의 근본 문제를 파악하였음을 말해준다. 그러나 하버머스는 마르크스가 그 당시 "정체성 상실"의 역사 진보의 의미를 보지 못하고 단지 그것을 소극적인 것으로 보았다고 지적하였다. 마르크스는 경제와 정치 서브시스템이 생활세계에서 분열되어 나와 초래한 결과는 인간의 분열이고 경제영역에서 계급 대립이 생긴 것을 보았다. 하버머스는 마르크스를 비판하며 마르크스는 국가와 경제 두 개의 서브시스템의 분화가 가져온 기존 계급관계의 재조합 및 이런 재조합이 가져온 정치관계의 조정을 이해하지 못하였다고 하였다. 하버머스는 바로 정치관계 대표로서의 "국가"는 완전한 구식 생활세계에서 분리되어 나온 사회서브시스템으로 사회생활에 대한 조정으로 자본주의를 위해 새로운 생기 불어넣고 국가로 하여금 지속되게 하고 발전할 수 있게 한다.

만일 전원목가식의 향수 심리 혹은 현실을 철저히 부정하는 급진적 심리로 현대성이 가져온 생활세계의 합리화를 본다면 우리는 현대성을 모든 현대 문제의 장본인으로 보지 말아야 하며 현대성이 만들어 낸 생활세계의 합리화를 온통 어두운 것으로 보아서는 안 된다. 일정한 의미에서 우리는 하버머스처럼 생활세계의 합리화를 위대한 성취로 보고 현대성을 추구할 만한 "미완성의 사업"으로 보고 이를 추진할 수 있다.

다음, 인간의 자유에 대한 영향 면에서 현대성의 전개는 사회의 개인에 대한 각종 속박을 제거하고 개인으로 하여금 사회생활의 여러 면에서 해방되게 한다. 이로써 가져온 개인자유에 대한 크나큰 확장은 현대성의 다른 하나의 커다란 성취이다. 효율은 활력에서 오고 활력은 개인의 자기 일에 대한 자주에서 오기에 현대사회의 물질 성취는 개인자유의 확장에서 이득을 본다.

개인과 사회관계의 차원에서 본다면 현대성의 전개가 초래한 생활세계의 합리화는 개인으로 하여금 특정된 인간과의 종속관계로부터 해방되어 독립적 개인으로 되게 한다. 개인과 사회적 관계의 문제는 단지 개인이 어떠한 방식으로 사회와 결합하는가 하는 문제이다. 페르디난트 퇴니에스는 이런 결합방식의 현대 변천이 초래한 결과를 "공동체"의 쇄락과 "사회"의 흥기라고 칭하였다. 그의 이른바 "사회"는 하나의 새롭고 "공동체"와 다른 인간과 인간의 결합방식을 대표한다. 그는 이렇게 말하였다. "관계 자체가 곧 결합이다. 혹은 현실적인 것과 유기적 생명-이 것은 공동체의 본질이며 혹은 사상적인 것과 기계적인 형태로 이해할 수 있다-으로 이해될 수 있다. 이 것이 사회의 개념이다."[27] 이런 전변은 사회생활의 합리화로 인하여 초래된 인간과 인간의 결합방식의 개변이며 이런 인간과 인간의 결합방식의 개변은 또 사회구조의 개변을 초래하고 최종적으로 인간의 자유의 실현방식의 개변에 영향을 미친다.

페르디난트 퇴니에스는 이런 변천의 뿌리 깊은 근원은 경제 영역에 있다는 마르크스의 예리한 제시를 의식하지 못하였다. 근대 사회생활의 커다란 현화는 사유재산과 독립적 개인 간에 설립된 필연적 연관이다. 만일 전통사회에서 가정 혹은 가족은 사유재산의 주체라면 현대사회에서의 개인은 사유재산의 주체이다. 이는 사회생활 심지어 사회 구조가 중대한 변화가 생기게 된 근본 원인이다. 마르크스는 이렇게 말하였다.

---

27 [독일] 페르디난트 퇴니에스, 〈공동체와 사회: 순수사회학의 기본 개념〉, 린웅왠 역, 상무인서관 1999년, 52쪽.

활동과 생산품의 보편적 교환은 이미 매 개인의 생존 조건으로 되었고 이런 보편적 교환과 그들의 상호 관계는 그들 자신들에게 있어서는 이색적이고 무관한 것으로 표현되며 일종의 물질로 표현된다. 교환가치에서 인간의 사회관계는 물질적 사회관계로 전환하며 인간의 능력은 물질적 능력으로 전환한다. 교환수단이 보유한 사회 힘이 약할수록 교환수단은 직접적 노동생산품의 성질 간 및 교환자의 직접적 수요 간의 관계와 더욱 밀접해지며 개인들을 서로 연결시킨 공동체의 힘은 필연적으로 더 커지게 된다. -가부장적 관계, 고대 공동체, 봉건제도와 길드제도 등. 매 개인은 물질적 형식으로 사회권리를 점유한다. 만일 당신 물질로부터 이런 사회권리를 빼앗아갔다면 반드시 사람들에게 사람을 지배하는 권력을 부여해야 한다. 인간의 의뢰관계(최초에는 완전 자연발생적이었다)는 최초의 사회형태이며 이런 형태 하에 인간의 생산능력은 단지 협소한 범위 내와 고립적인 지점에서 발전하였다. 물질의 의존성을 기초로 한 인간의 독립성은 두 번째로 큰 형태인데 이런 형태 하에 비로소 보편적 사회물질교환, 전면적 관계, 다방면의 수요 및 전면적인 능력의 체계가 형성된다. 개인의 전면발전과 그들의 공동적 사회생산능력이 그들의 사회재부로 된 이 기초위에 정립한 자유 개성은 제3 단계이다. 제2단계는 제3단계를 위해 조건을 창조한다. 때문에 가부장적이고 고대적인(및 봉건적인) 상태는 상업, 사치, 화폐, 교환가치의 발전에 따라 몰락하고 현대사회는 이런 것과 함께 발전하기 시작하였다.[28]

바꾸어 말하면 사유재산과 독립적 개인을 연관시켜 인간의 자유와 해방을 가져오고 인간으로 하여금 구식이고 고정적인 사회관계에서 벗

---

28 중공 중앙 마르크스 엥겔스 레닌 스탈린 저작 편역국 편역, 〈마르크스 엥겔스 전집(제46권)〉, 인민출판사 1979년, 104쪽.

어나게 하고 잠재적 능력을 더욱 잘 발휘할 기회를 주어 생산효율을 향상시켰다. 이는 인간으로 하여금 전면적으로 자유롭게 발전하는 반드시 거쳐할 단계에 들어서게 하였다. 자유 개성은 자유와 전면 발전의 사회상태에 들어가기 위한 물질조건을 마련하였을 뿐만 아니라 실질적으로 개체 교제의 자유를 가져다주고 생산을 발전시켰는데 이는 역사의 진보임에 틀림없기 때문이다.

칸트가 구축한 현대성의 도덕형이상학으로부터 우리는 현대도덕의 관념 기초를 알 수 있다. 칸트 도덕철학의 기초위에 이성과 개인 자주적 관념은 개인주의의 도덕관념에 기초를 마련해 주었고 이 기초로 형성된 현대법률은 현대인의 권리를 보증해주었다. 개인이 자기 이성에 따라 개인 행복을 추구하는 권리는 합법적이며 도덕에 부합된다. 생활세계의 이성화는 개인이 전통적 도덕 범주에서 해방되게 하고 자기의 물질이익을 추구하는 개체가 되게 하였으며 개인 자유의 기초를 닦아주었다. 비록 이런 자유는 불가피하게 개인 권리의 팽창과 물욕을 함께 연관시키지만 자유의 실행을 위해 전통사회보다 더 굳건한 기초를 마련해준다. 사실, 사유재산이 출현한 후 모든 시대의 인간은 모두 사리를 추구하여 시장경체만이 사람들의 이기적 본성을 격발시킨 것이 아니다. 전통사회와 비해 보면 진정으로 다른 점은 시장사회는 개인이익을 전통적 도덕 범주로부터 해방시키고 사람들의 물질이익에 대한 개인 추구를 합리적이고 도덕에 부합된다고 보는 것이다. 인간이 도덕 범주에서 해방된 것은 경제활동이 현대사회에서 뛰어나게 중요한 자리를 차지한 것과 연관됨은 의심할 바 없다. 현대사회에서 사람들이 경제생활을 기본 수단으로 개인 행복을 추구하는 행동은 더는 그 어떤 도덕목적의 보조적이고 도구적인 활동에 종속되지 않고 독립적 가치를 갖고 있다. 경제생활이 전통사회에서의 군사, 정치생활의 핵심 지위를 대체하고 사회생활의 중요한 내용으로 되어 개인이익의 합법성이 확정되었다. 이는 인간의 해방과 자유의 실현이 앞으로 크게 한걸음 내디뎠음을 의미한다.

경제독립의 기초 위에 개인은 비로소 전통사회가 규정한 등급에서 해방되어 정치적으로 평등한 개인이 되었다. 사유재산이 출현한 후의 그 어떤 사회에서나 사회 차별은 모두 존재하고 우리가 그것을 등급이라고 칭하든 말든 서로 다른 등급 간의 차이는 실제로 모두 존재한다. 그러나 전통사회에서의 등급은 규정되어 있으며 선천적이고 쉽게 변하지 않는 특성을 갖고 있으며 심지어 계승성을 갖고 있다. 현대의 사회제도는 이러한 점을 철저히 개변시켰다. 경제영역의 변화와 함께 하면서 정치영역에서 개인주의와 민족국가의 독립 자주가 현대사회에서 가장 큰 정치 호소로 되었다. 해방의 담론은 개인과 민족을 동시에 대응하게 되었다. 기왕 이성주의가 개인을 능동적이고 자율적인 이성 주체로 구상한 만큼 사람마다 평등하다는 것은 현대사회의 정치호소로 되어 일정한 범위에서 현대사회에서 점차 실현되어야 할 현실로 되었다. 이 것이 바로 마르크스가 그의 초기 저작에서 반복적으로 말한 "정치해방"이 이르러야 할 목표이다.

마지막으로, 현대성의 전개는 과학의 급속한 발전을 추진하고 과학이 신앙을 전승하고 인류가 자연을 인식하고 세계를 개조하는 능력이 크게 향상되게 하였다. 이는 현대성의 또 다른 중요한 성취이다.

과학은 설사 이성주의의 천혜의 외아들이 아니라 하더라도 이성주의가 자랑스럽게 여기는 장남이라고 할 수 있다. 현대성의 핵심은 이성주의이고 이성주의는 과학의 발전을 유력하게 성원하여 현대 세계를 위하여 미증유의 변화를 가져왔다. 근대 자연과학과 사회과학은 함께 하나의 방대한 지식체계를 구축하여 현대과학지식과 일치하지 않고 과학지식범주에 넣을 수 없는 모든 인류지식의 합법성을 모두 없애버렸다. 이로 하여 초래한 부정적 문제는 우리가 앞 문장에서 이미 많이 논술하였지만 반드시 인정해야 할 것은 과학 발전의 과정에서 자연을 인식하고 개조하는 인간의 능력이 확실히 크게 향상되었다는 점이다. 인류는 과학의 발전에서 끝없는 이익을 얻었는데 이는 인류의 행복을 엄청나게 추진하였다. 일정한 의미에서는 심지어 현재 우리가 누리고 있는 모든 것이 모두 과학의 기여와 갈라놓을 수 없다.

이상 위에서 서술한 것은 현대성의 모든 성취가 아닐 수 있지만 현대성의 주요한 면인 것만은 사실이다. 이런 성취의 제시는 이미 우리로 하여금 허무주의, 보수주의, 복고주의 등과 거리를 두게 한다. 이런 성취를 긍정한 후에야 우리는 비로소 합리한 관점에서 현대성의 곤경을 제시할 수 있다. 우리가 현대성 성취에 대한 제시를 통하여 설명하고자 하는 것은 본 저서의 맥락에서 이른바 현대성의 곤경은 단지 미래에 대하여 말하는 것이지 과거에 대하여 말하는 것이 아니라는 점이다. 현대성이 초래한 문제가 많든 적든 상관없이 아직 현대화의 길에 들어서지 못한 사회에 대하여 말하면 현대성은 모두 추구할 가치가 있다. 이는 하나의 관점이다. 이런 관점은 마르크스로 하여금 현대성에 대하여 비판 태도를 취할 때 보수주의와 거리를 두게 하였고 마르크스의 현대성 정치 비판이 스트라우스 등 보수주의자들의 현대성 정치 비판과 완전 다른 의미를 갖게 하였다.

제2절

현대성의 곤경

문예부흥과 계몽운동의 기본 정신은 바로 이성을 살리고 이성을 추구하는 정신이다. 이런 추구에 따라 이성정신의 대표로서의 과학은 급속히 발전하여 사람들이 생활하고 있는 세계를 크게 변화시켜 이성에 대한 사람들의 믿음을 더욱 굳게 하였다. 사람들은 이성의 막강함을 믿게 되었고 이성을 따르면 모든 것을 변화시킬 수 있으며 사람들의 생활이 완벽한 경지에 이르게 할 수 있다고 믿었다.

이런 현대성 의식에는 이성 탑재자인 개인도 따라서 전반 세계의 거점이 되었다. "이성"이 전통사회에서의 "하느님"을 대체하고 시비, 진가를 판별하는 기준이 됨과 동시에 "나"는 전통사회에서의 "우리"를 대체하고 세계의 주재자로 되었다. "나"의 사무는 더는 "우리"와 연관되지 않고 "나"의 행동은 더는 하느님의 보증을 받지 않아도 되고 "나"의 일은 "나" 자신이 책임진다. "나"와 이성은 상호 연관되어 현대철학에서 가장 중요한 두 개의 핵심어로 되었다. 어느 유행 광고에서 말한 것처럼 "무엇 때문에? 나는 알고 있다. 어떻게 할 것인가? 내가 결정한다."

현대성이 빠르게 전개되는 오늘의 중국에서 이런 광고언어는 급속하게 성장하는 이성주의 정신의 호쾌한 심정을 아주 잘 표현하였다. "나"의 이성 능력, "나"의 이 세계와 관련된 지식은 "나"로 하여금 이 세계의 주재자로 되고 하였기에 "나"는 자유롭고 "나"는 자신의 모든 일을 주재하며 일체 권위와 타인은 무대 뒤로 물러나고 심지어 더는 "나"와 상관없다.

근대에 들어와서 계몽운동이 제창한 이성정신은 전면적으로 승리하였다. 현대사회는 사실 이런 계몽적 "이성자아계획"의 결과이다. 그러나 현대성은 일련의 성취를 이룬 동시에 어두운 면도 보여주었는데 그것은 사람들을 걱정케 하는 사회적 결과로 나타났다. 이런 사회적 결과는 아래와 같은 세 가지 상호 연관되는 사회사실로 뚜렷이 체현되었다. 하나는 사회생활의 전면적 합리화이고 다른 하나는 생활세계가 조각나고 분열되는 것이며 또 다른 하나는 개인이 떠있는 독립 원자로 된 것이다. 근대 만기 이래, 특히 마르크스 이후 많은 사상가들이 사회생활의 이런 현대 변천에 대하여 깊이 있는 분석을 하였다. 이런 분석은 서로 다른 차원에서 현대성을 분석하면서 현대성이 직면한 각종 특수 곤경을 제시하여 우리가 현대성 비판 시각에서 마르크스 정치철학을 이해하는데 중요한 사상 자원을 제공해주었다. 니체의 비이성주의든 막스 베버의 사회분석이든 아니면 뤼시앵 골드망Lucien Goldmann의 비극변증법이든 모두 극히 다른 방식으로 현대생활세계의 합리화 과정에서 생활세계의 파쇄와 분열을 제시하고 이런 파쇄와 분열의 생활세계에 직면한 사람들의 정신적 곤혹을 제시하였다. 실제로 이런 분석과 비판은 모두 어느 정도 마르크스 사상의 계발을 받았는데 이 또한 이러한 것들이 오늘날 우리가 마르크스 현대성 정치 비판의 사상 자원을 이해하는 중요한 원인이 되게 하였다.

1. 편협한 이성

이성주의가 현대성의 핵심인 만큼 이성주의와 맞서는 가장 대표적인 것은 이성의 대립 면을 강조하는 비이성주의라고 할 수 있다. 이런 비이성주의로 이성주의와 대항하는 철학 충돌은 이성주의로 하여금 이성에 대한 편협한 이해의 극단성이 충분히 드러나게 하였다.

비이성주의의 이성주의에 대한 비판은 지엽적인 문제부터 시작된 것이 아니라 그 시작부터 이성주의의 기초에 착안점을 두었다. 루카치 Georg Lukács는 "분명히 우리 시대의 비이성주의는 대체로 뿌리를 찾는 일에 종사하고 있다"고 말하였다.[29] 도덕관으로부터 이성주의의 기초를 젖혀놓는 것은 비이성주의가 이성주의에 대한 비판에서 가장 주목되는 공격이다. 우리가 알다시피 비이성주의의 가장 유명한 대표 인물인 니체는 "주인의 도덕관"과 "대중의 도덕관"으로 고대와 현대의 가치관을 구분하였다. 그의 이런 구분은 현대인이 현대성이 창조한 세계를 직면하였을 때의 당혹스러움과 고통을 아주 전형적으로 체현하였는데 따라서 이를 전형으로 해부할 수 있다. 니체는 고대사회에서 미덕은 강직阳刚, 용기勇气, 진취进取, 무위无畏를 뜻하는데 이는 "주인"의 도덕이라고 말하였다. 현대사회에서는 "모험적이고 강력한 사랑이 안전하고 평화로운 사랑에 양보하고 강건함이 교활함에 양보하고 떳떳함이 음험함에 양보하고 냉혹함이 동정에 양보하고 생기발랄한 창조력도 소극적이고 게으른 모방에 대체된다."[30] 정치에서 현대사회가 숭상하는 민주, 공리주의, 사회주의는 모두 이런 도덕관의 체현이다. 따라서 사람들이 흥미진진하게 이야기하는 현대 진보는 바로 이런 평민의 철학의 발전이고

---

29 [헝가리] 루카치, 〈이성의 파멸〉, 왕쥬싱, 청즈민, 세디쿤 등 역, 장쑤교육출판사 2005년, 37쪽.

30 [미국] 윌듀란트Will Durant, 〈철학 간사〉, 량춘 역, 중국우의출판공사 2004년, 264쪽.

"평등화"와 "저속화"의 늘어가고 퇴폐와 사물이 날로 쇠퇴하고 상황이 날로 악화되는 생활방식으로 인류의 고귀한 생활방식을 대체하였다. 니체는 "나의 형제여, 만일 당신이 어떤 도덕이 있다면 또한 그 도덕이 당신 자신의 도덕이라면 당신은 그 어떤 사람과 공유하지 않는 도덕을 갖고 있다"고 말하였다.[31]

현대사회의 평범화한 도덕관이 현대 민주제도의 이성 기초를 세워주었기 때문에 현대정치는 퇴폐의 정치로 되었다. 따라서 비이성주의자의 현대성 정치 비판은 반드시 현대도덕의 비판부터 시작되어야 한다. 비록 니체가 대중의 도덕관은 아주 오랜 연대까지 소급할 수 있다고 보고 전통사회와 현대사회의 구분으로 이 두 가지 도덕관의 사회기초를 설명하지 않았지만 실질적으로 그가 말한 것은 이 두 가지 형식의 사회의 도덕관 유형이며 따라서 그가 비판이 지향한 것은 현대성이다. 그렇다면 무엇 때문에 인류도덕의 이런 퇴폐적인 변환이 나타났는가? 니체는 그 원인을 현대인이 이성을 과도하게 강조하였기 때문이라고 보았다. 퇴폐적인 현대사회생활이 형성된 것은 사람들이 이성을 과분하게 중요시하고 이성으로 의지를 대체하였기 때문이다. 니체는 실제로 사람에게는 의지는 이성 보다 더욱더 근본적이고 의지는 인류 자질의 뛰어난 요소라고 보았다. 의지란 무엇인가? 바로 점유의 격정이다. 니체는 심지어 "구애는 곧 전투이고 교배는 점유이며" "사람은 진리의 제1점유자가 되고자 하며 그 진리는 동정녀童贞女처럼 더럽혀지지 않았기를 바란다."[32] 니체가 보기에는 바로 이런 "점유하려는 의지"가 인류의 진보를 추진한 것이지 이성이 추진한 것이 아니다. 인간에게는 가장 근본적인 것은 의지이지 이성이 아니다. 이성은 도덕에 있어는 아무런 쓸

31 [독일] 니체, 〈차라투스트라는 이렇게 말했다(상세한 주해본)〉, 챈춘치 역, 생활 독서 신지 산련서점 2007년, 33쪽.

32 [미국] 윌듀란트Will Durant, 〈철학 간사〉, 량춘 역, 중국우의출판공사 2004년, 265쪽.

모도 없다. 단지 격정적인 사람의 손에 있는 무기일 뿐이며 게임에서의 속임수이다. 철학은 이성의 대표이지만 철학체계에서 우리가 본 것은 눈부신 신기루이다. 철학에서 우리는 이성의 진화를 보았지만 실질적으로 이성은 단지 "욕망의 반사"에 불과하며 철학자들은 진정한 근본을 잡지 못하였다. 우리의 사상이 욕망과 의지를 결정하지 않으며 정반대이다. 의식이 있는 사유는 허약하다. 우리의 지적 활동의 대부분 내용은 모두 무의식 속에서 진행된 것이 우리가 느끼지 못한 것이다. 비이성적인 직감은 의식의 방해를 받지 않으며 직접 강력한 의지에 작용한다. 직감이야말로 모든 지적 활동에서 가장 중요한 능력이다. 이전의 철학은 이성을 과분하게 높이 평가하였는데 이와 반대로, 인류의 가장 좋은 자질은 바로 직감, 의지, 강한 힘과 영원한 격정이다. 니체의 모든 전투는 모두 비이성으로 이성을 대항하려 하였다. 이런 대항은 분명히 사상의 내부에만 머물러있을 수밖에 없다.

다른 철학자들의 이성주의에 대한 비판도 우리는 잘 알고 있다. 프로이드는 "잠재의식潜意识"과 "의식", "자아自我"와"비자아非自我"로 이성주의와 대항하고 인류의식에서 비이성 요소인 "잠재의식"을 의식보다 더 근본적인 내용으로 보았다. 이성은 단지 인류의식의 빙산의 일각일 뿐이며 잠재의식은 바로 이 빙산의 주체이며 근본적인 것이다. 현대이성주의의 무한한 진전과 그가 만들어낸 생활세계의 이성화는 초아超我가 본아本我을 억압하고 이성이 잠재의식을 억압하여 인간의 심리를 일그러지게 하고 인생을 일그러지게 하였다. 셸러는 니체, 앙리 베르그송Henri Bergson 등의 생명철학의 비이성주의의 영향을 받아 자산자의 "원한"심리상태를 현대성의 가장 큰 문제로 보았다. 셸러는 공업사회와 자본주의의 발전은 사회의 정신기질과 인간의 주관적 체험 구조에 커다란 변화가 생기게 하여 전통사회에서 인간의 세계에 대한 정감성의 평가태도는 "사랑"이었지만 현대사회에서 인간의 세계에 대한 정감성의 평가

태도는 "원한"으로 전환하였다고 보았다. 그는 이런 가치의식구조의 변화는 "가치의 전복"이라고 말하였다. 현대인에게는 세계는 더는 진실하고 유기적인 정원이 아니며 더는 사랑하고 깊이 생각하는 대상이 아니라 냉정하게 계산하는 대상과 업무 진취의 대상으로 변화하였다. 이런 공리주의적 태도는 사람들이 이성적 태도로 생활을 대하는 데서 나타난다. 철학-형이상학의 차원에서 볼 때 이런 심각한 변화의 결과는 자본주의 정신실질로서의 "원한"이다. 셸러는 오직 생명력의 고귀한 유형만이 이를 극복할 수 있다고 보았다. 셸러는 현대사회에서의 원한과 정치는 이렇게 상호 연관되어있다고 보았다. "이 사회에서 사람마다 모두 타인과 비교할 '권리'가 있으나 '사실상 또 상호 비할 수 없다.' 개인의 품격과 경력을 제쳐놓고 말하지 않더라도 이런 **사회구조**도 필연적으로 아주 큰 원한이 있게 된다."[33] 이는 확실히 현대정치의 급소를 찔렀지만 문제는 셸레가 추구한 생명력의 고귀한 유형은 현대관료체계의 빈틈없는 통제에서 과연 존재할 수 있는가? 만일 현대성이 이미 생활세계의 각 구석까지 깊이 파고 들어갔다면 사람들은 단지 니체처럼 생명의 고귀한 유형을 "슈퍼맨"에 의지해야 하는가? 니체처럼 프로이드와 셸러 등도 인류정신 자신에 대한 비판을 통하여 인류생활 위에 덮여있는 현대성의 어두운 장막을 찢어버리려 하였지만 그들은 장막을 찢어 구멍을 내놓고도 나아갈 길에 대한 밝은 빛을 볼 수 없어 끝없는 절망에 빠질 수밖에 없게 되었는데 정신분열과 원한은 이런 절망에 대한 가장 적절한 철학적 표현으로 된다.

이런 사상 사례에 대한 간단한 회고를 통하여 우리는 비이성주의자는 현대성 및 그 사회결과를 이성의 편협에 귀결시키고 이러한 편협은 결국 완전한 생명이 인간을 토막 내어 인간의 정신을 인간의 전체 생명

33 [독일] 셸러, 〈셸러선집(상권)〉, 류소풍 선편, 상하이산련서점 1999년, 406쪽.

에서 분리시킨 후 또 이성을 인간의 정신으로부터 분리하여 그것이 인간의 근본을 보였음을 알 수 있게 되었다. 이는 의심할 바 없이 정확하지만 비이성주의자에게는 그들이 단지 문제를 정신영역에만 국한시켰기에 그들이 이해할 수 있는 문제 해결 방법도 비이성의 회복과 감성생명에 대한 강조뿐이다. 비이성주의는 근대에서 인간의 이성에 대한 숭배를 타파하는 면에서는 충격력 있는 이론 형식이고 이성주의를 성찰하는 최초의 목소리이지만 한 편협으로 다른 편협을 대체하였기에 최종적으로는 합리한 해결 방안을 내놓을 수 없었다.

뤼시앵 골드망의 이성에 대한 분석과 이해가 일정한 의미에서 이성주의에 존재하는 문제를 설명할 수 있을 지도 모른다. 그는 이성에 대해 서로 다른 철학자들의 서로[34] 다른 의미가 있어 우리는 "이성"이라는 이 어휘로 이성의 의미를 간단히 개괄하기 아주 어렵다. 그러나 이성과 인간의 능력이 서로 연관될 때 이성은 단지 인간의 한 능력에 불과할 뿐 인간에 대한 이해를 대체할 수 없다. 뤼시앵 골드망는 이렇게 말하였다.

> 이성은 인류생활에서의 중요한 요소이고 사람들이 당연히 자랑스러워하는 요소이며 사람들이 영원히 포기하지 못하는 요소이지만 이성은 전체 인간이 아니고 특히 이성은 인류생활의 수요를 만족시킬 필요도

34 [프랑스] 뤼시앵 골드망, 〈숨겨진 하느님〉, 차이홍빈 역, 백화문예출판사 1998년, 43쪽. 뤼시앵 골드망는 카트, 블레즈 파스칼BlaisePascal, 르네 데카르트René Descartes등은 이성에 대한 서로 이해로 분석을 하였다. 뤼시앵 골드망는 감성과 상상이고 다른 하나는 이성"이지만 변증법 사상가들의 이해는 이"뛰카르부터 오늘의 이성주의에 이르기까지 두 가지 의식 영역을 거쳤는데 하나는 와 다른데 변증법 사상가들에게는 이성은 인간의 단순한 어떤 종합능력의 일부분일 뿐, 인간의 전체 정신능력이 아니라고 보았다.

없고 또 만족시킬 수도 없다. 이는 그 어떤 면에서든지 이성 특유의 과학진리를 추구하는 데 관련이 있다.[35]

일단 우리가 인간과 인간의 가치를 단지 이성에만 귀결시키는 것은 우리가 편협한 방향으로 나아감이 틀림없다.

2. 도구화된 이성

만일 의식의 영역에만 머물러있다면 현대성 비판은 그 전개 과정에서 현대세계가 만들어낸 결과를 이해할 수 없을 것이다. 그러므로 사회학 이론으로서의 현대성 이론은 없어서는 안 될 뿐만 아니라 현대성 비판 이론의 주요내용이다. 마르크스의 현대성 정치비판을 이해함에 있어서 이런 형식의 현대성 이론은 더욱더 직접적인 의의가 있다. 사회학의 차원에서의 현대성에 대한 이론분석은 여하를 막론하고 모두 막스 베버를 피할 수 없으며 최종적으로 마르크스의 이론에서 가장 중요하고 가장 거대한 내용을 명시하게 된다. 막스 베버의 사회학적 분석을 통해 우리는 현대성은 어떻게 형성되었는가를 비교적 명백하게 이해할 수 있다. 즉 이성주의는 어떻게 현대사회에서 지배적인 지위를 얻고 하나의 의식 형태로 형성되며, 이러한 현대성이 어떻게 곤경에 빠지게 되었는지를 비교적 명확하게 이해할 수 있다. 동시에 우리가 대체로 막스 베버의 사회분석이 콩트의 이른바 사회 정력학静力学으로 자리매김할 수 있기에 그의 이론도 마르크스의 현대성 정치비판사상을 이해하는 가장

35 [프랑스] 뤼시앵 골드망, 〈숨겨진 하느님〉, 차이홍빈 역, 백화문예출판사 1998년, 43쪽.

좋은 참조와 가치 있는 보충으로 된다.

비록 막스 베버를 중요한 정치철학자로 보는 사람이 드물지만 사람들은 그가 제기한 일부 중요한 개념과 이론이 20세기 정치철학에 커다란 영향을 미쳤다는 것을 무시할 수 없다. 만일 그의 이론이 마르크스와 달리 또 다른 방식으로 자본주의 경제, 정치와 문화의 관계를 제시하고 오늘날 이 두 가지 방식이 어떻게 서로 보완되는지를 고려할 때 우리는 왜 마이클 H. 레스노프M. H. Lessnoff가 20세기 가장 중요한 정치철학자들을 분석하고 평가할 때 막스 베버의 일부 주요 이론으로부터 시작하였는가를 이해할 수 있다. 전반 20세기에서 자유주의와 마르크스주의의 상호 대치는 이미 일종의 정치철학의 경관으로 되었고 발전적인 마르크스주의에 있어서는 그 "증가"한 내용이 마침 막스 베버의 사상과 관련될 수 있다. 이는 바로 우리가 비교적 많은 지면으로 막스 베버의 이론 및 베버의 이론과 마르크스의 현대성 정치비판의 관계를 토론한 원인이기도 하다.

사람들은 보편적으로 근 백년간의 사회정치이론에 미친 영향이 가장 큰 두 사상가는 마르크스와 막스 베버라고 인정한다. 막스 베버의 현대성 이론은 현대성에 대한 객관적 제시및 이성적인 분석에 치우치고 마르크스의 현대성 이론은 분석적 기초 위에 현대성의 혁명성에 대한 비판에 치우쳤다. 물론 막스 베버의 이론에도 가치비판의 차원과 내용을 포함하고 마르크스의 이론에도 이성 분석의 차원과 내용을 포함하고 있다. 예컨대 막스 베버의 현대사회의 관료제도에 관한 분석에 극히 강렬한 가치함의를 포함하고 있고 마르크스의 자본에 대한 경제 분석, 사회구조 분석은 전형적인 이성분석이다. 현재 만일 우리가 이 두 가지 이론의 각각의 중점을 상호 결부시켜 두 이론이 상호 보완의 기초 위에 하나의 이론 연합을 형성하고 그 기초 위에 하나의 당대 현대성 사회정치이론을 구축할 수 있다면 현대성에 대하여 더욱더 전면적으로 제시하고 성찰하고 비판할 것이며 당대 마르크스 사상정치철학의 해석을 위해 새로운 이해의 틀을 구축할 것이다. 막스 베버를 통하여 우리는 마르크스의 이론과 대비되는 참조를 확립할 수 있고 이러한 참조에서 우리는 마르크스의 사회정치이론 연구에서 오랫동안 소홀히 해온 현대사회에 대한 인식 시각을 보다 분명하게 이해할 수 있다. 이런 기초 위에 하나의 합리적 시점에서 당대 마르크스 정치철학을 구축할 수 있을 것이다. 마르크스의 이론에 대하여 우리는 여기서 상세히 논술할 필요가 없다. 이는 바로 우리가 이 저서의 뒤 부분에서 상세하게 해석할 내용이기 때문이다. 그러나 이 작업을 하기 전에 우리는 막스 베버의 현대성에 대한 사회학 비판을 간단히 회고하고 분석 필요가 있다. 이는 우리의 뒤 부분 토론에 있어서 극히 중요하다.

정신의식의 영지(주로는 철학의 영지)에서 뛰쳐나와 현대성을 이해하는 사회학 분석방식으로 말하면 막스 베버의 "합리화" 개념은 절대적으로 없어서는 안 된다. 이 개념은 "이성의 교활한 계책"을 그 현실형태로 드러나게 하며 사회학의 방식으로 양자 간의 관련을 파악하게 한다.

막스 베버의 이해에 따르면 현대의 역사는 하나의 끊임없이 이성화하고 세속화하는 과정으로서 현대성은 어떤 의미에서는 바로 사회생활이 점차 이성화되어 가는 과정이다. 이 과정은 바로 현대사회의 의식형태로서의 이성이 일련의 제도적 안배를 통하여 현대사회의 사회관계를 구축하고 현대사회의 정치경제구조를 구축하고 현대사회의 행위 패턴을 구축하여 생활에서 모든 예측할 수 없는 요소를 제거하고 지식에서 실증적 과학지식과 일치하지 않는 모든 기타 지식의 합법성을 취소하여 현대세계가 이성에 완전히 파악되고 통제되게 한다. 요컨대 현대세계는 하나의 합법성이 끊임없이 확장되는 과정이며 이성이 끊임없이 생활세계를 "개조"하고 "개편"하는 과정이다.

알다시피 막스 베버의 "합리성" 개념은 그의 "합리적 행위"의 이론과 상호 연관되며 이 이론에서 우리가 마르크스의 현대성 정치 비판을 해석하는데 가장 의의 있는 하나의 내용은 그의 두 가지 합리한 행위에 대한 구분이다. 무엇 때문에 이렇게 말하는가? 아래에 막스 베버가 어떻게 두 가지 개념의 정리를 통하여 의무 목표와 공리 행위를 구분하였는가를 보기로 한다.

막스 베버는 두 가지 합리한 행위를 구분하였는데 하나는 "목적합리성 행위"이고 다른 하나는 "가치합리성행위"이다. 그는 이렇게 말하였다.

> 목적은 이성적이다. 즉 외계사물의 상황과 기타 사람의 행동거지에 대한 기대를 통하여 또한 이런 기대를 "조건" 또는 "수단"으로 이용하여 자신의 이성적으로 쟁취하고 고려한 성과로서의 목적을 실현하려고 한다.[36]
>
> 가치는 이성적이다. 즉 의식적으로 하나의 특정적 행동거지에 대한 -윤리적이고 미학적이고 종교적인 또는 임의의 기타 해석으로서의-무조건적인 고유 가치를 통 순수 믿음으로 그 성취여부와는 없다.[37]

이 두 가지 행위는 실제로 대응되는 것은 목적지향의 행위와 가치지향의 행위이다. 우선 목적합리성 행위는 개인적 목적에 따른 행동이다. 이런 행동은 행동자 개인이 갖고 있는 목적시스템에 따라 목적, 결과, 수단의 고려와 가늠을 통하여 행동 속에서 그 목적에 달하려고 애쓴다. 이런 행위에서 행위 자체는 목표에 달하는 수단으로 채용되는데 행위 자체가 가치가 있어서가 아니다. 경제영역에서의 행위는 전형적

36 [독일] 막스 베버, 〈경제와 사회(상)〉, 린룽왠 역, 상무인서관 1997년, 56쪽.

37 [독일] 막스 베버, 〈경제와 사회(상)〉, 린룽왠 역, 상무인서관 1997년, 56쪽.

인 목적합리성 행위이다. "나"가 경제활동을 하는 것은 바로 가장 적은 원가를 투입하여 가장 많은 돈을 버는 것이기에 "나"는 반드시 행위에 대한 합리적 계산, 설계를 거쳐야 하며 일정한 수단의 운용 등을 통하여 돈을 버는 목적을 이룬다. 이런 돈을 버는 활동 자체는 가치가 없고 단지 돈을 버는 목적에 이르는 수단에 지나지 않는다. 반대로 가치합리성 행위는 행위자가 행동의 의의를 추구하는 행위이다. 이런 행위는 행위자가 보유한 이른바 "절대가치"의 신념의 지배를 받으며 행위자는 완전 이런 신념을 실현하기 위해 행동한다. 물론 이런 신념은 다종다양하기에 한 사람이 각종 신념의 지배하에 가치합리성 행위를 할 수 있다. 한 사람이 가정 혹은 국가의 책임감으로부터 자신의 행위에 의의를 부여할 수 있고 종교적 이유로부터 자신의 행위에 의의를 부여할 수 있으며 미래의 아름다운 사회를 실현하기 위하여 자신의 행위에 의의를 부여할 수 있다. 그러나 행위자가 그 어떤 가치 고려에서 출발하였든 간에 그의 행위가 일종의 가치합리성 해위이면 이런 행위는 항상 결과의 고려와 상호 연관되지 않는다. 막스 베버에 있어서 심미, 신앙, 도덕, 성애 등 행위는 곧 가치합리성 행위이다. 심미행위는 결코 그 어떤 목적에 이르기 위해 하는 것이 아니지만 이런 행위 자체가 가치 있으며 심미과정 자체가 우리를 즐겁게 한다. "나"가 미소 짓는 모나리자를 보았을 때 만일 "나"가 1억 달러를 생각하였다면 "나"는 미를 감상하는 것이 아니라 돈을 벌 생각을 하며 이때 모나리자의 이 그림은 값있는 상품과 별로 구분이 없다. 심지어 심미는 자신의 지식을 풍부하게 하기 위함이 아니다. 만일 심미행위가 "나"로 하여금 심미교육을 받아 "나"가 쓸모 있는 사람이 되게 한다면 이런 이른바 심미도 심미가 아니라 공리적 목적을 위해 지식을 배우는 것으로 된다. 성애는 일종의 가치합리성 행위로서 그 자체는 대를 이어가려는 것이 아니며 이런 행위 자체가 사람에게는 아름다운 것이며 후대 생육을 목적으로 한 성애는 단지 일종의 목적합리성 해위에 불과하다. 도덕의 활동은 자체가 가치 있는 것으로 그 어떤 공리적인 목적을 위해서 아니다. 어린 아이가 우물에 빠졌을 때 만일 구조한 사람이 그 아이 부친의 보답을 받기 위해서였다면 이는 가치합리성 행위가 아니라 목적합리성 행위이기에 도덕적 행위가 아니다. 심지어 만일 한 사람이 우물에 빠진 사람을 구하는 것을 자신이 도덕이 있음을 증명하기 위해서이고 좋은 명예를 얻기 위해서라면 공리적인 고려로부터 출발한 것이고 가치합리성 행위가 아니다.

막스 베버의 이런 구분은 칸트의 철학담론을 사회학의 과학담론으로 전환시키고 바로 칸트의 개인 권리에 관한 철학을 경험주의의 분석과 연결시켜 칸트 의무론 사상을 업은 현실 "육신"을 제시하였다. 이어 이를 기반으로 자유주의가 개인 권리를 기초로 한 민주사상을 어떻게 현실제도가 설계한 시스템과 연결시켰는가를 제시하였다. 즉 막스 베버는 칸트 의무론의 도덕철학을 사회학으로 연결시켜 그가 창제한 "목적합리성 행위"와 "가치합리성 행위"를 구분하려 하였고 사회정치문제의 연구를 위해 보다 분명한 과학방법론을 정립하였다. 이는 현대성에 대한 비판이 "이성"자체로부터 그 "외화外化 형식"으로 전환하였음을 의미한다. 즉 "편협한 이성" 자체로부터 그 자체가 초래한 "편협한 현대제도"로 전환하였다. 필자는 이는 중대한 전환이라고 생각한다. 만일 이 전환의 의의를 이해하지 못한다면 근대에 들어와서 서방의 과학담론과 철학담론이 어떻게 분열과 대립으로부터 연합하고 부합함과 아울러 어떻게 공동으로 경제 분석과 철학이념이 유기적 결합된 방대한 자유주의 담론체계를 구축하였는지를 이해할 수 없다. 이 담론체계에서 데이비드 흄이 사실과 가치의 분립을 제기하고 칸트의 자연철학과 도덕철학의 구분을 거쳐 베버의 목적합리성과 가치합리성의 구분에 이르러 이상과 현실의 분열은 최종적으로 철학담론과 과학담론의 합류에서 보다 확실한 확인을 받았다. 본 저서에서 의의 있는 문제는 현대성이 이런 분열의 원흉으로 고발당하였을 때 우리는 어떻게 이 분열에 직면해야 하는지, 단지 제시만 하고 봉합하지 않아도 되는지, 제시와 비판 이외 우리는 정말로 현대성의 곤경에서 벗어날 수 없는지, 출로는 어디에 있는지 등이다. 앞부분에서 이미 논술한 바와 같이 마르크스는 최초부터 역사주의의 방법론으로 이런 문제를 해석하여 자유주의와 다른 이론방안과 실천방안을 제시하였다. 오늘날 마르크스의 정치철학을 연구할 때 우리는 반드시 두 가지 이론체계에 대한 대조를 통하여 마르크스의 방법론을 다시 검토해야 한다. 이 또한 우리가 여기서 베버를 분석하는 원인이기도 하다. 하지만 현재 우리는 먼저 베버한테로 돌아가 그의 또 다른 이론 구분이 우리가 마르크스의 현대성 정치 비판을 이해하는데 어떠한 게시를 줄 수 있는가를 보기로 한다.

문제를 "편협한 이성" 자체로부터 그 자체가 초래한 "편협한 현대제도"로 전환하기 위하여 베버는 형식적 합리성과 실질적 합리성이라는 또다른 두 개의 개념을 제기하였다. 이 두 개념을 통하여 베버는 이성은 어떻게 자본주의의 제도로 그 "교활한 계책"을 실현하는가를 제시하였다. 베버는 현대자본주의제도는 아주 합리적인 제도이지만 단지 형식을 아주 합리화한 제도일 뿐이라고 보았다. 전통사회에 비하면 현대자본주의시장제도의 일련의 설정은 모두 아주 높은 수준의 이성을 구비하고 있다. 예컨대 화폐경제, 계약과 자유로운 시장 거래, 생산경영활동과 가사활동의 분리, 자유로운 노동력 시장 등은 모두 뚜렷한 합리성을 체현하고 있지만 이런 합리성은 모두 단지 "경제활동의 형식합리성"에 불과하다. 베버에게는 "경제활동의 형식합리성"은 화폐경제와 밀접한 연관이 있다. 그는 "경제활동의 형식합리성"을 "계산 또는 핵산"을 경제 목적에 쓰는 정도라고 정의하였다. 이런 경제 형식은 계산 또는 핵산을 자신의 경제활동의 목적에 사용하면 사용할수록 이런 경제도 날로 더 형식의 합리성을 갖게 된다. 화폐는 계산과 핵산의 가장 유효한 도구이며 자본주의시장경제는 바로 화폐경제이기에 자본주의의 시장경제는 아주 뚜렷한 형식합리성을 구비한 경제 형식으로 된다. 화폐경제로서의 시장경제는 그 형식합리성이 시장에 따라 결정되기에 시장에 근거하여 확정한 화폐가격만이, 화폐에 근거하여 진행한 경제계산만이 유효한 것이다. 가장 전형적인 것은 자본주의가 자유로운 노동력시장을 창조하였는데 이는 전통사회와 비하면 커다란 형식상의 합리성을 갖고 있다. 우리는 흔히 모든 착취자는 모두 노예를 쓰는 것을 원하는데 이는 노예가 무상의 노동을 제공하기 때문이며 고용주들은 노예가 반항하는 것을 두려할 때만 비로소 부득이하게 노예제를 폐지하기에 노예제의 폐지는 단지 노예의 반항 때문이고 기타의 고용형식이 고유주의 이익에 더 부합되어서 아니라고 본다.

마이클 H. 레스노프는 베버의 이 문제에 대한 이해를 분석할 때 자본주의는 어떻게 자유 노동력의 제도 창제하여 그 이성의 "교활한 계책"을 실현하였는가를 밝혔다. 그는 이렇게 말하였다. 막스 베버에게는 자본가는 실제로 노예보다 자유고용자를 쓰는 것을 더 원하는데 이는 자본주의사회에서의 고용주에게 있어서 자유노동자를 고용하는 것이 노예를 쓰는 것보다 더 합리하기 때문이다. 자본에게는 자유노동자를 고용하는 것에 비하면 노예를 구매하는 것이 더 많은 투자와 모험이 더 큰 투자를 해야 하며, 노예를 기르는 것에 비하면 고용된 노동자가 일을 더욱더 잘 할 수 있는데 이는 일자리의 적응여부 문제를 고용된 노동자 자신이 결정하게 하고 고용자가 교육비를 부담하지 않기 때문이다. 노동자가 이 일을 할 수 있으면 "나"는 그를 고용하고 그렇지 못하면 고용하지 않는다. 노동자를 고용하지 않을 때 "나"는 월급을 지불하지 않기에 액외의 생산 원가를 더 지불할 필요가 없다. 이밖에 고용된 노동자는 노예와 달리 그들이 하는 일을 선택할 수 있고 그들은 자신이 잘 할 수 있는 직업을 선택할 수 있기에 노예보다 책임감이 강하다. 노예가 고용된 노동자와 다른 부분은 그들이 책임감이 결핍한 것이다. 현대공업에서는 높은 책임감을 요하는 일을 노예에게 맡길 수 없다. 자원하여 고용된 노동자는 아주 간절하게 자신들의 밥줄을 지키고자 하겠지만 노예는 이렇게 하는 것을 그다지 원하지 않고 항상 도주하려고 하며 심지어 노동도구를 파괴하는 것으로 불만불평을 풀려고 한다.[38] 그러므로 노예를 썼기에 더 도덕적이 못한 것 아니나다. 자유 노동력이 형식상 더 합리적이고 자본주의 생산조건에서 가장 합리한 노동력 사용 형식이기 때문이다.

그렇다면 자본주의제도에서 형식상 합리적 행위는 보다 실질적인 합리성을 대표할 수 있는가? 예하면 자본주의제도에서 노동력 사용 방식의 형식상의 합리성은 보다 실질적인 경제 합리성을 대표할 수 있는가? 베버는 이 것은 정확하지 않다고 본다. 이는 어떤 가치 지향으로 이 문제를 보는가에 따라 결정된다. 혹은 답은 이 문제를 판단하는 근거의 가치에 따라 결정된다. "실질합리성"은 판단하는 자가 의거한 가치로 확정해야 하기 때문이다. 마이클 H. 레스노프는 형식상 합리적인 것은 실질상 합리할 수 있고 실질상 불합리할 수 있는데 그 여부는 서로 다른 가치 태도를 가진 인간의 가치관에 달려있다고 보았다. 예컨대 만일 "최대한으로 최다의 인구를 위해 최소한의 물품을 제공하는 것"을 기준으로 한다면 시장제도는 실질상 합리한 것이다. 한 것은 시장경제는 확실히 형식이 합리한 제도로 이를 해냈기 때문이다. 그러나 금전으로 일체를 계산하는 것은 죄악이라고 말하는 사람들은 형식상 아주 합리한 시장제도는 실질상 아주 불합리하다고 하는데 이는 시장제도는 단지 유효한 수요에 반응하였을 뿐이고 수요에 대하여 반응하지 않고 더욱

38 [영국] 마이클 H. 레스노프, 〈20세기의 정치철학가〉, 펑커리 역, 상무인서관 2001년, 20쪽.

이 빈곤에 대하여 반응하지 않기 때문이라고 본다.[39] 기왕 화폐경제형식의 합리성으로서의 시장경제가 시장에 의해 결정되고 시장이 확정한 화폐가격이 해낸 경제계산만이 유효하다면 유효수요를 만족시킨 반응만이 비로소 형식상 합리한 것이다. 즉 시장이라는 이 시스템은 생산품을 구매할 수 있는 사람에게만 반응하고 이런 생산품이 수요 되는 사람에게는 반응하지 않으며 빈곤에는 더욱더 반응하지 않기에 평등가치관을 보유한 사람에게는 실질상 아주 불합리한 것이다. 기아에 허덕이는 아프리카는 쌀을 가장 수요하지만 자본가는 쌀을 부유한 사람에게 팔려고 한다. 형식이 합리한 요구에 대하여 말하면 부유한 사람들의 수요가 유효한 것이고 가난한 사람들의 수요는 무효한 것이기 때문이다.

베버의 실질합리성의 개념으로부터 우리는 아래와 결론을 도출할 수 있다: 평등가치를 주장하는 사람에게는 시장제도는 실질적으로 극히 불합리한데 그것은 다음과 같은 특징을 갖고 있다. 첫째, 극단적 비인격의 성질을 갖고 있고 둘째, 모든 자발적인 인간 사회관계를 배반하였고 셋째, 모든 경제 목표를 배반한 유사한 인류활동을 적대시하는 데 예하면 심미 등이다. 이는 실질적으로 사회정력학의 언어로 마르크스가 소외 노동이론에서 표현한 바 있는 관점을 표현한 것으로 된다. 베버의 형식합리성과 실질합리성에 관한 구분으로부터 초래한 문제는 만일 자본주의시장경제라는 이 현대성의 경제제도가 제멋대로 발전하게 한다면 사회생활로 하여금 날로 형식합리성으로 나아가게 하는 동시에 실질적 불합리로 나아가게 한다. 이는 단지 현대경제제도의 문제만이 아니라 전반 현대사회제도의 문제이기도 하다.

현대성이 초래한 형식합리성과 실질합리성 간의 충돌은 아래와 같은

---

39 [영국] 마이클 H. 레스노프, 〈20세기의 정치철학가〉, 평커리 역, 상무인서관 2001년, 22쪽.

역설로 표현된다. 전반 현대사회제도, 사회관계, 교제체제는 뚜렷한 형식합리성으로 경제의 고효율을 보증하는 동시에 날로 심각한 사회 불평등을 초래한다. 그러므로 현대성의 경제제도가 초래한 두 가지 상호 연관된 결과의 하나는 물욕(혹은 경제)지상의 가치가 전면적인 승리에 근접하고 다른 하나는 개인자유의 전면적 상실이다. 표면으로 보면 자본주의시장제도는 개인을 위하여 아주 자유로운 사회를 만들었지만 결과적으로는 인간의 자유가 상실되었다. 비록 이런 새로운 부자유는 전통사회에서의 직접적인 강압과는 다르지만 새로운 강압권력의 독점과 통제하의 전제에 불과하기에 이는 단지 새로운 방식으로 인간의 자유를 박탈하는 제도형식에 불과하다. 베버는 이렇게 말하였다.

> 이것은 시장발전의 걸작이다. 한 면으로 시장사회화가 보편적으로 지배지위를 차지하여 법으로 하여금 마땅히 합리한 규칙에 따른 예상이 가능한 기능을 구비할 것을 요한다. 다른 한 편으로는 우리가 시장사회화의 전형적 경향으로 보는 시장의 전파는 고유한 내재적 일관성으로 하여 보편주의의 강제 기관을 통하여 모든 분립되고 흔히 경제독점 위에 구축한 등급적인 것과 기타 강제 기구 그리고 강제 권력의 독점과 통제에 유익한 모든 "합법적"인 것을 파괴한다.[40]

경제제도와 정치제도의 상호 부합이 끊임없이 심화됨에 따라 오늘날 자본주의는 이미 하나의 "철장"이 되어 그 속에서 물질상품은 인간의 생존에 대한 무정한 지배권을 갖게 되었다. 대부분 사람들은 선택할 방법이 없으며 단지 자본의 무정한 지배하에 생활하여 최대 이익을 추구하는 기계 위의 부속품으로 일할 뿐이다. 동시에 인간은 상품배물교의

---

40 [독일] 막스 베버, 〈경제와 사회(상)〉, 린룽왠 역, 상무인서관 1997년, 374쪽.

신도로 되어 물욕과 향락의 노예로 되었다.

일정한 의미에서 베버와 마르크스의 자본주의의 현대성 비판이 아주 근접하다. 비록 그들은 서로 다른 루트로 출발하였지만 동일한 집합점에 이르렀다. 마르크스는 노동계급의 입장에서 자본주의를 비판하여 그가 보유한 가치 입장은 그로 하여금 인간이 인간으로 될 수 있는 것은 소외되지 않은 생존상태에 있다는 것을 믿게 하였다. 자본주의의 사회제도는 인간으로 하여금 물욕의 지배를 받게 한다. 인간으로 하여금 인간의 본성을 잃게 하고 인간이 비인간으로 되게 하며 인간이 소외되게 한다. 마르크스와 다르게 베버는 비록 자본주의제도가 실질합리성이 결핍함을 밝혔지만 세계를 개조하는 의의에서 문제해결의 방안을 차지 못하였는데 이는 그로 하여금 최종적으로 자유민주제 경향을 띤 정치철학방안을 제시하게 하였다. 베버가 비록 마르크스의 실질적인 가치입장을 제쳐 놓았지만 그의 실질합리성과 형식합리성의 충돌에 관한 토론은 우리가 마르크스의 평등한 가치 입장에서의 자본주의에 대한 객관분석을 이해하는데 하나의 열쇠를 제공해준다. 이런 의미에서 마르크스와 베버의 현대성 비판 이론에서의 교차시점은 분명히 상호보완할 수 있다고 하겠다.

이런 보완을 할 수 있는 또 하나의 중요한 개념은 베버가 현대성 특질을 제시할 때 활용한 개념-세속화이다. 이른바 세속화는 현대과학의 세계관으로 종교 신안과 형이상학을 포함한 신비주의 요소를 해소하여 세계로 하여금 과학적 개념으로 세계를 이해고 해석할 수 있게 하는 것이다. 겉으로는 세속화는 사상의식과 문화에서의 일이며 합리화는 사회학의 일이지만 실제로는 세속화와 합리화는 동일한 문제의 두 개 면이다. 즉 세속화 후의 세계는 곧 합리화한 세계이고 합리화한 세계는 곧 세속화한 세계로서 세속화는 보다 이성적으로 세계와 행동을 파악하기 위하여서이고 이 임무는 오로지 이성의 세계에 대한 합리화로 완성된다. 그러므로 베버는 현대세계는 바로 이렇게 세속화된 합리화한 세계라고 보았다. 중요한 것은 베버가 "세속화"라는 이 개념의 분석에서부터 세계의 의의와 가치문제를 인입하고 이 문제는 또한 현대인이 어떻게 정치생활을 이해할 것인가 하는 문제와 관련된다는 것이다. 근대에 들어서서 이성주의는 줄곧 철학을 지지하고 철학은 곧 이성주의의 체현이며 이성주의는 철학을 통하여 자신을 표현하고 철학은 곧 이성의 화신이었다. 근대 이래의 서방문화체계에서 철학은 종교 신앙과 다른 힘을 대표하고 종교와 다른 세계 의의에 대한 이해를 제공하였다. 즉 철학은 이성을 통하여 세계를 하나의 의의 있는 총체로 파악하려는 소원과 노력을 대표하였다. 현대성 사업 발전의 역정에서 이 사업의 정상은 자연철학이다. 그러나 아이러니한 것은 인류가 세계 의의를 파악하려는 노력은 마침 철학이 자신의 정상에 오를 때 세계의 의의를 해소시킨다는 것이다. 철학은 현대세계 "세속화"의 도구이며 결국 철학이 자신을 소멸한다.

"세속화" 원칙하에 과학적, 객관적 지식은 관찰할 수 있는 사실과 논리 추리에만 한정되어 있기에 이런 지식 앞에서 하느님은 죽고 보편적, 객관적 가치는 존재의 여지가 없게 되었으며 도덕정감에서 보편적 인류 공감대도 존재하지 못하게 되었다. 이런 지식에는 객관가치가 없고 다만 주관적인 것과 상호 충돌적인 가치 판단만 있을 뿐으로 그 어떤 사람의 가치 관념도 모두 그 자신의 가치 관념일 뿐이다. 현대인으로서의 우리는 우리 자신의 가치를 견지할 수밖에 없고 동시에 또한 반드시 이런 가치는 궁극적 근거가 없음을 인정해야 하기에 우리는 실제로 의의가 없는 세계에서 살고 있다. 현대세계에서 살고 있는 보통의 사람들에게 구원의 길은 있는가? 베버는 현대사회에서 종교와 "이지적 영역" 간에 특히 종교와 세계를 세속화는 과학 간의 궁극적 화합은 불가능하다고 보았다. 그는 현대인에게는 오직 예술, 성애와 정치만이 종교의 상대가 될 수 있으며 이러한 것들 자신의 방식으로 "의의" 심지어 "구원"을 제공할 수 있다. 특히 정치는 죽음에 의의를 부여하는 이 가장 전형적인 종교적 구원의 기능을 발휘할 수 있다. 정치활동에서 인간은 정치신념의 지배를 받아 전쟁터에서 전사하는 것으로 개인은 이로부터 " 그가 무엇을 위해 죽는가를 믿게 할 수 있다." 이렇게 개인은 개체를 초월한 한 존재에 자신을 베팅하여 개체 존재의 의의를 초월한다. 종교에서 인간은 개체를 초월한 하느님에게 봉사하는 가운데서 개체 생존의 의의를 초월한다. 현대사회에서 인간은 정치공동체를 통하여 그 대체품을 찾는다. 마이클 H. 레스노프는 이렇게 지적하였다. 베버는 비록 현대성이 우리에게 가져온 곤혹을 밝혔지만 그의 문제 해결의 길은 대다수 사람들에게 부합되지 않는다. 청교도Puritan의 천직관天职观과 구분이 없기 때문이다. "캘빈Calvini파 개신교의 교리에 따라 구원을 받는 것은 소수의 엘리트(비록 입후보자가 아주 많고 유권자가 아주 적지만)뿐이며 비교적 적은 사람들만이 이 합리화하고 세속화한 세계에서 세속적인 직업으로 의의를 찾을 수 있다."[41] 우리는 이 가운데의 이런 현대세계에서 살고 있다. 비록 합리하지만 의의가 없고 비록 신비롭지만 더는 아름답지 않지 않은 현대세계에서 살고 있다. 우리는 반드시 이런 세계에서 생활해야 한다. 비록 이런 세계에서의 생활은 행복하지 않지만. 정치생활을 통하여 우리는 적어도 종교식의 위안을 받을 수 있다. 이 것이 바로 베버가 우리에게 알려주려는 현대세계와 우리의 생존 의의에 관한 모든 비밀이다.

만일 베버가 마르크스와 다른 차원에서 현대성의 곤경을 제시하였다면 어떻게 현대성의 곤경에서 벗어나야 하는가 하는 문제에서 베버와

41 [영국] 마이클 H. 레스노프, 〈20세기의 정치철학가〉, 평커리 역, 상무인서관 2001년, 33-34쪽.

마르크스의 선택은 완전 다르다. 베버는 개인은 마땅히 개인 자유를 지키는 민주정치의 사업에 종사하는 것을 통하여 생활의 의의를 찾아야 한다고 보았기에 확고부동하게 자유민주제도를 주장하였다. 주목할 만한 것은 베버는 자본주의가 민주적 제도를 발전시킨다고 보지 않고 이와 반대로 자본주의는 필연적으로 관료제의 범람을 초래하기에 반드시 민주제도로 이를 압제해야 한다고 보았다. 베버에게는 현실세계의 실질 불합리를 인정함과 아울러 이를 수용하고 이 불합리한 사회에서 계속하여 생존해 가는 것은 현대인의 숙명이라고 보았다. 마르크스는 개인을 초월하는 역사주체-무산계급의 초월적인 사업(공산주의)에 대한 역사 활동을 통하여서만이 비로소 현대성의 곤경을 철저히 극복하고 이 곤경에서 벗어날 수 있다고 보았다. 현대성의 곤경에서 벗어나는 것은 베버에게는 민족적 사업이고 마르크스에게는 민족 경계를 초월한 무산계급의 사업이다. 민족과 무산계급은 모두 개인주체의 한계성을 초월한 역사주체이지만 실질적으로 다르며 이 기초 위에 형성된 정치철학도 근본적으로 다르다. 마르크스는 베버가 반한 민주제도를 부정하지 않고 개인 자유를 지키는 민주제도는 확실히 인간들로 하여금 정치적으로 해방되게 한다는 것을 긍정하였지만 민주제도는 공교롭게도 현대성의 하나의 직접적 결과이다. 이 결과 자체는 궁극적으로 인간의 해방에 이를 수 없고 현대성이 초래한 문제를 해소할 수 없으며 인간의 해방에 이르려면 또한 반드시 근본적으로 현대성을 초월해야 한다-현대 사회관계, 사회제도, 행위방식, 사회의식을 초월해야 한다. 마르크스는 현대성의 충분한 전개는 필연적인 역사과정이며 이 과정이 충분이 전개된 후에야 비로소 현대성이 부정될 수 있다. 이런 부정은 일종의 자아부정이며 이런 자아부정은 그 자체 논리의 발전에 의해 결정된다.

3. 막다른 골목에 들어선 이성주의 철학

기왕 현대성의식은 현대성의 중요한 한 면인 만큼 현대성의 곤경은 곧바로 현대 사회제도, 사회관계, 행위패턴 등 객관적 사회요소가 보여준 곤경인 동시에 현대성 의식의 곤경 즉 현대사회의 의식형태의 곤경이기도 하다. 철학은 시대의식의 집중적 체현이기에 현대성 의식은 근대 이래의 철학에서 집중적으로 체현된다. 이성주의의 핵심관념은 근대에 들어와서 이성주의 철학 자체로서 이러한 것들은 "하나가 둘로, 둘이 하나로"의 관계이다. 따라서 현대성 의식의 핵심으로서의 이성주의의 곤경도 필연적으로 가장 전형적인 방식을 통하여 근대에 들어와서 이성주의 가치를 선양한 철학 곤경을 체현해야 한다. 실제로 현대성 의식의 핵심과 집중체현으로서의 이성주의는 바로 근대철학이 이성에 대한 무한한 확장에서 곤경에 빠기게 되었다.

헤겔철학은 이성주의가 이성으로 세계를 철저히 파악함과 아울러 이성으로 세계를 철저히 점검하려 한 최후의 노력이다. 헤겔철학은 이성주의 곤경에서 벗어나려는 노력 중에 하나의 웅대한 이성주의의 철학체계를 구축하였다. 이는 이성주의의 완비화로 이성주의 곤경을 극복하려고 한 일종의 철학 노력이다. 바꾸어 말하면 헤겔은 비록 현대성을 비판하였지만 그는 모든 것을 포괄하는 철학체계를 창립하여 현대성 문제를 해소하려 하였다.

헤겔철학은 체계철학의 절정이다. 그의 체계철학이 이른 절정은 실제로도 이성주의가 일른 정절이다. 하여 현대성이 정신영역에서 가장 충분히 전개되었으며 또한 현대의식이 철학의 방식으로 가장 충분히 전개되었다. 헤겔은 자신이 구축한 철학체계에서 독일고전철학이 사상으로부터 도출해낸 존재의 원칙을 철저히 발전시켜 그것을 극단으로 몰아갔다. 그는 사변의 형식으로 인류 인식사认识史를 집대성하여 철학사상의 매 중요한 범주를 모두 일정한 논리순서에 따라 배열하고 전반 인류인식 발전성과를 체현할 수 있는 내재논리의 정연한 체계를 구축하려 하였다. 그는 한 논리의 기점부터 자기의 철학체계를 전개하여 하나의 개념으로 추론하는 체계로 세계를 설명하였다. 비록 이런 체계 구축은 근본적으로 인간과 외부세계 간의 모순으로부터 출발한 것만 이 모순을 해결하는 루트는 이성을 원점으로 하여 인간과 외부세계를 전부 정신화하는 것 즉 전부 이성화하는 것이다. 헤겔에게는 절대정신은 실체이며 철학은 단지 개념의 변증법으로 절대정신의 발전을 반영하였을 뿐이다. 헤겔철학은 내용적으로 삼라만상을 비롯하여 포함하는데 자연, 사회와 사유 영역에서 모든 현상은 이 방대한 체계에 포용되지 않는 것이 없다. 헤겔은 현대성이 현실세계에서 조성한 모순과 곤경을 보아냈지만 그에게는 이런 모순은 이성정신의 자아 소외의 결과에 불과하기에 이성 정신 자신의 범주 내에서만 최종적인 해결을 구할 수 있다. 예컨대 사회제도와 국가는 이성정신의 한 단계의 "자아의식"의 대상화 즉 소외의 산물이기에 인간은 사회제도와 국가에서 자유롭지 못함을 느끼게 되는데 이는 자아의식이 소외된데 불과하기 때문이다. 인간과 주위 현실의 대립이 자아의식과 그 대상화의 산물 간의 대립인 만큼 "자아의식"으로서의 인간이 그 역사발전과정에서 주위 현실이 본질적으로 그와 상호 대립되지 않을 뿐만 아니라 그와 서로 동일하다는 것을 인식하기만 한다면 소외는 지양받을 것이고 모순은 조정될 것이다. 그러므로 헤겔의 현존 제도가 갖고 있는 표면에 대한 비판과 부정태도는 실제로는 현실에 닿지 않고 사상영역에 머물러 있기에 허위적이다. 그는 체계를 완성하기 위하여 최종적으로 모순을 취소하고 주체와 객체의 절대적 동일성을 추구하지 않을 수 없었다.

현대성의 이성 사업에서 종교는 가장 완고한 보루이다. 헤겔이 이성주의로 종교를 비판한 것은 현대성의 요구를 가장 직접적으로 체현한 것이지만 그의 철학의 내재모순도 우선 그의 종교철학 자신이 구비한 모순에서 체현되었다. 한 면으로 헤겔철학의 기본 경향은 이성주의이며 종교 신앙을 부정하는 것이 가장 기본적이다. 철저한 이성주의는 이성을 끝까지 관철할 것을 요하며 이성정신으로 모든 것을 해석하고 지배할 것을 요한다. 그러므로 헤겔철학은 순 논리의 "절대관념"으로 기독교의 "하느님"을 대체하고 이성이 신앙 위에 있게 한다. 다른 한 면으로 헤겔의 종교철학은 또 종교와 이성의 모순을 조화시키기 위한 것으로 철학은 종교를 해석할 때도 자신을 해석하고 또한 철학은 자신을 해석할 때 종교를 해석한다고 보면서 종교에 이성의 형식을 부여하여 이성과 신앙을 혼동하였다. 이성의 신앙에 대한 이런 양보는 직접적으로 헤겔이 사망한 후 그 철학의 분열을 초래하였다.

헤겔철학의 해체와 분열은 체계철학의 종결을 의미하며 이성에 대한 추구로 세계를 지배하는 것을 목표로 한 이성주의철학이 이성주의 내부에서 자신이 걸어 들어간 곤경이 이미 막다른 길에 이른 것을 극복하려는 것임을 의미한다. 헤겔철학의 해체과정에서 형성된 청년헤겔파는 각종 방식으로 이성주의 내부로부터 이성주의철학이 설치한 속박을 타파하기 시작하였다. 비록 청년헤겔파가 여전히 이성의 힘을 미신하고 있지만 그들이 제기한 "행동철학"은 마르크스가 후에 실천철학의 차원에서 이성주의를 비판하는데 전주곡을 연주하였다고 하겠다.

마르크스가 그의 이론을 창립할 때 직면한 것은 이미 막다른 골목에 들어선 이성주의 철학이었다. 이 철학이 직면한 것은 이성주의의 곤경으로 철학에서의 곤경만이 아니라 전체 현대성의 곤경이기도 하며 현대성이 조성한 현대사회구조, 현대사회관계, 현대사회제도와 현대의식이 직면한 곤경이었다. 그러므로 마르크스의 실천철학은 절대로 헤겔처럼 실천을 핵심개념으로 하는 실천철학의 이론 체계를 구축하고 "실천"을 원점으로 한 이성주의로 현대의식의 내부에서 헤겔에 비해 더 훌

륭하게 세계를 해석하는 것이 아니라 실천을 기초로 하여 현실생활 자신의 논리로 되돌아와 현대세계가 직면한 각종 문제를 비판적으로 이해하고 이로써 더욱더 합리한 세계를 구축하는 목표를 이루는 것이다. 그러므로 마르크스의 모든 비판에서 목표가 시종 지향한 것은 이성주의와 관련된 현실문제이지 철학자신이 아니었다. 즉 헤겔철학과 다른 현대성 비판으로서의 마르크스 철학은 현대의식을 뛰어넘어 비판의 예봉을 직접 현대사회구조, 사회관계, 사회제도 등 현대성의 외부 구조에 돌렸다. 이는 마르크스의 아래와 같은 말과 같다.

> 독일로 놓고 말하면 종교에 대한 비판은 이미 기본적으로 끝났으며 종교에 대한 비판은 기타 모든 비판의 전제이다.[42]
> 그러므로 진리의 피안 세계가 소실된 후 역사의 과제는 차안 세계의 진리를 확립하는 것이다. 인간의 자아 소외의 신성한 형상이 드러난 후 비신성한 형상을 갖고 있는 자아 소외를 폭로하는 것은 역사를 위한 철학의 절박한 과제로 되었다. 하여 천국에선 대한 비판은 속세에 대한 비판으로 변화하였고 종교에 대한 비판은 법에 대한 비판으로 변화하였으며 신학에 대한 비판은 정치에 대한 비판으로 변화하였다.[43]

이성주의 철학이 관련된 현실문제는 이성주의 철학의 현대사회구조, 사회관계, 사회제도에 대한 이성주의 구조와 이성주의 해석에서 체

---

42 [독일] 마르크스, 〈'헤겔 법철학에 대한 비판' 서언〉, 중공 중앙 마르크스 엥겔스 레닌 스탈린 저작 편역국 편역, 〈마르크스 엥겔스 선집(제1권)〉, 인민출판사 1995년, 1쪽 참조.

43 [독일] 마르크스, 〈'헤겔 법철학에 대한 비판' 서언〉, 중공 중앙 마르크스 엥겔스 레닌 스탈린 저작 편역국 편역, 〈마르크스 엥겔스 선집(제1권)〉, 인민출판사 1995년, 1쪽 참조.

현되며 이런 구조와 해석의 논리 기점은 "인간"에 관한 이성주의 해석과 이성주의 구조이다. 인간에 대한 이성주의 해석으로부터 출발하여 이성주의는 하나의 이성주의 범주에서의 세계그림을 구성하였다. 바로 뤼시앵 골드망이 말한 바와 같다.

> 이성주의는 인간의 측면에서는 단지 -극도로 말하면-일부 고립적 개인과만 연관되며 이런 고립적 개인에게는 기타의 사람들은 그들의 사상과 행동의 **객체**이고 이성주의는 자연세계도 **동일한 변혁**을 겪게 한다. 인간의 측면에서 이성주의는 이미 인류공동체의 미래의 표현방식을 파괴하고 **무수한** 이지, 평등 등으로 대체하였을 뿐만 아니라 상호 대체할 수 있는 개인으로 대체하였다. 자연 측면에서 이성주의는 바야흐로 질서정연한 우주 관념을 파괴하고 있으며 무한하고 재료가 없는 부정확한 개념으로 대체하여 그 각 부분도 모두 완전 같을 뿐만 아니라 상호 대체할 수 있다.[44]

이성주의 철학은 그가 부각한 인간의 형상을 원점으로 하나의 이성주의적인 세계도안을 구성하였다. 이성주의가 숭상하는 것은 원자형식原子式의 무차별적인 이성이 있는 개인이다. 이런 무차별적인 개인은 이성주의 철학에서 발전하였으며 르네 데카르트, 요한 고틀리프 피히테Johann Gottlieb Fichte의 "자아", 고트프리트 빌헬름 라이프니츠Gottfried Wilhelm Leibniz라이프니츠의 "단자单子", 경제학자의 "이성적 경제인" 개념에서 통일적이고 모습이 다른 표현을 얻게 되었다. 이런 원자형식原子式의 개체의 흥기에 따라 전통사회에서 총체적 의의를 갖는 정신가치가 해체되고 이와 관련되는 인류 정감도 소실되었으며 개인주의, 자유주의와 이

44 [프랑스] 뤼시앵 골드망, 〈숨겨진 하느님〉, 차이홍빈 역, 백화문예출판사 1998년, 40쪽.

기주의가 이러한 것을 대체하였다. 사람들은 다시는 사회관계, 공동체에서 개인을 이해하지 않았으며 개인을 자신으로 보는 것으로 만족하였다. 이런 세계도안에서 인류생활의 세계는 전통세계도안과 완전 다르다. 뤼시앵 골드망은 이런 세계 관념에서 무한하고 균질均质적이고 부서지고 상호 대체할 수 있는 공간이 질서 있고 각자 특수한 부분으로 구성된 총체적 공간을 대체하였다고 보았다. 인간의 이성은 이런 공간에서 아무런 장애 없이 누빌 수 있으며 공동체 간의 차이도 없어졌다. 이런 공간에서 전통 관념에서의 총체적 우주도 따라서 소실되고 하느님도 따라서 침묵하였다. 하느님은 원래는 인간 생존의의의 보증으로 하느님이 없는 세계에서 모든 것은 다 최종적 근거가 없기에 인간도 반드시 모든 진정한 윤리규범을 포기해야 한다. 이성주의자는 이성의 질소로 하느님의 질서를 대체하려 하며 이성이 최종의 근거가 되어 이성주의의 발전은 오히려 이성의 사업을 곤경에 몰아넣었다.

근대 이래의 철학의 발전은 이성주의가 이성을 독립화 하고 절대화하며 이성을 이성의 자아 성찰 안에 잠그는 복잡한 과정이다. 이성을 독립화 하는 것은 이성을 현실의 인간 속에서 분리하여 하나의 독립적 실체로 되게 하는 것이며 이성을 절대화하는 것은 이성을 복잡한 정신 현상에서 분리하여 그것을 인류복지의 유일한 가치 있는 정신 요소로 보는 것이다. 이성을 이성의 자아 성찰 안에 잠그는 것은 독립적 이성 실체를 하나의 자아운연의 과정으로 보고 세계는 단지 그 설계와 구축의 결과로 그 운연의 전개일 뿐으로 보는 것이다. 요컨대 이성주의의 발전은 아래와 같은 네 가지 논리 과정을 거쳤다. 첫째, 개인을 대상세계(객체)와 대립되는 인지 주체로 보고 이로써 이성 자신과 대상세계를 대립시키는 것이다. 둘째, 이성 능력을 인지주체(개인)의 최고 능력으로 보고 이성 자신으로 하여금 대상세계를 초월한 존재로 되게 하는 것이다. 셋째, 이성을 현실의 인간 속에서 분리해낼 수 있는 독립 역량으로 이해하는 것이다. 넷째, 독립적 이성 자신의 운연 논리를 세계의 논리로 보고 세계발전의 추진자로 보는 것이다.

이런 형식의 이성을 사회진보의 근거라고 굳게 믿는 현대의식으로 말하면 이성은 점점 더 추상적이고 독립적으로 감성적인 인간과 현실의 사회 밖에 존재할 수 있는 사회발전의 원동력으로 변한다. 바로 이런 이성주의 철학이 날로 곤경에 빠질 때 비로소 현대철학의 이런 이성주의 철학에 대한 비판이 나타났다. 이런 비판은 실제로는 현대성에 대한 비판의 한 방면이다. 만일 우리가 이런 점에서 헤겔 이후의 철학을 이해하지 않으면 우리는 마르크스의 정치철학이 어떠한 철학인지를 진정으로 이해할 수 없으며 마르크스의 정치철학이 무엇 때문에 여전히 당대적 의의를 구비하고 있는가를 이해할 수 없다.

19세기 이래 많은 중요한 사회정치이론의 핵심문제는 모두 현대성 곤경에 대한 제시, 성찰과 비판이다. 이 시기의 사상가에게는 현대성은 이미 극히 심각한 사회결과를 초래하였고 현대의 공업문명과 자본주의 제도 및 현대성 의식형태의 발전은 이미 인류의 사회생활에 막대한 해를 끼쳤다. 셸러의 저서 〈지식사회학 문제〉의 중국어 번역자 아이앤는 셸러가 이런 해를 아래와 같이 보았다고 말하였다. 첫째, 현대성은 사회를 하나의 거대한, 정신생활 면에서 사람들이 숨조차 쉬기 어렵게 압제하는 기술-관료기계로 변하게 하였다. 둘째, 실제 생활에서 이익만 추구하는 경향이 사회생활의 곳곳에 침투되어 인간의 정신생활에서 아주 중요한 혈육의 정과 가족의 정에 막대한 해를 끼쳤다. 셋째, 사람들이 실증주의와 유唯과학주의적인 안목으로 인간 사회생활의 모든 것을 대할 때 단지 실증화 할 수 있는 지식만 인정하고 그것을 불법적 환원과 간단한 계량화를 하여 계량화 할 수 없고 환원할 수 없는 것(예하면 정감, 형이상학태도, 종교 신앙 등)을 무시하거나 과학의 명의로 거절한다. 넷째, 이상의 이런 상호 심화하는 경향은 사회로 하여금 상호 격리된 고독한 인간 무리로 변하게 하며 인간과 인간의 불화 심지어 대립을 초래하고 각양각색의 계급 충돌과 계급투쟁을 초래한다. 다섯째, 상술한 경향은 인류가 윤리정감, 가치태도, 사회 인정, 종교 신앙 및 자아해결 방면의 위기를 초래하였는데 가장 뚜렷한 표현은 바로 총체적 생활세계의 단편화와 이로 인해 초래한 삶의 의의 결여이다.[45] 마땅히 아이앤의 셸러 사상에 관한 이 결론은 셸러에게만 속하는 것이 아니라 보편적 포스트 모던인식에 속하며 이런 포스트모던인식은 현대성을 현대인의 생존 곤경의 근원으로 보았다고 할 수 있다.

45 [독일] 막스 셸러, 〈지식사회학에 관한 문제〉, 아이앤 역, 화하출판사 2009년, 역자 서문 5-6쪽.

제3절

현대성 곤경에서 벗어나는 정치철학방안

현대인의 생존 곤경은 이성의 편협이 초래한 결과인 만큼 현대성 곤경에 대한 제거는 최종적으로 당연히 인간에 대한 "이성의 전면적" 이해에 의해야 한다. 그러나 현대성 곤경에서 벗어나는 것은 결코 간단한 이성 자신의 문제가 아니다. 즉 "이성의 전면적" 회복은 결코 이성 자신에서 혹은 이성의 대표로서의 철학에서 완성할 수 있는 것이 아니라 하나의 사회과정이다. 이성에 대한 전면적 이해를 회복하는 것은 이성의 자성을 요할 뿐만 아니라 편협한 이성의 지도하의 사회생활의 편집증을 제거하는 과정이기도 하다. 편협한 이성이 부각한 편협한 현대성처럼 편협한 현대사회정치제도는 편협한 사회정치방안에서 온다. 그러므로 이런 과정은 필연적으로 사람들이 현실의 사회정치생활에서 이성의 편협이 초래한 편협한 사회정치제도를 개변하는 과정으로 된다. 이는 현대성 곤경에서 벗어나는 철학의 성찰에 필연적으로 하나의 중요한 방면을 포함하게 된다. 즉 현대성 곤경에서 벗어는 사회정치철학방안에 대한 성찰을 포함하게 된다. 예하면 헤겔의 현대성에 대한 성찰은 그의 법철학에 포함되며 마르크스의 현대성에 대한 성찰은 그의 "정치해방"의 한도와 "인류해방" 비전에 대한 해석에 포함된다. 만일 현대사회에서의 각종 사회정치이론의 목표가 그러한 것들이 제공한 각종 사회정치방안으로 현대사회의 문제를 해결하여 우리의 사회로 하여금 현대 조건 하에 현대성의 곤경에서 벗어나게 하는 것이라면 이런 방안은 최종적으로 모두 일종의 정치적 해결방안으로 귀결될 수 있기에 모두 일련의 정치이념의 지지가 있으며 정치철학의 차원에서 이런 방안을 이해하여야 한다. 마르크스의 정치철학은 이런 상호 경쟁의 정치철학 중의 한 가지이다. 즉 현대성 곤경에 대한 제시와 성찰은 과학적 사회학 고찰일 수 있으며 생존론 철학에 대한 파악일 수 있지만 현대성 곤경의 해결방안과 연관될 때는 필연적으로 일정한 가치설정, 사회정의에 대한 캐물음, 이상적 사회질서에 대한 구성 등 문제에 호소해야 한다. 바로 이런 의미에서 마르크스 정치철학은 자유주의 및 기타 이론과 구분되며 기타 정치철학과 상호 경쟁하는 하나의 독특한 정치철학으로 되었다고 하겠다.

비록 가장 광범위한 의미에서 모든 현대성 이론은 모두 정치적으로 현대성 곤경을 해결하는 방안을 포함하고 있지만 모든 현대성 비판이론이 모두 정치적으로 현대성 곤경을 해결하는 방안을 자각적으로 찾은 것은 아니다. 협소한 의미로 "정치철학"을 이해하는 사람에게는 모든 현대성에 대하여 제시, 성찰, 비판한 현대성 이론 혹은 이런 이론의 모든 면이 모두 정치철학에 속하는 것이 아니다. 만일 이런 현대성 이론이 현대성 곤경을 해결하는 문제에서 자각적으로 사회정치의 해결방안을 호소하지 않고 단지 기타의 해결방안만 호소한다면 이런 이론에서 명확한 정치철학을 발견할 수 없다. 예하면 이런 이론이 현대성이 인간에게 생존 곤경을 가져오고 동시에 개인 내심의 신앙을 통하여야만 이런 곤경에서 벗어날 수 있고 사람들이 소극적인 은둔으로 마음의 고통을 벗어날 것을 요한다면 이는 정치철학이 아니라 종교이론이다. 또 예하면 만일 현대성이 조성한 인간의 왜곡된 심리와 변형된 인격이 심리 교정 치료를 받아야만 극복할 수 있다면 그것은 사회정치철학이 아니라 심리학이다. 비록 심리학, 종교학 등은 모두 정치철학을 도출할 수 있지만 그것은 필경은 다른 것이다. 누군가 무엇 때문에 우리는 항상 정치철학을 명확히 해석하지 않은 사상가들의 정치철학을 토론해야 하는 가고 질문할 수 있다. 예하면 우리가 정치철학을 토론할 때 항상 애덤 스미스Adam Smith, 프로이드, 니체, 마르틴 하이데거의 철학을 우회할 수 없듯이. 여기에는 정치철학을 협의적으로 이해하는가 아니면 광의적으로 이해하는가 하는 문제가 존재한다. 협의적으로 이해한 정치철학에서는 정치 호소로 사회문제를 해결하는 철학만이 정치철학이고 광의적으로 이해한 정치철학에서는 인류에게 마땅한 사회생활의 모든 것에 가치 캐물음을 하는 철학사고는 모두 정치철학으로 볼 수 있다. 그다지 엄하지 않은 의미에서 이상의 이런 철학은 당연히 정치철학에 속한다. 이러한 것들도 "무엇이 인류의 아름다운 생활인가"라는 문제를 캐묻기 때문이다.

이 절에서 우리는 각종 서로 다른 현대성 이론이 현대성 곤경을 해결한 정치방안들을 구체적으로 고찰하고자 하는데 이렇게 하면 문제들이 더욱더 집중되게 할 수 있기 때문이다. 즉 정치적 해결방안 탐구의 문제를 정치철학의 핵심문제에로 더욱더 집중되게 할 수 있기 때문이다. 이런 문제 해결은 당연히 인생은 무엇인가, 정확한 생활은 무엇인가. 가장 좋은 질서은 무엇인가 등 더욱더 추상적인 문제에 대한 고찰을 기초로 해야 하며 이러한 것들은 구체적 정치철학문제를 고찰할 때의 전제적 문제이지만 이러한 것에 대한 고찰은 현재의 과제가 아니다. 즉 우리는 각종 서로 다른 학술 차원에서 현대성 문제를 해석할 수 있으며 이런 차원에서 현대성 곤경을 벗어나는 방안을 설계할 수 있다. 마르크스 정치철학을 토론하는 전문책으로서의 본 저서에서 주목하는 초점 문제는 우선 현대성 곤경을 벗어나는 각종 정치철학방안이다.

1. 보수주의의 정치철학방안

우리가 여기서 말하는 것은 이론에서의 보수주의이고 정치실천에서의 보수주의가 아니다. 비록 이들은 항상 통일되어 있지만 때로는 서로 다르다. 정치실천에서의 보수주의는 보수주의 이론만 따라는 것이 아니며 각종 서로 다른 정치이념을 따를 수도 있으며 심지어 그 어떤 정치철학 이론에 의하지 않고도 정치에서의 보수주의 태도를 취할 수 있다. 보수주의의 정치철학은 계통적이고 복잡한 이론의 정치체계를 갖고 있다. 이 양자를 혼동하면 현실정치생활에서 급진파와 보수파에 대한 우리의 판단이 착오적일 수 있으며 우리가 현대정치철학으로서의 보수주의의 이론을 이해함에 있어서 오해를 초래할 수 있다.

현대정치철학으로서의 보수주의는 근대 이후에 출현하였으며 "철수방식"으로 현대성의 사회의식에 저항하였다. 19세기 이래의 보수주의 정치철학에서 그 기본방안은 현대성을 거부하고 전통미덕으로 돌아오는 것이다. 이는 전통적 미덕으로 현대도덕을 보이콧할 것을 요하며 미덕으로 소리 없이 양육하는 기능으로 이성 지도하의 치열한 변혁을 대체하고 폐단을 없애며 전통미덕으로 회귀하는 것으로 현대성의 이성주의 안배를 반대하여 현대성이 초래한 사회 결과를 없애버릴 것을 요한다.

보수주의는 이성주의의 정치안배를 반대하며 인간의 이성에 발견되기만 하면 영구적으로 풀릴 수 있는 인류 역사 발전의 비밀은 존재하지 않는다고 보며 인간은 단지 역사발전의 과정에서 끊임없는 "시행착오"로 역사경험을 쌓아야만 하며 또한 역사가 축적한 역사 전통으로 인류의 역사행동을 지도해야만 한다. 보수주의에게는 역사의 법칙이 최고의 법칙이며 이성의 법칙이 모든 것을 지배하는 것이 아니다. 이른바 역사의 법칙은 단지 역사학적이며 심리학적이며 사회생태학적인 법칙이다. 사회, 풍습과 전통은 이성에 비해 더욱더 인생에 도덕 품격을 부여하기에 사람들은 마땅히 이러한 것에 따라 정치를 안배해야 하고 이성에 따라 정치를 안배해서는 안 되며 이로써 인성의 개선과 사회의 진보를 추진해야 한다. 역사 경험의 끊임없는 축적과 점진식의 끊임없는 개량을 통하여만 인간 사회는 비로소 끊임없이 완벽해 진다. 그러므로 사람들은 전통에 대하여 반드시 경의를 품고 소중히 여겨야 하고 조심스럽게 지켜야 하며 절대로 가볍게 부정하고 파괴하여서는 안 된다. 현실생활에서의 추악한 것은 불가피한 것으로 유일한 방법은 기나긴 시간의 검증을 거친 전통지혜에 구제를 구하는 것뿐이다. 전통은 인류의 소중한 재부이며 인류가 건전하게 진보하고 발전하는 유일한 보증이다. 이성은 절대로 이런 역할을 하지 못한다. 보수주의자가 볼 때 이성주의자의 가장 큰 착오는 경험과 전통을 믿지 않고 선천적 논증을 지나치게 주목한 것이다. 오크숏 은 이렇게 말하였다. 이성주의자는 문제에 맞닥뜨리면 항상 "복잡하고 다양한 경험을 신속히 일련의 원칙에 귀약하게 한 후 단지 이성의 이유에 근거하여 공격하거나 이런 원칙을 수호한다. 그는 경험 축적의 의식이 없으며 단지 경험이 공식으로 전환할 때에야 비로소 경험이 이미 준비되었음을 느끼고 과거는 단지 장애로서 그에게 의미 있다고 본다."[46] 그는 이성주의의 이런 정신 특질은 "시간에 대한 깊은 의심에서 오며 영원히 절박한 갈망과 모든 국부적이고

46 [영국] 마이클 오크숏, 〈정치에서의 이성주의〉, 장루룬 역, 상하이역문출판사 2003년, 2쪽.

짧은 것과 직면하였을 때의 초조함과 불안함에서 온다"[47] 고 말하였다.

보수주의는 역사, 전통, 풍습과 경험을 극히 중요시하기에 항상 단지 전통과 풍습에 의거해 시대에 뒤떨어진 정치안배를 위해 변호하여 이성정신이 결핍하다고 질책받았다. 그러나 존 케크스John Kekes는 이렇게 지적하였다. 보수주의는 일반적으로 이성정신으로 역사성찰을 반대한 것이 아니라 "이성" 추상화와 극단화한 "이성주의"를 반대하였다. 그는 이렇게 말하였다.

> 이성과 "이성주의" 간의 차별은 마치 과학의 탐구와 "과학주의" 간의 차별과 같이 클 뿐만 아니라 같은 차별이다.[48]
>
> 보수주의도 본능, 자연스러운 정감, 습관, 풍습 혹은 선천적 신조를 통하여 성행하는 정치안배에 대하여 변호하지 않는다. 그들이 그러한 것들을 변호하는 것은 그러한 것들이 유효하기 때문이며 그러한 것들이 유효가 있는 것은 그러한 것들의 역사가 표명하고 그러한 것들을 찬성하는 이유는 바로 그러한 것들에 대한 역사적 성찰을 통하여 발견되기 때문이다.[49]

존 케크스가 보건대 보수주의는 이성을 배척하는 것이 아니고 단지 이성에 근거하여 비역사적 신조를 추상해내고 이런 비역사적인 추상적 신조에 근거하여 정치생활을 "계획"하는 것을 반대할 뿐이다. 이성은

---

47 [영국] 마이클 오크숏, 〈정치에서의 이성주의〉, 장루룬 역, 상하이역문출판사 2003년, 33쪽.

48 [미국] 존 케크스, 〈보수주의를 옹호하며〉, 응치, 거수림 역, 장쑤인민출판사, 2003년, 30쪽.

49 [미국] 존 케크스, 〈보수주의를 옹호하며〉, 응치, 거수림 역, 장쑤인민출판사, 2003년, 48쪽.

이성주의자가 이해한 것처럼 그렇지 않다. 보수주의자의 역사에 대한 "성찰"은 이성정신의 발양이지만 보수주의자들은 단지 이성의 설계에만 의하여도 양호하게 운영되는 정치제도가 존재할 수 있다는 것을 믿지 않는다. 그들이 보기에는 양호한 정치제도는 역사경험에 대한 이성성찰의 기초 위에 형성된다. 역사가 우리에게 제공하는 경험이 없으면 그 어떤 이성설계도 모두 근거 없는 것이며 역사의 영양분이 없으며 모든 이성이 설계한 정치제도는 모두 근거 없는 것이며 모두 양호하게 발육, 성장할 수 없다.

보수주의는 자유주의의 정치제도 설계를 현대성의 가장 직접적인 산물로 보며 이성주의 정치관의 전형적인 체현으로 본다. 그러므로 보수주의의 많은 관점은 일정한 의미에서는 자유주의에 대한 비판이다. 오크숏은 "〈독립선언〉은 이성주의 시대 특유의 산물이다. 〈독립선언〉은 일종의 의식형태의 도움으로 모든 인식에 필요한 정치로 해석된다. 조금도 놀랍지 않은 것은 그것이 뜻밖에도 이성주의 정치의 신성한 문서 중의 하나가 되었다는 것이다."[50] 비록 보수주의는 자유주의가 이성주의 태도와 방식으로 개인 권리, 평등, 정의 등 가치를 보장하는 정치제도를 논증하고 구상하는 것을 반대하지만 이는 보수주의가 개인 자유와 개인 권리 등 가치를 반대한다는 의미가 아니다. 반대로 많은 상황에서 그들은 자유주의자들보다 개인 자유와 개인과 개인 권리의 보호를 더욱더 강조한다. 서방사상사에서 보수주의의 중요한 대표인물 에드먼드 버크Edmund Burke는 이렇게 강조하였다. 그는 자유를 반대하지 않지만 질서는 자유보다 더 중요한 기초이고 질서가 있어서 비로소 자유가 있으며 질서가 없으면 자유를 담론할 수 없고 횡포와 혼란만 있을

---

50 [영국] 마이클 오크숏, 〈정치에서의 이성주의〉, 장루룬 역, 상하이역문출판사 2003년, 28쪽.

뿐이라고 보았다. 그가 보건대 질서가 자유보다 더 근본적인 것은 질서는 자유에 이롭고 자유는 질서의 의존하기 때문이다. 그는 자연계의 질서는 하느님의 안배이며 이는 가장 근본적 질서이고 사회는 자연계의 한 부분이기에 사회도 마땅히 자연의 질서 즉 하느님의 질서를 따라야 한다고 보았다. 또한 하느님이 안배한 질서는 바로 종교 신앙을 존중하는 것이며 도덕의 진정한 기초에 복종해야 한다고 보았다. 주목할 만한 것은 자연 질서를 존중하는 것을 강조하는 것은 비록 자유주의와 보수주의가 모두 긍정한 출발점이지만 그들의 "자연 질서"에 대한 이해는 서로 다른데 이는 그들이 많은 문제에서 차이가 있게 하였다. 예컨대 평등문제에서 자유주의가 "자유질서"를 강조한 것은 "자연 상태"에서 사람마다 평등하다고 보았기 때문이다. 즉 평등은 "자연적"인 것이지 "약정한 "것이 아니며 불평등은 그 후의 인류역사에서 발전한 것이기에 불평등은 자연적이지 않으며 "인위적"이고 "약정적인"것이다. 보수주의 자로서의 에드먼드 버크도 "자연"을 강조하였지만 그는 불평등은 자연적이며 평등이야말로 인위적으로 약정한 것이라고 보았다. 표면적으로 이는 단지 구체적 관점에서의 인식 차이이지만 실제로 이런 차이는 두 가지 서로 다른 정치철학방안이 현대성 곤경에 직면하였을 때 호소한 이성 근거를 반영한 것으로 역사와 전통으로의 회귀이며 오랜 인류 불평등 사실로부터 평등에 이르는 자유 루트를 찾는 것이며 아니면 이성에 따라 인류의 평등을 위해 일련의 완벽한 정치철학방안을 설계하는 것이다. 비록 최종적으로 모두 반드시 자연 질서에 구조를 요하지만 이 두 가지 서로 다른 철학에는 이 자연 질서는 도대체 이성에서 오는가 아니면 역사에서 오는가 하는 근본적 이견이 존재한다.

보수주의자는 모든 급진적 혁명을 더욱더 반대한다. 현존 사회질서를 철저히 전복하는 혁명으로 사회를 개조하는 것은 이성주의의 가장 전형적인 체현이고 근대에서 이성주의가 사회에 가져온 최대의 위해라고 보기 때문이다. 에드먼드 버크는 프랑스대혁명의 급진적 정치 행동을 반대하면서 프랑스대혁명이 대표하는 현대급진주의가 전통적 가치와 모든 아름다운 것을 파괴하였다고 보았다. 또한 현대급진주의는 인심을 현혹시키는 구호와 추상적 자유 개념을 근거로 인간의 자연권리와 법제의 질서를 파괴하고 각종 이익이 더는 조정할 수 없게 하였다고 보았다. 이 모든 것은 사람들이 지나치게 이성을 믿고 전통을 소홀히 하였기 때문이라고 하였다. 에드먼드 버크는 이렇게 예언한 바 있다. 프랑스대혁명의 이런 모든 것을 파괴하는 사회 변혁은 최후에 필연적으로 전제주의 강권정치를 초래하게 될 것이다. 한 것은 전통적 사회질서를 통합하는 힘이 파괴된 후 전제적 강권만이 사회가 전면적인 혼란에 빠지는 것을 회피할 수 있다. 에드먼드 버크는 더욱이 급진적 혁명과 급진적 이성주의를 하나로 연결시키고 이런 급진적 혁명은 이런 지나치게 이상적인 계획에서 온다고 보았다. 그는 이렇게 말하였다. 근대 유럽에는 여러 가지 이성주의의 정치 계획이 뒤섞여 있다. 이런 정치 계획에서 가장 숭고한 것은 아마도 로버트 오웬Robert Owen의 "인류를 우매, 빈곤, 분열, 죄악과 고통에서 해방시키는 세계 공약의 계획일 것이다."[51] 그는 이런 이성주의의 숭고한 이상에서 각종 형식의 급진적 정치철학 방안이 파생되었다고 하였다.

요컨대 서로 다른 형식의 보수주의는 전통에 호소하고 종교신앙에 호소하고 자연에 호소하고 역사에 호소하여 현대성의 곤경을 극복하려 하였다. 그들이 어떤 정치철학방안으로 기타 정치방안과 대항하려 하였는가를 막론하고 그들의 창끝은 최종적으로 모두 이성주의를 향하였다.

---

51 [영국] 마이클 오크숏, 〈정치에서의 이성주의〉, 장루룬 역, 상하이역문출판사 2003년, 6쪽.

2. 무정부주의의 정치철학방안

무정부주의는 보수주의와 완전 반대되는 것으로 현대성 문제를 해결하는 정치방안의 반대쪽을 체현하였다. 예컨대 보수주의의 정치방안은 전통을 보전하는 것으로 선량한 사회생활에 이르려고 하였다면 무정부주의의 정치방안은 전통을 철저히 파괴하는 것으로 유토피아 이상을 실현하려 하였고 보수주의의 정치철학방안은 이성주의를 억제하는 것으로 역사 전통적 권위를 회복하려 하였다면 무정부주의의 정치방안은 이성주의에게 날개를 달아주어 이성이 설계한 미래사회로 직접 날아가게 하려고 하였다. 보수주의는 이성주의를 부정하려고 하고 무정부주의는 이성주의를 환화(幻化-변환)하려 하였다.

만일 우리가 무정부주의를 자아논리가 있는 이론이라고 한다면 무정부주의의 논리는 다음과 같은 사회와 국가관계에 관한 주장으로 귀결될 수 있다. 사회는 완전히 자기 스스로 자기의 사무를 해결할 수 있으며 정부는 완전히 쓸모없을 뿐만 아니라 악만 생기게 한다. 사회와 국가를 구분하는 것은 근대 서방사상의 기본 관념이다. 이런 기본 관념의 하나의 기본 면은 사회를 더욱더 근본적인 존재로 보고 국가를 제2의 삶으로 여기고 사회에서 파생된 존재로 본다는 것이다. 그러나 정부를 완전 없애자고 확실하게 주장하는 사람도 아주 적기에 순수한 무정부주의자는 아주 적다. 많은 상황에서 "무정부주의"는 단지 정부 역량을 약화해야 한다고 주장하는 사람들의 머리에 씌운 감투에 불과하다. 그러나 순수하지 못 무정부주의 이론은 여전히 존재한다.

비록 많은 사람들이 토머스 페인Thomas Paine의 일부 대표적인 주장에 근거하여 그를 무정부주의자로 보지만 그는 실제로 급진적인 자유주의자이다. 토머스 페인은 인간은 사회적 동물이며 인류는 선천적으로 사회에 적응하는데 이는 사회의 도움이 없으면 한 개인은 자신의 각종 수요를 스스로 만족시킬 수 없기 때문이다. 이런 수요 및 그의 그 자연적 사회 속성은 그로 하여금 사회에 들어가게 하고 그로 하여금 사회에서만 생존할 수 있는 동물로 되게 한다. 공동한 이익은 사회를 구성하고 사회로 하여금 응집력의 원칙을 구비하게 한다. 공동 이익의 사회 원칙이 사회생활의 수요를 충분히 만족시킬 수 있는 만큼 정부의 역할은 마땅히 최소로 줄어야 한다. 토머스 페인은 이렇게 말하였다. "사회는 우리의 욕망으로 인하여 출현되었고 정부는 우리의 악으로 인하여 형성되었다. 전자는 우리로 하여금 동심일체로 되게 하며 우리의 행복이 커지도록 노력하지만 후자의 목적은 우리의 악행을 제지하는 것이기에 우리의 행복을 커지는 것을 소극적으로 대한다." 한 것은 "정부의 관할에 속하는 거의 모든 일들은 사회 자신이 모두 타당하게 해결할 수 있기 때문이다." 정부의 책임은 단지 "사회와 문명이 아직 다룰 수 없는 일부 일들을 보충할 뿐이다."[52] 그러므로 정부의 기능은 마땅히 전례 없는 축소이어야 한다. 토머스 페인은 이렇게 말하였다.

> 사회는 각종 상황에서 모두 사람들의 환영을 받지만 정부로 말하면 설사 정부가 가장 좋은 상황이라고 하더라도 화를 면할 수 없으며 가장 나쁜 상황에 맞닥뜨리면 정부는 용납할 수 없는 재난으로 된다. 한 것은 우리가 재난을 당했을 때 우리가 이런 정부에 있을 때 즉 오직 무정부의 나라에서만 당할 수 있는 불행일 때 이 것은 우리가 스스로 자기가 고통받는 근원을 제공한 것이라고 생각하고 우리는 유난히 가슴 아픔을 느끼기 때문이다."[53]

52 [미국] 토머스 페인, 〈상식〉, 허스 역, 화하출판사 2004년, 2쪽.

53 [미국] 토머스 페인, 〈상식〉, 허스 역, 화하출판사 2004년, 2쪽.

정부는 필요하지만 단지 "필요의 악"일 뿐이다. 토머스 페인 이후 페르디난트 라살Ferdinand Lassalle은 정부의 기능을 진일보 축소할 것을 제의하고 정부를 사회의 "야경꾼"이라고 폄하하였으며 정부는 단지 개인 이익을 지키는 의미에서 비로소 존재의 가치가 있기에 반드시 정부를 엄격히 제한해야 하며 정부가 확장하여 개인의 자유를 해치는 것을 방지해야 한다고 주장하였다. 이런 사상은 그 후의 공상적 공산주의에 큰 영향을 미쳤다.

청년헤겔운동의 대표적 인물의 한 사람인 막스 슈티르너Max Stirner의 관점이 무정부주의의 전형적 논리를 보다 잘 대표할 수 있을 것이다. 비록 그는 영향력 있는 사상가는 아니지만 무정부주의의 논리를 가장 순수하고 철저히 관철하였다. 막스 슈티르너는 목적론에서 출발하여 인간을 "유일자唯一者"로 보았다. 그는 인간은 "자아"를 확립하기 위하여 반드시 "나"로부터 출발하여야 하며 "나"를 세계에서 유일하게 실재하는 것으로 보고 세계의 중심으로 보고 "유일자"로 보아야 하며 "유일자"로서의 "나"는 세계의 중심이자 주재자이며 온 세계는 모두 "나"의 "소유물"이라고 보았다." 또한 "나"는 세계를 "나" 마음속의 세계로 파악하고 이를 "나"의 세계로, "나" 자신의 재산으로 파악한다고 보았다. 그는 이렇게 말하였다.

> 나는 나의 권력의 소유자이다. 만일 내가 나 자신이 유일자는 것을 알게 된다면 그 후는 내가 바로 소유자이다. 유일자에게서 심지어 소유자도 그의 창조적인 무중으로 돌아가고 그는 이 창조적인 무중에서 탄생한다. 하나하나의 내 위에 있는 더 높은 본질은 그것이 신이든 인간이

든 모두 나의 유일적인 감정을 약화시키며 그리고 이런 의식의 태양 앞에서만 비로소 빛이 바래진다.[54]

요컨대 "나"는 세계의 모든 것을 모두 "나"자신의 것으로 만들고 "나"가 바로 모든 것이다. 막스 슈티르너는 더 나아가 "유일자"가 세계의 주재자인 만큼 "절대자유"는 바로 그의 특성이며 종교, 도덕, 법률, 국가와 사회, 각종 의식형태관념과 시설은 모두 개인자유에 대한 속박에 불과하며 인간이 자신으로부터 석방한 "유령"이며 인간의 자아소외의 산물이라고 보았다. "유일자"는 세계를 다시 점거하기 위하여 반드시 그러한 것들을 완전 포기해야 한다.

이런 관점에서 출발하여 막스 슈티르너는 그의 무정부주의의 철학을 전개하였다. 그는 "나" 라는 이 "유일자"로 말하면 국가가 "나"의 자유를 속박하고 법은 외계로부터 "나"를 복종케 하는 것이기에 그것들은 모두 "나"의 적이며 "유일자"의 철학은 비정치적이며 그 어떤 정치적 속박에도 복종할 필요가 없다고 말하였다. 막스 슈티르너는 개인은 국가와 법률로부터 자유롭게 그 어떤 책임도 그 어떤 의무도 담당하지 않고 자신을 구속할 필요가 없으며 타인의 구속도 받을 필요가 없기에 마땅히 무정부주의를 실행해야 하며 국가를 원자 형식의 각자 독립한 이기주의자의 자유연맹-"유일자 연맹"으로 해소해야 한다고 주장하였다.

막스 슈티르너는 현존의 자유주의의 세계질서에 대한 안배에 불만을 느끼고 이성주의와 자본주의 제도가 자유주의를 흥기를 초래하였다고 보면서 이렇게 말하였다. "자본주의 시대에 따라 자유주의 시대도 시작되었다. 사람들은 곳곳에서 "이성적인 것", "유행적인 것" 등이 나타나

54 [독일] 막스 슈티르너, 〈유일자 및 그 소유물〉, 진하이민 역, 상무인서관 1989년, 408쪽.

기를 바란다."[55] 그러나 "일단 이성이 지배지위를 차지하면 개성은 기꺼이 사양해야 한다."[56] 그는 자유주의는 사람들에게 자유와 해방을 가져다주지 못하였다고 보았다. 이성에 대한 숭배로 인하여 자유주의는 이성적인 질서로 전 세계를 안배하려 하지만 이 것이 공교롭게도 개인의 자유를 억제하고 개성의 발전을 제약하였다. 한 것은 자유주의자로 말하면 "그들은 교양이 없는 것을 참을 수 없을 수 없기에 자아발전과 자아규정을 참을 수 없어 가장 전제적인 지배 못지않은 감독과 보호를 실행"[57]하기 때문이다. 그러므로 "유일자"로 말하면 자유주의와 이성주의의 연맹이 형성한 지배를 없애버려야만 비로소 사회의 인간에 대한 노역에서 벗어날 수 있다.

막스 슈티르너는 그의 "유일자"의 철학에서 출발하여 가장 급진적인 무정부주의 결론을 얻었다. 그는 자유주의의 정치철학방안이 불만스러울 뿐만 아니라 사회주의적 정치철학방안도 불만스럽다. 어떻게 그가 동경하는 무정부주의세계에 달할 것인가 하는 문제에서 그는 이미 동시대의 많은 사람들이 호소한 혁명에 불만스러웠다. 그는 마땅히 더욱 더 철저한 "폭동"으로 "혁명"을 대체해야 한다고 하였다. 그는 혁명으로 하나의 새로운 정치질서를 건립하는 것이 불만스러웠다. 근본적으로 그 어떤 정치질서도 필요 없기 때문이다. "유일자"에게는 종교, 도덕, 정치, 법률이 없어야만, 요컨대 개인이 그 어떤 속박을 받지 않는 무정부 상태이여만 비로소 인간 사회의 최종적 결말에 이르게 된다. 때문에 그는 개인 폭력만이 찬양할 만 것이라고 하면서 이렇게 말하였다. "혁명과 폭력을 동등하게 볼 수 없다. …… 나의 목적은 현존 상황을 뒤엎는

55 [독일] 막스 슈티르너, 〈유일자 및 그 소유물〉, 진하이민 역, 상무인서관 1989년, 113쪽.
56 [독일] 막스 슈티르너, 〈유일자 및 그 소유물〉, 진하이민 역, 상무인서관 1989년, 113쪽.
57 [독일] 막스 슈티르너, 〈유일자 및 그 소유물〉, 진하이민 역, 상무인서관 1989년, 113쪽.

것이 아니고 그것을 초월하는 것이기에 나의 의도와 나의 행위는 정치적이거나 사회적인 성질이 추호도 없으며 단지 나 자신과 나의 독립성만을 대상으로 하기에 이기주의적인 의도와 행위이다."[58] 물론 막스 슈티르너에게 "나"는 세계의 핵심이기에 "이기주의"는 철저하게 나쁜 뜻의 단어이다. 그의 철학은 모든 이기주의자들보다 더 이기주의의 중요성을 강조하였는데 철저한 이기주의 기초위에서만 비로소 무정부주의의 정치철학방안이 성립될 수 있기 때문이다.

막스 슈티르너는 극단적인 사례에 불과할 뿐이며 그는 사상영역에서 무정부주의의 이념을 순수함과 극단으로 치닫게 하였다. 절대다수의 무정부주의자들에게는 그들의 정치철학방안은 막스 슈티르너처럼 철저하게 정부와 국가를 취소하는 것이 아니라 정부와 국가를 최소화하여 정부와 국가의 권력을 제약하려는 것이다. 실제로 그 "순수하지 못한" 무정부주의는 단지 일종의 극단적 자유주의 유형에 속할 뿐이다. 마치 가끔 사람들도 항상 보수주의를 자유주의의 또 다른 극단의 유형으로 보는 것과 같다. 앞의 극단적 자유주의 유형은 초기 자유주의자들의 인류 이성과 시장 "무형의 손"에 대한 무한한 신뢰를 반영하였다. 이런 자신감 앞에서 인류 이성은 이미 모든 역사와 현실의 굴레에서 벗어난 야생마로 변환하여 굴레 없는 사상의 전장에서 자유롭게 달렸다. 이런 철저한 역사허무주의 위에 정립된 정치철학방안은 세계를 철저히 이성화한 방안으로 이성 자신이 설정한 현대성 곤경에서 벗어나려 하였다. 막스 슈티르너의 이성주의와 자유주의에 대한 최종 반역은 단지 이런 사상방식을 극단으로까지 활용하는 방식으로 이성주의가 극단으로 나아간 것은 필연적으로 비이성주의가 등장하게 하고 개인자유에 대한 추구가 극단으로 나아간 것은 필연적으로 모든 사회의 질서를 부

58 [독일] 막스 슈티르너, 〈유일자 및 그 소유물〉, 진하이민 역, 상무인서관 1989년, 349쪽.

정하게 하며 이 양자는 모두 현실세계를 이탈한 유토피아일 뿐임을 증명한데 불과하다.

3. 자유주의의 정치철학방안

자유주의는 개인자유와 개인권리를 모든 이론의 논리 기점에 놓은 정치철학이다. 비록 개인주의는 결코 통일된 정치철학유파는 아니지만 거의 모든 자유주의자는 모두 사회가 아닌 개인을 그 이론의 출발점으로 한다. 그 중요한 특징은 바로 인간이 목적임을 강조하여 인간이 소유한 타고난 권리를 강조하고 개인자유의 중요성을 강조한다.

슐로모 아비네리Shlomo Avineri와 아프나 데샤릿Avner de-Shalit는 세 가지 형식의 자유주의가 존재한다고 하였다. "어떤 사람들은 자유는 하나의 작은 정부라는 이론을 주장하고 다른 어떤 사람들은 자유는 개인의 기본권리에 관한 이론이라고 주장하고 또 다른 어떤 사람들은 특히 존 론스와 로널드 드워킨같은 사람들은 자유주의를 일종의 평등주의 철학으로 정의하였다."[59] 필자가 보건대 이는 단지 완전 지금의 학술 횡단면에서 자유주의 이론을 이해한 데 불과하며 자유주의 특질에 대해 깊이 있게 이해하려면 반드시 이를 기타 서로 다른 학설과 비교해야 하며 또한 이런 비교는 반드시 역사적이어야 한다. 실제로 이런 세 가지 형식의 자유주의에는 두 번째 형식만이 보편적 형식을 구비한 전형적인 자유주의이고 기타 두 가지 형식은 두 번째 형식의 앞으로의 연장과 뒤로의 연장에 불과하거나 두 번째 형식의 "공격형식"과 "퇴수退守형식"이라고 할 수 있다. 앞으로의 연장 형식 또는 공격형식으로서의 첫 번째 형

59 위커핑, 〈사회단체주의〉, 동방출판사 2015년, 161쪽.

식은 권력은 법제하의 권리라는 한계를 초월한 자유주의를 초월하고 무정부주의 사상 영역에 가까워졌고 뒤로의 연장 또는 퇴수형식으로서의 세 번째 형식은 자유가 평등보다 우선이라는 가치 선호 선택을 초월하고 마르크스의 사상영역에 더 가까이 하였다. 물론 역사상의 자유주의 철학가들은 모두가 순수한 자유주의자가 아닐 수 있는데 그들의 사상에는 무정부주의 혼잡해 있거나 마르크스주의 요소가 혼잡해 있지만 우리가 자유주의를 기타 정치철학과 구별되는 정치철학이론으로 확립할 때 이로 인하여 기타 정치철학의 기본관념도 자유주의로 귀결시켜서는 안 된다. 이런 이해에 따라 우리는 자유주의의 기본 입각점은 개인이익이고 개인이익을 지키는 것을 기본 지향으로 하는 정치철학이며 바로 이런 뚜렷한 특점이 자유주의로 하여금 기타 이론과 선명히 구분되게 하였다고 말할 수 있다. 첫 번째 형식의 자유주의는 작은 정부를 주장하는데 이는 정부가 개인권리에 대해 가급적으로 적게 간섭할 것을 주장하기에 개인권리가 절대적으로 우선적 가치를 갖고 있음을 강조하고 사회평등(또는 사회 공익)은 고려하지 않거나 가급적으로 적게 고려할 것을 주장(예하면 로버트 노직의 주장)하였다. 그러므로 우리는 이런 형식의 자유주의는 극단적 자유주의이고 공격형 자유주의라고 말한다. 이런 형식의 자유주의는 앞으로 더 나아가면 바로 무정부주의로 된다. 세 번째 형식의 자유주의는 사실 자유주의의 최신 당대 형식으로서 자유주의가 마르크스주의와 당대의 사회단체주의 등 이론의 지속적인 비평을 거친 후의 퇴수태세이다. 이전에 기타 자유주의와 서로 경쟁하던 정치철학이 자유주의에 대한 핵심비평은 세 번째 형식의 자유주의는 개인권리를 과분하게 강조하고 평등을 홀시한다는 것이며 자유주의는 그 발전과정에 줄곧 끊임없이 자기의 이론을 교정하여 비로소 당대 자유주의가 스스로를 평등과 관련된 이론으로 만들려고 애쓴 상황이 나타났다. 사실 평등은 자유주의 원래의 가치 취향이 아니며 정반대로 근본적으로 평등이론과 서로 맞지 않았다. 자유주의가 시종 강조한 것은 개인권리 우선의 가치관이고 단지 당대의 자유주의가 이전보다 평등의 가치를 더 중요한데 불과하다.

이 이론에서 출발하여 우리는 자유주의는 비록 이성주의의 산물로 현대성의 하나의 중요한 성과이지만 그 발전 과정에서도 줄곧 현대성 곤경에서 벗어나는 정치철학방안을 탐색하였음 의심할 바 없다는 것을 알 수 있다. 마이클 H. 레스노프는 이렇게 말하였다.

> 자유주의는 분명히 막스 웨버 의미에서의 "세속화"에 대한 응답이다. 그것이 이사야 벌린의 가치 다원론이든 존 론스의 권리가 이익보다 우선이라는 학설이든 막론하고. 이는 선과 악에 관련된 "합리적인 이견"에 대해 알맞은 반응이다. 이에 대하여 마땅히 개인으로 하여금 자유롭게 자기의 정의를 내리고 권리 규칙이 설정한 한계 내에서 자유롭게 그것들을 추구하게 해야 한다.[60]

이는 자유주의는 단지 현대성에 대한 반응일 뿐으로 세계가 이미 세속화되고 합리화된 이상 인간의 행복은 단지 개인권력의 범위 내에서 자유롭게 자기의 생활목표를 추구한 것에만 존재할 수 있음을 말해 준다. 한 면으로 개인자유 앞에서 인류 이성으로서의 국가가 구축한 거대한 리비탄으로 마땅히 속박을 받아야 하며 다른 한 면으로 개인자유의 실현은 마땅히 법률이 부여한 권리 범위 내에서 이루어져야 한다.

초기의 자유주의는 자연법 이론, 계약론으로 권리의 합법성을 해석하고 인간 사회의 구성 원칙을 해석하여 종교의 지지를 잃은, 합리화한

---

60 [영국] 마이클 H. 레스노프, 〈20세기의 정치철학가〉, 풍커리 역, 상무인서관 2001년, 4쪽.

세계와 인류활동목표의 객관가치를 위해 근거를 탐색하였다. 현대자유주의는 근대 초기 자유주의와 마찬가지로 역시 이 방면에서 이 문제를 해결하였다. 한 것은 현대자유주의와 근대 초기 자유주의는 비록 형식상 아주 큰 구분이 있지만 실질상 같은 문제에 직면하였기에 자유주의는 근대에야 헤겔의 질문 후와 부딪치게 되었고 또한 당대에 헤겔주의를 자원으로 하는 사회단체주의의 동일한 질문과 부딪치게 되었다.

개인주의를 중심으로 하는 이성주의의 실질은 주체성을 고양하는 것이다. 개인으로 말하면 하느님은 더는 그의 생활의 주재가 아니고 더는 그의 행복을 위해 보장을 제공하지 않는다. 이성의 주체로서의 그는 자신이 보유한 이성으로 자신을 위해 강토를 개척해야 한다. 르네 데카르트는 "나의 사고"를 근거로 자아로부터 출발한 주체성 담론을 개척하고 칸트는 주체 능력의 고찰을 통하여 주체성 담론의 전형적 형태로 발전하였으며 이 기초 위에 헤겔은 현대성의 핵심원칙을 주체성원칙으로 정의하였다. 헤겔은 칸트는 비록 인류 이성 속의 모순을 제시하였지만 모순을 포함하는 것은 이성의 본연의 상태임을 보아내지 못하였다고 보았다. 헤겔은 칸트는 현대성이 초래한 과학, 도덕, 예술의 분열을 지적하였을 뿐 그 실질을 이해하지 못하였으며 더욱이는 이 모순의 해결을 위해 합리한 방안을 제공하지 못하였다고 보았다. 칸트는 "인간은 무엇을 알 수 있는가? 인간을 마땅히 무엇을 해야 하는가? 인간은 무엇을 희망할 수 있는가?" 와 같은 도덕인류학 명제를 제기하였지만 "인간이란 무엇인가"하는 문제에 대하여 합리한 답을 내놓지 못하였다. 헤겔에게는 모든 문제 출현의 근원으로서의 인간의 생활세계의 분열은 현대성이 초래한 과학, 도덕, 예술의 분열의 근원이며 인간이란 무엇인가 하는 문제를 답하는 총 근원이다. 이런 분열은 최종적인 인간 사회 상황이 아닐 뿐만 아니라 마땅히 되지도 않아야 한다. 그러므로 현대성은 마땅히 우리에게 단순히 받아들여져야 할 사실이 아니라 해결되어야 할 과제이다.

헤겔은 자유주의 정치철학방안의 일면성을 보아내고 일종의 한 번 고생하면 영원히 편안해지는 방식으로 문제를 해결하고 현대성의 곤경을 극복하려 하였다. 그러나 헤겔이 보건대 현대성의 곤경은 이성이 현실의 세계를 과다하게 장악하여서가 아니라 충분히 장악하지 못하여서이며 현대성의 곤경은 사람들이 이성을 이성 자신의 범위 내에 가두어 놓아서가 아니라 사람들이 이성 자신을 진정으로 파악하지 못하여서이다. 그러므로 헤겔은 전면적으로 이성의 발전과정을 보여줄 수 있는 논리학을 구성하여 이 논리학을 통하여 세계를 설명하려 하였다. 즉 이성의 논리연역으로 세계의 발전을 설명하려 하였다. 헤겔은 세계의 발전은 서로 얽힌 논리개념의 전개 과정을 통하여 표시할 수 있다고 보았다.

헤겔의 현대성에 대한 이 비판 사고방식은 마르크스에게 큰 계발을 주었음에 틀림없지만 그들 간의 차이도 근본성적이다. 헤겔에게서 현대성 및 그 사회 결과는 이성 정신에서 나온 것이기에 그의 해결도 마땅히 이성정신에 대한 호소로 완성되어야 한다. 마르크스가 헤겔과 다른 것은 그는 현대성의 경제 결과 중에서 현대성의 본질을 발견한 것이다. 즉 이런 경제 결과 중에서 계급의 분열을 발견하고 과학적으로 헤겔의 이른바 인간의 분열과 인간의 생활세계의 분열을 밝혔다. 헤겔은 철학분석에 머물렀지만 마르크스는 경제학 분석에로 전진하였고 헤겔은 추상적으로 "인간의 불화"에 멈췄지만 마르크스는 계급 간의 투쟁과 충돌을 구체적으로 제시하였다.

헤겔이 자유주의의 해결방안에 만족하지 않은 원인 가운데 하나로 중요한 원인의 하나는 그가 자유주의의 개인주의가 총체성적인 사회를 해소해버렸다고 본 것이다. 헤겔은 현대사회의 본질이 시민사회의 "상호 수요"를 중심으로 하는 인간 대 인간의 관계를 형성하였다고 보았다. 그는 이런 관계는 전통적 사회관계를 대체하였지만 현대사회의 이런 윤리관계는 결함이 있는 윤리 관계로서 필연적으로 더 높은 윤리관계가 이를 초월하게 되며 이런 더 높은 윤리관계를 체현하는 윤리 실체는 바로 정치 국가이라고 보았다. 〈법철학 원리〉에서 헤겔은 가정, 시민사회, 국가를 세 가지 다른 윤리 실체로 간주하고 그것들은 각각 서로 다른 윤리 정신을 대표한다고 보았다. 그리고 인간의 본질은 자유이고 윤리정신은 자유의 개념이며 가정, 시민사회, 국가는 윤리 실체로 윤리 정신 발전의 서로 다른 단계를 대표하기에 윤리 실체에서의 자유의 발전 역사도 대표한다고 하였다. 헤겔은 이렇게 말하였다. "윤리는 자유의 개념이다. 윤리는 살아 있는 선이며…… 따라서 윤리는 현존 세계와 자아의식 본성의 그런 자유의 개념으로 되었다."[61] 헤겔은 이렇게 보았다. 가정은 "사랑의 동일성 원칙"에 복종해야 하는데 이는 사실 전통사회의 윤리정신을 가리킨다. 시민사회는 개인주의를 기초로 한 것인데 독립적 개인 간의 상호 수요의 이익원칙에 복종해야 하는데 이는 사실 현대 시장 사회의 윤리정신을 가리킨다. 국가는 이성에 복종해야 하는데 즉 이성 지도하의 인간과 인간의 결합원칙에 복종해야 한다. 국가가 대표하는 이런 윤리정신은 시민사회에서의 개인을 중심으로 한 이기주의 원칙의 이상적인 윤리정신이다. 헤겔은 국가는 최고의 윤리실체이고 개인은 국가 생활에서 개인이익을 추구하는 개인이 아닌 공민으로 타인과 상호 관련되기에 이런 관계는 현대시장에서의 인간 대 인간 관계의 소외 상태를 초월하여 윤리정신의 최고 실현에 이르렀다고 보면서 이런 윤리관계에서 자아의식 본성으로서의 자유는 비로소 진정으로 실현될 수 있고 인간은 비로소 인간으로 존재하게 된다고 하였다. 여기서 우리는 헤겔이 자유와 현실의 윤리실체를 한데 연결시키고 자유를

61 [독일] 헤겔, 〈법철학 원리〉, 판양, 장치타이 역, 상무인서관 1961년, 164쪽.

반드시 현실의 윤리실체에서만 최종적으로 실현될 수 있는 것으로 보고 칸트처럼 현실세계의 피안에 내버려둔 것이 아님을 알 수 있다. 이는 헤겔로 하여금 자유주의자들처럼 자유를 추상적인 도덕의 마땅함으로 보지 않고 현실생활에서 자유의 실현을 찾지 않으며 자유의 현실생활에서의 실현도 하나의 역사과정이라고 보지 않게 하였다. 한 것은 자유는 서로 다른 윤리 실체 자신의 진화를 통하여 역사적으로 자신을 전개하기 때문이다.

현대성 문제와 현대성 비판이론의 시각에서 보면 헤겔의 정치철학방안은 현대성에 대한 반항이다. 이런 반항은 근대에 들어선 후 날로 커지는 목적합리성에 대한 반항이다. 이 방안은 이성적이고 자리적인 개인을 막스 웨버의 이른바 현대사회 합리화의 "철창"에서 해방시켜 그들에게 인간의 생활을 돌려주는 것이다. 그러나 헤겔의 문제는 국가라는 이 이성실체를 절대화하여 현실의 정치생활을 궁극적 인류생활로 보고 원대한 이상을 현실 속에 구속시킨 것이라 할 수 있다. 그는 최종적으로 프로이센Prussian국가에서 그의 정치이상을 찾으려 하였고 보편적인 질책을 받은 것이 바로 여기서 비롯되었다. 동시에 헤겔의 정치철학은 19-20세기의 사회생활에 커다란 영향을 끼쳤는데 많은 경우 이런 영향은 나쁜 영향이었다. 이에 대하여 많은 중국학자와 외국 학자들이 이미 깊이 있게 논술하였기에 여기서는 더 논하지 않는다.

헤겔의 현대성 성찰의 의의는 주로 그가 윤리학의 차원에서, 인간은 무엇 때문에 인간인가 하는 차원에서 역사주의 방법으로 현대인 생존 의의의 문제를 깊이 있게 제시한 것이다. 그는 현대사회생활에 무엇인가 부족하고 이 부족한 것이 "무엇"인지를 알고 있으며 자유주의 정치철학방안만으로는 해결할 수 없음을 알고 있었다. 이성주의와 자유주의의 인간과 도덕에 관한 기본 이념에서 이런 누락은 하나의 맹점으로 되었으며 이는 그 이론 자신으로부터 출발하여 이미 이 누락된 것이 사람의 됨됨이에서 얼마나 중요한지를 알 수 없게 하였다. 개인주의를 기초로 한 방법론은 총체로서 존재하는 사회의 가치를 소홀히 하고 이를 기초로 한 자유주의도 필연적으로 인간의 생존의의를 자리적이고 이성적인 인간의 이성행위로 설정하고 실질상 최종적으로 인간 생존의의를 취소하였기에 이런 의미는 단지 사회를 총체적 존재로 볼 때 비로소 나타나게 된다. 헤겔의 성찰적인 비판의 가치는 바로 여기에 있다.

칸트는 "자유자재한 것"을 제쳐놓을 것을 요하고 존 론스는 "실질적인 학설"을 격리할 것을 요하였는데 이는 모두 이성주의의 주체성 담론이 일종의 모순 없는 맥락에서 합리적으로 언설하는 것을 보장하기 위하여서이다. 그러나 니체가 지적한 바와 같이 이성주의의 주체성 담론은 최종적으로 가치허무주의를 초래하게 되며 허무주의의 도래는 바로 현대의 전형적 특징이다. 허무주의가 포스트자본주의 시대에 나타난 것은 우연히 아니라 이성주의와 현대성이 자신들이 자체로 설정한 이론 곤경에서 벗어날 수 없을 때의 필연적인 이론 결과이다. 예컨대 우리가 알고 있듯이 헤겔의 성찰도 정신영역에 국한되어 아름다운 정신의 꽃이 현실적 결실을 맺지 못하였다. 만일 헤겔이 이성의 통일성으로 허무주의를 피하고 인간의 생활세계의 분열을 봉합하려는 노력이 사람들을 현대성 곤경에서 벗어나지 못하게 하였다면 또 어떠한 방안이 자유주의 방안과 대항일 수 있으며 이성주의의 주체성 담론이 조성한 지식위기와 사회위기를 극복할 수 있는가? 마르크스 정치철학이 바로 우리에게 아래와 같은 가능한 선택을 제공하여 주었다.

4. 마르크스의 정치철학방안

이성정신을 선양하는 것은 현대성 의식의 주제이며 이런 의식 하에 이성을 인류 역사 진보의 추진력으로 보았다. 인간의 이성을 역사 진보의 원동력으로 보는 것은 문제될 것 없으며 마르크스와 헤겔의 이견은 이성정신의 선양 여부에 있지 않고 이성을 어떻게 이해하는 가에 있다. 또한 바로 이 문제에서 현대성은 잘못된 길에 들어섰다. 현대성 의식은 "사람들은 자기의 이성에 따라 역사 진보를 추진한다."는 신념을 "이성이 사회 진보를 추진한다."는 철학 문제로 전환시켰다. 이성이 인간의 완전한 존재에서 분리되어 모든 문제를 해결하는 근거로 되어 이성을 파악하기만 하면 인간의 전부도 파악할 수 있는 것 같고 인간의 인성 속에서 문제를 해결하면 현실 속의 문제도 해결되는 것 같다. 이성주의 철학은 현실생활 중의 모든 문제를 의식과 정신 내부의 문제로 귀결시키고 의식과 정신도 단지 이성으로 축소되었다. 이렇게 되면 현실과 실천의 문제는 철저히 정신화 되고 논리화 된다. 이런 철학에서 현실세계의 발전은 최종적으로 이성 자신의 발전으로 변하게 된다. 논리는 이성의 가장 추상적인 형식이기에 이성 자신의 발전도 논리로의 추론으로 표현할 수 있다. 비록 유唯이론과 경험론의 이견도 이론과 현실의 관계 문제와 관련되지만 이성주의를 견지하는 입장은 일치하고 경험론이 이해한 경험은 최종적으로 이성의 한 내용에 불과하기에 경험론과 유일론 간의 이견도 단지 어떻게 이성문제를 이해하는 가에서의 이견일 뿐 인간을 이성으로 귀결시키는 가 귀결시키지 않는가 하는 문제가 아니다. 기형적으로 발전한 이성주의는 두 가지 분리를 초래하였다. 하나는 인간의 분리 즉 인간의 감성존재와 인간의 이성을 분리한 것이고 다른 하나는 생활세계에 대한 분리 즉 인간의 이성적 내용과 그것이 존재하는 생활세계를 분리하여 인간의 이성을 인간의 생활세계를 떠나 스스로 존재할 수 있는 것으로 보았기에 이성도 단지 형식상에서 중요한 것일 뿐이다. 이성주의 철학발전과정에서 이성은 생활세계와 멀리 하여 새로운 하느님으로 되었다.

칸트와 존 론스의 주체성 담론이 "자유자재한 것"을 제쳐놓고 "실질적인 학설"을 격리한 것은 윤리, 문화 혹은 기타 관점의 측면에서 가치판단을 하는 것을 막고 지식의 신뢰성을 보증하기 위함이다. 과학지식을 객관적이고 신뢰할 수 있는 지식의 모범으로 보고 무릇 과학의 지식에 귀결시킬 수 없는 것은 모두 가치가 없는 지식이라고 하였다. 동시에 이성주의의 주체성 담론은 "사회과학은 그 성질에 의하여 정해지고 가치판단을 하는 능력이 없으며 또는 어떤 궁극적인 의미에서 이런 판단을 증명한다. (막스 웨버의 정의는 특히 "사회사실"을 포함한 각종 현상의 "취할 수 있는가 또는 취할 수 없는가" 하는 것에 대하여 판단하는 것을 가리킨다.)"[62] "사회과학의 방법은 과거 혹은 현재의 사실을 합리적으로 확정하는데 쓰고 그것들 간에 존재하는 인과 관계 혹은 기타 관계를 확정하는데 쓰는 것이지 절대로 '윤리, 문화 혹은 기타 관점'에서 그것들에 대하여 가치판단을 할 수 없다."[63] 이는 지식의 역할은 단지 과거와 현재의 사실에 따라 세계를 해석하는 것이지 실천을 지도할 수 없으며 사람들이 자기의 가치 수요에 근거하여 미래의 세계를 개조하는 것이 아님을 의미한다. 마르크스가 뒤엎고자 하는 것은 바로 이런 지식관 및 그와 관련된 철학관이다.

마르크스는 이론은 세계를 해석해야 할 뿐만 아니라 더욱 중요한 것은 세계를 변화시켜야 한다고 보았다. 이렇게 되면 마르크스는 "가치판단의 신뢰성"과 "객관적으로 세계를 이해하는" 것을 상호 결부시키고 또 상호 일치하게 할 수 있는 이론 방법을 찾아야 한다. 그의 견해에 의하면 이론이 이런 기능을 갖게 하면 과학적인 방법을 따라야 할 뿐만

62 [영국] 마이클 H. 레스노프, 〈20세기의 정치철학가〉, 풍커리 역, 상무인서관 2001년, 12쪽.

63 [영국] 마이클 H. 레스노프, 〈20세기의 정치철학가〉, 풍커리 역, 상무인서관 2001년, 12쪽.

아니라 헤겔의 변증법으로 문제를 해결해야 한다. 즉 세계에 대한 총체적인 이해를 추구하고 총체적인 세계를 구체적인 사실로 분할하는 것이 아니며 단지 사실에 대하여 해석할 뿐이다.

과학적 인식과 변증법을 결부시켜 사실적 해석을 초월하여 세계 전체로서의 의의를 천명하려면 반드시 이성주의 철학이 이성 자신의 논리를 세계적 논리로 보는 유심주의 철학 관념을 초월하여야 한다. 이는 또한 반드시 헤겔을 초월해야 함을 의미한다. 이는 헤겔철학이 해체된 후, 현대성 비판이론이 반드시 직면해야 할 지식 상황이다. 청년헤겔운동에서 모세 헤스Moshe Hess, 아우구스트 체시노프스키August Cieszkowski 등은 이미 이 이론의 과제를 제기하였다. 철학을 초과하고 이성 자신을 초과하여 철학으로 하여금 하늘에서 인간세상으로 내려오게 하는 것은 이론을 진일보 앞으로 추진하는데서 필요한 단계이다. 바로 이런 배경 하에서 마르크스는 헤겔 현대성 비판의 깃발을 이어받고 헤겔에 반란하여 종교에 대한 비판에서 정치적 비판으로 나아갔으며 새로운 철학관과 방법론에 기초하여 자유주의와도 다르고 헤겔과 다른 정치철학방안을 제기하였다. 방법론으로 보면 이 방안의 논증은 유물사관과 변증법의 기초 위에 정립되었으며 규범적 이론과 인지이론이 상호 결부한 기초 위에 문제를 토론하였다. 이렇기 때문에 마르크스는 폐쇄된 이성주의 입장에서 뛰쳐나올 수 있었으며 자본주의에 대하여 과학적인 해석을 함과 동시에 인류 생존의 의의를 해석할 수 있다.

합리화하고 분열된 세계에 직면하여 마르크스는 헤겔과 마찬가지로 완벽한 생활세계를 호소하고 이런 생활세계에서 인간으로서의 인간의 생존 의의를 복구하고자 하였다. 우리는 이런 호소를 "완벽한 호소"라고 할 수 있다. 생활세계의 완벽성을 복구하는 데는 두 가지 루트가 있다. 하나는 우리는 "현대성을 배반한 루트"라고 할 수 있다. 즉 돌아온 전통세계를 통하여 현대성을 배반하고 이미 전개된 현대성 화폭을 다시 거두어들이는 것이다. 다른 하나는 우리는 "현대성을 초월한 루트"라고 할 수 있다. 즉 현대성의 성취를 긍정한 기초 위에 현대성을 초월하는 것으로 현대성 화폭의 기초 위에 인간 사회의 미래 화폭을 그리는 것이다. 현대성에 대하여 깊이 있게 진단하고 현대성의 성취를 충분히 긍정한 기초 위에 헤겔이 내놓은 정치철학방안은 "뒤로 물러났다." 그뿐만 아니라 헤겔이 왕권의 합리성을 긍정하고 더욱 중요한 것은 그가 근본적 가치를 "정치국가"에 귀결시키고 "시민사회"를 완벽하지 못한 윤리 실체로 보았기에 사회와 국가의 관계가 거꾸로 되게 하였다. 마르크스는 헤겔처럼 현대성을 배반하지 않고 역방향으로 전통으로 돌아와 국가와 시민사회 관계를 새롭게 정의하는 것으로 현대성을 초월하였다. 마르크스의 견해에 의하면 국가가 아닌 시민 사회가 더욱더 근본적인 것으로 미래의 국가와 사회의 관계에서 국가가 대표하는 이성정신이 시민사회의 분열과 충돌을 없애는 것이 아니라 국가가 없어지고 사회가 자기의 법칙에 따라 생활세계의 완벽성을 다시 부각한다.

일반적으로 말하면 현대성을 배반한 호소는 과거의 보수주의로 되돌아가려는 것과 연관되며 현대성을 초월한 호소는 미래를 창조하려는 급진주의와 연관된다. 하지만 "보수"든 "급진"이든 모두 단지 "현재"에 대한 서로 다른 가치 태도에 불과하며 이런 가치 태도는 합리화한 서술로 되었을 때에만 비로소 보수주의 이론 또는 급진주의 이론으로 될 수 있다. 보수주의는 과거의 생활에 미련을 두지만 어떤 루트를 통하여 과거로 돌아가는가, 급진주의는 현재를 변혁시키는 것을 주장하지만 어떤 방식을 통하여 현재를 변혁할 것인가 하는 이런 문제는 구체적 이론에서 표현되어야 한다. 단지 급진 또는 보수의 태도로는 보수주의 또는 급진주의를 설명할 수 없다. "현재"를 대하는 같은 종류의 가치태도 하에 완전 다른 정치이론이 출현되었기에 이 두 가지 "현대"를 대하는 서로 다른 가치태도는 모두 서로 다른 이론과 결부하여 서로 다른 정치철학으로 될 수 있다. 급진주의는 무정부주의의 가치 의존으로 될 수 있고 또 기타 사회 변혁을 적극적으로 주장하는 정치철학의 의존으로도 될 수 있다. 서방의 다수 학자들은 마르크스의 정치철학을 급진주의라고 이해하는데 이는 틀린 것이 아니지만 만일 마르크스의 급진과 무정부주의의 급진을 혼동하면 편파적이다. 급진과 보수의 가치 태도 간에는 변혁의 방향적 문제가 존재한다. 즉 급진과 개량 간의 변혁의 정도의 문제이다. 그러나 급진과 개량의 구분은 확정적인 기준이 없고 상대적으로 구체적 역사와 사상 정경의 차이가 크다. 예하면 마르크스의 시대에는 혁명을 주장하면 급진이고 당대에는 비판이론이 급진적이다. 마르크스의 정치철학은 급진적임에 틀림없는데 이는 현대성에 대한 일종의 배반이기 때문이다.

20세기 서방사회정치사상의 변천사에서 마르크스의 사상이 일으킨 역할은 특수하다. 뒤섞여 공존하는 각종 경향의 이론에서 마르크스는 자유주의자처럼 중심에 있지 않지만 중요하지 않은 것도 아니고 급진적인 끝에 있었다. 탈코트 파슨스Talcott Parsons는 사회이론에 대해 말할 때 이렇게 말하였다.

에밀 뒤르켐과 막스 웨버는 여전히 현대 사회학 이론의 주요 정초자이다. 이 두 사람은 모두 공공연히 경제개인주의와 사회주의의 전통을 배반하였는데 -철저한 과층제적인 "이성화"의 전경을 감안하면 대체로 막스 웨버는 더욱 우선적인 것은 후자에 대한 배반이고 어떤 의미에서 알렉시 드 토크빌Alexis-Charles-Henri Clérel de Tocqueville과 마르크스는 이 핵심문제를 둘러싼 입장이 서로 다른 양익을 구성하였다. 마르크스는 이런 복음을 전파하였다: 이성화가 사회주의에서의 완성을 통하여 편면적인 "자본주의"이성화가 형성한 제약성을 초월할 수 있다……이는 계몽운동의 교리를 하나의 철저한 결론으로 나아가게 하였다. 다른 한 면으로 알렉시 드 토크빌은 구제도에 대한 우려의 향수 및 그것의 소실이 가져온 손실을 보완할 길 없는 것에 대한 공포를 대표한다. 확실히 어느 정도에서 알렉시 드 토크빌은 여전히 완전 귀족화한 사회의 변호사이다.[64]

마르크스는 헤겔의 뒤로 돌아선 보수주의 지향을 반대하고 헤겔을 헤겔을 국가의 그런 결정력을 다시 시민에게 돌려주고, 시민사회에서 국가를 결정하는 힘을 찾고 정치국가에 대한 해석을 찾는데 귀속시켰다. 마르크스는 헤겔처럼 국가에서 출발하여 시민사회를 해석하지 않고 전부의 사회생활을 해석하지 않았다. 마르크스와 헤겔의 정치철학은 모두 "자유주의 비판 모드"에 속한다. 헤겔의 정치철학은 자유주의의 제약성을 초월하려 하였고 마르크스의 정치철학은 헤겔의 정치철학에 대한 재 초월이다. 그들은 합리화와 세속은 현대성의 돌이킬 수 없는 성취라는 것을 인정하지만 인간 사회가 마땅히 생존의 의의와 분열을 체득할 수 없는 세계에서 생존해야 한다고 보지 않았다. 즉 완벽하지 못한 세계를 달갑게 받아들일 수 없었다. 그들은 모두 인류는 마땅히 현대성이 우리에게 부각한 세계에 굴복하지 말아야 하며 그리고 마땅히 벽한 세계를 도달할 수 있다고 보았다. 이는 마르크스와 헤겔의 공동점이며 그들이 자유주의와 다른 점이다.

마르크스가 헤겔의 정치철학방안을 반대한 것은 그 방안이 이성 자신에서 그 방안이 초래한 문제를 해결하려 하였기 때문이다. 마르크스의 견해에 의하면 이 방안의 국한성은 바로 그 방안이 의거한 철학의 국한성이기에 이 방안의 제약성을 초월하려면 반드시 그 방안이 의거한 철학을 초월해야 한다. 헤겔철학이 자기의 시야를 주체로서의 개인의 이성에 국한시켰기에 정치철학에서 반드시 이성이 설계한 정치정의

64 [미국] 탈코트 파슨스Talcott Parsons, 〈사회행동의 구조〉, 역림출판사 2012년, 22-23쪽. 이 책의 주석에서 탈코트 파슨스는 이렇게 강조하였다. 알렉시 드 토크빌에 대한 이런 평가는 "단지 이론상에서만이고 정치-의식형태상에서가 아니다. 알렉시 드 토크빌는 간단한 구제도의 보수적 위도사가 아니기 때문이다."

에 국한되게 된다. 헤겔이 말한 이성은 비록 보편성으로 자처하지만 실질상 단지 개인의 이성이며 그것을 보편화하고 객관화한데 불과하다. 헤겔이 정치정의의 제약성을 초월하지 못한 것은 최종적으로 정의의 실현을 "지상의 신물神物인 "정치국가"에 의탁하고 "정치국가"에서 정의를 실현하는 것을 최종적 사회 화합 상태로 보았기 때문이다. 그는 이성주의 주체가 정한 이성적 개체를 초월할 수 없기 때문에 인간과 인간사회를 정하였다. 자유주의가 구상한 주체와 마찬가지로 이런 이성 개체의 자리본성은 여전히 불가변의 인성으로 보았고 여전히 모든 정치철학방안의 출발점으로 보았다. 이 출발점 하에 최종적인 정의와 화합은 단지 자리의 이성 개인 간 국가 법률의 약속을 통해 달성된 상호 인정과 용인일 뿐이다. 자유주의자와 마찬가지로 헤겔은 사유재산조건하에서의 인성과 공유제 조건하에서의 인성의 차이를 고려하지 않았고 현대성이 조성한 인간과 인간의 "불화"는 실제로 자본주의경제관계가 초래한 계급 대립이라는 것도 고려하지 않았으며 더욱이 이런 공업화 과정 중의 사회생산의 진일보 발전을 통하여야만, 신형의 생산관계와 재산권 관계를 건립하여야만, "시민사회"와 완전 다른 신형의 사회관계를 건립하여야만 극복할 수 있음을 고려하지 못하였다. 마르크스가 고려한 이러한 문제는 이미 이성의 자아 한계를 초월하여 이성을 벌어 형성된 실천의 기초로 들어갔기에 새로운 방법론을 논증의 기초로 할 것이 수요 되었다.

이성주의의 사고방식하의 현대성 비판은 폐쇄된 이성을 뛰쳐나올 수 없기에 현대성 곤경을 벗어나는 정치철학방안을 설계할 수 없다. 이 사고방식 하에는 비이성으로 이성을 대항하는 지배하거나 더욱더 철저하게 이성의 세계에 대한 지배를 추진하는 것 외에는 다른 길은 없다. 마르크스의 정치철학은 바로 이런 철학의 제한성을 극복한 후 비로소 그 자신에게 속하는, 현대성 곤경을 벗어나는 정치방안을 찾았다. 마르크스의 정치철학방안이 기타 정치철학방안과 구분되는 것은 우선 마르크스가 완전 새로운 철학관을 확립한 데 있다. 마르크스는 이성의 (의식의) 범위 내에서는 이성주의의 무한한 확장이 초래한 현대성 문제를 최종적으로 이해하고 해결할 수 없다는 것을 알았다. 현대성 문제와 현대성 비판이론의 시각에서 보면 이는 마르크스가 포이에르바하의 힘을 빌려 유물주의의 권위를 회복하고 실천을 자기철학의 기초적 근본 원인으로 함을 알 수 있다.

현대성의 생성과 성장 과정에서 도구화된 이성은 어떤 사회화 과정을 통하여 세계적 합리화를 실현하고 도구이성으로 세계를 지배하였는가 하는 문제는 이미 이성 자아발전의 범주를 초월하여 단지 철학의 논리 추론을 통하여서는 명확하게 설명할 수 없다. 반드시 경제학, 사회학, 정치학 등 사회과학의 시각에서 고찰하여야 한다. 마르크스도 최초에는 헤겔의 사고방식에 따라 철학적 고찰을 통하여 현대사회의 발전을 이성 자아 진화의 결과로 보았다. 그러나 마르크스는 재빨리 포이에르바하와 애덤 스미스 등을 중개로 새로운 문제 고찰의 식-유물사관을 창립하였다. 이는 규범과 인지, 철학과 과학을 유기적으로 결부하여 구축한 새로운 문제 고찰 방식이다. 단순한 경제학, 사회학, 정치학의 "과학적"고찰방식과 비하면 이런 고찰 방식은 총체적이고 종합적인 방법론의 시각을 제공해주고 철학의 총체적 범주 하에 완전한 사회생활을 파악할 수 있으며 이전의 특히 헤겔의 철학과 비하면 이런 고찰방식은 총체적이고 종합성적인 고찰을 과학고찰의 기지 위에 건립하여 이성주의의 자아 잠꼬대를 피하고 현대성의 생성과 성장의 사회 메커니즘을 효과적으로 제시하였다.

마르크스 정치철학이 헤겔의 법철학과 자유주의의 정치철학과 구분되는 것은 이런 방법론에 의한 발견이다. 마르크스의 정치철학방안이 현대성 곤경에서 벗어날 수 있는 중요한 선택도 그가 이 방법론을 통하여 세계를 해석하는 것과 세계를 개변하는 것을 결부시킨 이론과 연관된다. 이 방법론을 통하여 마르크스는 규범적인 시각에서 자본주의 사회의 도의의 결함을 제시하고 탐욕스러운 도의적 목표를 서술하였을 뿐만 아니라 과학인지의 시각으로 자유주의가 묘사한 시민사회의 환상을 제시하고 자유주의가 어떤 경제와 사회 과정을 거쳐 쇠망으로 나아가는가를 제시하였다. 이는 그의 현대성 비판이 헤겔을 초월하게 하고 이성주의 철학을 초월하게 하였다.

이성주의 철학이 주목하는 것은 이성적인 사업이기에 이성이 어떻게 현대사회에서 그의 "교활한 계획"을 실현할 것인 가에 관한 설명은 추상적이며 이성 자신의 철학 표현에 국한되었다. 이성주의 철학은 사회발전의 논리를 이성자신의 진화적인 논리에 귀결시키고 이성 자신의 진화 논리로 사회발전의 논리를 대체하고 현대성 문제의 근원과 현대성 곤경을 극복하는 근거를 이성의 자아 완벽에 기대하였고 철학에 기대하였다. 그러나 현대성과 함께 성장한 과학정신은 종교에 대해 전면적인 승리를 거둔 후 이미 철학에 대한 진공을 발동하고 승승장구하였다. 마르크스의 시대에 과학의 방식으로 경제, 정치, 문화와 사회문제를 연구하는 것은 이미 일종의 지식 경향이 되었다. 바로 이런 지식 배경 하에 마르크스는 애덤 스미스와 데이비드 리카도David Ricardo의 고전경제학을 통하여 현대세계의 경제 원리를 이해하고 헤겔철학을 초월하여 그의 유물사관을 창립하였다. 유물사관 창립의 과정은 바로 마르크스가 "물질이익"에 대한 고찰을 통하여 헤겔의 이성 국가관을 부정하는 과정이었고 이 과정은 애덤 스미스 등이 구상한 시민사회의 환상에 대한 비판 속에서 실현되었다. 현대성 진전 과정에서 이성이 어떻게 시민사회를 통하여 자기의 현실 "육신"을 설치하였는가를 이해하지 못하면 현대성의 현실 내용과 그의 현실 곤경을 이해할 수 없으며 무엇 때문에 마르크스가 그는 시민사회에 대한 비판을 통하여 유물사관을 창립하였다고 말하였는가를 이해할 수 없다. 마찬가지로 상술한 모든 것을 이해하지 못하면 마르크스는 어떻게 현대성 곤경에서 벗어나는 정치철학방안을 설계하였는가를 이해할 수 없다.

제3장

시민사회의 환상에 대한 비판

현대성 진전 과정에서 이성이 어떻게 시민사회를 통하여 자기의 현실 "육신"을 설치하였는가를 이해하여야만 현대성의 현실 내용과 그 현실 곤경을 이해할 수 있으며 나아가 마르크스가 현대성 곤경에서 벗어나는 정치철학방안을 어떻게 설계하였는가를 더욱더 깊이 있게 이해할 수 있다. 그러므로 본 장에서 우리는 세 가지 내용을 서술하려고 한다. 첫째, 초기 자유주의는 어떻게 현대사회의 일련의 변화로부터 출발하여 합리화하고 도구화한 이성에 의거하여 하나의 시민사회의 환상을 허구하였는가? 둘째, 마르크스 어떻게 이 환상을 폭로한 기초 위에서 유물사관의 기본 원칙을 즉 시민사회가 국가를 결정한다(?)는 것을 발견하였는가? 셋째, 이 과정에서 마르크스는 정치를 이해하는 역사유물주의 원칙을 제기하였다. 즉 정치는 경제를 기초로 하는 사회생활이 결정하며 정치문제는 사회문제의 집중적인 표현이기에 정치에 대한 해석은 마땅히 사회에 대한 해석 특히 경제에 대한 해석으로부터 출발해야 하며 정치제도의 개변은 마땅히 경제제도의 개변에 입각하여야 하며 이 기초 위에서 사회생활 전반을 개변해야 한다. 같은 원리에 근거하여 미래의 사회는 시민사회의 충분한 발전을 거쳐 국가가 소멸되고 사회가 국가를 통합한 계급이 없는 사회로 나아간다. 헤겔의 이른바 국가가 시민사회를 통합하는 것을 끝으로 하는 왕권사회가 아니다.

제1절

전통사회에서 현대사회로

마르크스는 인간의 사회관계로부터 착수하여 현대사회와 전통사회의 구별을 고찰하여 우리가 시민사회의 본질을 이해하는데 비교의 시각을 마련해주었다. 마르크스는 이렇게 말하였다.

> 교환가치에서 인간의 사회관계는 물적 사회관계로 전환하며 인간의 능력은 물적 능력으로 전환한다. 교환수단이 갖고 있는 사회역량이 작을수록 교환수단과 직접적 노동생산물의 성질 간 및 교환자의 직접적 수요 간의 연계가 더욱 밀접해지며 개인들을 상호 연결시킨 공동체의 힘은 필연적으로 더욱 커지게 된다-가부장적인 관계. 고대공동체, 봉건제도와 길드제도.[1]

1 중공 중앙 마르크스 엥겔스 레닌 스탈린 저작 편역국 편역, 〈마르크스 엥겔스 전집(제30권)〉, 인민출판사 1995년, 107쪽.

우리는 현대성 비판의 시각으로 마르크스의 시민사회환상 비판 이론에 대한 토론을 마르크스의 이 논단으로부터 출발할 수 있다.

1. 시민사회와 전前시민사회

마르크스가 시민사회에 대한 비판을 중개로 유물사관을 발견할 수 있은 것은 서방이성주의철학의 "육신"으로서의 시민사회가 이미 이성주의 철학이 현실세계에서 자신을 실현하는 살아있는 표본으로 되었기 때문이다.

협의적으로 보면 시민사회는 특정 역사조건의 산물이며 유럽 특유의 문화 전통과 사회 요소가 공동으로 만들어낸 결과이다. 광의적으로 보면 시민사회는 자본주의의 생산방식과 관련된 현대사회이며 역사적으로 보면 시민사회의 출현과 발전은 자본주의 시장경제가 봉건경제를 대체한 역사변천을 깊이 있게 반영한 것으로 근대에 와서야 자본주의 시장경제의 확립과 더불어 정치국가와 상대적인 의미에서의 "시민사회"가 비로소 형성되었다. 자본주의 시장경제의 개인 권리와 사적 이익에 대한 무한한 팽창은 공공이익과 사적 이익 간의 모순이 전례 없이 뚜렷해 지게 하고 현대사회에서 모든 사회정치문제의 총 근원으로 되었다. 자본주의 사회경제와 정치상황을 충분히 반영할 수 있는 정치철학개념으로서의 시민사회의 핵심문제-사적 이익과 공공이익의 모순 및 이 모순의 해결은 마땅히 시장경제사회에서의 핵심문제이다. 현대성에 대한 진단과 비판은 반드시 우선 이 모순이 현대사회에서 두드러진 내재 사회 메커니즘을 정리해야 한다.

표상화의 의미에서 "시민사회"가 우선적으로 관련된 것은 사회생활 유형과 생활방식으로 이는 전통사회의 사회생활 유형과 생활방식과 구별된다. 즉 시민사회는 특수한, 전통생활방식과 구별되는 생활상태와 생활세계이며 단지 "시민사회"에서만 획득할 수 있는 생활방식이며 이런 생활방식 하에서 생활하는 인간들의 모든 사회생활이다. 생활상태와 생활방식으로서의 시민사회는 전시민사회의 생활방식과 구분된다. 더 나아가서 말하면 시민사회가 생활상태와 생활방식을 대표할 수 있는 것은 시민사회가 특수한 사회관계구성패턴을 대표하기 때문이다. 특히 우리가 현대사회와 전통사회를 비교할 때 시민사회에서 사람들간의 결합방식이 전형적인 현대사회관계패턴을 대표하고 또한 시민사회의 존재가 현대인이 이런 방식으로 상호 교제하면서 현대사회관계를 형성하였음을 아주 분명하게 보아낼 수 있다.

비록 우리가 반드시 시민사회를 현대사회 구성의 한 부분으로 이해할 수 있지만 즉 국가와 다른 그런 사회 구성내용으로 이해할 수 있지만 이런 늘 보는 시민사회에 관한 이해는 단지 사회학적이며 더욱더 깊이 보면 이런 사회구성내용이 대표하는 사회관계 유형을 현대사회관계의 전형적인 유형으로 이해할 수 있다. 바꾸어 말하면 시민사회는 구성체와 관련될 뿐만 아니라 사회관계 유형과도 관련된다. 구성체로서의 시민사회가 대표하는 것은 현대사회에서 국가와 상호 구분되는 그런 사회공간이며 사회관계유형으로서의 시민사회가 대표하는 것은 전반 현대사회의 사회관계패턴이다. 사람들이 어떤 방식으로 결합하여 사회를 형성하고 또 어떤 방식으로 생활하는가? 이 의미에서 시민사회라는 이 개념은 현대사회의 구성 내용과 관련될 뿐만 아니라 전시민사회와 다른 사회생활방식과 관련된다. 헤겔이 시민사회를 윤리발전의 한 단계로 보았을 때 그가 가리킨 것은 정치국가에서 독립한 사적 영역이며 이런 사회관계 유형이 구비한 윤리특징이다. 마르크스가 시민사회를 근거로 이기주의 개인의 권리를 비판할 때 그가 가리킨 것은 자본주의 제도와 관련된 사회관계패턴과 사회관계 유형으로서 단지 사회구성만

이 아니다. 그러므로 필자는 사회관계패턴과 사회관계 유형의 각도에서 시민사회를 이해하여야 비로소 시민사회의 외적 특징을 파악할 수 있을 뿐만 아니라 시민사회의 실질을 파악할 수 있다고 본다.[2]

여기서 말하는 "전시민사회"는 시민사회가 독립적 현실 형태로 나타나기 전의 사회를 가리킨다. 즉 자본주의시장경제가 나타나기 전의 각종 사회형태를 가리키는데 우리는 이를 통상적으로 "전통사회"라고 칭한다.

우리는 마찬가지로 전통사회의 사회관계 유형과 사회관계의 구성방식으로부터 전통사회를 이해해야 하며 단지 전통사회의 외재 특징으로부터 현대사회와의 구별을 이해해서는 안 된다. 전통사회의 기본 특징은 아래와 같다. 개인은 혈연과 지연 공동체에서 일정한 사회관계를 결성하지만 전반 사회관계 격자 속에서 즉 개인이 소속된 공동체의 사회관계 격자 속에서 개인은 결코 독립된 개체로서 타인과 교제 관계를 형성하는 것이 아니라 현연 혹은 지연에 따른 공동체의 어떤 "기능 부품"으로 다인과 교제 관계를 형성할 뿐이다. 이때 그가 대표하는 교제 주체는 그 개인이 아니라 그가 소속된 공동체이다. 이런 의미에서 전반 사회교제체계로 말하면 전통사회의 교제 주체는 공동체이고 개인이 아니며 공동체 간의 관계는 전반 사회교제의 이미지를 구성하고 개인 간의 관계가 사회교제의 이미지를 구성하는 것이 아니라고 할 수도 있다. 사람들의 생황은 공동체에서의 생활이이며 전반 세계가 하나의 공동체적인 집합이다. 이런 의미에서 페르디난트 퇴니에스는 "전통사회"를 "공동체"라고 칭하였다. 사회관계와 사회관계의 구성방식은 우리가 생활방식을 이해하는 최종적인 근거이다. 전통사회의 사회관계 및 그것이 초래한 생활방식이 현대사회와 구별되는 것은 바로 전통사회가 현

2 시민사회문제에 관한 상세한 토론은 필자의 〈시민사회〉(광시인민출판사 2003년)를 참조할 수 있다. 불필요한 반복을 피하기 위하여 여기서는 일종의 사회구조로서의 시민사회의 구체적 의미를 상세히 토론하지 않기로 한다.

대사회에서 독립된 개인 간에 상호 수요에 의해 하나의 전체 사회로 연결되는 사회관계 구성 방식과 구별되기에 현대사회와 다른 생활방식으로 되었다.

2. 시민사회의 특징

독립형태로 나타난 시민사회는 사회 전환의 현실 결과이며 사회 전환에서 나타난 각종 문제를 집중적으로 체현하였다. 그렇다면 전통사회로부터 현대사회로의 변천과정에서 도대체 어떠한 사회조건이 독립형태의 시민사회가 형성되게 하고 발전하게 하였는가?

첫째, 개인이 공동체에 대한 종속에서 벗어나 독립된 사회 주체가 되었다. 전통사회에서 개인은 공동체의 성원으로 타고난 신분으로 재부와 지위를 획득하기에 모든 영욕과 귀천은 모두 그 신분과 밀접히 연관된다. 하여 신분은 곧 "인간"의 제2생명으로 되었고 개인과 사회관계의 지점支点으로 되었다. 페르디난트 퇴니에스는 이런 상황에서 "인간의 육체는 사람으로 하여금 그 어떤 특정 사회기능의 주도자가 되게 한다. 그의 육체는 그의 사회 권리로 된다"[3]고 말하였다. 신분이 인간과 인간 간의 넘을 수 없는 벽이 되고 인간과 인간 간의 모든 차별의 총 근원이 되었다. 권리든 의무든 모두 여기서 기인되었다. 현대사회에서는 독립자주적이고 무차별적인 개인이 사회구성의 기본 원자原子로 되었다. 마치 고트프리트 빌헬름 라이프니츠의 "창문도 없고 문도 없는 단자单子" 처럼 독립적으로 존재한다. 사회성원이 신분제의 속박을 타파하고 자

3 [독일] 페르디난트 퇴니에스, 〈공동체와 사회: 순수사회학의 기본 개념〉, 린웅왠 역, 상무인서관 1999년, 52-53쪽.

아의 독립 자태로 사회생활에서 개인의 이익을 추구하며 개인에게 속하는 "천부적인 권리"를 추구한다.

둘째, 계약 원칙은 인간과 인간 교제의 기본 원칙으로 되었다. 서로 다른 유형의 사회 간 상호 구별되는 근본 표징은 사회관계 결성방식의 차이이다. 사람들이 어떤 방식으로 상호 간의 관계를 맺는가에 따라 그들은 곧 어떠한 사회생활이 있게 된다. 전통사회에서 인간과 인간의 관계는 기본적으로 공동체 내의 관계이며 공동체 성원의 본능, 습관, 직업 혹은 신앙 등 공동적인 기초 위의 설립한 사회 연합이다. 페르디난트 퇴니에스가 말한 바와 같이 "이른바 공동체는 성원의 본능적으로 마음에 드는 것 또는 제약에 적응된 습관과 관련되며 또는 사상과 관련된 공동적인 기억 위에 건립한 사회 형식을 가리킨다."[4] 이런 형식의 사회 연합은 인위적인 일치성이 아닌 인간의 자연적인 일치성에 기하였기에 혈연, 지연, 업연业缘, 신앙 등이 인간과 인간관계를 응집시키는 주도적 요소로 되었다. 현대사회에서 개인 간의 상호 인정과 자주적인 교제가 사회에서의 기본 관계로 되었다. 현대사회는 시장경제를 기초로 한 사회로서 시장경제사회에서 인간과 인간의 교제의 기본 관계는 "계약식 관계"이다. 이런 관계에서 매 핵 형식의 개인은 모두 독립적이지만 독립적 개인은 홀로 세상에 존재할 수 없다. 비록 그는 자기의 감각, 관념, 신체와 재산의 소유자이지만 그는 반드시 그의 소유권에 의지하여 타인과 자주적으로 그 활동을 교환하는 기초 위에서 자신의 수요를 만족시켜야 하기에 계약관계가 주도적인 지위를 차지한 현대 교제체계에서 재산권은 또 극히 중요한 자리를 차지한다. 현대사회에서 사람들의 교환은 혈연 혹은 지연의 공동성에 의지하는 것이 아니라 호혜적 계약에

4 [독일] 페르디난트 퇴니에스, 〈공동체와 사회: 순수사회학의 기본 개념〉, 린웅왠 역, 상무인서관 1999년, 58쪽.

의지하기에 계약원칙은 독립 개체 간에 교제하는 합의적인 원칙이다.

계약은 본질적으로 사람들 간 의사 자치의 표시이다. 계약을 통하여 당사자 간의 권리와 의무는 자적으로 표현할 수 있기에 계약은 사람들 간의 자원성, 주동성 및 평등성을 체현한다. 공동체가 도달한 사회 성원 간의 직접적 동일성과 다르게 계약관계에서 건립된 자주적인 교제는 교제 주체 간의 차이성을 인정하는 것을 전제로 한다. 계약관계에서 인간과 인간 간에는 차이가 존재하기에 비로소 서로 하나의 전체로 맺어지고 유무상통하며 각자 필요한 것을 취해야 한다.

셋째, 사회 질서의 생성 메커니즘에 변화가 생겼다. 전통사회에서 공동체 성원은 서로 다른 신분과 지위가 부여되어 공동체에 대하여 서로 다른 책임과 의무를 지니게 된다. 신분의 등차 서열에서 등급이 운명의 주재자로 되기에 사회 질서는 지배와 복종 관계가 결정하게 된다. 그러나 무엇 때문에 이런 지배와 복종 관계는 아무런 장애가 없는가? 원인은 전통사회 질서의 생성 메커니즘에서 주도적 역할을 하는 요소가 여전히 전통적인 정감, 습관, 도덕과 윤리 등 관념이기 때문이다. 막스 일찍 비교를 해보고 이렇게 말하였다. 전통사회는 한 면으로 집단 본위의 귀속 구조를 갖고 있기에 개인의 신분 역할과 행위 경계를 엄격하게 설정하였고 다른 한 면으로 감정 유대의 연결을 통하여 혼연일체의 연대 계약과 질서를 형성하였다. 도덕이 부담하는 동고동락은 이 질서의 기본원칙이다. 이 원칙의 지배하에 "매 개인은 모두 자신이 집단이라는 이 총체적인 내부에 있음을 느끼고 있을 뿐만 아니라 잘 알고 있으며 자신이 혈액순환은 이 집단의 혈액 속에 있음을 느끼고 있으며 자신의 가치는 집단 정신가치의 구성 부분임을 알고 있다."[5] 이런 결합방식

5 [독일] 막스 셸러, 〈가치의 전복〉, 루어디룬, 린커, 초우워이둥, 생활 독서 신지 산련서점 1997년, 153쪽.

에서 윤리의 힘이 사회질서 생성의 중요한 역량으로 되고 자연적으로 형성된 "사랑의 힘"은 독립적인 개별 개체를 하나의 "인간의지의 완벽한 통일체"를 구성하였다."[6] 현대 사회에서 자본주의 생산방식의 보급과 더불어 상품경제 관계가 날로 지배적 지위를 차지하고 인간의 의존관계가 날로 타파되고 물적 의존관계가 교환가치를 중심으로 하는 기초 위에 건립되었다. 이때에야 비로소 진정으로 인신의존관계에서 벗어난 독립적인 개인이 나타나게 되었다. 엥겔스는 이렇게 말하였다. "자신의 행동과 재산을 자유롭게 지배하고 피차간 평등한 지위에 있는 사람들만이 계약을 맺을 수 있다. 이런 "자유"와 "평등"을 창조하는 사람들이 바로 자본주의 생산의 제일 주요한 임무이다."[7] 핵 형식의 개인의 탄생은 그가 더는 자신이 의존한 인간과 인간의 관계에서 생존의 조건과 생활의 의의를 획득하지 않음을 의미한다. 이때의 인간은 완전 새롭고 더욱더 철저하고 밀접한 사회관계 속에 들어가게 된다. 즉 "물적 의존관계"를 기초로 한 사회 연관 속에 들어가게 된다. 이런 연관은 바로 독립적인 개인 간의 계약관계에 기한 상호 인정과 자주적인 교제 관계이며 "매 개인은 모두 자신을 목적으로 하며 기타 모든 것은 그에게는 모두 허무한 것이다"[8] 이 구성은 보편적 의미의 현대사회관계의 기본 특징을 더욱더 구비하고 있다.

계약관계는 경제 영역에서의 현대사회관계의 전형적인 형태이다. 형식상 평등한 인간과 인간의 이런 현대관계는 공동체의미에서의 지배와 복종 관계를 더는 현대사회질서의 생산 메커니즘으로 보지 않게 하였

6 [독일] 페르디난트 퇴니에스, 〈공동체와 사회: 순수사회학의 기본 개념〉, 린웅왠 역, 상무인서관 1999년, 54쪽.

7 중공 중앙 마르크스 엥겔스 레닌 스탈린 저작 편역국 편역, 〈마르크스 엥겔스 전집(제4권)〉, 인민출판사 1972년, 76쪽.

8 [독일] 헤겔, 〈법철학원리〉, 판양, 장치타이 역, 상무인서관 1961년, 197쪽.

다. 전통적인 "원시적이고 자연적인 직관 위에" 건립된 "사랑"의 윤리원칙은 "계약관계"를 대표로 하는 현대사회관계에서 분해되어 날로 소멸되고 와해되고 있다. 이는 헤겔이 가정의 사랑과 시민사회의 계약을 대치시킨 중요한 근거이다. 이는 또한 에드먼드 버크, 오크숏 등 보수주의자들이 우려한 전통사회질서가 와해된 중요한 근거이다. 마찬가지로 마르크스가 비판한 노동 소외가 초래한 인간의 소외의 사회결과이다.

계약관계는 현대사회에서 건립한 제일 기초적인 사회관계이며 계약관계보다 더 보편적인 현대 교제관계 형식은 "동의" 기초 위에 건립한 "사회이성"이 특수한 개인이익에 대한 통합이다. "사회이성"은 현대사회에서의 전형적인 형태 즉 법률과 제도이다. 현대사회에서 날로 뚜렷해 지는 다원화된 이해 상충에 직면하여 반드시 알맞고 형평성 있고 보편적 권위가 있는 지상 원칙으로 정의하고 조정해야 한다. 전통사회에서의 습관, 종교, 금기 및 초험적인超验 도덕 원칙은 모두 이미 이 과제를 감당할 능력이 없다. 이익과 가치 증가하는 현대 사회조건 하에 사회통합의 목적을 위하여 사회보편성강제규범으로서의 법률에 도움을 구할 수밖에 없다. 조지 홀랜드 사빈, 슈피아드W. J. Shepard는 이렇게 말하였다. 현대사회조건하에서 "법률이 존재하는 것은 사람들이 끊임없이 이익을 평가하고 또 새로 다시 평가하고 또한 그들은 이익을 조율할 것을 요하며 그들 자신의 이익을 보장하고 타인의 정당한 이익을 인정하고 존중할 것을 바라기 때문이다. 이런 상호적인 권리 의무 관념은 정치사회를 건설하는 정초석이다."[9] 타인의 이익의 정당성을 존중하고 계약을 통하여 의무와 책임을 달갑게 담당하는 전제는 자신이 "타자"와 차이가 있다는 것을 인정하는 것이다. 이익과 가치다원화의 현대사회에서 이

---

9 [미국] 조지 홀랜드 사빈, 슈피아드, 〈영어번역자 서언〉, 클라버, 〈근대국가관념〉, 왕잰 역, 상무인서관 1957년, 48쪽.

는 이성주의의 "자아"의 부득이한 선택이다. 타인을 동화시키거나 타인에게 동화될 수 없다면 단지 이성적인 계약을 통하여 타자와 평화롭게 공존하는 것을 선택해야 한다. 이런 평화공존의 교제체계 배후에는 "상호 인정"을 초석으로 해야 한다.

넷째, 사회기본구조가 완전히 파괴당하고 전반 사회생활에 분열이 생겼다. 전통사회에서 안정적이고 심지어 지속 불변의 사회질서가 전반 사회의 발전에 아주 중요한 역할을 하고 전반 사회생활에서 주도적인 역할을 하며 전반 사회생활은 반드시 이 중심을 둘러싸고 운행되어야 한다. 전통사회에서 개인이익과 공동체의 전체 이익은 일치하며 개인의 사적 활동은 모두 공동체에서 진행되어야 할 뿐만 아니라 심지어 개인으로 말하면 공동체의 이익을 증진시키는 것이 바로 그의 활동의 전부 목적으로 된다. 그러므로 전통적인 사회생활은 실질적으로 공익생활과 사적 생활로 분열될 수 없다. 현대사회에서 시장교환관계가 사회생활의 구석구석에 침투되었기에 사람들 간은 물질을 중개로 한 의존관계가 날로 강화되고 사회질서의 생성방식도 커대한 변화가 생기게 되었다.

현대사회에서 사회의 전반 질서는 주로 그 외부의 법률 및 그 집행체계로 보장되며 전통공동체처럼 내부가 유지하는 기능이 없다. 법률 및 그 집행체계는 그가 보장하는 개인의 자주적인 교제활동과 이질적인 활동방식이다. 법률 및 그 집행체계는 개인 간의 자주적인 이익 교제가 아니라 사회 공정성에 대한 호소와 공공의지의 체현에서 발원하였다. 법률의 집행 주체는 공공권력을 대표하는 국가이며 국가는 강제적인 수단으로 국가의 의지를 사회생활의 구석구석에 관철하기에 국가는 사리사욕과는 다른 공적인 역할로 나타났다. 국가를 중심으로 정치활동을 내부 핵심으로 한 사회활동 공간은 날로 전반 사회생활에서 분리되어 공공 영역으로 되었다. 이와 동시에 전반 사회생활에서 분업에 기한 독립적인 개인 간의 상호 교제관계는 자동적으로 사적인 개인 간의 사회 교제구조 즉 사적인 영역을 구성하였다. 이런 사적인 개인교제의 영역에서 교제 쌍방은 특수한 선택의지와 그들의 특수 이익의 추구를 체현한다. 활동에 종사하는 주체는 자유롭고 평등한 인간이며 활동의 주요 내용은 경제 교제이며 주요원칙은 자주적이고 자발적이며 호혜적이다. 그들은 외적인 행정의 속박과 간섭을 반대하며 "계약관계"를 통하여 진정으로 사적 개인이 주도하는 "사적인 영역"에 도달하려고 한다. 즉 상품경제가 심도 있게 발전함에 따라 목적과 활동 방식의 차이로 인하여 사회 기본 구조가 날로 두 개의 서로 다른 영역으로 분열되었다. 즉 개인이익을 추구하는 것을 주요 내용으로 하는 "사적私" 영역과 사회 공정과 정의를 보호하는 것을 기본 목표로 하는 "공적公 영역으로 분열되었다.

3. 시민사회의 환상 및 그 비밀

마르크스는 〈1857-1858년의 경제학 초고〉에서 이렇게 말하였다.

> 이런 상호 의존은 끊임없는 교환의 필요성과 전면적인 중개로서의 교환가치에서 표현된다. 경제학자들은 이 점에 대하여 이렇게 서술하였다. 개개인은 자기의 개인 이익을 추구하며 그리고 단지 자기의 개인 이익뿐이다. 이렇게 저도 모르게 모든 인간의 개인 이익을 위해 봉사하며 보편 이익을 위해 봉사한다. 관건은 개개인이 자기의 개인 이익을 추구할 때 개인 이익의 총체 즉 보편 이익에 도달하는 것에 있지 않다. 이런 추상적인 견해에서 아래와 같은 결론을 도출할 수 있다. 개개인은 모두 서로 다른 사람이 이익을 실현하는 것을 방해하는데 이런 모든 사

람이 모든 사람을 반대하는 전쟁이 조성한 결과는 보편적인 긍정이 아니라 보편적인 부정이다."[10]

마르크스가 말한 "이런 상호 의존"은 애덤 스미스 등이 시민사회에서 사람들 간 관계에 대한 표현이다. 전통사회로부터 현대사회에로의 변천의 하나의 현실 결과로서의 시민사회는 현대시장경제에 따라 생성되고 발전하였다. 로크John Locke, 몽테스키외Montesquieu, 애덤 스미스Adam Smith 등은 시장경제로부터 출발하여 사적 영역과 공적 영역의 분리가 개인 권리를 보호하는 것에 대한 의의를 해석하였지만 그들은 단지 이런 분리가 사회발전에 대한 적극적인 의의만 보았을 뿐 그것이 초래한 더욱 심각한 사회문제를 보아내지 못하였다. 그들의 견해에 의하면 시장의 무형의 손 및 그 기초 위에 건립된 시민사회는 사람들이 교환을 통하여 상호 의존하는 유기체계이며 그것은 국가를 필요로 하지 않는 전제하에서 자동적으로 사회생활을 조정할 수 있으며 사회로 하여금 경제상 자아 조정에 달할 수 있을 뿐만 아니라 자동적으로 사회 공정과 사회 화합에 도달할 수 있다. 이는 현대성의 무한도의 확장으로부터 출현된 시민사회환상이다. 이 환상을 기초로 하여 자본주의사회는 인간 사회 최종질서라는 경제학, 사회학, 정치학…… 및 철학에 관한 지식 계보를 형성하였다. 자유주의의 경제학과 정치학은 이런 지식계보에서 우수한 맏아들로서 이들의 수백 년 동안 시민사회환상에 관한 묘사는 이미 그 형상으로 하여금 날로 풍만해지게 하여 오늘날 사람들의 경제, 정치, 도덕과 사회에 관한 주류 담론이 거의 모두 이 "우수한 맏아들"이라는 언어를 사용할 수 없게 하였다.

10 중공 중앙 마르크스 엥겔스 레닌 스탈린 저작 편역국 편역, 〈마르크스 엥겔스 전집(제30권)〉, 인민출판사 1995년, 106쪽.

그러나 헤겔은 시장경제사회관계를 깊이 있게 파악하고 시장경제의 폐단을 깊이 있게 이해한 기초 위에 인간 사회의 윤리 요구로부터 출발하여 시민사회과 국가의 관계를 해석하고 자유주의의 시민사회환상을 찢고 또한 마르크스의 시민사회 비판에 사상기초를 마련해 주었다. 마르크스는 헤겔의 시민사회이론을 충분히 긍정한 기초 위에 헤겔이 거꾸로 이해한 정신과 현실의 관계를 다시 거꾸로 돌려놓아 헤겔의 윤리관계에 대한 고찰방향을 개변하여 물질생활관계 특히 경제 관계에 대한 해부로 전환하고 헤겔의 윤리 비판을 역사 비판으로 전환하고 시민사회환상에 대하여 현실적인 유물주의 비판을 하는 사고방식을 개척하였다. 마르크스는 이렇게 말하였다.

> 법의 관계는 마치 국가의 형식과 마찬가지로 그것들 자체로 이해할 수 없으며 이른바 인류정신의 일반 발전으로 이해할 수 없다. 반대로 그것들은 물질생활관계에서 비롯된다. 이런 물질생활관계의 총화를 헤겔은 18세기 영국인과 프랑스인의 선례에 따라 "시민사회"로 칭하였고 시민사회에 대한 해부는 마땅히 경제학에서 탐색해야 한다.[11]

예컨대 우리가 알다시피 마르크스는 시민사회에 대한 해부와 비판적인 분석을 통하여 유물사관을 창립하였고 "물질생활관계"에 대한 고찰을 통하여 마르크스는 구체적으로 역사적으로 사회의 내재 구성 및 그 역사 변천을 파악하고 인간 사회의 역사를 생산력이 결정한 사회관계 변천으로 이해하였다. 헤겔에 비하면 마르크스의 시민사회 본질에 대한 개괄이 더욱 심도 있기에 애덤 스미스등이 부각한 시민사회환상을

---

11 중공 중앙 마르크스 엥겔스 레닌 스탈린 저작 편역국 편역, 〈마르크스 엥겔스 전집(제2권)〉, 인민출판사, 1957년 82쪽.

더욱 깊이 있게 폭로하였다. 마르크스와 엥겔스는 〈신성한 가족〉에서 이렇게 말하였다.

> 경제학자들의 논증 방식은 아주 기괴하다. 그들은 두 가지 제도만 있다고 생각한다. 하나는 인위적인 것이고 다른 하나는 선천적인 것이다. 봉건제도는 인위적인 것이소 자산계급제도는 선천적이다. 이 방면에서 경제학자는 종교도 두 가지 유형으로 나눈 신학자들과 아주 흡사하다. 모든 이교異教는 모두 사람들이 억측한 것이며 그들 자신의 종교는 신의 계시라고 한다. 경제학자들이 현존의 관계(자산계급의 생산관계)는 선천적이라고 하는 것은 이런 관계는 바로 재부 생산과 생산력 발전이 자연 규율에 따라 이루어지는 그런 관계라는 것을 설명하기 위하여서이다. 그러므로 이런 관계는 시간의 영향을 받지 않는 자연 규율이다."[12]

전통사회에서 현대사회로의 진화는 인류역사상 지금까지 발생한 제일 거대한 사회 변천이다. 근대에 들어선 후 각종 사회정치이론은 모두 이런 변천에 대하여 합리적으로 해석할 수 있는 이론 체계를 구축하려 하였다. 마르크스의 견해에 의하면 이런 사회변천은 사회형태의 교체이며 하나의 사회형태가 또 다른 사회형태를 대체한 것이며 그 궁극적인 원인은 생산력의 발전이 초래한 생산방식의 변경에 있다. 마르크스는 물질 생산 활동 및 그와 관련된 물질 교환 형식은 기타 모든 역사 활동(정치활동, 문화 활동, 사회활동)과 모든 사회관계의 기초를 구성하였다고 보았다. 이는 이전의 역사철학의 유물주의 역사관과 다르다. 마르크스

12 중공 중앙 마르크스 엥겔스 레닌 스탈린 저작 편역국 편역, 〈마르크스 엥겔스 선집(제1권)〉, 인민출판사 1995년, 150쪽.

는 이 새로운 역사관의 기본관점을 논술할 때 이렇게 지적하였다.

> 이런 역사관은 바로 생활의 물질생산으로부터 직접 출발하여 현실의 생산과정을 고찰하고 그 생산방식과 서로 연관시킨, 그것이 나타난 교제 형식 즉 각개 다른 단계에서의 시민사회를 전반 역사의 기초로 이해하는 것이며 그리고 반드시 국가 생활의 규범 내에서 시민사회의 활동을 서술하고 동시에 시민사회로부터 출발하여 각종 서로 다른 이론 산물과 의식형태 예하면 종교, 철학, 도덕 등을 해석하고 이 기초 위에서 그것들이 출현한 과정을 추적하는데 이렇게 하면 당연히 전부 과정을 완전하게 묘사(그리하여 이 과정의 각개 다른 방면 간의 상호 역할도 묘사)할 수 있다.[13]

물질생산방식의 변화는 경제교제방식과 정치활동방식을 개변시키고 따라서 사회구성방식도 개변시켰다. 헤겔이 윤리학 차원에서 시민사회를 비판한 것과 달리 마르크스가 유물사관을 통하여 묘사한 것은 시민사회의 "실상"이다. 이 실상은 현대사회관계의 구성방식을 대표할 뿐만 아니라 특정된 물질생산과 상호 연관되기에 자기의 "육신"이 있는 사회관계 유형이며 단지 헤겔식의 윤리정신이 아니다. 이런 시민사회의 실상으로부터 출발하여야 비로소 자유주의가 시민사회를 통하여 부각한 조화로운 사회 환상의 비밀을 효과적으로 폭로할 수 있다.

시민사회와 시장경제는 사회형태변천에서 일체 양면一体两面의 동일한 구성체이며 양자는 상호 조건이고 함께 태어났다. 개인 재산권을 기초로 하고 명확한 재산권을 표징으로 하는 시장경제시스템은 시민사회에

---

13 중공 중앙 마르크스 엥겔스 레닌 스탈린 저작 편역국 편역, 〈마르크스 엥겔스 선집(제1권)〉, 인민출판사 1972년, 43쪽.

서 가장 기본적이고 가장 중요한 구성부분이다. 시장경제의 충분한 발전은 진정한 의미에서의 시민사회를 조성하고 동시에 현대시민사회의 출현은 시장경제의 성취와 확립을 말해준다.

시민사회는 시장경제를 존재와 발전의 전제로 한다. 우선, 시장경제의 발전은 총체적이고 동질적인 전통사회의 해체를 가속화하고 현대의미에서의 시민사회의 출현을 추진하였다. 다음, 시장경제는 전통의미에서의 문화가치취향을 뒤엎고 사람들의 물질이익에 대한 추구를 자극하고 자유 재산권을 통하여 국가의 통제를 받지 않고 개인 또는 단체가 자유롭게 그 물질이익을 실현하는 개인 생활 영역을 조성하였다. 마지막으로 시장경제는 시민사회가 끊임없이 발전하는 내적 동력이 되었다. 시장주체가 이익의 최대화를 추구하는 본능적 요구는 그 이익 실현의 루트로서의 시장이 외부로 확장하는 선천적인 경향을 갖게 하였다. 시장경제의 발전은 모든 지역, 시장과 특권 장벽을 타파하고 "모든 봉건적이고 종교적이고 전원목가적인 관계를 모두 파괴할 것을 요구한다. 시장경제는 사람들을 속박하는 선천적으로 어른을 존경하는 형형색색의 봉건적 굴레를 무자비하게 잘랐다."[14] 공상업의 확장이 방출한 엄청난 에너지로 하여 서유럽시민등급이 비로소 봉건 귀족을 최종적으로 전승하고 주도적이고 독립적인 시민사회를 구축하였다. 뿐만 아니라 시장 폭이 넓어지고 교환관계가 보급됨에 따라 사회의 유동성도 크게 늘어나 전통사회의 사회 통합 메커니즘이 점차 약화되고 심지어 기능을 잃었다. 이때 사회는 각 계층 이익을 종합하고 표현할 수 있는 자치적인 공공 영역을 건립할 것을 요하며 그것이 대표하는 신형 사회 연결방식이 새로운 사회 통합 기능을 완성할 것을 요한다. 그러므로 시민

---

14 중공 중앙 마르크스 엥겔스 레닌 스탈린 저작 편역국 편역, 〈마르크스 엥겔스 선집(제1권)〉, 인민출판사 1972년, 274쪽.

사회의 핵심문제 진정으로 이해함과 아울러 이 핵심문제를 통하여 그 비밀을 이해하려면 반드시 마르크스처럼 자본주의 시장경제의 생산방식을 깊이 있게 고찰하여야 한다.

제2절

시민사회의 환상에 대한 마르크스의 다차원적인 비판

자유주의가 구성한 시민사회환상에 대한 마르크스의 비판은 여러 가지 서로 다른 차원에서 진행되었다. 마르크스의 관념에서 헤겔의 국가로 시민사회를 통합하려는 이상은 인간이 물질 노역에서 벗어나지 못하게 하며 인간과 인간사회관계의 소외를 해소시키지 못하고 미래 "자유인의 연합체"가 바로 국가를 대체하고 물질 노역과 소외를 해소하는 최종방안이다. 마르크스는 이런 "물질적 의존관계"가 대표하는 현대사회형태는 인간의 자유를 파괴한다고 지적하고 동시에 그것을 인간과 인간사회관계의 소외라고 지목하고 시민사회가 국가를 결정한다는 기본원리의 기초 위에 국가의 소멸을 예언하였다.

1. 물질의 의존관계

〈1857-1858년의 경제학 초고〉에서 마르크스는 전통사회와 현대사회의 차이를 "인간의 의존관계"와 "물질의 의존성을ㄹ 기초로 한 인간의 독립성" 즉 "물질의 의존관계" 간의 차이라고 개괄하였다. 광범위하게 인용되는 이 논단은 사회관계로 사회유형을 설명한 전형적인 서술이다. 그는 이렇게 말하였다.

> 인간의 의존관계(최초에는 완전 자연적으로 발생한)는 최초의 사회형태이며 이런 상태에서 인간의 생산능력은 협소한 범위 내와 고립적인 지점에서 발전하였다. 물질의 의존성을 기초로 한 인간의 독립성은 두 번째로 큰 형태이다. 이런 상태에서 비로소 보편적 물질교환이 이뤄지고 전면적인 관계가 이뤄지며 다방면의 수요 및 전면적인 능력의 체계가 이뤄진다. 개인의 전면적인 발전과 그들의 공동한 사회생산능력은 그들의 사회재부라는 이 기초 위의 자유개성으로 되었는데 이는 제3단계이다.[15]

마르크스의 윗말은 시민사회에서의 인간과 인간관계의 성질을 명확하게 설명하였다.

헤겔은 시민사회에서 개개인은 모두 자기의 특수 수요만 관심 가지며 모두 자기의 특수방식으로 자기에 속하는 특수 수요를 도모한다고 보았다. 그러므로 그 어떤 독립 자주적인 개인이 그 개인 수요의 만족을 도모하기 위해 진행한 활동은 모두 "특수하고" "제멋대로"이며 "의지의 보편물에 대항하는 것이다."[16] 이런 각자 특수한 개인 수요는 상호 교환적인 구조에 대한 확인으로 상호 만족을 얻으며 수많은 원자식의 개인이 하나의 총체적인 사회로 연결된다고 보았다. 헤겔은 이런 상호

15 중공 중앙 마르크스 엥겔스 레닌 스탈린 저작 편역국 편역, 〈마르크스 엥겔스 전집(제46권)〉, 인민출판사 1979년, 104쪽.

16 [독일] 헤겔, 〈법철학원리〉, 판양, 장치타이 역, 상무인서관 1961년, 204쪽.

연결의 관계를 "수요의 체계"라고 칭하였다. 그는 이렇게 말하였다.

> 나는 반드시 다른 사람의 행동에 협조해야 한다. 보편적인 형식은 바로 여기에서 온 것이다. 내가 다른 사람으로부터 만족할 수 있는 수단을 얻으면 나는 다른 사람의 의견을 받아들여야 하며 동시에 나도 부득불 다른 사람을 만족시키는 수단을 생산해야 한다. 그리하여 상호 협조하고 상호 연계하며 모든 개별적인 것은 이렇게 사회적인 것으로 된다.[17]

그러므로 "수요의 체계"에서 개인 간 상호 상대방의 수요를 만족시키는 것을 통하여 구성된 상호 인정과 자주 교제 관계는 시장경제사회에서 독립적인 개인 간의 평등, 상호 인정과 상호 존중의 기본관계로 되었다. "수요의 체계"에 들어가야만 "보편적인 형식 즉 인간과 인간의 "물질적 의존관계"에서 현대사회관계의 진실이 비로소 진정으로 나타나며 현대사회의 비밀이 비로소 드러난다. "수요의 체계"에서 전통사회에서의 인간과 인간 간의 자연 감정의 동일성은 더는 그들 결합의 전제가 아니며 그것을 대체한 것은 물질의 점유과계를 기초로 한 이익관계이다. 이런 물질의 점유과계를 기초로 한 이익관계에서 사람들 간에는 필연적으로 대항이 존재하게 되는데 이는 한 사람의 물질 획득은 다른 사람의 동일한 물질의 감소를 의미하기에 교제관계에 있는 매 사람은 모두 개인 이익의 최대화를 실현하려고 노력하기 때문이다. 그러나 상호 수요의 관계는 또 아래와 같은 것을 결정하였다. 다른 사람에게서 더욱 많은 것을 얻으려면 반드시 그 사람에게 더 많이 수요를 제공해야 하며 제공하는 수요는 반드시 다른 사람이 부족한 것이어야 하며 반드시 다른 사람이 이미 갖고 있는 것과 구별되는 특수한 것이어야 한

---

17 [독일] 헤겔, 〈법철학원리〉, 판양, 장치타이 역, 상무인서관 1961년, 207쪽.

다. 이렇게 하여야만 한 사람의 활동은 비로소 교환관계에서의 실질적인 전개를 얻을 수 있다. 그러므로 이런 관계에서 인간과 인간의 차이는 근본점이 되고 심지어 개개인은 모두 다른 사람과의 차이를 추구하는 것을 통하여야만 비로소 효과적으로 사회연합에 들어갈 수 있고 비로소 이런 사회연합에서 자아가치를 확립할 수 있다. 현대의 시장경제사회가 개성을 살리는 사회라고 하는 근본 원인이 바로 여기에 있다.

물질에 대한 점유관계에서 인간의 모든 목적을 물질에 대한 점유라고 간약할 수 있으며 인간과 인간의 관계를 물질에 대한 의존관계라고 간약할 수 있으며 인간은 날로 상품의 노예로 되어가 참으로 "인파가 흥성흥성한 것은 모두 이익을 위해 온 것이고 인파가 북적거리는 것은 모두 이익을 위해 가기 때문이다"고 할 수 있다. 마르크스는 이렇게 말하였다.

> 시민사회의 성원은 근본적으로 무슨 원자가 아니다. ……한 것은 한 사람의 수요는 이 수요를 만족시킬 수 있는 자료를 갖고 있는 다른 한 이기주의자에게는 뚜렷한 의미가 없기 때문이다. 즉 이 수요의 만족과 그 어떤 직접적인 관계가 없기에 개개개인은 모두 반드시 이런 관계를 건립해야 하며 이렇게 하면 서로 타인의 수요와 이런 수요의 대상 간의 구두장이가 된다. 이로부터 자연적인 필연성, 인간의 특성(그것이 어떤 소외 형식으로 표현되든 상관없이), 이익이 시민사회의 성원을 서로 연결시킨다.[18]

이런 물질에 대한 점유관계가 전 사회에서 충분이 전개된 후 물질에

18 중공 중앙 마르크스 엥겔스 레닌 스탈린 저작 편역국 편역, 〈마르크스 엥겔스 전집(제2권)〉, 인민출판사 1957년, 153-154쪽.

대한 점유 요구는 진일보로 추상물-화폐에 대한 점유 요구로 발한다. 한 것은 금전의 상품교환에서의 매개 역학은 금전으로 하여금 모든 물질의 총 대표로 환화하게 하여 "가치"의 대역으로 되게 하고 "이익"의 화신으로 되게 하였기 때문이다. 최종적으로 금전은 이 사회에서 무소불위의 "하나님"이 되었다. 따라서 인간의 물질에 대한 의존관계는 인간의 보편물질 즉 금전에 대한 의존관계로 변하고 인간의 획득 목적은 더는 물질적 사용가치가 아닌 "이윤" 자체이다. 이 과정은 상품교환관계가 보다 더 보편화되는 과정이며 동시에 "수요의 체계"가 자연 직접적인 한계를 초월하여 전반 사회생활로 무한히 확장하는 과정이다. 따라서 물질에 대한 점유관계는 인간과 인간 간의 보편적인 분리와 대립을 진일보로 초래하고 그들 간의 외재(이익)적 결합을 진일보로 초래하였다. 시장관계의 보편화 과정을 통하여 우리는 무엇 때문에 전통사회에서 분업도 있고 교환도 있지만 "수요의 체계"가 형성되지 못하였는가를 알 수 있으며 이는 사람들의 교환의 목적은 직접생활의 수요에 대한 보완이며 시장사회에서 사람들이 교환을 통하여 추구하는 것은 부자가 되는 것임을 알 수 있다. 바로 이런 활동이 이 사회 속의 성원들이 자신을 특정된 책임과 의무로부터 고립되어 나온 사람으로 변하게 한다. 한 것은 이런 책임과 의무는 필연적으로 물질이 소유한 특정가치와 상호 연관되고 이런 가치는 그에게는 오히려 의미가 없으며 그것은 이미 금전으로 추상화되었기 때문이다. 마르크스는 이렇게 말하였다. "유대인은 유대인의 방식으로 자신을 해방하며 그들이 자신을 해방하는 것은 단지 그들이 금전 세력을 장악하여서 아니라 금전 세력이 그들을 통하여 또는 그들을 통하지 않고 세계세력으로 되었기 때문이다."[19] 초기의

19 중공 중앙 마르크스 엥겔스 레닌 스탈린 저작 편역국 편역, 〈마르크스 엥겔스 전집(제1권)〉, 인민출판사 1956년, 447쪽.

〈유대인 문제에 대하여〉에서든 그 후의 경제학 저서와 초고에서든 마르크스는 모두 이 물질적 점유관계의 형성과 발전의 실질 과정을 아주 뚜렷하게 제시하였다,

마르크스의 견해에 의하면 교환관계의 보편화는 필연적으로 사람들의 사회결합방식이 근본적인 변화가 생기게 하며 필연적으로 공동체 간의 한계가 철저히 타파되고 날로 광범위한 사회관계가 형성되게 하며 이런 사회관계의 유대는 더는 사람 간 구비한 공동성 즉 혈연, 지연, 종법 등이 아니며 특정된 책임과 의무가 아니며 사람들 간 순수한 교환관계로 인하여 구성된 상호 수요이며 이는 상품 교환관계가 갖고 있는 내재 품질이 결정한다. 이런 관계 활동의 전형적인 주체로서의 상인은 날로 모든 필요관계, 의무, 책임과 편견을 벗어난 "세계공민"이 된다. 상품교환관계가 보편화되어 기초적인 사회관계로 되면 헤겔의 이른바"수요의 체계"가 건립될 수 있고 현대사회도 마르크스가 말하는 물질의 의존성을 기초로 하는 사회로 된다. 이런 의미에서 헤겔의 이른바 "시민사회"는 실질상 상품교환관계 보편화의 산물이다. 이런 보편화는 자본주의 시장경제발전의 필연적인 결과이다. 자본주의 시장경제의 발전은 상품교환관계를 대표로 한 독립 자주적인 개인 간의 자주교환관계로 하여금 충분히 발전하게 한다. 이런 관계가 바로 시민사회의 본질 관계이며 이는 원래 인간의 전면적인 수요와 서로 모순되기에 상품교환관계의 보편화가 초래한 특수 이익과 사회 윤리 사이의 긴장은 내재적으로 시민사회에 속하게 되었다.

2. 사회관계의 소외

마르크스는 자본주의의 상품생산과정에서:

활동과 생산품의 보편 교환은 이미 매 개개인의 생존조건으로 되었으며 이런 보편 교환은 그들의 상호 관계이며 그들 자체로 말하면 이색적이고 무관한 것으로 표현되며 일종의 물질로 표현된다. 교환가치상 인간의 사회관계가 물질적 사회관계로 전환하며 인간의 능력이 물질적 능력으로 전환한다. 교환수단이 갖고 있는 사회역량이 작을수록 교환수단과 직접적인 노동생산품의 성격 간 및 교환자와의 직접 수요 간의 관계가 더욱더 밀접해지며 개인을 상호 연결시키는 공동체의 역량이 필연적으로 더 커진다.-가부장적인 관계, 고대 공동체, 봉건제도와 길드 제도.[20]

현대 사회 관계의 소외 성격에 관하여 마르크스는 기본상 헤겔의 판단을 따랐다. 마르크스의 견해에 의하면 시민사회에서 보편화된 상품교환관계는 물질적 의존관계가 기본적 사회관계로 되게 하고 가정을 대표로 하는 전통사회 공동체의 윤리정신은 조용히 물러가게 하였다. 시민사회의 시장교환체계로서의 상품교환은 평등, 자주적인 관계를 경제교제에서 전반 사회교제로 확장시키고 전반 사회교제의 보편 형식으로 되게 하고 현대의 윤리정신으로 되게 하였으며 동시에 상품교환은 또 보편화된 윤리관계가 상품교환의 형식으로 간략 되었으며 그 윤리 내포를 축소하여 인간과 물질 간의 진정한 관계를 배반하게 하고 사람을 물질의 노예로 되고 하고 최종적으로 금전의 노예로 되게 하여 인간과 인간관계의 소외를 초래하였다. 헤겔은 이런 소외를 윤리정신이 허물어진 광경이라고 서술하고 마르크스는 이를 인간과 인간관계의 소외로 보았다. 이런 소외 관계에서 개인의 모든 활동은 모두 개인이익의

20 중공 중앙 마르크스 엥겔스 레닌 스탈린 저작 편역국 편역, 〈마르크스 엥겔스 전집(제46권)〉, 인민출판사 1979년, 104쪽.

기점으로부터 출발하기에 인간과 인간 간의 전면적이고 풍부한 윤리관계는 단순한 이익관계로 소외되게 하며 이로써 계급차별을 유지하고 최종적으로 계급간의 충동을 초래한다.

종교와 형이상학 관념의 속박을 벗어난현대성이 부각된 현대인 완전 자유롭기에 이윤을 추구하는 과정에서 수단을 가리지 않고 결과를 고려하지 않는 크나큰 야심을 논리적으로 표현한다. 자아의식은 자신의 무한한 성찰 속에서 헤겔이 말한 "황음과 빈곤의 정경을 제공하였을 뿐만 아니라 양자가 공유하는 생리적, 윤리적 탈바꿈의 광경도 제공하였다."[21]는 그런 인성상태를 표현하였다. 자본의 탐욕적인 품격은 이를 통해 가시화되고 확장되었다. 게다다 치열한 시장경쟁은 경쟁적인 생존방식을 보편적으로 활성화되게 하고 세속화 붐은 무한 증식하는 화폐 재부 형식에서 사람들의 욕망 분발을 위해 넓은 길을 개척하고 날로 팽창되는 개성 정신은 자아가치를 적극 추구하는 실현을 합법적이고 정당한 것으로 변하게 하고 날로 인격의 성취를 상징하는 숭고한 영예로 되게 하였다.

사적 이익을 추구하는 것은 자본주의의 특유한 현상이 아니라 인류의 이전의 역사발전에 시종 존재하였다. 그러나 맥퍼슨C.B.Macpherson의 이른바 "점유적인 시장사회"는 오히려 자본주의사회가 특유한 것이며 현대성의 일종의 결과라고 하였다. 자본주의사회에서 법률상 자유로운 고용 노동자가 나타나 그들이 시장에서 자유롭게 자기의 노동력을 상품으로 매매할 수 있어야 생산의 사회화가 비로소 가능하며 보편적 교환관계가 비로소 가능할 수 있으며 사적 이익을 추구하는 것이 비로소 현실적 제도기초가 있게 된다. 전통사회의 도덕 문화에서 개인의 이익을 추구하는 것은 인정받지 못할 뿐만 아니라 항상 부도덕한 것으로 된

---

21 [독일] 헤겔, 〈법철학원리〉, 판양, 장기타이 역, 상무인서관 1961년, 199쪽.

다. 마르크스는 미래 사회에서 사회생산방식의 변화로 인하여 이런 현대도덕관념도 더는 합리적거나 자연적이지 못하다고 보았다. 현대시장경제사회에서만 개인이익을 추구하는 것에 합법적인 제도의 외의를 부여하고 사람들은 비로소 그에 대한 도덕상의 무정한 비판과 질책을 하지 않는다. 마르크스는 이렇게 말하였다.

> 만약 이런 단순한 물질적 관계를 자연 발생적인, 개성의 자연(성철적인 지식과 의지와 정반대)과 불가분의 관계, 그리고 개성의 내재적 관계로 이해하면 그것은 터무니없는 것이다. 이런 관계는 각 개인의 산물이다. 그것은 역사적인 산물이다. 그것은 개인발전의 일정한 단계에 속한다."[22]

즉 이런 인류관계형식은 일정한 역사단계에서 발생한, 소외된 그리고 최종적으로 사라지게 될 사회관계이다.

상품교환관계의 보급이 초래한 개인이익에 대한 무한한 팽창은 필연적으로 인간 사회의 보편적 윤리 요구 간에 극심한 긴장과 충돌이 생기게 한다. 근대 이전, 전통철학은 도덕을 초험 원칙에 의거하여 구성되었다고 보고 도덕은 경험이 도달할 수 없는 궁극적 특징을 구비하고 있기에 사람이 구비한 도덕 특성은 그 어떤 선험근거가 결정한 것이라고 하였다. 선험적인 것은 바로 비역사적이며 불변적이며 궁극적이다. 그러므로 플라톤부터 아퀴나스Thomas Aquinas까지 어떤 "절대적 선"은 인류를 인류라고 할 있는 궁극적인 근거이며 인간 사회를 인간 사회라고 할 수 있는 궁극적인 원인이었다. 초험의 본체와 초험의 선은 최대의 보편

---

22 중공 중앙 마르크스 엥겔스 레닌 스탈린 저작 편역국 편역, 〈마르크스 엥겔스 전집(제30권)〉, 인민출판사 1995년, 113쪽.

성을 구비하고 있으며 인간은 본성적으로 이러한 보편성에 의해 결정되는 이상 그들의 공동성과 일치성, 그들의 연합, 그들의 사회는 선재先在적으로 이런 보편성에 의해 결정된다. 그들의 모든 활동도 이 목적을 위해 진행되었다. 근대에 와서 많은 사상가들에게 도덕은 역사적이고 환경적인 산물로 되었다. 서로 다른 역사 시기와 사회 환경은 서로 다른 도덕을 만들었고 이런 서로 다른 도덕은 서로 다른 역사와 환경 조건하에서 모두 유일한 합법성을 구비하였다. 윤리도덕은 형식주의 질곡에서 벗어난 동시에 그의 초험적인 의지를 잃고 객관가치의 의거가 없게 되었다. 이런 관념 하에 인간과 인간 간의 연합은 보편적인 근거의 "약속"이 없게 되었다. 따라서 개인은 개인의 이익을 추구하고 개인 수요를 만족하는 활동에서의 고립 원자가 되었다. 극도로 말하면, 그들은 외재적인 필연성을 통하여야만 상호 연합할 수 있고 공동한 도덕목표를 위한 사회활동을 할 수 없다. 이 것이 바로 가치체계로서의 현대성이 현대사회에 부여한 윤리정신이다.

원칙으로 말하면, 근대의 사회 관념에서 도덕의 공통성은 무의미하며 그 어떤 것도 사람들 간의 일치성을 보장할 수 없기에 토머스 홉스는 "인간 대 인간은 늑대"라고 말하였고 헤겔은 시민사회는 "모든 사람이 모든 사람을 반대하는 전쟁터"라고 말하였다. 이런 상황에서 사람들은 필연적으로 이러한 질문을 하게 된다. 즉 시장경제사회는 필연적으로 개인과 사회가 소원해지게 하는가? 그것은 보편 윤리가 결핍한 사회인가? 정말로 많은 근대 사상가들이 생각한 것처럼 보편적인 사회윤리가 현대사회에서 이미 그 존재의 합법성을 상실하였는가? 이는 헤겔이 직면한 시대 문제이자 마르크스가 직면한 시대 문제이기도 하였다. 이러한 문제 외에 마르크스는 우리가 어떻게 이런 사회상태를 초월할 것인지를 고려해야 하였다.

3. 시민사회가 국가를 결정한다

마르크스는 "시민사회는 모든 역사의 진정한 발원지이자 무대이며 과거의 현실관계를 홀시하고 대통령과 국가의 위대한 공적만 보는 역사관이 얼마나 터무니없는 가"고[23] 지적하였다. 엥겔스도 "결코 국가가 시민사회를 제약하거나 결정하는 것이 아니라 시민사회가 국가를 제약하고 결정한다."고[24] 지적하였다. 시민사회가 국가를 결정한다는 것은 마르크스(와 엥겔스)의 시민사회와 국가 관계에 관한 기본 관점이다.

전통사회에서 국가와 사회는 기본상 하나로 합쳐진 접착 상태이다. 사회가 국가에 의해 삼켜지고 덮여 양자는 일체화 상태가 되었다. 국가 기구가 마땅히 사회 자체가 해야 할 역할 기능을 대체하고 국가 권력이 전반 사회의 운행을 지배하였다. 고대그리스인들의 생활의 중심은 도시국가이기에 "고대그리스인에게는 도시국가가 바로 공동생활이고", "도시국가의 헌법은 '생활의 패턴'이지 법률구조가 아니었다."[25] 그러므로 페리클레스Pericles는 비로소 "우리는 여기서 개개인이 관심하는 것은 그 자신의 사무일 뿐만 아니라 국가를 관심하는 사무이기도 하며 자기의 사무에 제일 바쁜 사람도 일반 정치에 대해 아주 익숙하다-이 것은 우리의 특점이다. 정치를 관심하지 않는 사람에 대하여 우리는 그가 자신의 사무에 유의하는 사람이라고 하지 않으며 그는 근본적으로 사

---

23 중공 중앙 마르크스 엥겔스 레닌 스탈린 저작 편역국 편역, 〈마르크스 엥겔스 선집(제1권)〉, 인민출판사 1972년, 41쪽.

24 중공 중앙 마르크스 엥겔스 레닌 스탈린 저작 편역국 편역, 〈마르크스 엥겔스 전집(제21권)〉, 인민출판사 1965년, 247쪽.

25 [미국] 조지 홀랜드 사빈, 〈정치학설사(상)〉, 덩정래 역, 상하이인민출판사 2008년, 41쪽.

무가 없는 사람이라고 한다."[26]고 말하였다. 여기서 알 수 있다시피 고대그리스 도시국가에서 개인의 생활과 가치는 모두 도시국가 공동체에 의존할 뿐만 아니라 개인생활과 정치생활이 긴밀히 연관되어 있으며 그리고 이로부터 최종적으로 윤리적 의의를 얻었다. 즉 국가와 사회는 하나로 합치고 그 합친 기초와 유대는 정치윤리로서의 도시국가 정의와 지선이다.

자산계급이 역사무대에 등장함에 따라 종교권위와 군주권력은 날로 사회생활에 대한 영향력을 잃게 되었다. 토머스 홉스는 " 교회의 권위가 양심에 관한 주장의 비난을 받고 법률과 정부의 권위가 개인의 자연권리의 저항을 당하였다. 일시 남녀의 개인 행복을 위하여 전반 사회구조와 정치번영과 민족 행복에 관한 각종 견해를 모두 상세한 심사를 진행하였다."[27] 그 다음 흥기된 자연법철학전통에서 시민사회는 최초에 그 후 사람들이 이해한 국가에 외재한 독립사회 구조가 아니라 "정치사회"와 같은 뜻이었다. 그와 상대되는 것은 이른바 "자연 상태" 혹은 "자연 사회"이다. 계약론사상가들은 자연 상태는 하나의 무정부상태이며 자연 사회는 실제로 "전前시민사회"라고 보았다. 자연 상태 또는 자연 사회가 자신이 극복할 수 없는 결함이 있기에 (예컨대 평화, 안전, 인신, 재산의 보장이 결여되어 있는 등) 필연적으로 국가문명으로 나아가야 한다. 사람들의 계약 체결을 통하여 국가가 출현한 후 비로소 국가와 시민사회가 분치하는 국면이 이루어졌다. 로크, 루소, 칸트 등 근대 초기자유주의자들은 모두 이 의미에서 시민사회라는 이 개념을 사용하였다. 그들은 자연법이론으로 정부권위의 근원이 인민의 사상이라는 것을 논증하였다. 이런 사상의 내재 논리는 바로 만약 국가 정부가 인민을 대표하지 않는

26 [그리스] 투키디데스Thucydides, 〈펠로폰네소스 전쟁사〉, 세더풍 역, 상무인서관 1960년, 132쪽.

27 [영국] 토머스 홉스, 〈형이상학적 국가론〉, 왕수춘 역, 상무인서관 1997년, 20쪽.

다면 인민은 그것을 뒤엎는다는 것이다. 분명히 여기에 내재적으로 사회가 국가보다 높다는 이념이 내포되어있다. 그들은 자연 상태의 가설 및 사회계약론의 구상으로 사회가 국가보다 앞서고 사회가 국가보다 높다는 관념의 합리성을 명확히 긍정하고 자유주의 시민사회이론전통을 창립하였다.

헤겔의 견해에 의하면 "핵 형식"의 개인 간에 필연적인 연관이 결여되었기에 어떤 것은 단지 외재적인 도구적 계약과 이익 연관일 뿐이기에 이런 연관이 구비한 보편성은 단지 추상적인 보편성에 불과하며 그것도 필연적으로 이른바 자연적인 필연성과 제멋대로임을 초래한다. 자연적인 필연성과 제멋대로임이 넘치는 사회에서 개체 간은 계약을 통하여 일종의 상호의존 관계를 건립할 수 있지만 무절제한 자리적인 동기는 또 전반 사회로 하여금 "모든 사람이 모든 사람을 반대하는" 전쟁터로 되게 하며 공공계약의 실현은 현실에 맞지 않는 환상으로 된다. 헤겔은 시민사회라는 이 특수한 단계에서 도덕이 타락하여 자구하기 어려우며 오직 국가라는 이 더 높은 윤리실체에 구원을 청하여야만 비로소 그 소외를 구제할 수 있으며 국가는 "윤리개념의 실현"이며 "절대적으로 자유로운 이성적인 것"이며 또한 보편이익을 대표하며 사적인 특수 이익을 보편이익을 대표하는 국가 속에 통합하며 그리하여 시민사회의 맹목적인 필연성과 제멋대로인 부족 점을 봉합한다고 보았다. 이 기초 위에서 헤겔은 국가가 시민사회보다 높고 국가가 시민사회를 결정한다는 주장을 제기하였다.

헤겔은 근대 시민사회의 출현은 자본주의 시장경제발전의 결과임을 보아냈다. 그의 시민사회 개념은 바로 정치국가와 시민사회 상호 분리된 현실에 대한 모사이다. 헤겔은 시민사회의 경제 본질을 인식하고 그것이 윤리생활에서의 부족 한 점을 지적하였는데 이는 모두 그가 예사롭지 않은 통찰이다. 그는 국가가 시민사회윤리의 부자족성을 바로잡을 것을 주장하였는데 이는 일정한 정도로 그 합리성이 있지만 윤리에서의 국가의 지위를 과도하게 높이 평가하고 나아가 국가가 시민사회를 결정한다는 결론을 도출하였다. 또한 헤겔의 시민사회이론의 한계점도 반영하였다. 마르크스는 헤겔의 시민사회이론에 대한 성찰과 비판 속에서 헤겔과 다른 정치철학 주장을 제기하였다.

마르크스의 시민사회에 대한 연구는 또한 그의 새로운 세계관"천재의 싹"의 출발점은 바로 헤겔의 법철학을 비판하면서부터 시작되었다. 그의 견해에 의하면 시민사회는 인간 사회발전의 특정 발전시기와 상호 연관되며 특수한 사적 이익과 보편적 공공 이익의 분리와 대립을 자기의 존재형식으로 하였다. 바로 이런 분리가 시민사회와 국가의 출현과 독립 존재를 성사시켰다. 이 각도에서 출발하여 마르크스는 시민사회는 그 본질로 말하면 대표하는 것은 개인의 물질교환관계이며 "사적 이익의 체계" 혹은 특수한 개인 이익관계의 총화라고 말하였다. 헤겔은 시민사회를 정치국가 이외에 있는 사회생활의 모든 영역을 포함한 것으로 보았는데 실질적으로는 "비정치적인 사회"이다. 마르크스는 헤겔의 이 시민사회와 국가를 상호 구분한 사상을 적극적으로 긍정하고 이는 근대사회현실상황에 대한 정확한 인식이라고 보았다. 마르크스는 "헤겔의 출발점은 두 개의 영원한 대립 면으로서의, 두 개의 완전 다른 영역으로서의 "시민사회"와 "정치국가"의 분리이며 물론 현대국가에서는 이런 분리가 실제로 존재한다."[28] 고 말하였다. 그러나 마르크스는 개인이익과 상품경제의 출현이 시민사회와 국가의 분리를 초래한 충분조건이라고 보지 않았다. 그는 전前자본주의시기에 상품경제도 있고 사적인 이익도 존재하지만 시민사회가 필연적으로 정치국가에서 분리되

28 중공 중앙 마르크스 엥겔스 레닌 스탈린 저작 편역국 편역, 〈마르크스 엥겔스 전집(제1권)〉, 인민출판사 1956년, 334쪽.

는 것은 아니라고 보았다. 단지 상품경제발전이 자본주의시장경제단계로 발전함에 따라 시장경제의 내재 요구가 최종적으로 정치혁명을 통하여 시민사회와 국가를 현실에서 분리시켰을 뿐이다. "자산계급은 봉건주의 지배하에 발전시킨 생산력을 장악하였다. 모든 낡은 경제 형식, 모든 그에 상응하는 시민관계, 그리고 옛날 시민사회의 정식으로 표현된 정치제도는 모두 산산이 부서졌다."[29] 자산계급혁명이 봉건전제권력을 뒤엎고 "국가사무를 인민을 위한 사무로 향상시키고 정치 사무를 보편사무로 확정하여 진실한 국가로 되게 하였다."[30] 동시에 등급특권을 없애고 "시민사회의 등급 차별을 완전 사회차별로 변하게 하였으며 즉 정치의의가 없는 개인 생활의 차별로 변하게 하였다. 이렇게 정치생활이 시민사회와 분리되는 과정을 완성하였다."[31] 즉 국가와 시민사회가 상호 분리된 사회구조의 분화과정을 완성하였다. "국가는 시민사회 이외의 독립 존재를 획득"하고 시민사회는 "공동체의 모든 외관을 포기하고 재산발전에 대한 국가의 그 어떤 영향도 모두 제거하였다."[32] 시민사회가 국가로부터 분리된 것은 역사적 진보성을 갖는다. 이 분리가 가져온 사회구조 분화는 진일보로 사회경제와 정치의 공동 발전을 추진하였다. 하여 마르크스는 "진정한 시민사회는 단지 자산계급과 함께 발전하였을 뿐이다"고[33] 지적하였다.

---

29 중공 중앙 마르크스 엥겔스 레닌 스탈린 저작 편역국 편역, 〈마르크스 엥겔스 전집(제4권)〉, 인민출판사 1958년, 154쪽.

30 중공 중앙 마르크스 엥겔스 레닌 스탈린 저작 편역국 편역, 〈마르크스 엥겔스 전집(제1권)〉, 인민출판사 1956년, 335쪽.

31 중공 중앙 마르크스 엥겔스 레닌 스탈린 저작 편역국 편역, 〈마르크스 엥겔스 전집(제1권)〉, 인민출판사 1956년, 335쪽.

32 중공 중앙 마르크스 엥겔스 레닌 스탈린 저작 편역국 편역, 〈마르크스 엥겔스 전집(제3권)〉, 인민출판사 1957년, 70쪽.

33 중공 중앙 마르크스 엥겔스 레닌 스탈린 저작 편역국 편역, 〈마르크스 엥겔스 전집

마르크스는 헤겔의 시민사회관념의 역사진보성을 긍정한 동시에 헤겔의 윤리정신으로부터 출발하여 시민사회와 국가를 분리한 이성주의 논리를 반대하였다. 마르크스는 헤겔의 논술은 "논리적이고 범신론적인 신비주의"라고 하면서 그 중 "철학의의를 구비한 것은 사물자체의 논리가 아니라 논리 자체의 사물이다"고[34] 말하였다. 마르크스의 견해에 의하면 시민사회에 관한 고찰은 마땅히 사물 자체의 논리로부터 출발해야 하며 사물 자체의 논리는 가정, 시민사회와 국가 모두가 "인간의 존재적", "사회형식"과 "인간의 본질적 객관화"이다.[35] 마르크스는 "인간은 바로 인간의 세계이며 국가와 사회이다."[36]고 강조하고 시민사회와 국가는 사유제와 계급사회의 산물이기에 마땅히 사유제와 계급사회 발전의 역사 규율로부터 출발하여 시민사회와 국가의 관계를 고찰해야 한다고 강조하였다. 마르크스는 이렇게 말하였다.

> 정치의 무의존성은 정치국가 자체의 본질에서 출현된 것이 아니며 정치국가가 자기의 구성원에게 준 선물이 아니며 정치국가를 진흥시키는 정신이 아니며 정치국가의 구성원은 일종의 비정치국가의 본질에서 즉 추상적인 사법私法 본질에서, 추상적인 사유재산에서 자기의 무의존성을 획득한다.[37]

(제1권)〉, 인민출판사 1956년, 41쪽.

34 중공 중앙 마르크스 엥겔스 레닌 스탈린 저작 편역국 편역, 〈마르크스 엥겔스 전집(제1권)〉, 인민출판사 1956년, 250쪽.

35 중공 중앙 마르크스 엥겔스 레닌 스탈린 저작 편역국 편역, 〈마르크스 엥겔스 전집(제1권)〉, 인민출판사 1956년, 293쪽.

36 중공 중앙 마르크스 엥겔스 레닌 스탈린 저작 편역국 편역, 〈마르크스 엥겔스 전집(1권)〉, 인민출판사 1956년, 452쪽.

37 중공 중앙 마르크스 엥겔스 레닌 스탈린 저작 편역국 편역, 〈마르크스 엥겔스 전집(3권)〉, 인민출판사 2002년, 133쪽.

여기서 알 수 있다시피 시민사회와 정치국가 관계 문제에서 마르크스는 헤겔의 국가가 시민사회를 결정한다는 이론을 반대하고 헤겔에 의해 전도된 시민사회와 국가의 관계를 다시 거꾸로 바로 잡았다.

마르크스는 사회가 국가보다 앞서고, 국가는 사회에 근거하며 국가는 사회의 도구일 뿐이라고 보았다. 이 것으로 말하면 마르크스와 자유주의자의 이해는 일치하다. 비록 그들 간의 차이점이 공동점보다 더욱 본질적이지만. 마르크스의 견해에 의하면 헤겔이 구상한 공공 이익을 대표하는 국가는 시민사회도구로 존재하는 일종의 사회 "부가물附加物"에 불과하며 그 자체는 독립 존재의 가치를 구비하지 못하였고 국가는 시민사회를 위해 봉사하고 시민사회에 복종해야만 비로소 존재할 수 있고 존재할 필요가 있다. 그러므로 시민사회는 정치국가의 기초이며 시민사회가 정치국가를 결정한다. 자유주의는 국가를 사회의 도구로 간주하고 마르크스도 국가를 사회의 도구로 간주하였으며 자유주의자는 사회를 국가합법성의 근원으로 보고 마르크스도 사회를 국가합법성의 근원으로 보았다.

마르크스와 자유주의 간의 차이는 그의 계급이론에 있다. 마르크스의 견해에 의하면 국가는 계급지배의 도구이며 혹은 단지 계급을 지배하는 도구에 불과하며 그리하여 국가 자체는 근본적인 독립성을 구비하지 못하기에 국가와 투쟁하는 것은 바로 지배계급과 투쟁하는 것이다. 자유주의자는 흔히 국가는 비록 사회에서 유래하였지만 일단 생겨나 사회와 분리되면 일종의 자기 이익이 있고 심지어 자기 생명이 있는 독립 존재로 되며 자기 이익을 도모할 줄 알기에 사회의 이익을 파괴할 줄 안다. 그러므로 사회의 건강한 존재와 양호한 발전을 위하여 반드시 국가권력을 통제해야 한다. 자유주의자가 도모하는 것은 국가와 사회의 균형이다. 그들의 견해에 의하면 현대사회에서 제일 중요한 정치문제는 모두 국가와 사회관계의 불균형에서 비롯되며 국가와 사회 간의 균형 관계를 어떻게 잘 해결하는 가 하는 것은 정치철학이 반드시 주목해야 할 중대한 문제이다. 그러나 마르크스는 국가와 시민사회는 원래 일치하였고 시민사회는 자산계급의 금전 게임장이며 국가는 자산계급의 권력게임장에 불과하다고 보았다. 자산계급의 권력은 그들이 보유한 자본에서 비롯되기에 정치활동에서의 권력게임은 단지 경제영역에서의 금전 게임이 순조롭게 진행되는 것을 보장하기 위한 다른 일종의 금전 게임에 불과하다. 그것들 간에는 불균형이 존재하지 않으며 정반대로 그것들 간 본질적인 일치성이야말로 문제점이다. 이는 게임이 합리적으로 진행되게 하려면 이런 게임을 보호하는 원칙에 의존하여 보증할 것이 아니라 근본적으로 게임 자체를 바꿔야 함을 의미한다.

4. 국가의 소멸

헤겔과 마찬가지로 마르크스도 자산계급시민사회와 국가의 상호 분리가 초래한 많은 문제들을 명확히 인식하였지만 마르크스는 본질적으로 보면 이런 분리 자체는 단지 가상에 지나지 않는다고 보았다. 사적이익 영역으로서의 시민사회의 특수성과 국가가 대표는 공익이익 영역의 보편성의 분리와 이런 분리의 충분한 발전은 자본주의 사회의 뚜렷한 특징이다. 이는 자산계급과 노동계급이 함께 얻은 "정치해방"이 일종의 거짓된 "인간의 해방"으로 표현된다. 국가는 겉으로는 사유재산의 통제에서 벗어났지만 실제로 사유재산을 취소하지 않았을 뿐만 아니라 사유재산이 시민사회에서 충분하게 자유롭게 발전하게 하였으며 노동계급은 더욱 철저하게 빈곤에 빠지게 하였다. 국가는 겉으로는 사회 이익, 공익 이익을 대표하지만 실제로 사유자 이익의 대표에 불과하다.

마르크스의 사회와 국가 관계에 관한 이해는 헤겔의 패턴과 다르다.

마르크스의 패턴은 사회로 국가를 통합하고 공공권력은 완전히 사회의 원칙에 따라 건립되게 하며 이로써 양자의 소외 관계를 제거하는 것이다. 물론 이런 패턴의 시민사회이론의 궁극적 목적은 "시민사회를 취소하는 것"이지만 이는 동시에 또 국가의 소멸을 의미한다. 이는 마르크스의 시민사회와 국가 관계에 대한 궁극적인 가설이다. 어떤 의미에서 이 가설은 지향하는 목표는 소외의 제거와, 인간의 해방과, 공산주의의 실현과, 인간의 자유의 최종적 실현과 동의어이다. 그러므로 마르크스의 견해에 의하면 시민사회에서 재산개인소유권을 폐지하고 나아가 국가라는 이런 가성적인 공공 권력을 철저히 부정해야만 비로소 시민사회와 국가의 대립관계가 최종적으로 해소되며 비로소 시민사회에서의 인간과 인간의 대립이 해소된다.

현대성 비판의 시각에서 보면 마르크스는 헤겔이 이성주의 철학 입장에서 출발하여 국가가 대표하는 이성 정신을 최종적인 근거로 한 것을 반대하였기에 비로소 자산계급정치경제학에 대한 분석을 통하여 모순적인 경제 근원을 밝혀내고 사유제 조건하의 국가와 사회 분리의 허상을 폭로하고 나아 헤겔의 시민사회와 국가의 충돌에 대한 해결방안의 실행 불가능을 폭로하였다. 이는 시민사회에 입각한 "실상"이 자유주의가 허구한 시민사회의 "환상"에 대한 비판이다. 이 기초 위에 마르크스는 자기의 해결방안을 제기하였다. 즉 실제로 자산계급사회의 시민사회 및 그 정치 대변인 국가 자체를 철저히 부정함으로써 인간 사회로 하여금 그의 이른바 "자유인연합체"의 새로운 사회로 들어가게 하는 것이다.

마르크스는 자유주의와 헤겔처럼 국가가 구비한 사회를 관리하는 기능을 부정하지 않았다. 그의 견해에 의하면 국가는 원래 사회에서 출현되었지만 사유제와 계급 분열의 원인으로 인하여 사회의 모체를 이탈하여 사회의 "이색적인 힘"이 되고 사회를 지배하는 도구로 되었다. 그러나 이는 국가와 사회의 관계에서 독립성을 구비한 국가가 곧 사회의 결정적인 요소임을 설명할 수 없으며 국가가 사회를 통합하는 선천적인 합리성을 구비하고 있음을 설명할 수 없다. 마르크스와 엥겔스는 국가의 출현과 발전의 현실 역사과정에 대한 분석을 통하여 국가가 어떻게 사회강제역량으로서 사회의 통합자가 되었는가를 설명하였다. 마르크스는 인류역사의 발전과정에서 국가와 사회의 이원화는 사회가 성숙과 자각으로 나아가는 중요한 징표이며 정치와 경제의 이원화를 반영하고 사회발전의 필수 단계라고 보았다. 이 역사단계에서 국가가 사회를 관리하는 것은 역사의 필연성을 갖고 있다. 그러나 이 과정에서 사회가 어느 정도로 국가의 관리를 수용할지는 실제로 사회 자체의 "발육"정도에 따라 결정된다. 근대 자산계급이 완성한 국가와 시민사회의 이원 분화는 비록 사회 자아 소외의 극단적 체현이지만 동시에 또 "사회가 국가정권을 다시 회수하는 것"은 인간 사회발전의 필연적인 추세임을 예시한다.

요컨대 사회가 국가를 낳고 국가가 지배한다는 것은 결코 사회가 결국 국가 통합 하에 놓이게 된다는 것을 의미하지 않는다. 사회가 국가를 결정한다는 것은 국가 기능을 결국 사회에 반환함을 결정한 것이며 양자가 상호 분리로부터 다시 통일로 나아가는 것은 역사의 필연적인 추세이다. 마르크스는 이런 통일은 바로 "사회 부양으로 사회의 자유 발전을 저해하는 기생 군더더기 - '국가'가 지금까지 삼킨 모든 힘을 사회 유기체에 돌려주는 것"이며 "사회가 국가 정권을 다시 회수하여 국가 정권의 사회를 지배하고 사회를 제압하는 힘을 사회자신의 생명력으로 변하게 하는 것"[38]이라고 보았다. 마르크스는 일찍 구상하기를,

38 중공 중앙 마르크스 엥겔스 레닌 스탈린 저작 편역국 편역, 〈마르크스 엥겔스 선집(제2권)〉, 인민출판사 1972년, 413쪽.

이런 궁극목표는 시민사회가 충분히 발전한 기초 위에 낡은 국가 기계를 부수고 새 정권을 건립하는 것을 통하여 그리고 이런 정권의 새 사회 요소에 대한 육성을 통하여 점차적으로 달성된다. 소련, 중국과 기타 사회주의 국가는 바로 이런 구상에 따라 자기의 무산계급정권 혹은 인민민주정권의 국가를 건립하였다. 이전에 일부 사회주의국가는 그들의 사회주의 길을 포기하였지만 전 세계 범위 내에서 마르크스의 국가와 시민사회 관계에 대한 사상은 여전히 복잡다단한 방식으로 많은 나라의 정치와 사회 발전의 방향에 영향을 미치고 있으며 중국도 지금 개혁개방의 과정에서 자기의 국가 건설과 사회 발전의 길을 모색하고 있다. 사회가 어떠한 방식으로 앞으로 발전하든 막론하고 마르크스가 구상한 궁극적인 목표의 실현은 모두 단번에 이룰 수는 없으며 인류의 장구한 노력이 있어야 이룰 수 있다. 20세기 사회주의의 흥망성쇠의 역사도 마르크스의 판단-시민사회 자신이 자아 소멸의 조건을 잉태하고 있고 시장경제의 충분한 발전만이 비로소 최종적으로 시민사회와 국가의 분리를 없앨 수 있다는 것을 증명하였다. 이 점도 사회주의시장경제 개혁의 중요한 이론 근거로 되어야 한다. 정치국가의 원칙을 끊임없이 사회의 수요로 향하게 하여만 비로소 사회의 발전과정에서 끊임없이 국가 소멸의 조건을 창조할 수 있고 그리하여 사회와 국가의 공동 발전 속에서 점차적으로 공공 이익과 사적 이익의 모순을 해소할 수 있다.

제4장

인간 사회에 입각한 자유와 해방

계몽운동 이후의 철학 사상은 정치 정의의 한계에서 인간과 사회의 최종적 해석을 찾고 종교를 대체하여 세계를 해석할 수 있는 현대적 방안이 되었다. 하지만 이 현대적 방안은 최종 자유를 없애고 최종 자유에 대한 갈망도 없앴으며 자아적 논리적 곤경에 드나들게 되었다. 마르크스는 역사의 실천 중에서 정치적 정의를 초월할 수 있는 정치적 철학을 구축했고, 현대성을 전복하는 "대체적 방안"을 건립했다. 이 정치적 철학의 확립으로 말미아마, 마르크스가 "세상을 바꾸는" 새로운 철학이 새로운 입장을 찾았고, 실천으로부터 철학을 구축하는 기본적 도로를 찾아냈다. 마르크스의 정치적 철학은 그의 실천적인 철학에서 대표적인 표현 방식이다.

제1절

실천에 입각한 마르크스의 정치철학

이제까지의 오랜 동안, 사람들은 마르크스의 정치적 철학과 그의 실천적 철학 사이의 논리적 내부 통일성을 충분히 인식하지 못한다. 사람들이 인식하지 못한 정치적 철학이 그의 실천적 철학에서의 가장 구체적인 내용이다.

1. 소홀히 한 내재 연관

인간이 마르크스의 정치적 철학을 소홀하고, 그의 정치적 철학과 실천적 철학의 내부적 관련을 외면하는 주요 원인이 다음과 같이 두가지가 있다. 한 방면에서, 마르크스가 정치적 문제에 대한 철학적 사고는 그의 실천 관점이 명확하지 못한 시기에 집중되어 있고[1] 그의 철학적

1 마르크스가 자신의 실천적 관점과 유물사관을 해석하기 직전, 마르크스는 정치적 문

사상이 형성되는 과정에서의 우연적인 단계로 삼게 되어 외면당하게 되었다. 또한, 전통적인 이해에서, 마르크스가 정치적 문제에 대한 철학적 사고를 간단하게 유물사적 관점의 한 부분으로 인식하고, 규범적인 이론 차원에서 소외받게 되었다. 그래서 사회적 생활의 진리를 추구하는 정치적 철학으로서, 독립적인 연구대상으로 된 지위와 의의를 상실했다. 심지어 이런 상황에서 사람들은 마르크스의 이론 속에서 논리적 문제의 핵심이었던 정치적 철학이 포함되어 있는지에 대하여 토론하게 된다. 마르크스 철학의 전통적인 이해를 바탕으로, 이런 의심을 가진 것은 당연한 것이다. 마르크스의 철학을 간단한 결정론의 관점으로 해석하고 인간 생활에 대하여 논리적인 변호를 가지는 것이 마르크스 철학이 주장한 역사적 필연성의 "과학적 이론"과 엇갈려 있다. 하지만, 마르크스의 철학적 실천에 대한 토론이 어마어마한 발전을 거두었던 오늘, 사람들은 이미 실천의 관점이 마르크스 철학 속의 중요한 지위를 인식했고 마르크스의 정치적 철학도 더 많은 주목을 받게 되었다. 마르크스의 정치적 철학과 실천적 철학간의 관계에 대하여도 재검토해야 한다.

사실, 20세기 말기부터 중국에서는 마르크스 철학관에 대하여 토론하게 되었고, 부동한 이론을 통하여 마르크스의 실천적 관점을 강조하고 설명하는 사상 운동이다. 하지만 이런 실천을 주제로 삼은 사상 운동 속에서, 사람들은 마르크스의 철학관을 토론하는 동시, 매우 중요한 사실을 소홀했다. 즉 마르크스 철학은 근대 주류 정치적 철학과 대치하는 과정에서 발전해왔다. 사람들은 마르크스의 정치적 철학을 주

제에 대하여 상대적으로 많이 토론했다. 마르크스의 말에 의하면, 철학의 임무는 "천국에서 인간으로 내려야 한다"는 시기이며, "종교적 비판으로부터 정치적 비판에 전환한다"는 시기이다. 그 시기에서 마르크스는 헤겔의 법학적 철학을 비판한 뿐만 아니라, 그의 노동을 소외하고 공신주의 이론 중에서 그의 전부 이론의 규범적 차원를 확립했다. 이 것은 우리들이 그의 정치적 철학을 이해하기에 중요한 의의가 있다.

목하는 각도에서 헤겔을 법학적 철학에 대하여 비판했고, 하지만 마르크스의 철학관을 언급하는 동시, 이 비판은 이론에 과도적인 성질 때문에 대수롭지 않게 되었다. 마르크스가 자유주의 등 정의적 관점에 대하여 비판하는 것은, 그것의 비정통성 때문에 마르크스가 "정의적인 헛소리"로 여겨 길버트 등 사람들의 관점을 온통 부정했다. 이런 부정과 홀시는 유의적인 것이 아니지만 우연적인 행동도 아니다. 이 것은 마르크스의 철학 학원에서 필연적인 "이론 망각"이다. 이런 경향과 달리 필자의 관점에 의하면, 어떻게 마르크스 철학 실천의 특성을 강조해도, 그가 형성하는 과정에서 존제한 논리적 관심을 망각해야, 마르크스 시각 외부에서만 그의 철학적 변화를 이해하게 되며, 영원히 그가 "세상을 바꾸는" 새로운 철학의 진정한 함의를 알지 못하게 된다. 만약 우리가 근대 정치적 철학 특히 자유주의 정치적 철학이 현실의 정치적 질서 안에서 정치 정의를 실현하는 최종적 이상과 마르크스가 초월하려고 줄곧 실천해 왔던 최종적 이상의 정의관과 비교할 경우, 그의 실천적 철학이 이전의 철학과의 차별을 이해할 수 없게 되며, 그가 반대하는 방식을 통하여 부단히 "세상을 해석하는" 철학 체계를 구축하게 된다. 이로 인해 우리는 마르크스 철학의 연구를 강조하는 것이 구체적인 영역에서 존제한 철학 문제를 주목하는 것이 아니라 어느 특정된 시각에서 마르크스 철학의 실천적 특성을 강조하는 것이다.

2. 〈포이어바흐에 관한 테제〉에 대한 또 다른 해석

과연 어떤 특별한 정치적 철학의 시각에서 마르크스 철학의 실천적 특성을 해석해야 하는가? 혹시 우리는 마르크스 초기의 논술을 통해 증거를 찾아낼 수 있다. 하지만 우리는 우선 사람들이 반복적으로 연구해 내려온 〈포이어바흐에 관한 테제〉[2]에서 증거를 찾아내야 한다. 왜냐하면, 이것을 통하여 문장의 인용할 때 생긴 오해와의 차별을 없앨 수 있다. 하지만, 사람들이 계승해 내려온 〈포이어바흐에 관한 테제〉에 대한 해석과 달리 본고에서는 특별한 방식을 통하여 해석하고자 한다. 바로 역순의 열독 방식이다.

〈포이어바흐에 관한 테제〉의 마지막 항목에서 마르크스가 이렇게 주장했다.

> 철학가들이 다만 부동한 방식을 통하여 세상을 **해석**하고 있을 뿐이지 진정한 문제는 세상을 **바꾸**는 것에 있다.

사람들은 항상 이 주장을 마르크스의 새로운 철학 주장으로 여긴다. 그러면, 마르크스가 여기서 말하는 "세상을 바꾸는"것이 새로운 철학을 통하여 어떤 세상을 바꾸고 싶은가? 그는 어떤 세상을 바탕으로 세상을 바꾸는가? 사실, 이 선언은 새로운 철학사상 직전에 확인해야하며, 새로운 철학 사상의 출발점이어야 한다. 그래서, 마르크스는 〈포이어바흐에 관한 테제〉의 8과 9 항목에서 이렇게 말했다.

> 옛날의 유물주의의 입장은 "시민"사회이고, 새로운 유물주의의 입장은 인간 사회 혹은 사회화된 인간이다.[3]

이 문제를 인식하는 것이 매우 중요하다. 하지만, 이는 문제의 핵심

---

2 중공 중앙 마르크스 엥겔스 레닌 스탈린 저작 편역국 편역, 〈마르크스 엥겔스 선집(제1권)〉, 인민출판사 1995년, 54-57쪽.

3 중공 중앙 마르크스 엥겔스 레닌 스탈린 저작 편역국 편역, 〈마르크스 엥겔스 선집(제1권)〉, 인민출판사 1995년, 57쪽.

이 아니라, 새로운 입장이 실천을 바탕으로 삼은 새로운 철학의 중요성을 설명하려면 다음과 같은 문제를 해답해야 한다. 왜 "인간 사회 혹은 사회화된 인간"을 입장으로 인식하는 철학이 "세상을 바꾸는" 새로운 철학이고, "시민 사회"를 입장으로 삼은 옛 철학이 "세상을 해석"하는 철학이라고 한가? 필자의 이해에 의하면, 마르크스의 정치 정의를 초월한 정치적 철학과 정치 정의의 한도에서 인간의 생존 문제를 해결하는 철학과 비교하는 과정에서 이 문제를 명확하게 설명할 수 있다.

계몽사상 이후의 철학은 정치적 시각에서 인간과 사회의 최종적 해석을 찾고, 종교를 대체하여 인간의 생존 문제를 해결할 수 있는 유일한 방안으로 되었다. 하지만 이 새로운 해설 방식에서, 종교의 신비한 이미지를 파괴했고, 원래의 세속 세계와 신비한 세계 사이의 긴장감과 충돌을 타파하여 시민 사화와 정치적 정의 사이의 긴장감과 충돌을 대체했다. 하지만 이 것이 인간이 생존의 모순을 없애서 최종 자유를 실현하는 것이 아니라 "인간이 종교를 개인적인 법칙의 영역에 이끌어 정치의 영역에서 종교를 해제해낼 뿐이다".[4] 즉 계몽운동 이후의 철학이 세상을 이해하는 새로운 현대 모드를 계발해 냈다. 이론 모드는 종교와 다른 방식을 모색하여 인간 생활 중에서 불가피한 긴장과 충돌을 다시 파악하고 즉 이상적 세상과 현실적인 세상, 자유와 필현, 응연과 실연 지간의 긴장과 출동을 말한다. 이 현대적 충돌 모드에서, 시민 사회 논리 측면에서 원래의 세속적인 세상의 불완전을 대체했고 이런 불완전이 다만 정치적 정의의 부단한 발전에서 극복해 냈으며, 중세기 철학가처럼 완미의 정의적 이념에서 현실 세상의 불완전을 이해하려고 시도한다. 그래서 무지를 없앤 현대적 세상에서 인간의 최종적 자유 그리고

4 중공 중앙 마르크스 엥겔스 레닌 스탈린 저작 편역국 편역, 〈마르크스 엥겔스 전집(제3권)〉, 인민출판사 2002년, 174쪽.

자유의 생존방식을 체현하는 유일한 방식이 정치적 이의이자, 이간은 더이상 사치적 추구가 없다. 계몽운동 이후의 철학도, 어떤 추상적 언어와 특별한 논증으로 그 내용을 설명하는 것도 마찬가지다. 그것은 시민 사회에서 세상의 철학적 체계를 설명하고, 시민 사회가 바로 그들이 이해하는 생활의 세계이며, 그들의 현실의 바탕이다. 이런 철학을 "세상을 설명한다"고 주장하는 이유가 바로 그들은 인위적인 행위를 근거로 구축된 충돌 모식을 최종적이고 영원히 변하지 않다고 생각한다. 그래서 그것을 개조하는 대상이 아니라. 심사, 성찰, 표달의 대상으로 인식된다. 왜냐하면 개조 자체가 주체의 활동과 관련된 돌파와 초월이다.

하지만 마르크스가 확립된 정치적 정의를 초월한 정치적 입장이 그의 철학의 새로운 입장——인간 사회 혹은 사회화된 인간이다. 이 새로운 입장이 시민 사회가 대표한 사회적 관계 유형과 그가 요구한 이론적 원칙을 초월했고, 정치적 정의의 시야를 초월했으며, 정치적 정이가 규정한 인간 자유의 한도를 넘어섰다. 이 것은 역사적 초월이며 새로운 철학으로만 완성할 수 있다. 이런 새로운 철학이 주장한 초월성 원칙 자체가 초월성 활동의 "두뇌"로 불 수 있듯이, 역사 활동 이외의 시각에서 역사를 해석하는 것이 아니라 초월성 활동이 직접 참여한 "세상을 바꾸는" 역사적 실천이다. 새로운 철학이 개변한 그 "세계"가 예전의 철학이 출발점으로 삼은 "시민 사회"이며; 그가 종사한 세상을 바꾸는 "활동"이 정치적 정의의 역사적 실천 활동이다. 만약 시민 사회를 초월하려는 현실 세계가 없다면, 세상을 바꾸는 새로운 철학이 필요하지 않다. 매킨타이어가 이해한 것 처럼, 마르크스의 〈포이어바흐에 관한 테제〉중에서 이런 핵심적 입장이 존재한다:

> 시민 사회는 이론만으로 극복하는 것은 불가능하며, 그 한계는 적절히 이해하고 비판하기 어렵다. 이 이론은 실천에서 벗어난 이론으로, 특

정 실천에서만 해당 이론에 뿌리를 둔 특별한 실천에 의해 극복될 수 있다. 철학자들은 이를 이해하려 노력하지만, 그들의 이해는 이 사회와 자연 세계를 필요한 방식으로 변형하기 위한 것이 아니다. 〈강요〉(〈포이어바흐에 관한 테제〉—번역서 각주)의 제11항은 철학자들에게 세계를 이해하는 노력을 포기하라는 것이 아니라, 특정 목표를 달성하는 데 필요한 것은 특정 목적이다.[5]

직관적 시각으로 〈포이어바흐에 관한 테제〉에서 마르크스는 3개 방면의 내용을 개술했다. 첫째, 1-8조에서, 옛날 철학인 기본 부족을 가리키고, 새로운 철학의 기본 특성을 설명했다. 둘째, 9-10조에서, 신구 철학 입장의 차별을 설명했고, 이런 차별의 원인을 설명했다. 셋째, 제11조에서, "세상을 바꾸는" 새로운 철학과 "세상을 해석하는" 옛날 철학의 근본적 대립을 명확히 내세웠다. 거꾸로 열독하면, 우리는 〈포이어바흐에 관한 테제〉에서 마르크스가 제시한 사상적 맥락을 이렇게 말할 수 있다. 1새로운 철학은 세상을 바꾸는 철학이다; 2왜냐하면 새로운 철학은 새로운 입장에서 구축된 것이다; 3그래서, 그것은 옛날의 유물론적 실천의 특성과 다르고, 이론 인해 기존의 모든 철학과 이론에서 구별된다.

문제의 관건이 마르크스가 주장한 "세상을 바꾸는" 말에서 "세상"이 무엇인가? 왜 이 세상을 "바꾸는"가? 그 기초에서 새로운 철학이 "세상을 바꾸는"철학으로 말할 수 있다. 한 방면으로는, 마르크스는 추상적으로 세상을 바꾸는 내용을 언급하는 것이 아니라, 그가 바뀌고 싶은 세상이 그가 초월하려는 "시민 사회" 및 그 기초에서 생산해낸 사회적 제

5 [미국] A.매킨태어, 〈마르크스의 〈포이어바흐에 관한 테제〉:미지의 도로〉, 쟈오파융 역, 〈국외사회과학〉 1995년 6기, 21-27쪽.

도와 사회적 인식이다. 옛날의 철학은 이런 사회적 인식에 속하며, 일종의 철학가 기타 철학의 구별이다. 옛날의 철학은 다만 정치적 정의의 한도에서 인간의 문제를 해결하려는 철학이고, 다만 "세상을 설명하는" 철학이다. 다른 면에서, 마르크스는 임의의 입장에서 "세상을 바꾸는" 철학을 언급하는 것이 아니라 "인간 사회 혹은 사회화된 인간"의 각도에서, 새로운 철학이 "물질적 무기"와 결합하여 "세상을 바꾸는" 철학을 이해해 내려는 것이다. 다시 말하면 정치적 정의의 철학을 비판해야 세상(시민 사회 및 그 사회제도와 인식)을 바꿀 수 있으며, 새로운 철학이 세상을 바꾸는 철학이다. 마르크스의 말에 의하면:

> 따라서, 진리의 저편 세계가 소멸한 이후에, 역사의 임무는 이편 세계의 진리를 확립하는 것이다. 인간의 자기이탈의 신성한 이미지가 드러난 후, 비신성 이미지를 가진 자기이탈을 드러내는 것은 역사에 봉사하는 철학의 긴급한 임무가 된다.[6]

새로운 철학이 세상을 바꿀 수 있는 원인이, 그가 국가의 "비신성한 이미지의 자아 이탈"을 폭로하는 것을 통하여 "역사를 봉사하는 철학"으로 되었다.

우리는 마르크스가 초기의 정치적 철학을 그의 "성숙 시기"의 사상과 이탈하여 이해하면 안 된다. 마르크스 초기의 정치 철학 연구는 그가 실천의 철학으로 발전해 내는 기본적 통로이며, 그가 "역사를 봉사하는 철학"을 구축하는 기본 입장이다. 〈독일 프랑스 연감〉시기에 마르크스는 이미 시민 사회를 비판하는 입장, 즉 정치적 정의의 정치적 철학 입

6 중공 중앙 마르크스 엥겔스 레닌 스탈린 저작 번역 편역국 편역, 〈마르크스 엥겔스 전집(제3권)〉, 인민출판사 2002년, 200쪽.

장을 구축하는 중요성을 깨달았다. 비록 이 인식이 헤겔의 법학적 철학에 대한 탐구 과정에서 무의식의 인식이다. 그때부터 마르크스는 "사변思辨의 법학적 비판은 독일의 정치적 인식 형식에 대한 반대이며, 그 자신을 대면하지 않고, 실천으로만 해결할 수 있는 과제이다."[7] 〈포이어바흐에 관한 테제〉에서 마르크스는 정치적 철학을 바탕으로, 세상을 바꾸는 새로운 철학이 옛날 철학을 초월하는 새로운 입장을 구축하며, "시민 사회"를 기반으로 한 옛날 철학은 다만 "개별적 인간 혹은 시민 사회를 직관할 수 있을 뿐"이다.[8]

---

7 중공 중앙 마르크스 엥겔스 레닌 스탈린 저작 편역국 편역, 〈마르크스 엥겔스 전집(제3권)〉, 인민출판사 2002년, 207쪽.

8 중공 중앙 마르크스 엥겔스 레닌 스탈린 저작 편역국 편역, 〈마르크스 엥겔스 선집(제1권)〉, 인민출판사 1995년, 56-57쪽.

제2절

시민 사회로부터 인간 사회까지

마르크스의 실천이 사상 운동으로 바뀌는 과정에서 〈포이어바흐에 관한 테제〉는 이미 사람들이 마르크스의 철학적 혁명을 해독하는 필수 과목으로 되었다. 하지만 위에서 설명하는 것처럼 기왕에 사람들이 〈포이어바흐에 관한 테제〉 제10-11조에 대한 중시가 부족하다. 이론 소홀히 생긴 원인이 "시민 사회"와 "인간 사회 혹은 사회화된 인간"을 이해하지 못했기 때문이다.

1. 헤겔부터 마르크스까지

위에서 언급한 대로 마르크스는 헤겔의 시민 사회의 사상을 직접 계승해 내렸다. 헤겔 시대에는 독일의 자본주의 시장 경제는 비록 발전하지 못했지만 이미 영국과 프랑스에서 큰 발전을 이루었다. 이로 인한 사회적 변천과 논리적 관념의 변화를 초래하게 되었다. 이런 논리 관념의 변화에 대하여 사람들의 설명도 서로 다르다. 베버가 새로운 자본주의 논리 정신에 대한 해석은 그 당시 영향이 제일 큰 해석이다. 베버 외에도, 알프레트 베르너, 뒤르켐 등 철학가들도 어느 측면에서 이런 논리적 변천을 설명하려고 시도했다. 그들의 이론도 상호 엇갈려 있으며, 현대 사회의 논리적 그림을 묘사했다.

논리 관념의 현대 변천의 반영으로, 자유주의는 사람들의 전통적 이해를 바꾸어, 사람들을 독립한 자족의 개체로 인식한다. 마치 원자처럼 개체는 도덕상 자주성을 가지고, 자연과 대립하는 것뿐만 아니라 하느님, 공동체 등의 도움을 구할 필요가 없고 이성의 구원만 필요하다. 이로 인해 전통적 관념이 주장한 세상은 하느님이 설계한 규칙이고 개체는 집단의 부분이다는 내용을 배제했다. 원자처럼 개인 사의의 약속 관계가 사회질서를 이해하는 기본적 원인으로 되었다. 이 기본 원인은 "사회"를 인정했고, 아담 페겔슨Adam Ferguson이 명확히 표달했지만 로크가 명확히 표달했지 못한 "시민 사회"civil socierty이다. 이렇게 이해한 사회 질서 중에서 국가는 다만 개인의 권리를 수호하는 도구적 실체이고, 전통 공동체가 적재한 인간 생존의 논리적 가치를 잃게 되었다. 그래서 사람과 사회의 현대적 이해에서 "보편적 논리"는 하느님과 같이 사라지고, 원자 형식의 개인은 세상의 새로운 지탱으로 되었으며 다만 시민 사회의 세속 환경에서 개인의 이상을 실현할 수 있다. 정치적 국가에서 정치적 정의를 주장하고 법률의 강제적 속박에서 제일 낮은 논리적 요구를 유지하며 더 높은 선을 더 이상 기대하지 않는다.

헤겔을 시민 사회와 국가의 이론 구별을 이어받았지만 이 구별을 통하여 "일반 논리"를 구해 내려고 한다. 그리고 사회 생활에서 무한히 확장한 개인적 욕망에 인한 사회 충돌을 없애려고 노력한다. 그의 주장에 따르면 시민 사회에서 상호 충돌의 특수 의지는 그 특수성을 실현할 당시 충돌을 폭발하게 되고 그 충돌을 통하여 지신의 문제를 해결할 수 없다. 그 근본 원인은 시민 사회에서 "일반 논리"의 부족함에 있다. 헤겔은 개인이 자신의 의지를 실현하는 것을 반대하지 않고 그는 "자유는 의지의 근본 규정이고, 물체 중량의 근본 규정과 마찬가지다"고 주장한다.[9] 자유의지가 현실 사회에서 실현하는 것이 필연적인 것이다. 하지만, 그는 (최초의 기간에서) 자유주의 이론이 언급하지 못하는 논리적 문제를 발견하지 못한 문제를 발견했다. 선善을 인위적인 규범이 필요할 경우, 어떻게 개인의 도덕과 사회의 논리를 유효적으로 결합하여 현대 사회에서 개체의 이성이 자주적 도덕을 무한히 추구하는 이론 근거를 찾아 내는가? 그는 시민사회에서 도달할 수 있는 의지 자유가 인간의 본질과 이론 정신의 변화를 초월해야만 한다고 주장했다.

헤겔의 이 견해는 매우 심각한 사상이다. 시민 사회에서 건립된 사회적 연합이 다만 이익의 연합이다. 이 것은 "사회화된 인간"이 요구한 이론의 관심 사이와 커다란 충돌이 있다. 타일러는 헤겔의 이런 이상을 "자유에 대한 절대적 갈망"으로 귀납하며 이런 갈망이 현대적 결함을 극복하는 요구라고 말한다. 하지만 이 관점은 많은 사람들과 다른 점이, 타일러는 소극적 의미상 헤겔을 반대하며, 헤겔의 이런 갈망을 현대성에 대한 반동으로 삼고, 현대성에 대한 보상으로 본다. 그는

> 자유에 대한 절대적인 갈망은 현대 정치 이론에서 이런 결함에 대한 보상의 첫 시도이고, 사회의 인동을 찾는 첫 시도이기도 한다. 이런 갈망은 현대주의 정신에서 충분이 재현되었다. 사회가 우리들의 창작물이 된 강렬한 의미 바탕에서, 이 것은 우리들의 제일 좋은 창작물이고, 제일 진실한 창작물—우리의 도덕 의지 (루소, 피히테) 혹은 우리의 창작 활동 (마르크스)—의 의의를 가리킨다. ……그리고 다시, 사회가 어느 절대

9 [독일] 헤겔, 〈법학적 철학 원리〉, 판양, 장기타이 역, 상무인서관1961년, 11쪽.

적 가치를 반응하거나 전달한다. 다만 이 것은 우주의 질서가 아니라 현대적 혁명과 비슷하고 인간의 절대적 자유 자체이다.[10]

다시 말하면 헤겔은 부정적 이성주의가 아니라 이성주의 입장에서 이성주의 자체가 구축한 논리 곤경을 벗어내려는 것이기도 한다.

마르크스가 어는 측면에서 헤겔에게 영향을 초래하였을까? 타일러의 말에 의하면 절대적 자유에 대한 갈망이 헤겔의 마르크스 사상에서 중요한 작용을 가지고 있으며, 그는 "그가(헤겔—인용자) 루소와 칸트의 극단적인 자유 주체성 요구를 흑엘드의 표현주의 이론과 연결되었고 마르크스 사상의 불가피한 배경을 제공했다"는 타일러의 이해는 매우 중요하다. 이 것은 마르크스는 현대성이 구축된 논리적 곤경의 의미를 극복하려고 노력했으며 "시민 사회"를 옛날 철학의 입장으로 가리키는 것이다. 이 것이 또한 다만 절대적 자유에 대한 갈망 속에서, 근대주의의 정치적 철학--자유주의 정치적 철학--의 대체적 방안으로, 마르크스가 "인간사회 혹은 사회화된 인간"이 새로운 철학의 입장에서, "시민 사회"가 옛날 철학의 입장을 초월하는 것으로 합리화적으로 이해하게 된다.[11]

물론 마르크스의 새로운 철학을 명확히 하기 위해서는 그가 헤겔을 초월한 부분과 그들간의 연결을 밝히는 것이 중요하다. 왜냐하면 헤겔이 멈춘 곳에서 마르크스가 새로운 철학으로 나아가게 되었기 때문이다. 헤겔이 보수적인 입장에서 현대성의 결함을 완화하는 과정에서 마르크스는 적극적인 입장에서 현대성을 바꾸었고 대체 방안을 구축했다. 헤겔은 현대성의 논리적 곤경을 발견했지만 이 곤경을 타파하는 희

---

10 [캐나다] 찰스 테일러, 〈헤겔〉, 장꾸어칭, 주진동 역, 역림출판사 2002년, 631-632쪽.

11 [캐나다] 찰스 테일러, 〈헤겔〉, 장꾸어칭, 주진동 역, 역림출판사 2002년, 632쪽.

망을 군주 입헌제 국가에 기울었다. 그는 국가가 약속에 의하여 이루어진 도구적인 실체가 아니라 "최종의 논리 실체"[12]를 대표하는 최고의 선을 대표한다. "국가는 지구상의 신이다", "신(하느님)이 직접 지구에서 행진한다". "국가는 객관적 정신이기에 국가의 성원으로서 인간도 객관성을 겸비한다"[13]고 했다. 헤겔에 대하여 시민 사회에서 특수 이익을 추구하는 개인은 국가에서 사회화된 인간으로서 그 속의 보편적인 논리를 찾았고 사회화된 생활을 누리게 되었고 진정한 인간으로 되고 말았다.

마르크스는 이렇게 말했다.

> 헤겔은 여기서 해결하지 못할 이율배반을 내세웠다. 한 면에서는 그것은 외부의 필연성이고; 다른 면에서는 내부의 목적이기도 한다. 국가의 보편적인 최종 목적과 개인의 특수 이익의 통일이고, 개인이 국가에 대한 의무와 국가가 개인에게 부여한 권리가 통일된 것이다. (그래서, 예를 들면, 재산을 존중하는 의무와 재산에 대한 권리가 대응되었다.)[14]

마르크스의 관점에 의하면 정치 연합체인 국가가 인간의 자유를 제공하는 최종 보장이 아니라 다만 권리와 의무, 공평과 정의의 정치적 정의의 범위에서 자유를 실현하는 것이다. 자유에 대한 이해는 그 자체를 초월하는 시민 사회의 의식형태 정치적 철학이다. 진실한 자유는 다만 이런 인식의 역사적 실천 중에서 실현되며 철학의 역사적 임무는 이 진리를 내세우고 실천하는 것이다.[15]

---

12 [독일] 헤겔, 〈법학적 철학 원리〉, 판양, 장기타이 역, 상무인서관1961년, 254쪽.

13 [독일] 헤겔, 〈법학적 철학 원리〉, 판양, 장기타이 역, 상무인서관1961년, 258쪽.

14 [독일] 헤겔, 〈법학적 철학 원리〉, 판양, 장기타이 역, 상무인서관1961년, 259쪽.

15 중공 중앙 마르크스 엥겔스 레닌 스탈린 저작 편역국 편역, 〈마르크스 엥겔스 전집(제3권)〉, 인민출판사 2002년, 9쪽.

보다시피 헤겔은 추상적으로 국가를 인정하는 점에서 마르크스는 국가를 부정했다. 헤겔은 정치적 정의에 머물었고 마르크스는 정치적 정의를 초월했고; 헤겔이 자산의 역사주의 방법을 위반하는 곳에서 마르크스는 이 방법론을 계승해 내려왔다. 미국 학자 아담·새리그맨Adam B. Seligman이 지적한 바와 같이:

> 마르크스는 헤겔을 따라 사적인 영역(개인 이익이 존재하는 시민 사회)과 공동 영역(정치적 고려) 결합하려고 시도했다. 하지만 헤겔과 반대로 마르크스는 이런 결합을 미래의 발전을 위한 설명이고 구체적인 존재 상태로 삼은 것이 아니다.[16]

2. 마르크스의 궁극적 관심과 정치적 자유

마르크스가 정치적 정의를 초월하는 정치적 철학을 입장으로 인식하는 것이 마르크스 철학의 과학적 욕구와 모순되는 것인가? 많은 사람들이 이런 걱정이 있고 걱정할 의의가 있다. 마르크스는 1845년 이후 거의 논리 도덕과 정치적 정의 문제에 대하여 언급하지 않았고 자본주의에 대한 도덕적 비판도 반대했고, 사회주의의 도덕에 대한 변호도 반대했다. 이로 인해 많은 사람들이 마르크스가 주장한 정의의 입장은 불필요하다고 생각한다. 다시 말하면 사람들은 마르크스의 역사관에 근거하여 역사는 필연성에 의거하여 도달한 결과는 다만 이성적인 과학 결론이고 인간의 가치적 욕구가 상관없으며, 도덕 규범과 정의적 입장과도 상관없다. 또한 어떤 사람들은 "자본주의의 수호자들은 자본주의 자

---

16 Seligman A B, The Idea of Civil Society, New York : Free Press, 1992, p.45.

유와 평등에 대한 변론의 복잡한 의사 형태를 제조했다. 변론을 도덕 논증의 영역으로 이끌었고 자본주의의 이론가들이 노동자의 주의력을 전환하여 그들의 혁명을 방해한다."[17]

이런 논술의 옳고 틀림을 물론하고 글의 토론에 대해 주의를 기울일 필요가 있다. 마르크스가 제시한 유물론적 역사관이 사회 역사의 필연성을 제시했지만 우리가 다시 미래의 인간 사회의 이론적 비판을 외면할 수 있을까? 역사의 발전을 인정하는 것이 목표를 목적으로 간주하는 이론을 초래할까? 역사의 합리성과 목적 사이 대체 어떤 관계인가? 마르크스의 이론에서 이미 이런 문제들을 포함되었다. 현대 사회적 생활의 변화가 이런 문제들을 다시 우리들의 앞에 내세웠고 현대 정치적 철학 발전도 그들을 다시 인식할 수 있는 새로운 각도를 제공했다. 우리는 현대 정치 철학사 학자인 진리카의 주장을 깊이 사고할 필요가 있다. "지난 사회주의자들은 사회주의의 필연inevitable성을 주장했고, 사회주의의 합리성desirable을 해석할 필요가 없다."[18] 하지만, 오늘의 마르크스 학자들에 대하여 "현대 사회주의와 공산주의를 실현하려면, 사람들을 설득하여 그들로 하여금 이 이론을 믿고 이런 이상을 추구하는 원인이 이상의 도덕적 정당성에 있다."[19]

마르크스주의 탄생 초기 애더화·버은스탠, 카엘·포론더과 카엘은 마르크스의 이론 학술에 대한 "보완"에 대하여 쟁론했고, 지금까지의 토론의 바탕으로 되었다. 애더화·버은스탠은 "논리적인 사회주의"를 의거로 하여 역사이든 이론이든 실천이든 사회주의는 논리관과 분할할 수 없고, 즉 어떤 정의적인 관념을 바탕으로 인식해야 한다. 카엘 등 사람

---

17 [캐나다] 윌 킴리카, 〈현대 정치철학(상)〉, 류선 역, 상하이산련서점 2004년, 304쪽.

18 [캐나다] 윌 킴리카, 〈현대 정치철학(상)〉, 류선 역, 상하이산련서점 2004년, 303-304쪽.

19 [캐나다] 윌 킴리카, 〈현대 정치철학(상)〉, 류선 역, 상하이산련서점 2004년, 304쪽.

들은 "과학적인 사회주의" 입장에서 "과학은 필연적으로 인식과 관련되며 …… 논리는 다만 과학의 대상이고 …… 과학은 논리학보다 중요하여, 그의 연구결과는 필연성과 마찬가지로 도덕과 무관하다."[20] 그러나 이러한 논쟁들은 주류 마르크스주의 이론에서는 연속되지 않았다. 에드워드 번슈타인 등이 사회주의를 윤리적으로 논의함으로써 제기한 철학적 주장들은 그들의 다른 견해들과 마찬가지로 개혁주의적 수정주의 이론에 속하게 되어 빠르게 정치적으로 흔적이 사라졌다. 그러나 지난 20년 동안 영미 철학계에서 침묵을 지켰던 마르크스주의에 대한 "분석적인 마르크스주의"가 등장함에 따라 정의, 평등, 자유 등 윤리적 문제들이 그들이 이해하는 마르크스 철학의 중심 주제로 다시 각광받았다. G. A. J. 코헨G. A. J. Cohen, Z. I. 후사미Z. I. Husami, 그리고 조지 브렌커트George Brenkert와 같은 다양한 학자들이 이 토론에 참여했다. 또한, 중국의 학자들도 분석적인 마르크스주의에 기반한 논의를 활성화시켜왔으며, 단종치오段忠桥, 린진핑林进平, 치연홍齐艳红 등이 참여하면서 중국에서도 활발한 토론이 전개되었다. 사회주의자 맥킨토시는 문제를 마르크스 자신에게로 거슬러 올려놓았다. 그가 "패르바하에 대한 서지"에서 개척한 철학적 길을 따르지 않아 "저항에 적합한 도덕이 요구하는 선과 다양한 덕목 개념"을 대표하는 "생활 방식"과 "노동자의 실천 형태"를 발전시키지 않아 안타까워했다.[21] 서양에서 마르크스주의를 동정하거나 지지하는 학자들에게는 사회주의를 윤리적으로 논의하는 것은 그 역사적 필연성을 먼 미래에서 입증하는 것보다 설득력이 있으며, 이는 또한 철학적 토론의 한 형태로 더 닮아있다. 이러한 시각들이 모두 합리적인 것은 아니지만 그 존재는 현대에 있어 마르크스 정치철학을 논의하는 중

20 유문열, 〈마르크스 주의를 분석하는 학파〉, 충칭출판사1993년, 196쪽.

21 [미국] A. 매킨타이어, 〈마르크스의 〈페르바하에 관한 계획〉: 가지 않은 길〉, 조파용 역, 〈국외사회과학〉 1995년 제 6호, 21~27쪽.

요성을 나타낸다.

근본적으로 마르크스 철학의 기반으로서의 정치철학을 탐구하는 것은 그가 인간의 전면 해방에 대한 이론을 조사하는 것을 의미한다. 이 이론은 그의 저작의 두드러진 명확성 때문에 한 번도 무시된 적이 없었지만, 그가 인간 해방 이론을 사회 역사 이론으로 세분화하고 이를 정의 이론을 기반으로 한 인간 해방 이론과 어떻게 차이 나는지를 이론적으로 세밀하게 분별하려 할 때, 문제는 난해하게 느껴지기 시작한다. 이 문제는 인간의 궁극적인 자유에 대한 이해와 관련이 있다. 현대 철학에서 "궁극적"이라는 용어는 거슬러 올라가는 것과 같이 불편하게 느껴진다. 마치 "초월"과 같은 말처럼 종교적인 구원과 이성적인 형이상학적 관심으로 향하여 결국에는 "세속화"되기 전의 사고 방식으로 유도될 수 있다. 그러나 여기서 새로운 철학의 차이가 나타난다. 예전의 철학이 궁극적인 자유를 경험적이거나 추상적인 방식으로 탐구할 때, 마르크스는 그것을 역사적이고 실용적인 시각에서 이해하려 했다. 이는 그가 이해하는 "궁극"과 "초월"이 예전의 철학과 근본적으로 다르다는 것을 의미한다. 예전 철학에서 "궁극"과 "초월"은 단순히 저편을 의미했다. 그러나 마르크스에게는 저편과 이편은 인간의 실천으로 인해 연결되어 있으며 역사적으로 연속되어 있다. 마르크스에게 "궁극"은 특정한 삶의 방식을 의미하며 "초월"은 그 삶의 방식에서의 생존을 의미했다. 만일 우리가 마르크스가 말하는 "인간 사회 또는 사회화된 인간"이 "시민 사회"와는 다른 생존 방식을 나타낸다는 것을 이해하지 못한다면 그를 이해하는 것은 어려울 것이다. 마르크스가 "세계를 변화시키는 것이 핵심이다"고 말할 때, 그는 사실상 역사적 실천에서만 자유를 이해할 수 있다고 말한 것이다. 마르크스가 "인간 사회 또는 사회화된 인간"이라고 말할 때, 그는 이상적인 삶의 방식을 나타내고 있다. 만약 마르크스의 유물사회적인 역사관에서 인간 해방에 대한 과학적인 논증을 제시한다면, 그 논증은 분명히 위에서 언급한 정의 철학적 입장의 가치 지표에 기초하고 있다. 만약 이상적인 인간 생활이 이 정의 이상에 부합하는 삶의 상태라는 것을 이해한다면, 우리는 더 이상 "오전에 사냥하고, 오후에 낚시하며, 저녁 후에 가축을 기르며, 저녁 식사 후에 비판에 종사한다"[22]는 것이 현실적인 생활인지에 고집하지 않을 것이다.

마르크스는 특정 역사적 시기에 정치 정의를 추구하는 필요성을 부정함으로써 더 높은 선을 요구하지 않았다는 점을 명확히 해야 한다. 그의 관점에서 정치 정의를 추구하는 것은 그 자체로 정치 정의를 초월하는 역사적 실천의 일부로 간주된다. 마르크스에게서 정치 정의를 초월하는 정치 철학은 단순히 그의 정치 철학의 초월적인 측면 중 하나일 뿐이지, 현실 생활에 대한 정의적 고찰이라는 것도 중요한 측면이다. 마르크스는 도덕적인 문제에 무관심한 인물이 아니며, 도덕을 경제 구조의 이념적 반영으로 간주하여 현실 정치에서의 정의와 부정의에 대한 윤리적 판단을 뒷받침하고자 했다. 이와 같은 마르크스의 입장에서, 노예 제도나 노동자의 착취와 같은 현실적인 사건들은 단순히 객관적인 사실일 뿐이며, 그 자체로는 도덕적인 가치 판단을 허용하지 않는다. 그러나 이는 단순한 냉담한 태도가 아니라, 도덕과 경제의 교차로에서 정의적 사고를 펼치려는 마르크스의 노력의 결과로 이해되어야 한다. 마르크스의 정치 철학은 초월적인 이상을 강조하면서도 현실적인 생활과 밀접한 관련이 있다. 그의 역사적 방법론은 현실적인 질서를 무시하려는 것이 아니라, 오히려 초월적인 이상에서 비롯된 정의적 사고를 통해 현실적인 질서를 비판적으로 이해하고자 하는 노력의 일환으로 볼 수 있다. 이러한 측면에서, 마르크스의 정치 철학은 역사적 상황과 도덕적

22 중공 중앙 마르크스 엥겔스 레닌 스탈린 저작 편역국 편역, 〈마르크스 엥겔스 전집(제3권)〉, 인민출판사 1956년, 37쪽.

원칙이 상호작용하는 복잡한 관계에서 파생된다. 그 결과, 이상과 현실, 초월과 실용이 상호 의존적으로 존재함을 알 수 있다.

윤리적 고려에 따르면, 궁극적인 자유는 분명히 현실적으로 실현하기 어려운 이상적인 목표이다. 이에 따라 정치적 정의 이상을 달성하는 데 필요한 윤리적 고려는 당장의 현실에서 구체적으로 부정할 수 없는 것으로 여겨진다. 이는 정치적 이상에 대한 초월적인 이해와 비판적인 행위를 수반하는 것이다. 인류는 계속해서 자체적인 발전을 향해 나아가야 하며, 세계는 절대적인 선을 달성할 수 없기 때문에 이러한 궁극적인 이상에 대한 관심이 필요하다. 인간이 궁극적인 자유와 초월적 정의를 필요로 하는 것은 현실의 불완전함 때문이며, 당장 이를 현실의 사회적 삶으로 구현해야 할 필요는 없다. 윤리적으로는 인류가 완벽한 상태로 진화하는 것이 불가능할 수도 있다. 실제로 가장 이상적인 종교조차도 완벽한 천국의 존재가 세속적인 추악함을 강조하기 위한 상징에 불과하다는 사실을 받아들인다. 마르크스는 "인간의 자아이탈화의 신성한 이미지"만이 아니라 "신성하지 않은 이미지를 가진 자아이탈화"를 폭로했다. 그래서 그가 열망하는 궁극적인 자유와 기대하는 초월적 정의는 단순히 저편의 신성한 이미지를 현실로 구현하려는 것이 아니라, 이상을 실현시키기 위한 가치의 약속을 이끌어내는 것이다.

제3절

현대 사회의 정치 논리

마르크스의 정치 철학은 규범적 이론으로서 독특한 기여를 제공했다. 그의 주요 기여는 "이룰 수 있는 것과 있어야 하는 것", 규범적 이론과 과학적 인식의 통일을 통해 오랫동안 존재해 온 이상과 현실, 자유와 필연의 대립에 대한 이론적 해결책을 제시한 데에 있다. 이는 션 세이어스Sean Sayers가 지적한 것처럼이다:

> 마르크스주의는 사회이론 뿐만 아니라 실천적(판단적, 도덕적 및 정치적) 태도도 취급하고 있다. 이 이론은 두 가지를 상호 배타적으로 보지 않아서 가치 지향과 자본주의비판을 사회 이론의 기초에 동시에 구축하려고 노력한다. 이로써 마르크스주의는 견고하고 객관적이며 과학적인 기초를 제공하며 동시에 유토피아와 도덕주의가 아닌 실증적인 기반에 근거한다.[23]

23 [영국] 션 세이어스, 〈분석적으로 바라본 마르크스주의와 도덕〉, 로버트 웰 및 케이

그러므로 규범적 이론으로서의 마르크스의 정치 철학에 주목하여, 이것이 자유와 필연이라는 핵심적인 문제에 대한 이해를 살펴보는 것은 마르크스의 철학적 관점을 더 깊이 이해하는 데 중요한 측면을 제공할 수 있다.

1. 현대사회를 위해 제공한 정치형체의 논리

서양 전통의 기독교 개념에서는 인간은 제거할 수 없는 원죄를 안고 있고, 태어나면 자유가 없으며, 자유는 미래에만 존재하며, 인간은 오래된 세계나 심판을 받은 후에만 나타날 것으로 여겨졌다. 이러한 역사관은 사실상 역사를 창조하는 어떠한 가능성도 부정하고 인간의 현실적인 삶의 의미를 부정했으며, 자유를 실현할 수 있는 가능성을 부정했다. 계몽운동 이후에 종교적 해석과 현실적인 삶을 통합하는 기능은 현대적 의식 형태를 대표하는 자유주의 이념에 의해 대체되었다. 자유주의는 신념과 도덕적 신념이 사적인 문제로 간주되어야 하며, 정치적 영역에서는 사람들이 법률의 통치를 받아들일 뿐 본질적인 가치 신념에 의존해서는 안 된다고 주장했다. 가치 이상을 사적인 영역에 두고 자유를 개인의 신념에 맡긴다면 법률 범위 내에서 정의를 효과적으로 유지할 수 있을 것이지만, 궁극적인 가치를 공공 생활과 상호 분리된 사적인 영역에 맡긴다는 것은 인간이 공동의 행동을 통해 완벽함을 추구하는 욕망의 타당성을 근본적으로 부정하는 것이며, 따라서 정치 생활의 기준이 결함이 있는 정의 기준이 되도록 만든다.

닐슨 편, 〈분석적 마르크스주의 새로운 시각〉, 루지안, 왕래진, 양결 등 역, 중국인민대학출판사 2002년, 82쪽 참조.

기독교는 역사의 종착점에 완벽함을 두었으며, 이에 반해 자유주의는 단순히 그것을 취소했다. 헤겔은 자유의 개념이 현실에서 비롯되는지 명확하지 않았지만, 그는 인간 완벽함의 가능성을 포기할 의향이 없다. 따라서 그는 칸트가 현실과의 연계에서 무능함을 분리하려고 시도한 데 대해 비판했다. 그는 이상주의적인 개념을 통해 최종적인 자유를 달성하려 했다. 헤겔이 찾아낸 최종적인 자유 주체는 윤리적 주체로서의 국가였으며, 거기에서 자유는 완전성을 얻었다. 반면에 마르크스는 인간이 물질적인 수요를 충족시키는 활동을 통해 역사를 창조할 수 있다는 것은 알고 있었지만, 그러한 창조력을 통해 인간은 완벽함에 도달할 수 있다고 주장했다. 따라서 그는 현대 산업이 제공하는 물질적 수요 충족에서 필연성의 한계를 넘어 현실적인 힘을 찾고자 했다.

마르크스가 자신의 철학적 탐구를 시작한 것은 우연이 아니라 인간 해방이라는 가치 이상에서 출발해야 하는 필요성에 의한 것이었다. 이는 그가 필연적으로 자신의 철학적 추적을 시작하게 했다. 또한 그는 헤겔의 이상주의 국가관에 대한 비판에서 더 현실적인 원칙을 도출해 냈는데, 이는 여기에서 이상과 현실이 결합되는 지점을 찾아냈기 때문이다. 그는 헤겔에 대한 불만이 단순히 헤겔이 "자신의 사물을 개발하는 것이 아니라 자신의 일을 끝내고 추상적인 논리 영역에서 일을 끝낸 사고방식을 이용하여 자신의 사물을 만들었다"[24]고 생각하였다. 따라서 "헤겔은 자신의 논리에 정치적 형태를 부여했지만 정치적 형태의 논리를 제공하지는 않았다"[25]고 말할 수 있다. 이러한 이유로, 마르크스가 나중에 행한 모든 노력은 초기에 세운 정의 이상을 입증하고, 현대 사

24 중공 중앙 마르크스 엥겔스 레닌 스탈린 저작 편역국 편역, 〈마르크스 엥겔스 전집(제1권)〉, 인민출판사 1995년, 259쪽.

25 중공 중앙 마르크스 엥겔스 레닌 스탈린 저작 편역국 편역, 〈마르크스 엥겔스 전집(제1권)〉, 인민출판사 1995년, 304쪽.

회에 정치적 형태의 논리를 제공하려는 노력이었다.

20세기 80년대 이후로, 구시대적인 마르크스 철학 해석 체계를 뛰어넘는 표식적인 영역으로서, 가치 철학은 중국 철학 논의의 중심이 되었다. 그러나 최근 몇 년 동안 이 분야의 연구는 다소 주춤한 모습을 보이며, 많은 논의가 여전히 일반적인 문제의 논쟁에 그치고 있다. 이는 가치 문제의 연구가 원론적인 이론에 국한되어서가 아니라, 보다 현실적이고 밀접한 관련성을 가진 실제 진입점을 찾아야 함을 시사한다. 정치 생활이 바로 이러한 실제 진입점이 될 수 있다. 왜냐하면 정치 생활은 가치 철학이 그 작용을 가장 잘 발휘할 수 있는 생활 영역이기 때문이다. 현대에는 실증주의와 분석철학의 고립에서 벗어나가며 가치 철학적 의미를 드러내는데 가장 먼저 나선 것이 정치 철학이었다. 이러한 사례들은 더욱 포괄적이고 정확한 마르크스 철학을 이해하기 위해서는 규범적 이론으로서의 마르크스 정치 철학을 보다 포괄적이고 심도 있게 연구해야 함을 보여준다.

2. 자명한 선과 전략적 목표

초월적 정의는 최고 가치 또는 원시 가치를 나타내며, 하버마스는 이를 "중요한 평가로 파악해야 할 '나의 절대적인 선' 또는 '생활 방식의 최고 선'"으로 정의한다. 마르크스의 철학에서는 이 "생활 방식의 최고 선"이 "각자의 자유하고 종합적인 발전"이다. 이 것은 자명한 선이며 전략적 목표가 아니다.

소위 권리 정의는 특정 정치 제도에서, 특히 현대 정치 제도에서 따라야 하는 정치 법칙을 가리킨다. 이러한 정의는 자명의 선이 아니라 사회적 갈등을 극복하고 조화롭게 공존할 수 있는 정치적 해결책의 전략적 목표이다. 자유주의의 결점은 자유를 전략적 목표로만 이해하며, 자유의 최종적 이해와 상상력을 상실한다는데 있다.

알다시피 자유주의는 민주 정치 제도 내에서의 정의를 중요시하며, 이 정의는 시민의 개인 권리를 중심으로 하며 법률에 제한을 받아 전형적으로 "법 아래의 자유"로 이미지화될 수 있다. 이 정의가 제시하는 자유 이념은 종교 의식과 계급 제도의 개념을 성공적으로 대체하고 자본주의 정치의 사회적 통합에 대한 이념적 지지를 산출했다. 다시 말해, 어떤 정치 제도이든 시장 경제를 기반으로 한다 하더라도 개인 권리를 초월한 정의성을 기대할 수 없으며, 따라서 효과적인 사회 통합을 이룰 수 없다는 것이었다. 이러한 의미에서 자유주의는 현대 사회의 정치적 특징을 명확하게 묘사하고 있다. 그러나 심지어 자유주의자들도 이 것이 인간 사회가 한정된 이상적인 상태에만 만족해야 한다는 점을 분명히 인식하고 있다. 이는 이기적인 개인 간의 충돌을 제한하는 것이 사회의 궁극적인 가치 목표로 보지 말아야 한다는 것이다. 따라서 이러한 이념인 자유주의는 불가피하게 종교를 대체하고 삶의 의미의 제공자로 나타나야 한다는 도전에 직면하고 있다. 그러나 자유주의의 전제에 따르면, 현대 인간이 의존할 수 있는 개인 권리를 초월한 보편적 대상은 이미 개인 권리로 제한되어 있으며 국가와 시민 사회 간의 분리를 초월하여 삶의 의미의 제공자로 나타낼 수 없다는 내재적 모순이 존재한다. 이는 명백한 내재적 모순으로, 핵심 이념을 포기하지 않으면 자유주의 정치 철학은 권리 정의성과 초월적 정의성 간의 모순을 해결할 수 있는 합리적인 이론 솔루션을 제공할 수 없을 것이며, 핵심 이념을 포기하면 자유주의는 더 이상 존재하지 않을 것이다. 자유주의자들이 기뻐하는 "법 아래의 자유"와 "민주는 그다지 나쁘지 않은 체제 중 하나다"는 것은 전략적 목표에 관한 것으로, 이는 이론적인 논증이 아니다. 이는 자유주의가 현대적인 어려움에 직면할 때 그 이론적 전제에 기반한 어쩔 수 없는 양보일 뿐이며 경험적인 영역에서만 효과가 있다는 것을 의미한다. 이 전제는 인간이 경험적인 인식을 벗어날 수 없으며, 도덕적 완성을 추구하는 이상을 포기하는 전략이며, 결과적으로 인간을 이익을 추구하는 사적인 삶에만 몰두시키고 다른 것을 기대하지 않게 만드는 것이다.

자유주의와 비교할 때, 마르크스의 정치 철학은 명확하게 사회 생활과 정치 생활의 일치성 관점에서 인간의 자유를 탐구하며, 이로써 사회적 관계의 평등한 구축과 개인의 종합적인 발전을 통한 삶의 의미에 중점을 둔다. 이는 정치적 평등에서 개인적 이기를 추구하는 자유를 이상적인 자유로 보지 않으며, 오히려 인간이 이러한 자유의 제한을 초월하고 최종적으로 "개개인의 자유하고 종합적인 발전"에 도달할 수 있다는 관점을 제시한다. 마르크스에게 이러한 자유는 이미 "자유"라는 용어의 개인적 의미를 초월하고 "해방"과 결합되어 있으며, 이는 자유를 개인적 이해에서 사회의 자유화로 이어지게 한다. 마르크스가 언급한 "인간 사회 또는 사회화된 인간"의 개념은 사실상 자유주의 및 다른 모든 정치 철학과 구별되는 새로운 정의 입장을 제시한 것이다. 이 개념에서 마르크스는 정치 정의를 초월하는 새로운 초월적 정치 철학을 묘사했다. 이 정치 철학은 더 이상 시민 사회의 사적 소유 체제와 이기적인 개인 간의 "상호 필요"를 기반으로 하지 않고, "자유인의 연합체"가 종합적인 발전을 이루게 하는 것을 중심으로 한다. 따라서 이는 정치 정의의 범위 내에서 초월적 정의를 찾는 제한적인 것을 넘어선다. 이 정치 철학은 초월 정의의 실현과 시민 사회의 한계를 극복하는 역사적 운동을 연결함으로써, 권리 정의와 초월 정의 간, 법 아래의 자유와 미래 사회의 자유 간의 긴장을 역사적 공간에 정리한다.

특히 언급할 점은, 마르크스의 정치 철학에서 권리 정의와 초월 정의 사이에 강제적인 경계가 존재하지 않는다는 것이다. "역사"는 그들 간의 긴장의 공간이며, 생산력의 발전이 긴장을 완화시키는 용매인 것처럼, 인간의 자유 발전 과정은 생산력 발전을 기반으로 한 긴장의 계속적인 해소 과정이다. 따라서 마르크스의 정치 철학은 초월 정의를 강조하면서도 권리 정의의 역사적 가치를 부정하지 않으며, 특정한 역사적 조건에서는 오히려 이러한 정의를 구축해야 한다고 여긴다. 마르크스의 정치 철학은 다른 현대 정치 철학과 마찬가지로, 현대성 의식이 종교를 비판하는 데 미치는 영향을 인정하며, 정치적 해방 조건에서 얻게 되는 개인의 자유와 정치적 권리의 중요성을 인정한다. 그러나 더 중요한 점은 이러한 인식을 바탕으로, 모든 개인이 향하는 가능성을 포기하지 않고, 오히려 정치적 해방과 정치 정의의 한계를 드러내어 인간의 종합적인 자유에 도달하는 방법을 지적한다는 것이다.

제5장

정의와 초정의

제1절

마르크스 정의 이론의 4가지 변호

본 내용에서는 마르크스의 정의 이론을 네 가지 측면에서 변호할 것이다. 첫째, 마르크스의 정의 이론의 입론 전제로부터 시작하여 그의 정의 이론이 다른 정치 철학과 다른 특별한 출발점을 가지고 있다는 것을 보여줄 것. 둘째, 마르크스가 "인간 사회"에 입각하여 "시민 사회"를 비판한다는 점에서, 이에 다른 현대 정치 철학과 근본적으로 다른 관심을 가지고 있다는 것을 명확할 것. 셋째, 마르크스의 역사주의에서 시작하여 그의 정의 이론의 계단성을 분석할 것, 넷째, 고차高阶의미와 저차低阶의미의 정의 개념을 구분하고, 마르크스의 정의 이론과 다른 정의 이론의 개념적 차이와 구조적 차이를 분석하고 이를 기반으로 사회주의 시장 경제에 적합한 마르크스주의 정의 이론의 구축 경로와 의미를 설명할 것이다.

1. 마르크스는 정의로 문제를 해석하는 것을 반대하는가?

로버트 타크와 우드 같은 현대 영미권의 마르크스주의자들의 주장에 따르면 마르크스는 정의 이론으로 자본주의를 비판하는 것을 반대한다. 이들 관점에 따르면 마르크스는 정의와 같은 윤리적 규범이 "내재적 특정한 생산 방식"이라, 착취가 자본주의 생산 방식의 내재적 요구라면, 착취는 자본주의 도덕적 요구를 충족시키며, 비정의인 것이 아니라고 주장한다. 타크와 우드는 이러한 주장을 대표하는 인물로, 이러한 관점은 "타크-우드 명제"로도 알려져 있다. 현대 미국의 마르크스주의 학자 페프는 "마르크스가 비정의로 자본주의를 비난하거나 저의로 사회주의를 칭찬하지 않는 그러한 전체적인 견해와 이와 관련된 (암시적인) 마르크스주의자가 이렇게 하면 원칙에서 벗어난다고 생각하는 주장들이 점차 '타크-우드 명제'로 인정받고 있다."[1]

타크와 우드 등이 이해한 바에 따르면, 마르크스는 정의 이론을 가지고 있지 않다. 이것은 마르크스의 사상을 단순한 인식론적 접근으로 이해하는 전형적인 표현이다. 그러나 마르크스의 도덕 이론 탐구중에서 우리는 마르크스가 정의를 통해 문제를 해석하는 것이 마르크스의 정의에 관점에서 가장 논쟁적인 발언이다. 이것은 마르크스가 〈자본론〉 제3권 제21장에서 "이자 자본"을 논할 때 상업 자본이 다른 산업 자본 부문 간의 평균화 문제에 어떻게 참여하는가를 구체적으로 설명한 문구이다. 이에 마르크스는 자본주의 배경에서 이자 대출의 역사적 정의성을 부정하지 않았고 그는 이 것이 당사자 간의 공동 의지로서 자본주의의 정의 요구와 부합하기 때문에 정당하다고 여겼다. 마르크스는 오

1 [미국] R.G. 페퍼, 〈마르크스주의, 윤리 및 사회 정의〉, 남상산, 이양, 주홍준 역, 고등교육출판사 2010년, 320쪽.

직 길버트가 제시한 추상적이고 보편적인 "자연 정의 원칙"이 무의미하다고 주장하였다. 길버트의 "자연 정의 원칙"은 역사적 형태를 제거한 추상적인 정의 원칙으로, 이를 근거로는 어떠한 구체적인 문제도 설명할 수 없기 때문이다. 특정한 생산 관계에서 구체적인 경제 행위를 분석하여야만 이러한 행위의 정의성을 해석할 수 있고 어떠한 경제 행위의 정의성을 역사적 조건을 초월한 정의적 행위로 간주해서는 안 된다. 우드 등은 이로부터 마르크스가 정의적인 관점에서 자본주의를 비판하는 것을 반대한다고 주장하며, 심지어 마르크스가 자본주의를 정의적으로 정당하다고 생각한다고 결론을 내리는 것이다. 이는 마르크스의 사상을 잘못 이해한 것이다. 사실상 그는 자본주의의 정의성에 대하여 논의한 적이 있다. 다만 그는 특별한 정의 이론 안에서 문제를 설명한 것에만 불과하였다.

이로 인해 사람들은 마르크스가 길버트의 "자연 정의" 관점을 비판할 때 말한 내용을 마르크스가 정의의 입장에서 자본주의를 비판하는 것을 반대한다는 가장 중요한 근거로 인식하였다.

> 여기에서, 길버트와 함께 자연적 정의에 대해 말하는 것은 아무 의미가 없다. 생산자들 간의 거래의 정의성은 이러한 거래가 생산 관계에서 자연스럽게 발생하는 결과라는 점에 있다. 이러한 경제 거래는 당사자들의 의지 행위로, 그들의 공동 의지의 표현으로, 국가가 계약 양측에게 강제로 부과할 수 있는 계약으로, 법적 형식으로 나타난다. 이러한 법적 형식은 순수한 형식으로서, 그 내용 자체를 결정할 수 없다. 이러한 형식은 단지 이 내용을 나타낸다. 이 내용이 생산 방식과 부합하고 일치한다면, 그것은 정의이다. 생산 방식과 모순된다면, 그것은 비정의이

다. 자본주의 생산 방식의 기반에서는 노예제는 비정이이며 상품 품질에 대해 허위 작업하는 것도 비정의이다.[2]

이것은 마르크스의 정의에 관점에서 가장 논쟁적인 발언이다. 이것은 마르크스가 〈자본론〉 제3권 제21장에서 "이자 자본"을 논할 때 상업 자본이 다른 산업 자본 부문 간의 평균화 문제에 어떻게 참여하는가를 구체적으로 설명한 문구이다. 이에 마르크스는 자본주의 배경에서 이자 대출의 역사적 정의성을 부정하지 않았고 그는 이 것이 당사자 간의 공동 의지로서 자본주의의 정의 요구와 부합하기 때문에 정당하다고 여겼다. 특정한 생산 관계에서 구체적인 경제 행위를 분석하여야만 이러한 행위의 정의성을 해석할 수 있고 어떠한 경제 행위의 정의성을 역사적 조건을 초월한 정의적 행위로 간주해서는 안 된다. 우드 등은 이로부터 마르크스가 정의적인 관점에서 자본주의를 비판하는것을 반대한다고 주장하며, 심지어 마르크스가 자본주의를 정의적으로 정당하다고 생각한다고 결론을 내리는 것이다. 이는 마르크스의 사상을 잘못 이해한 것이다.

과연 길버트는 어떤 말을 하였는가? "은행업의 역사와 원리"에 따르면, 길버트는 "대출을 통해 이윤을 얻는 사람은 그 중 일부 이윤을 대출한 사람에게 지급해야 하는 것은 불문명한 자연 정의의 원칙이다"라고 주장하였다.[3] 마르크스는 이에 대한 응답으로 상기 내용에서 언급한 대로 "정의 원칙"은 역사적이며, 이러한 역사적인 정의 원칙은 특정한 사회적 물질적 관계에 의해 결정되며, 영원히 변하지 않는 "자연 정의 원

2 중공 중앙 마르크스 엥겔스 레닌 스탈린 저작 편역국 편역, 〈마르크스 엥겔스 문집(제7권)〉, 인민출판사 2009년, 379쪽.

3 중공 중앙 마르크스 엥겔스 레닌 스탈린 저작 편역국 편역, 〈마르크스 엥겔스 문집(제7권)〉, 인민출판사 2009년, 379쪽.

칙"이라는 것은 본질적으로 존재하지 않으므로 현실의 사회적 관계를 판단하는 데 그러한 원칙을 의존해서는 안 된다고 주장하였다. 마르크스는 자연 정의 원칙을 기반으로, 자본주의 사회에서 유행하는 정의 원칙을 기반으로 자본주의를 비판하려는 것이 아니라 미래 사회에서 형성될 정의 원칙에 따라 자본주의를 비판한다는 것이다. 마르크스는 여기서 강조하고자 하는 것은 "자연 정의 원칙"이라는 추상적인 원칙이 실존하지 않는다는 것이다.

마르크스는 정의 원칙이 역사적이라고 생각하고 심지어 노동 계급의 이익을 위해 보편적인 정의 원칙을 사용하여 변호한다. 국제 노동자 협회의 임시 규정을 편찬할 때, 마르크스는 노동자들의 합리적인 전투를 논증하기 위해 일반적인 정의 원칙을 인용하였다. 그는 각 나라의 노동자들이 공동 이익을 위해 협력하고, 중대한 문제를 앞두고 조화롭게 조율하며, 본국 정부를 독시하여 그들의 침공을 방지하기 위해 단결해야 한다고 하였다. 그는 "이러한 활동을 방지할 수 없을 때, 단결하고 동시에 그것을 폭로하여 개인 간에 지켜져야 하는 간단한 도덕과 정의의 원칙이 국제 관계에서 최고의 원칙이 되도록 노력해야 한다."라고 말하였다.[4] "협회 임시 규약"에서, 마르크스는 여러 차례 노동자들이 인권과 평등한 권리를 획득하기 위해 투쟁해야 한다고 언급하며 이를 정의의 사업으로 여겼다. "미국 대통령 에이브러함 링컨에게 보낸 편지"에서, 마르크스는 노동자 계급의 사업을 "정의의 사업"이라고 표현하였다. 그는 "대부분의 유럽 국가에서 노동 계급은 정의의 사업을 위해 자신의 피를 흘렸다"고 말하였다.[5] 마르크스는 정의 원칙을 명백하고 보편적인 정의

---

4 중공 중앙 마르크스 엥겔스 레닌 스탈린 저작 편역국 편역, 〈마르크스 엥겔스 전집(제16권)〉, 인민출판사 1964년, 14쪽.

5 중공 중앙 마르크스 엥겔스 레닌 스탈린 저작 편역국 편역, 〈마르크스 엥겔스 전집(제16권)〉, 인민출판사 1964년, 21쪽.

원칙으로 간주한다. 이것은 정의를 보편적인 가치, 최고의 가치로 여기는 것을 의미 한다.

이러한 논의 과정에서, 마르크스는 정의를 단순히 평등한 시민 사회에서의 인권 추구와 관련된 목표로만 보지 않고, 참이성과 도덕과 동등한 고차원의 개념으로 보았다. 이 개념은 기존의 기반, 즉 보다 보편적인 인간성 기반 위에 구축되어야 한다. 즉, 마르크스는 추상적이고 일반적인 인간성이 존재한다는 것을 부정하고, 이러한 추상적이고 일반적인 인간성을 기반으로 하는 추상적인 정의 원칙을 부정하지만 일반적인 인간성의 공통성을 부정하는 것은 아니다. 인간은 인간으로서, 어떠한 역사적 조건에서든 지워지지 않는 몇 가지 공통 특성을 가지고 있다. 또한 인간은 인간으로서, 어떤 역사적 조건에서든 사라지지 않는 몇 가지 공통 본성을 가지고 있다. 이를 인정하지 않으면 상대주의가 될 것이다. 물론, 마르크스는 이러한 상대주의가 이니다. 마르크스는 정의 원칙의 역사적 기반은 특정한 역사적 조건의 결과물임을 주장한다. 그러나 어떤 역사적 조건에서도 일부 사회 생활 조건은 작용을 하며 이러한 조건들이 인간의 일반 특성을 결정한다.

2. 마르크스 정의 이론의 비판적 전제

정의는 독립적으로 설명할 수 있는 가치가 아니라 반드시 자유, 이성, 행복, 조화 등의 가치와의 관련 속에서 그 의미를 설명해야 한다. 이는 어떠한 정의 이론도 오직 복합 논증으로만 그가 주장하는 정의 가치를 설명할 수 있고 반드시 어떤 보다 일반적인 이론적 틀에 의존하여 하기 위해 복합 논증을 통하여만 가능하며, 어떤 보다 일반적인 이론적 틀에 의존하고 이의 기본 전제를 기반으로 해당 정의 관념을 논증해야 함을 의미한다. 마르크스의 정의 이론과 다른 정의 이론과의 차이는 주로 정의 개념의 구체적인 표현에 있지 않고, 그의 논증 전제와 그에 기반한 이론적 틀의 특의성에 있다. 따라서 마르크스가 어떻게 정의 문제를 다루며 그가 갖는 정의 이론의 본질을 이해하기 위해서는 우선 이러한 논증 전제와 그에 의존하는 이론적 틀에서 손을 들여야 한다.

플라톤에서부터 롤스에 이르기까지, "응득(應得: 받아야 할 것)"이 정의의 기본 의미로 여겨 졌다. 이러한 이해에서 정의란 선품善品을 공평하게 분배하는 것이며, 공평한 분배는 받는 자에게 그에게 받아야 할 것을 주는 것을 의미한다. 즉, "응득" 원칙에 따라 善品을 공평하게 분배하는 것이다. 마땅한 것을 받지 못하거나, 마땅하지 않는 것을 받는 것은 모두 비정의이다. 여기서 "응득"은 일종 가치관과 행동규범이다. 즉, "응득"은 인간의 정신적 사상으로 표현되며 도덕적 가치로서 구체화되어 행동규범으로 변환될 수 있으며, 이는 받을 자와 善品 간에 합리적인 관계를 확립하고 이 관계를 기반으로 사람들에게 행동규범을 설정하는 도덕적 가치를 나타낸다. 이렇게 "응득"을 중심 개념으로 하는 정의 이론을 "응득 정의 이론"이라고 할 수 있다.

"응득 정의 이론"은 사적 재산과 사적 소유를 논증의 전제로 삼아 소득과 재산의 응득을 근거로 설명한다. "응득 정의 이론"에서 소득과 재산의 응득은 그것들이 소유자에게 특별한 소속 관계를 가지는 사적 재산으로서, 즉 사적 재산의 사유성을 가지고 있다는 것이다. 따라서 본질적으로 "응득 정의 이론"은 사적 소유를 전제로 하여 사회적 공평한 분배를 변호하는 것이다. 그것이 설명하려는 것은 사적 재산의 불평등한 전제 하에서 왜 불평등한 분배가 공정한지에 대한 것이다. 만약 "응득 정의 이론"이 평등을 추구한다면, 그것은 주로 정치적 권리의 평등에 중점을 두며, 평등의 요구는 소득과 재산의 불평등 현실에서 걸음을 멈출 것이다. 다시 말해, "응득 정의 이론"에서는 불평등의 근원인 사적 소유 자체가 정의인지 여부에 대한 논의는 불필요한 것이므로 이러한 논의는 정의 이론의 내용에 속하지 않는다.

마르크스주의 이론의 최고 목표는 사적 소유제를 소멸하는 것이다. 마르크스와 엥겔스는 "공산당 선언"에서 명확하게 언급하였다. "공산당인은 자신의 이론을 한 문구로 요약할 수 있다: 사적 소유제를 소멸하자."[6] 이것은 우선 마르크스가 정의 이론을 가지고 있다면 그가 응득 정의 이론의 전제를 완전히 전복하고 뒤집었다는 것을 의미한다. 따라서 이러한 정의 이론은 완전히 다른 전제를 기반으로 하며, 응득 정의 이론과 완전히 다른 형태의 정의 이론이다. 사적 재산을 가지는 제도는 정의의 제도이다. 마르크스는 사적 소유제도와 사적 재산을 부정함으로써 "응득 정의 이론"의 전제를 뒤집고, 사적 소유자와 사적 재산 간의 응득 관계의 정의성을 근본적으로 부정하였다.

자본계급 계몽의 임무는 권리의 평등을 얻는 것이다. 이를 위하여 그들은 인간성과 이성을 주장하며 "모든 사람은 태어날 때부터 평등하다."라는 추상적인 인간성 이론을 논증의 근거로 삼았으며, 평등한 정치적 권리를 모든 사람의 응득으로 자본주의의 헌장에 담아 인간의 정치적 해방을 실현하였다. 정치적 권리를 모든 사람의 범위로 확장함으로써 "응득 정의 이론"은 응득 범위를 확대하고, 플라톤 이후 정치적 권리를 일부 사람에게만 제한적하는 관념을 깨뜨렸다. 그러나 사적 재산권에 대해서 "응득 정의 이론"은 더 나아갈 수 없었다. 정치적 권리의 평등과 경제적 불평등, 형식적인 평등과 실질적인 불평등 사이의 갈등은 "응득 정의 이론"을 구속하는 저주가 되었다. 마르크스는 독일을 언급할 때 종교를 비판함으로써 정치적 해방을 실현한 것은 사실이지만, 이

---

6 중공 중앙 마르크스 엥겔스 레닌 스탈린 저작 편역국 편역, 〈마르크스 엥겔스 선집(제1권)〉, 인민출판사 1995년, 286쪽.

것은 다른 정치적 해방과 크게 다르지 않다고 지적하였다. 마르크스는:

> 인간의 종교에 대한 **정치적** 초월은 일반적인 정치적 초월이 가지는 모든 단점과 장점을 가지고 있다. 예를 들어, 북미의 많은 주에서 발생한 것처럼, 한번 국가가 선거권과 당선권에 대한 **재산 자격 제한**을 철폐하면 국가 자체가 **사적 재산**을 폐지하며, 사람들은 정치적으로 사적 재산이 이미 폐지되었다고 선언하게 된다. ...**재산 자격 제한**은 사적 재산을 인정하는 마지막 정치적 형태이다.
>
> 그러나 정치적으로 사적 재산을 폐지한다고 해서 실제로 사적 재산이 폐지되는 것은 아니며, 반대로 사적 재산을 전제로 하는 것이다. 국가가 출신, 등급, 문화 수준, 직업과 같은 **비정치적**인 차이를 제거하고, 국민 각 구성원을 국민 주권의 **평등**한 보유자로 선언하며, 국가의 관점에서 국민의 현실적인 삶의 모든 요소를 고려할 때 국가는 **출신, 등급, 문화 수준, 직업의 차이**를 자체 방식으로 폐지하는 것이다. 그럼에도 불구하고, 국가는 여전히 사적 재산, 문화 수준, 직업과 같은 요소들을 각자의 **고유한 방식으로**, 즉 사적 재산으로, 문화 수준으로, 직업으로 작용하고 **특별**한 본질을 나타내게 한다. 국가는 이러한 **실제적**인 차이를 전혀 폐지하지 않으며, 반대로 이러한 차이를 전제로 하여야만 존재할 수 있다.[7]

마르크스가 초기에 얻은 이러한 인식은 그가 시민 사회의 사적 재산 비밀을 깊이 탐구하게 한 중요한 동기 중 하나였다. 그에게 있어, 응득 정의 이론의 저주를 헤치는 열쇠는 정치 영역에는 존재하지 않으며 생

---

7 중공 중앙 마르크스 엥겔스 레닌 스탈린 저작 편역국 편역, 〈마르크스 엥겔스 전집(제3권)〉, 인민출판사 2002년, 172쪽.

산 영역에 숨겨져 있어 사적 재산의 본질과 형성 과정을 탐구함으로써 발견해야 하는 것이다.

많은 사람들은 마르크스가 정의 이론을 가지고 있지 않다고 여기는데, 중요한 근거 중 하나는 마르크스가 아리스토텔레스나 롤스와 같이 정치 정의 문제에 대해 체계적으로 논의하지 않았으며 주로 경제학 연구에 중점을 두었다는 점이다. 실제로 마르크스의 정의 문제에 대한 논의는 그의 이론적 임무에 의해 규정되는 것이다. 공평과 정의의 정치 법률 개념을 통해 분배 관계를 해석하는 것이 아니라, 생산 관계를 통해 분배 관계를 해석하고 생산 노동을 통해 생산 관계를 해석하는 것이다. 이 것이 마르크스의 정의 이론의 기본 논리이다. 마르크스에 있어, 사적 재산을 지지하는 정치 제도의 근거는 정치에 있는 것이 아니라 경제에 있으며, 국가와 법의 근거는 그 자체에 있는 것이 아니라 시민 사회에서 찾아야 하는 것이다. 그러므로 국민 경제학에 대한 비판에서 시작함으로써 응득 정의 이론의 핵심과 현대 정의 문제의 본질을 가장 정확하게 이해할 수 있는 것이다. 고전 정치 경제학은 자본주의 이념의 기반이자 핵심이며, 자본주의 시장 제도의 합리성에 대한 경제학적 주장은 전체 자본주의 사회 생활을 설명하는 데 출발점을 제공한다. 근대에 들어 다양한 형태로 발전해온 응득 정의 이론은 고전적인 정치 경제학에 대한 가정인 사유제의 합리적이며 영원한 존재한다는 것에 대해 뿌리를 두고 있다. 이 가정은 마르크스가 말로는 "사적 재산, 노동, 자본, 토지의 상호 분리, 임금, 자본 이윤, 지세의 상호 분리, 분업, 경쟁, 교환 가치 등을 전제로 삼는 것"[8]이다. 마르크스는 이러한 전제를 비판함으로써 자신의 정의 이론을 해석하였다. 응득 정의 이론의 최고 목표

8 중공 중앙 마르크스 엥겔스 레닌 스탈린 저작 편역국 편역, 〈마르크스 엥겔스 전집(제42권)〉, 인민출판사 1979년, 89쪽.

는 사적 재산 제도에 접근하지 않으면서 정치적 권리의 평등을 실현하는 것이다. 따라서 이는 고전적인 경제학에서 설정된 전제를 기반으로 하지만 핵심 문제 영역은 정치적 행동의 규범에 있다. 마르크스의 정의 이론의 목표는 경제 이익의 본질적 평등을 실현하는 것이기에 실질적 평등을 실현하기 위해 필요한 경제 조건을 추구하지 않는 것은 불가능한 것이다. 따라서, 고전 정치 경제학에 대한 비판에서 출발하는 것이라 "정치 비판"에서 직접 출발하여 마르크스의 정의 이론의 특별한 선택이 되는 것이 아니다. 이 것이 마르크스가 처음에 "신학에 대한 비판을 정치에 대한 비판으로 바꾸어야 한다"[9]고 강조하고 이로 "시민 사회의 해부는 정치 경제학에서 찾아야 한다"[10]고 강조하는 이유이다.

만약 마르크스의 정의 이론을 연구하고자 한다면 반드시 그가 사유재산 또는 개인재산에 대한 비판을 연구의 시작점으로 삼아야 한다. 이에 관해서 마르크스는 명확하게 말하였다.

> 국민 경제학은 사유재산의 실제에서 시작하지만 우리에게 그 실제를 해석해 주지 않는다. 그것은 사유재산이 현실에서 경험하는 **물질적**인 과정을 일반적이고 추상적인 공식에 담고 이러한 공식들을 규칙으로 취급한 것이다. 그것은 이러한 규칙들을 **이해**하지 않으며, 즉 이러한 규칙들이 어떻게 사유재산의 본질에서 발생하는지를 설명하지 않는다.[11]

---

9 중공 중앙 마르크스 엥겔스 레닌 스탈린 저작 편역국 편역, 〈마르크스 엥겔스 선집(제1권)〉, 인민출판사 1995년, 2쪽.

10 중공 중앙 마르크스 엥겔스 레닌 스탈린 저작 편역국 편역, 〈마르크스 엥겔스 선집(제2권)〉, 인민출판사 1995년, 591쪽.

11 중공 중앙 마르크스 엥겔스 레닌 스탈린 저작 편역국 편역, 〈마르크스 엥겔스 전집(제42권)〉, 인민출판사 1979년, 89쪽.

마르크스에게 있어, 자본주의 사회 의식 형태 핵심인 고전 정치경제학의 모순은 이 의식 형태를 만들어낸 사회 자체의 모순이기도 하다. 그들은 상호 일치한 것이다. 고전 정치경제학 또는 그로 기반으로 한 철학 이론과 정치 이론이 사회의 정의에 대한 변론에서 그 자체의 전제에서 합리적으로 사회 생활을 설명하지 못하고 서로 모순되면, 그러한 이론들은 이 사회의 정의성을 위한 근거를 상실하는 것이다. 고전 정치경제학이 제공하는 사실에서 출발하여 그 이론의 모순을 밝히고 이를 통해 자본주의 자체의 모순을 밝히며 더 나아가 자본주의의 비정의성과 사회주의의 정의성을 설명하는 것이 바로 마르크스의 정의 이론의 논리적 실마리이다.

여기서 강조해야 할 것은 고전 정치경제학을 비판적으로 살펴보는 것이 마르크스의 우연한 선택이 아니라 정의 이론을 탐구하는 독특한 선택이다. 이것은 롤스가 "무식의 막" 가정을 선택한 것과 같이 마르크스가 "영원한 사유제"을 해체하는 것을 선택으로 마르크스의 정의 이론을 시작하는 지표가 된것이다. 이 기반 위에서, 마르크스는 정의 문제를 재해석하여 기존 사유재산을 기반으로 한 공정한 분배 문제는 차선 문제가 되고 사유재산 자체의 정의성 문제는 반드시 우선 검토해야 하는 문제가 된 것이다. 마르크스의 기여는 분명히 "자본론"과 그의 원고를 대표로 하는 경제학 연구에서 주로 나타나지만 마르크스의 경제 문제에 대한 논의를 단순히 경제 분야의 문제를 설명하기 위한 것으로만 본다면 마르크스를 오해하는 것이다. 〈1844년 경제학 철학 초고〉에서부터 마르크스는 아담 스미스, 데이비드 리카도 등의 경제 이론에 대한 분석을 시작으로 자본주의에 내재적 모순을 논의하기 시작하였다. 이 시기의 작업은 그의 후기 "자본론" 및 원고 시기의 작업과 일관되고 연결된 것이고 그의 미래의 원고 창작 연구단계이다. 이로 그의 경제학 연구의 완전한 의도를 더 잘 나타낼 수 있는 것이다. 이 원고에서 그는 아담 스미스 등 고전 정치경제학자들의 연구를 토대로 자본주의 사회의 소외 본질을 연구하는 것이 주요 목적이었다. 이를 통해 자본주의 사회의 윤리적으로 부당하고 비인간적인 본질을 밝힘으로, 소외된 인간 본질을 지양하는 것을 설명함으로써 공산주의의 정의성을 주장하기 위한 것이다. 여기서 우리는 마르크스의 경제 비판의 근본적인 목표가 정의에 대한 관심이며, 경제 과정의 설명이 아니라는 것을 명확히 알 수 있다. 경제 연구의 목적은 자본주의의 소외 본질과 비정의성을 밝히는 것에 있다. 자본주의의 소외 본질과 비정의성을 이해하기 위해서는 우선 경제 생활을 조사해야 하는데 여기에는 인간의 소외와 정치적 불평등이 더 깊게 반영되어 있는 것이다. 또한, 평등에 대한 깊은 이해를 얻기 위해서는 국민 경제학을 먼저 탐구해야 한다. 이는 정치적 및 철학적으로 불평등을 변호하는 출발점을 제공하기 때문이다. 마르크스는:

> 평등은 단지 독일 사람들의 "자아 = 자아"를 프랑스어, 즉 정치 언어로 번역한 것에 불과하다. 평등은 공산주의의 기반이며, 공산주의의 정치적 논거다. 독일 사람들이 인간을 보편적인 자아의 의식으로 이해하여 공산주의를 주장한 것과는 다르다. 분명하게 말하면, 소외의 반대는 통치력의 소외 형태에서 시작된다. 독일에서는 **자아 의식**, 프랑스에서는 정치적 이유로 평등, 영국에서는 현실적이고 물질적인 형태로, 자신을 자신만의 실제 수요로만 판단하는 것이다.[12]

마르크스는 분명히 이 모든 이론들이 다양한 방식으로 하나의 문제

12 중공 중앙 마르크스 엥겔스 레닌 스탈린 저작 편역국 편역, 〈마르크스 엥겔스 전집(제42권)〉, 인민출판사 1979년, 139쪽.

를 입증한다는 것을 인식하였다. 마르크스에게 있어서는 여전히 이러한 이론들이 설정한 이론적 전제(즉, 사적재산과 사유제를 논의하는 전제)를 바탕으로 하더라도 공산주의를 독일식 자아 의식 소외의 극복으로 이해하든, 프랑스식 정치적 평등으로 이해하든, 영국식 실제 요구의 달성으로 이해하든, 모두 동일하게 정치적 평등을 최종 형태의 평등으로만 간주할 것이며 결과적으로 정의를 시민사회에서 개인의 정치적 권리의 구현으로 보는 것이다. 마르크스의 정의 이론에는 완전히 다른 전제와 기점이 필요하다.

3. 마르크스의 "인간사회"에 입각한 정의 관념

마르크스는 고전 정치 경제학에 대한 비판에서 출발하여 전체 자산 계급 이데올로기에 대한 비판을 하는데, 이는 단일 차원의 이론이 아니라 두 가지 다른 차원에서 진행된다. 한편으로, 마르크스는 "인간 사회 또는 사회화된 인류"의 입장에서 "시민 사회"를 비판하며, 이 비판은 "인간 사회 또는 사회화된 인간"이 요구하는 정의 기준에 기반을 두고 있다. 다른 한편으로, 마르크스는 "시민 사회" 자체의 입장에서 "시민 사회"를 비판하며, 이 비판은 "시민 사회" 자체의 정의 기준에 기반을 두고 있다. 이 두 가지 차원을 구분하지 않으면, 마르크스의 정의 이론을 명확하게 설명할 수 없을 뿐만 아니라 그것을 현실 생활에 적용할 수 없는 공중을 떠도는 초월적인 이상으로만 보게 될 것이다.

마르크스는 "인간 사회" 와 "시민 사회" 사이의 구분을 설명할 때, 가장 전형적인 표현은 〈포이어바흐에 관한 테제〉의 제10항에서 제시한 "구체적인 유물론의 기점은 시민 사회이며, 새로운 유물론의 기점은 인간 사회 또는 사회화된 인간이다."[13] 〈포이어바흐에 관한 테제〉의 제10조에는 마르크스의 정의 이론의 핵심 내용과 그가 정의 문제를 고려하는 기본적인 의도가 포함되어 있다. 물론, 마르크스의 이런 모호한 표현은 이 개요적인 문서만으로는 이해하기 어렵다. 하지만 1년도 안 되는 시간 전에 작성된 〈1844년 경제학 철학 초고〉로 돌아보면 그의 사상의 주요 내용을 매우 명확하게 볼 수 있다.

마르크스의 〈1844년 경제학 철학 초고〉에서:

> 국민 경제학자들에게 **사회는 자본계급의 사회이며** 이곳에서 모든 개인은 다양한 수요의 집합체이다. 또한 서로의 수단으로 존재하며, 개인은 타인을 위하여 존재하고 타인은 개인을 위하여 존재한다. 정치가 **인권**을 논의할 때와 마찬가지로 국민 경제학자들은 모든 것을 인간으로 귀결시키며, 그 결과 특성을 지우고 자본가나 노동자만이 개인으로 본다.[14]

즉, 국민 경제학자들은 영원한 개인 소유의 존재를 전제로 하므로 사회 생활을 고찰할 때 "사회"를 "서로의 수단"으로 사람들을 상호 연결하는 유기적 체계로 간주하는 것이다. 이것은 아담 스미스 등이 자본주의 사회에 대해 묘사한 이론 모델이며, 헤겔이 말한 "필요한 체계"의 시민 사회인 것이다. 시민 사회에 관해 헤겔은:

---

13 중공 중앙 마르크스 엥겔스 레닌 스탈린 저작 편역국 편역, 〈마르크스 엥겔스 선집(제1권)〉, 인민출판사 1995년, 57쪽.

14 중공 중앙 마르크스 엥겔스 레닌 스탈린 저작 편역국 편역, 〈마르크스 엥겔스 전집(제42권)〉, 인민출판사 1979년, 144쪽.

필요와 수단은 실재로서의 정체성을 가지며, 이는 **타인의 존재를 위한 것이 된다**. 그리고 타인의 필요와 노동은 모두가 서로 만족시키는 조건이 된다. 필요와 수단의 성질이 추상적인 것이 되면, 추상성은 개인 간의 상호 관계를 규정하는 것이 된다. 이러한 보편성은 **인정받는 것으로서**, 이는 고립되고 추상적인 필요와 그 필요를 충족시키는 수단과 방법을 **구체적인**, 즉 **사회적인** 것으로 만드는 고리가 되는 것이다.[15]

이러한 시민사회의 이론 모델에서 각 개인은 다른 사람들의 필요를 충족시킴으로써 자신의 필요를 충족시키며, 즉 모든 사람은 시장화된 교환으로 자신 필요를 충족시킨다. 이러한 "상호적으로 상대 필요 만족" 연결을 통해 각 개인은 각자의 위치에 있으며, 사회는 조화롭게 운영되며, 정의는 자동으로 실현된다. 이러한 시민사회 이론 모델은 순수한 경제 모델이 아니라 사회 모델이다. 따라서 "사회"를 "시민사회"로 이해하는 것은 경제학자들이 분업을 논하는 근거이며, 헤겔이 윤리를 논할 때의 근거이며, 정치인들이 인권, 평등 및 정의를 논할 때의 근거이다. 이런 시장 교환 관계를 기반으로 한 시민사회의 이론 모델은 자본주의의 정의성을 논증하는 데 근거를 제공하며, 이것은 응득 정의 이론의 전제이다. 로크와 같은 근대 사상가들은 시민사회를 인간의 이기심적 본성에서 유도된 자연스러운 합리적 사회 모델로 보았으며, 이 모델에서 사회는 자체 조절을 수행할 수 있고 개인들에게 국가에 대한 보호를 제공할 수 있다. 이 것을 기점으로 개인의 공정한 자산 및 기타 사회적인 善品의 분배가 합리적으로 설명될 수 있다. 그러나 마르크스에게 있어서 이러한 기점 자체는 비판이 필요한 것으로 본다. 그는 시민사회를 18세기 이후 급속하게 성숙한 사회 연합 방식으로 보며, 이것은

---

15 [독일] 헤겔, 〈법철학 원리〉, 판양, 장기타이 역, 상무인서관 1961년, 207쪽.

자본주의의 특정한 개인 소유 제도를 기반으로 한 것이다. 겉으로는 사람들 간의 상호 필요성을 연결고리로 하여 사회 전체를 조화로운 공동체로 통합하고 생산을 사회화로 실현하는 것처럼 보이지만, 실제로 이러한 사회화는 이기심 가득한 개인의 필요를 충족시키는 기초 위에 세워진 것으로, 그 결과로 인해 사람들은 서로 도구화 되는 "가짜 사회화"라는 것이다. 이러한 형태의 사회화된 생산을 기반으로 한 사회 연합은 인류의 공동 생활의 이상적인 모델이 아닐 뿐만 아니라 반사회적이며 반인성적이며 공동 생활의 부패된 형태를 대표한다고 주장한다. 비록 이러한 사회 연합이 사람들을 상호 연결하고 상호 필요성을 기반으로 하지만, 사람의 필요를 충족시키는 생산 활동을 생산 대상과 분리시킴으로써 필요를 충족시키는 활동을 비인간적인 소외된 노동으로 만들고 결국 비인간으로 만든다는 것이다. 마르크스는 〈1844년 경제학 철학 초고〉의 전반적 내용이 이 것을 설명하기 위한 것이다. 그가 밝히려는 것은 개인 소유와 시민 사회의 기점에서 국민 경제학과 다른 모든 철학과 정치 이론이 인간의 본성과 그에 따른 사회적 정의를 설명할 능력이 전혀 없다는 것이고 반대로 그들을 반대하는 현실화의 이데올로기로 될 것이다.

마르크스의 "인간 사회"는 시민 사회를 초월하는 이상적인 사회로, 시민 사회의 대체물이다. 그때에만 인간은 "종적 존재"로서 존재하며, 개인은 "사회화된 인간"으로서 자신을 사회 전체에 통합하는 것이다.

우선, 마르크스가 "인간 사회"로부터 "시민 사회"에 대한 비판을 통해 그의 정의 이론의 중요한 측면 중 하나로, 그가 정의에 대한 궁극적인 이해를 표현했다는 점을 인정하여야 한다. 마르크스는 "인간 사회 또는 사회화된 인간"을 통해 공산주의 사회의 정의를 확립하였다. 이러한 정의는 이상적인 사회에 대한 초월적 가치이지만, 마르크스의 정의 이론은 목적을 제공한다. 이러한 문제를 마르크스의 정의 이론에서 제외하면 그의 전체 정의 이론은 이해할 수 없을 것이다.

동시에, 마르크스의 정의 이해는 일반적인 의미의 정의 - 받을 정의 개념의 의미를 초월하여 더 넓은 이론에서 설명하여야 한다. 현재 정치철학에서는 정의 개념의 사용이 기본적으로 실제 또는 현재 존재하는 사회 제도 범위 내로 제한된다. 물론, 이 현재의 사회 제도는 어떤 가치 가정에도 의존하지 않지만 계몽운동의 공유 가치를 기반으로 제도가 설계되었다. 여기에서 계몽이성은 형이상학적 근거를 대신하여 입법자가 되었다. 이러한 가치 설정과 제도 설계에 따라, 자기 이익은 인간의 본성이며, 사유재산은 현대 사회의 기반이다. 따라서 우리는 인간 사회를 영원히 도구적인 협력 공동체로 이해할 수밖에 없으며, 입헌 민주주의가 이러한 협력 공동체에 적합한 유일한 합리적인 정치 제도이다. 이러한 이해에서 사회 제도의 정의성 문제는 사유 제도 기반의 헌법 민주주의가 어떻게 완성되는지에 대한 문제일 뿐이다. 이러한 사회 제도를 초월하여 더 완벽한 사회를 상상하는 것은 유토피아적인 꿈이다. 더 높은 정의의 사회가 존재하는지에 대한 질문은 불법적인 지식 형태에 속한다.

계몽이성과 그것이 인정하는 가치를 궁극적인 근거와 궁극적인 가치로 삼는 것은 종교와 전통적인 형이상학의 쇠퇴 이후 형성된 사고 방식이다. 리처드 J. 버른스타인은 이러한 사고 방식의 문제점을 깊이 지적하였다:

> 대부분의 사람들은 불안정한 중점에 머무는 것에 만족한다. 그들은 "계몽"자들이 같은 기본 가치를 공유한다고 가정하며, 중요한 임무는 가능한 행동 경로의 결과에 대한 더 충분한 경험적 이해를 얻는 것이며, 계몽자들이 인정하는 가치의 경험적 방법을 촉진하는 것이다. 그러나 이 강조를 바꿈으로써, 그들은 니체가 드러나고 베버가 엿보았던 심연을

흐리게 하고 가릴 것이다 - 우리의 기본 가치는 어떤 궁극적인 이성적 기반도 가질 수 없다.[16]

이러한 사고 방식은 현대인들이 궁극적인 자유를 얻지 못한 절망감에서 비롯된다. 이러한 절망 속에서 자유는 개인의 권리로만 이해될 수 있고 정의는 권리와 의무 관계의 구현으로만 이해될 수 있다. 즉, 개인주의자들은 사유제 전제 하에서 자신이 받을 것을 받아야 한다고 생각하는 것이다. 궁극적인 자유의 의미를 정의 개념에서 제외함으로써, 사람들은 현재의 사회 질서를 넘어서는 정의를 상상하는 것을 배제하는 것이다. 이러한 전제 하에서, 종교적, 공상적, 무정부주의적인 사회 이상은 합리적인 정의 이론 밖에 배제된다. 마르크스의 정의 이상이 정의 이론에서 배제한다는 것이다. 당대 철학의 이러한 확고한 신념에 따라 일부 사람들은 "마르크스가 정의를 주장했는가"를 문제로 보게 된다. 이러한 주장을 하는 사람들에게 마르크스의 정의에 대한 가장 중요한 생각은 이미 자유의 개념으로 들어섰으며, 현대 정의 이론의 문제 영역을 넘어섰기 때문에, 마르크스에는 정의 이론이 없다는 것이다.

이러한 주장에서 우리가 반드시 고려해야 할 것은, 마르크스의 정의 개념이 정말로 다른 현대 정치 철학자들의 정의 개념과 일치하지 못한다? 그렇다면 우리는 실제로 마르크스의 정의론에 대해 논의할 수 없으며, 심지어 마르크스가 다른 정의 이론에 대한 비판에 대해 합리적으로 논의할 수 없다. 왜냐하면 비판은 대화의 한 형태이며, 논리적인 대화는 일치하지 않는 개념 아래에서는 불가능하기 때문이다.

롤스를 포함한 많은 현대 정치 철학자들은 이 문제가 마르크스의 정

16 [미국] 리처드 J. 번스타인, 〈사회정치이론의 재구성〉, 황서기 역, 역린출판사 2008년, 61-62쪽.

의 이론을 해석하는 중요성을 인식하고 있다. 롤스는 마르크스가 정의 문제에서 약간 모순적이라고 말한다. "마르크스는 실제로 자본주의를 불공정하다고 비난하였다. 그러나 반면에 그는 자신이 그렇게 생각하지 않는다는 것이다."[17] 왜 이런 역설이 발생하는가? 후사미는 이 것이 마르크스에게 두 가지 다른 정의 원칙이 있기 때문이라고 주장한다. 그 이유는 그의 정의 원칙이 계급과 관련이 있기 때문이란 것이다. 마르크스에게 자본주의 사회에서의 정의 기준은 그것의 생산 관계가 요구하는 분배 원칙에 적응하므로 정의인 것이다. 그러나, 노동자 계급의 정의 원칙(즉, 공산주의의 정의 원칙)에서 보면, 이것은 노동자 계급의 이익에 부합하지 않으므로 비정의인 것이다.[18] 롤스는 마르크스의 정의 개념의 복잡성을 명확하게 인식하고 있으며, 이 복잡성을 해석하는 핵심이 마르크스의 자본주의 제도 자체의 비정의성에 대한 비판 이론을 이해하는 데 있다는 것을 명확하게 인식하고 있다. 그러나 롤스는 여전히 자신의 정의 이론의 틀 안에서 마르크스의 사상을 해석하고 있으며, 그는 자신의 정의 이론에서 특유한 "사회의 기본 구조"를 마르크스의 자본주의에 대한 전체적인 개념으로 이해하고 있다. 이것은 분명히 마르크스의 사상을 단순화한 것이다. 그 이유는 롤스의 분석 철학적 접근 방식이 그가 마르크스의 정의 개념에 대한 역사주의적 이해에 방해하기 때문이다.

---

17 [미국] 존 롤스, 〈정치철학사 강의〉, 양통진, 리리리, 린항 역, 중국사회과학출판사 2011년, 349쪽.

18 Husami Z I, "Marx on Distributive Justice", Philosophy & Public Affairs, 1978, Vol.8, No.1, pp. 27-64.

4. 마르크스 정의 이론의 두 가지 차원

"인간사회"를 기점으로한 마르크스의 정의 이론은 다른 현대 정의 이론과 구별되는 것은 주로 초월적 이상을 내용으로 한다는 점이다. 그러나 초월적 정의는 응득 정의에 대응하는 것이다. 따라서 초월적 정의 이론에는 응득 정의에 대한 이해가 내포되어 있지 않으면, 그것이 무엇을 초월했는지를 설명할 수 없다. 마르크스가 공산주의를 이상 사회로, 시민 사회를 초월할 대상으로 이해했을 때, 그 안에 내포된 전제는 시민 사회의 정의 원칙이 한정적인 정의 원칙이라는 것이다. 즉, 특정한 한계 내의 정의 원칙이 결국 이 한계를 초월하는 더 높은 정의 원칙에 의해 대체될 것이라는 것이다. 이는 시민 사회가 여전히 사회의 기본적인 존재 형태일 때, 사람들은 여전히 응득 정의 원칙으로 사회 생활을 조절할 필요가 있다는 것을 의미한다. 이것은 우리가 마르크스와 다른 현대 정치 철학의 정의 개념 사이에 있는 "공약수"로 이해하는 도입구를 명시 해준다.

마르크스의 역사주의 원칙에 따르면 공산주의는 시민사회를 배제하는 것이므로 그것은 시민사회의 모든 발전 성과를 포함하고 있을 뿐만 아니라 시민사회가 그 역사적 범위 내에서의 합리성을 인정하며 특정한 역사적 상황에서 해당 정의 원칙이 사회 생활을 조절하는 데 합리적임을 인정하는 것이다. 그렇지 않으면, 그것은 마치 자신의 어린 시절의 몸을 부정하는 것처럼 자신의 현재의 몸을 부정하는 것이다. 마르크스가 시민 사회 조건에서의 정의 원칙에 대해 체계적인 변호했는지 여부, 그가 어떻게 공산주의의 정의 원칙으로 이러한 정의 원칙을 비판했는지에 관계없이, 그는 특정 역사적 조건에서 이러한 정의 원칙이 사회 생활을 조정하는 합리성을 충분히 인정하였다. 이 것이 바로 마르크스가 "이 내용은 생산 방식에 적응하고 일치하는 한 정의. 생산 방식과 상충하는 경우 비정의이다."라고 말하는 기본적인 이유이다.[19] 마르크스의 역사주의에 따르면, "이 내용"을 현재의 정의로 확정하는 것은 정의에 변하지 않는 특성을 결정한다는 의미가 아니다. 정의는 변화하는 생산 방식과 연결되어 있으며, 한 번 사상에서 추상화되면 더 이상 변하지 않는 논리적인 것이 아니기 때문이다.

같은 원리에 따라, 마르크스의 유물론 원칙에 따르면, "정의"와 같은 개념적인 것들의 역사적 변화는 물질 사회의 역사적 변화와 일치하며 다른 사회 조건에서의 정의 원칙은 각각 다르지만 절대로 서로 격리되거나 상관없는 것이 아니라 사회 변화 과정에서 동일한 윤리 규범이 "역사적" 차이를 보여준다. 다른 정의 원칙을 서로 격리되고 상관없는 것으로 보는 그런 관점은 단지 사색 철학과 비역사주의의 관점일 뿐이다.

마르크스는 권리를 기반으로 한 공정한 정의 원칙에 대해 긍정적인 평가를 거의 내리지 않았으며, 시민 사회 조건에서의 공정한 정의 원칙에 대해 구조적인 이론을 제공하는 것은 더욱 아니었다. 많은 사람들은 마르크스가 권리와 정의에 대한 언어를 부족하게 가지고 있는 이유를 그가 필연성 원칙을 추구하고 도덕적 원칙을 경시하는 데 있다고 생각한다. 저자는 이 것이 분명히 마르크스의 사상에 대한 일방적인 이해라고 생각한다. 마르크스는 도덕적 원칙을 경시하지 않았으며, 그의 모든 저작은 도덕적 정신으로 가득 차 있다. 마르크스는 도덕적 원칙에서 출발하여 문제를 설명하는 것에 반대하지 않았으며 그의 초기 작품에서 보면 도덕적 원칙은 심지어 그가 모든 문제를 설명하는 기본 관점이었다.

---

19 중공 중앙 마르크스 엥겔스 레닌 스탈린 저작 편역국 편역, 〈마르크스 엥겔스 전집(제25권)〉, 인민출판사 1974년, 379쪽.

이 문제와 관련하여 널리 인정받는 또 다른 견해는 마르크스의 역사적 필연성 원칙과 그의 자본주의에 대한 도덕적 비판 사이에 방법론적 "단절"이 존재하며, 이에 따라 마르크스의 초기 사상과 그의 유물사관을 대립시킨다는 것이다. 이러한 견해는 마르크스의 사상 발전을 잘 설명하지 못하며, 가치와 사실, 이상과 현실 등 많은 이론적 단절을 마르크스주의 이론에 초래한다. 저자는 이러한 인식의 널리 퍼진 것이 바로 마르크스의 정의 사상에 대한 오해와 관련이 있다고 생각한다. 유물사관을 확립한 후에 마르크스는 실제로 도덕적 입장에서 문제를 설명하는 것을 거의 하지 않았지만, 이것은 그가 그런 행동을 잘못이라고 생각하기 때문이 아니라 그가 보기에 시민사회 조건에서 공정한 정의 원칙을 변호하는 역사적 과제가 기본적으로 완료되었고 새로운 이론적 과제는 평등한 정의 이상을 한 단계 더 앞으로 나아가 공정한 정의 관념을 초월한 정의 이상의 실현 경로를 설명하는 것이다. 이 과제는 새로운 이론적 틀에서 완성되어야 한다는 것이다.

마르크스는 시민사회의 정의 원칙을 비판하는데, 그것이 궁극적으로 인간성에 부합하지 않기 때문이며, 또한 그것이 단지 명목상의 것이지 실제적인 것이 아니기 때문이다. 즉, 마르크스가 개인 권리를 기반으로 한 공정한 정의 원칙에 반대하는 것은 그가 사람들이 이러한 권리를 얻어야 하거나 이러한 권리를 얻을 가치가 있다고 생각하기 때문이 아니라, 그가 사람들이 실제로 그것들을 얻을 수 없다고 생각하기 때문이다. 마르크스는 의심할 여지없이 권리에 대한 정의 기준을 가지고 있다. 우리가 사람들이 어떤 권리를 가지는 것이 정의라는 정의 원칙을 가질 때만, 우리는 이러한 권리를 박탈하는 것이 비정의라고 말할 수 있기 때문이다. 마르크스의 모든 경제학은 자본가들이 노동자를 착취하는 것을 폭로하는 것이다. 만약 마르크스가 이러한 권리를 가질 가치가 없다고 생각하거나, 이러한 권리를 가지는 것이 정의와 관련이 없다고 생각한다면, 그는 노동자들의 이러한 권리를 박탈하는 것이 부당하다고 주장할 수 없을 것이며, 이러한 권리를 획득하는 것이 정당하다고 주장할 수 없을 것이다.

마르크스는 응득 정의 원칙을 변호한 적이 없는 것은 아니다. 그는 〈고타강령비판〉의 "공산주의 사회의 첫 번째 단계"의 분배 원칙에 대한 논의를 통해 "응득 정의 원칙"을 변호하였다. 그는 권리를 기반으로 한 "노동에 따른 분배" 원칙이 많은 결점을 가지고 있지만, "공산주의 사회의 첫 번째 단계"에서는 여전히 그것의 역사적 역할을 발휘해야 한다고 생각하였다. "그러나 이러한 결점들은 장기적인 고통을 겪은 후에만 자본주의 사회에서 생겨난 공산주의 사회의 첫 번째 단계에서 불가피한 것이다. 권리는 결코 사회의 경제 구조를 초과하거나 경제 구조에 의해 제한되는 사회의 문화 발전을 초과할 수 없다."[20] 마르크스에게 있어서, 사회주의가 실제로 나타나지 않은 상황에서 이러한 사회의 정의 원칙을 계획하고 변호하는 것은 직접적인 이론적 과제가 아니므로 그는 그것을 체계적으로 설명할 필요가 없다. 그러나 현재의 사회주의 실천에서 보면, "공산주의 사회의 첫 번째 단계"로서의 사회주의는 긴 역사적 과정이 될 것이다. 최근 30년간 중국의 실천은 현재 역사 조건에서 사회주의와 시장 경제의 결합이 최선의 사회주의 모델임을 증명하였다. 시장 경제의 건전한 발전은 계약 정신을 기반으로 한 사회 협력 메커니즘, 즉 건전한 시민사회를 필요로 한다. 권리를 기반으로 한 응득 정의 원칙은 바로 시장 경제에 적합한 정의 원칙이며, 이 원칙이 충분히 발휘되는 경우에만 시장 경제가 효과적으로 발전하고, 그를 기반으로 하는 사회가 안정적이고 조화롭게 운영될 수 있다. 현재의 사회주의 시장

---

20 중공 중앙 마르크스 엥겔스 레닌 스탈린 저작 편역국 편역, 〈마르크스 엥겔스 선집(제3권)〉, 인민출판사 1995년, 305쪽.

경제가 아직 시민사회의 역사 범위를 벗어나지 않았으므로, 마르크스 역사주의적 사고 방법에 따라 마르크스주의 응득 정의 이론을 구축하는 것은 가능하며 필요하다. 이것은 완전한 마르크스 또는 마르크스주의 정의 이론에서 빠질 수 없는 또 다른 층면이다.

마르크스주의의 응득 정의 이론을 설명하려는 시도는 우선 다음과 같은 물음에 직면한다. 이러한 정의 이론은 어떻게 마르크스와 엥겔스의 권리를 기반으로 한 정의 관점에 대한 비판과 일관성 있게 조화되는가? 우드는:

> 마르크스와 엥겔스의 저서에서 자본주의의 비정의에 대한 자세한 설명을 깊이 읽어보면, 그들의 저서에서 자본주의가 비정의하다는 주장을 제공하지 않았을 뿐만 아니라 그것이 비정의하거나 불평등하다고 명확히 지적하지 않았으며, 또한 그것이 어떤 사람의 권리를 침해했다고도 하지 않았다는 것을 알게 될 것이다.[21]

우드는 마르크스가 "생산 방식"으로 사회 생활과 그 역사적 발전을 분석하며, 마르크스에게 "정의"는 단지 의식 형태의 법률적 개념으로, 사회 역사를 설명하는 데 사용할 수 없다고 주장한다. 마르크스는 결코 정의의 입장에서 자본주의를 비판하지 않았다. 실제로, 마르크스의 구체적인 발언에 고수하면, 우드의 이러한 주장은 큰 문제가 없다. 마르크스는 개인 권리를 중심으로 한 시민사회의 정의 원칙이 이기주의적인 개인이 추구하는 정의 원칙이라고 강조했으며 그것이 완전히 실현되더라도 사회를 진정으로 공정한 사회로 만들 수 없다고 주장하였다. 반대

21 Wood A W (1990). "The Marxian Critique of Justice". In Jessop B, Karl Marx's Social and Political Thought: Critical Assessments, London: Routledge, pp.398.

로, 인류의 해방은 바로 이러한 이기주의 원칙에서 해방되는 것이다. 마르크스:

> 어떠한 인권도 이기적인 사람을 초월하지 않으며, 시민사회의 구성원인 사람을 초월하지 않았다. 즉, 자신에게 묶여 있고, 자신의 개인적 이익과 자유에 묶여 있으며, 공동체와 분리된 개인을 초월하지 않는다. 이러한 권리에서 사람은 절대로 존재물이 아니다. 반대로, 삶 자체, 즉 사회는 개체들의 외부 틀로 나타나며, 그들의 기존 독립성의 제한으로 나타난다.[22]

그러나 롤스와 마찬가지로 우드의 이해는 역사주의적인 방법론을 기반으로 한 것이 아니며, 역사주의적인 방법론에 따르면 시민 사회의 권리 원칙을 긍정하고 부정하는 것 사이에 모순이 없다. 여기서 언급해야 할 점은 역사적 시각에서 마르크스의 정의 원칙은 단일한 것이 아니라 두 가지 층면, 다층적으로 상호 관련된 연속체이다. 역사적 시각에서만 우리는 마르크스의 정의 이론 내에서 권리를 기반으로 한 정당한 정의 이론을 수용할 수 있는 이유를 이해할 수 있으며 다양한 수준 간의 차이와 관련을 설명할 수 있다.

마르크스는 다양한 정의 원칙에 대해 논의하였다: 권리 원칙, 기여 원칙, 그리고 필요 원칙. 이러한 정의 원칙 중에서, 권리 원칙과 기여 원칙은 권리 정의 원칙에 속하며, 필요 원칙은 초월적 정의 원칙에 속한다. 이러한 정의 원칙들은 낮은 단계에서 높은 단계로의 순서이며, 이 순서는 논리적 순서이자 역사적 순서로, 둘 다 일치하고 통합되어 있다.

---

22 중공 중앙 마르크스 엥겔스 레닌 스탈린 저작 편역국 편역, 〈마르크스 엥겔스 전집(제3권)〉, 인민출판사 2002년, 184-185쪽.

한편으로는 자유와 평등의 실현을 기준으로, 이러한 정의 원칙들 사이에는 낮은 단계에서 높은 단계로의 논리적 순서가 구성되어 있다. 반면에, 사회 역사의 발전 형태를 단서로 삼아, 그들은 각각 다른 역사적 단계의 사회 생활에 대응하며, 정의 원칙의 일련의 역사적 형태이다. 이러한 정의 원칙들의 관계를 이룰 때 마르크스의 정의 이론의 중요한 특징은 그가 항상 고차 정의 원칙을 사용하여 저차 정의 원칙을 설명하고 비판한다는 것이다. 예를 들어 기여 원칙을 사용하여 권리 원칙을 비판하고, 필요 원칙을 사용하여 기여 원칙의 한계를 해석한다.[23] 따라서 마르크스는 인류 해방의 입장에서 권리를 중심으로 한 시민사회의 정의 원칙을 비판하면서 동시에 정치 해방의 입장에서 그것을 인정하고 있으며 이 두 가지 사이에는 본질적인 모순이 없다. 우드 등이 이 점을 이해하지 못하는 근본적인 이유는 그들이 마르크스의 역사주의 방법을 이해하지 못한 것이다. 따라서 마르크스의 정의 원칙을 어떤 추상적인 원칙으로만 이해할 수밖에 없기 때문이다. 이렇게 되면 그들은 마르크스의 초월적 정의 원칙이 가지고 있는 현실성을 이해할 수 없게 되며 마르크스 권리 정의 원칙이 가지고 있는 역사성을 이해할 수 없다. 그들에게 있어서, 권리 원칙, 기여 원칙, 필요 원칙은 완전히 다른 "개념"(헤겔이 말하는 "추상적 善")이며, 역사적 연속성을 가지고 실제 생활에서 작용하는 윤리 규범(헤겔이 말하는 "객관적 윤리")이 아니기 때문에, 마르크스 본인이나 오늘날의 마르크스주의가 그들의 이론에서 권리와 분배 정의에 대한 어떤 이론도 포함할 수 없으며, 마르크스주의가 이러한 정의 원칙을 변호 할 필요도 없는 것이다. 그들이 이해하지 못하는 것은 마르크스 자신의 정의 문제에 대한 사상에는 서로 연관되어 있지만 완

---

23 왕신성, 〈마르크스의 정의 문제에 대한 논의〉, 중국인민대학보 2010년 제5호, 67-70쪽.

전히 다른 두 가지 측면이 있다는 것이다. 마르크스가 "인간 사회"의 입장에서 국민 경제학을 비판할 때 그는 실제로 사유재산과 시민사회에 대한 부정을 표현하였다. 이때 마르크스가 말하고자 하는 것은, 국민 경제학의 모든 주장이 옳다고 해도 그것은 자본주의 제도의 정의성을 증명할 수 없다는 것이다. 그것이 기반을 두고 있는 사유재산과 시민사회 자체가 반인간적이기 때문이다.

그러나 마르크스가 국민 경제학을 비판하는 과정에서는 또 다른 측면의 내용이 존재하는데 바로 응득 정의 원칙에 의존하여 국민 경제학 자체의 이론적 모순을 드러내고 응득 정의 원칙을 기반으로 노동자 계급이 평등한 권리를 획득하도록 하는 것이다. 이 측면의 정의 이론 내용에 대하여 마르크스가 말하고자 하는 것은 국민 경제학 자체에 모순이 존재하고 시민 사회 자체의 정의 원칙에 입각하더라도 그것은 잘못된 것이며 그것은 노동자에게 응득한 것을 주지 않았기 때문이다. 이런 상황에서 마르크스는 시민 사회 자체의 정의 원칙을 사용하여 국민 경제학과 자본주의 제도를 비판하고 있다. 이것은 그가 이러한 공정한 정의 원칙의 역사주의적 인정을 의미하며 이것은 아직 시민 사회를 초월하지 않은 역사적 조건에서, 응득 정의 원칙은 여전히 그것의 역사적 역할을 발휘해야 하며 더욱 개선되어야 한다는 것을 의미한다. 마르크스가 당시 노동자 투쟁의 원칙에 대해 이야기할 때 그는 조건부로 이 정의 원칙을 인용하였다. "노동자의 해방 투쟁은 계급 특권과 독점권을 추구하는 것이 아니라 평등한 권리와 의무를 추구하고 모든 계급 지배를 소멸하는 것이다."[24] 여기서 마르크스는 공산주의로 가는 길에서 노동자들이 평등한 권리를 추구하는 것의 중요성을 부인하지 않았으며

24 중공 중앙 마르크스 엥겔스 레닌 스탈린 저작 편역국 편역, 〈마르크스 엥겔스 전집(제16권)〉, 인민출판사 1964년, 15쪽.

오히려 그것이 "모든 계급 지배를 소멸하는" 즉 "인류 해방"의 역사적 과정에서 역사적 내용임을 명확히 지적하였다. 이것은 마르크스가 사람들이 시민 사회에서 갖는 각종 권리에 반대하지 않음을 보여주며 오히려 실제 역사 조건에서 사람들은 이러한 권리를 획득하기 위해 투쟁해야 한다고 주장하였다.

5. 마르크스의 고차적인 정의 개념

정의 이론은 구체적인 가치 이론으로서 도덕 철학에 속한다. 도덕 철학의 영역은 다양한 가치를 포함하며, 정의는 그 중 하나이다. 어떤 정의 이론에 대한 검토와 해석도 그것이 의존하는 도덕 철학에서 벗어나서는 안 된다. 그렇지 않으면 이 정의 이론에서 말하는 정의가 그것이 속한 도덕 철학에서의 가치 순서를 파악할 수 없게 되어, 따라서 이 정의 이론이 다루는 많은 깊은 문제를 깊이 이해할 수 없게 된다. 마르크스의 도덕 이론은 거대한 긴장감을 가진 복잡한 체계로, 그것이 다루는 것은 그가 매우 소중히 여기는 가치인 자유, 자주自主 등 뿐만 아니라 권리, 의무, 기여 등 그가 역사적 의미를 인정하려는 가치도 포함되어 있다. 이러한 다양한 가치 중에서 정의는 바로 여러 가치를 연결할 수 있는 특별한 가치이다. 마르크스의 정의 가치의 이러한 특별한 위치를 검토함으로 우리는 그의 정의 개념과 다른 정치 철학의 정의 개념 사이의 차이를 드러낼 수 있고 그의 정의 이론의 특수성을 설명할 수 있다.

마르크스의 정의 개념을 당대 유행하는 정의 개념과 동일시하거나, 마르크스에게는 자유 개념만 있고 정의 개념이 없다고 생각하는 것은 모두 잘못된 것이다.[25] 이러한 인식은 당대 유행하는 정의 개념을 유일한 정의 개념으로 보며, 정의 개념의 복잡성을 무시한다. 사실, 정의 개념은 복잡한 변화 과정을 겪었으며, 정의의 내포를 어떻게 이해해야 하는지에 대해서는 논란이 여전하다. 수많은 논란 속에서, 정의 개념은 다양한 가치를 부여 받아 복잡한 내용을 포함하고 있으며, 항상 응득이 핵심 내용인 것은 아니다. 가장 먼저 정의 문제에 대해 체계적으로 논의한 플라톤의 〈국가〉에서, 정의는 제도 윤리이자 개인 도덕이다. 그의 정의 개념은 두 가지 다른 측면에서 이해할 수 있다. 첫째, 정의는 절대 선善이다; 둘째, 정의는 응득한 것이다. 플라톤이 정의에 대해 고려할 때 권리와 의무 관계를 포함하고 있지만, 이러한 권리와 의무는 현대인이 이해하는 것과 완전히 일치하지는 않다. 사빈은 플라톤이 말하는 권리와 의무가 "거의 어떤 특별한 의미에서도 개인에 속한다고 말할 수 없다"고 말하였다. "그것들은 개인이 수행하는 서비스나 의무 안에 내재되어 있다."[26] 따라서 플라톤이 "권리"를 기반으로 "응득"에 대해 말할 때, 그는 완벽한 사회 전체의 다른 부분 간에 유기적 협력 조건을 강조하며, 반대로 이익 충돌하는 개인 간에 공정한 협력 조건을 강조하지 않았다. 플라톤 이후 아리스토텔레스는 "분배 정의"와 "교정矫正 정의"를 구분하였으며 이 두 가지 모두 플라톤의 정의 개념 두 번째 의미가 가진 내용이다. 이후 발전 과정에서 "응득"이 정의의 중요한 내포가 되었다. 그러나 근대에 이르러서야 개인 권리가 최고의 지위를 얻음에 따라, 개인 권리를 기반으로 한 "응득"이 정의를 세우는 핵심 내용이 되었다.

즉, 정의를 "응득"으로 이해하더라도, 사람들이 "응득"을 이해하는 방

---

25 Brenkert G G (1980). "Freedom and Private Property in Marx". In Cohen M, Marx, Justice and History: A Philosophy and Public Affairs Reader, Princeton: Princeton University Press, pp.80-105 참조.

26 [미국] 조지 사빈, 〈정치학사(하)〉, 덩정래 역, 상하이인민출판사 2010년, 89쪽.

식에는 큰 차이가 있다. 이는 "응득"이 무엇인지에 대한 것보다 "응득" 자체도 고차 개념이며, 저차 개념을 확립하여 "응득"의 구체적인 내포를 표현해야 한다는 것을 보여준다. "응득"을 기반으로 한 정의 개념에서는 "응득"의 다른 저차 의미가 정의의 구체적인 내포를 규정한다. 예를 들어, 플라톤 등이 "응득"을 "부동한 계급의 사람들이 각각 받아야 할 것을 받는다"로 표현한다면, 이는 "응득"의 내포가 되며, 이 요구사항을 충족하는 제도적 배치는 정의이다. 또한 로크 등이 "응득"을 "평등한 권리"로 표현한다면, "평등한 권리"는 "응득"이 내포가 되며, 이 요구사항을 충족하는 제도적 배치는 정의이다. "부동한 계급의 사람들이 각각 받아야 할 것을 받는다"든지 "평등한 권리"든지 모두 "응득"의 하위 표현이며, 그들은 정의에 대해 정의의 구체적인 내포를 제공한다. 이러한 구체적인 의미를 가진 정의 개념에서 이로 인정하는 저차 가치에 어긋나는 제도와 행동을 "비정의"라고 한다.

고대 그리스부터 중세 시대까지 "각기 다른 계급이 자신의 응득을 얻어야 한다"는 것이 천연 정의로 여겨졌다. 그러나 계몽운동 이후에는 "평등"이 "응득"의 기반으로 간주되며, 평등 원칙을 위반하는 제도는 모두 비정의 제도로 간주되었다. 이 개념에서 "응득"의 정의 원칙은 우선 평등의 원칙에 따라 규정되며, "응득"과 "평등"이 충돌해서는 안 된다는 것이다. 거의 모든 다른 현대 학자들과 마르크스는 평등의 개념을 받아들이며 이 의미에서 정의 개념을 규정한 것이다. 그러나 사람들은 평등에 대해 부동하게 이해하며, 평등 또한 저차 가치의 규정이 필요하다. 자유주의 정치 철학과 유사한 학파들은 "권리의 평등"을 평등의 기본 본질로 인식하였다. 그러나, 마르크스는 이러한 저차 가치를 평등의 궁극적 설명으로 보지 않고 이러한 의미를 넘어서 더 넓은 평등 이해를 찾으려고 하였다. 이로 마르크스의 정의 이론은 다른 현대 정치 철학과 구별되는 특별한 정의 이론이 된 것이다. 다시 말해, 고차에서 "평등"에 대한 부분에서, 마르크스는 자유주의 등의 다른 현대 정치 철학과 일치하지만, 평등을 구체적으로 해석할 때 이 것들 사이에 분기가 발생한다.

자유주의 등의 현대 정치 철학은 평등의 궁극적 근거를 권리의 평등으로 이해하고, 이에 따라 평등의 다른 차원을 파생적인 것으로 평등의 내포를 축소하였다. 반면에 마르크스는 보다 광범위한 평등을 추구함으로 그의 평등 개념은 권리 평등이 실질적 평등에 대한 제한을 돌파하였고, 평등의 이상을 정치 권리 수준에서 사회 협력 수준으로 추진하였다. 그는 평등의 최종 실현을 권리 개념을 초월한 자유인들 간의 사회 협력에 의존시켰으며, 이러한 사회 협력 체계(자유인들의 연합체)가 추구해야 할 목표가 되었다.

개념 형태로 보면, 마르크스의 정의 개념과 자유주의 등 정치 철학의 정의 개념과의 차이는 계급이다. 자유주의 등 현대 정치 철학의 정의 개념은 저차 개념이며, 마르크스의 정의 개념은 의미가 더 넓은 고차 개념이다. 이 두 가지 정의 개념의 관계를 보면 고차 정의 개념은 저차 정의 개념보다 범위가 더 넓기 때문에 저차 정의 개념으로 고차 정의 개념을 설명할 수 없다. 반대로, 고차 정의 개념은 저차 정의 개념을 포함하고 그것에 대한 설명을 제공한다. 마르크스의 고차 정의 개념은 "인간 사회 또는 사회화된 인류"에서 출발하여 "자유인" 간의 유기적인 사회 협력을 기반으로, 인간 사회가 가질 수 있는 최고 수준의 정의 원칙을 보여준다. 이 원칙은 이전에 가능했던 여러 가지 정의 원칙들이 논리적으로, 역사적으로 스스로를 포기한 결과이므로, 응득 정의 원칙은 그것의 이전 역사적 "육체"이자 논리적 발전의 한 단계이다.

비록 마르크스는 정의 개념의 계급 관계에 대해 논의하지 않았으나 권리 개념에 대해서는 이러한 논의를 하였다. 그는 권리 개념에서 권리를 "고수준의 권리 형태"와 "저수준의 권리 형태"로 구분하였으며, 고차의 권리 개념을 저차의 권리 개념으로 환원할 수 없다고 강조하였다:

만약 고수준의 권리 형태의 존재가 저수준의 권리 형태의 존재에 의해 입증되어야 하는 이 결론이 옳다면 저수준의 범위로 상위 수준의 범위를 측정하는 척도로 사용하는 것은 잘못된 것이다. 이렇게 되면, 특정 영역에서 합리적인 법칙은 왜곡되어 풍자의 그림이 되어버리는 것이다. 이러한 법칙들은 임의적으로 그 영역의 법칙이 아닌, 다른 더 높은 수준의 영역의 법칙이 가진 의미를 부여받은 것이다. 이는 마치 나가 거인을 난쟁이의 집에서 살아라고 하는 것과 같다.[27]

정의 개념으로 환원하려고 한다면, 그 결과는 "거인을 난쟁이의 집에 살게 하는 것"과 같을 것이다.

마르크스의 정의 개념을 고차 개념으로 보면, 마르크스가 국민 경제학을 비판할 때 왜 사유 재산과 시민 사회를 중심으로 분석해야 하는지를 이해할 수 있다. 그것들에 대한 분석은 "평등한 권리"라는 저차 평등 가치를 이해하는 기점과 핵심이다. 마르크스의 정의 개념을 고차 개념으로 이해한다면, 왜 마르크스가 "권리 등에 관한 허튼말"를 반대하면서도 "그 간단한 도덕과 정의의 원칙"을 "따라야 한다"고 주장하는지를 설명할 수 있다.[28] 그가 반대하는 것은 저차 정의 가치를 근본적인 목표로 보는 것이지, 그 가치를 가지는 것을 반대하는 것이 아니다. 동시에, 이것은 아직 시민 사회의 역사적 상황에서 벗어나지 못한 현재 시대에, 역사주의 원칙에서 출발하여, 개인 권리를 기반으로 하는 마르크스주의 정의 이론을 해석하는 것이 마르크스의 의도에 어긋나지 않음을

27 중공 중앙 마르크스 엥겔스 레닌 스탈린 저작 편역국 편역, 〈마르크스 엥겔스 전집(제1권)〉, 인민출판사 1956년, 85쪽.

28 중공 중앙 마르크스 엥겔스 레닌 스탈린 저작 편역국 편역, 〈마르크스 엥겔스 선집(제3권)〉, 인민출판사1995년, 306쪽; 중공 중앙 마르크스 엥겔스 레닌 스탈린 저작 편역국 편역, 〈마르크스 엥겔스 전집(제16권)〉, 인민출판사1964년, 14,16쪽.

의미하고 반대로 그것은 마르크스 정치 철학이 응당히 갖춰야 할 의미이다.

의심의 여지 없이, 자유 주의와 같은 정치 철학은 각 개인이 동등한 권리를 가지는 중요성을 강조하며, 이를 기반으로 한 정의 이론의 발전에 큰 도움이 되었다. 그러나 현실 생활에서 동등한 권리와 실질적인 불평등 사이의 큰 차이는 자유 주의 정의 관점이 평등을 추구하기 위해 설정한 제한을 나타낸다. 가장 평등 주의적인 자유 주의자로서 롤스는 실질적인 평등을 추진하려고 시도하였고 이를 달성하기 위해 권리 원칙을 기반으로 한 응득 정의 관점을 제한하고 수정해야 한다고 주장하였다.

그의 유명한 "두 가지 정의 원칙"은 그의 이론적 시도를 보여준다. 제1 원칙은 공민의 정치적 권리를, 제2 원칙은 시민의 사회적 및 경제적 이익을 반영하는 것이다. 응득 정의의 편향을 바로잡기 위하여 롤스는 이미 공리주의와 지선론至善论처럼 정의를 위한 유일한 기준을 찾는 것이 불가능해졌고 자유주의 이론의 논리적 일관성을 희생하고 제2 원칙으로 제1 원칙을 보완하고 수정해야 하였다. 롤스의 정의 이론은 당대에서 큰 성공을 거두었지만 상대주의로 가는 위험을 감수하고 직관주의에 타협하는 방안은 그가 자신의 정의 관점에 대한 논증에 많은 어려움을 초래하였다. 그는 권리 원칙의 이탈이 가져온 이러한 어려움을 극복하기 위해 일련의 보충적인 논증을 사용해야 하였다. 한편, 롤스는 제2 정의 원칙을 통해 "최소 수혜자의 최대 이익"을 보장하기 위해 노력하면서, 동시에 "정당함 보다 善우선" 원칙을 통해 이러한 원칙을 제한해야만 하였다. 이러한 후퇴는 자유주의가 권리와 정당한 권리에 대한 원칙을 강조하면서도 롤스의 방법론적 어려움을 반영한다.

총적으로 보면, 권리와 정의의 개념을 사법적 개념으로 귀결하는 것은 너무 좁은 시각이다. 권리와 정의의 개념은 강제적인 국가 제도와 그 법률 체계를 독립적으로 구성할 수 있다. 사실상 그들이 사회의 기본 구조와 그 기본 제도적 배치 평가에 사용될 때 그들은 이렇게 구상되었다.[29]

롤스는 마르크스처럼 자본주의를 초월한 정의를 구상할 수 없었고 실제로 마르크스의 역사주의를 제대로 이해하지 못했지만 그는 정의 개념이 "사회의 기본 구조와 그 제도적 배치를 평가하는 데 사용될 때" 정의 이론이 다른 의미에서 "구상되었다고 인식하였다. 마르크스는 자유주의의 울타리를 뛰어넘어 "인간 사회"라는 입장에서 정의의 기반을 재설정함으로써 정의 이론에 새로운 논증 틀을 설정했다. 이 틀에서 권리 원칙 자체는 최종적이고 영원한 것이 아니라 더 높은 정의 기준으로 그것을 수정하고 규제해야 한다. 마르크스의 이론적 틀에서만 정의 원칙이 권리 원칙의 자기 제한을 초월하고, 동시에 방법론적으로 직관주의와 상대주의의 어려움에 빠지지 않을 수 있다고 말할 수 있다.

당대의 중국이 정의 이론을 구축하는 과정에서 마르크스주의는 단순히 비판자의 역할만을 할 수 없고 현실 사회 생활에 대한 규범을 제공해야 할 책임을 가져야 한다. 이것은 현대 역사 조건에서 마르크스주의 정의 이론을 구축하는 것이 단순히 고전적인 마르크스주의의 초월적 이상을 되는 것이 아니라 현재의 중국 사회주의 시장 경제 현실에 입각하여 마르크스의 기본 원칙과 방법을 적용하여 사회주의 시장 경제 및 이를 기반으로 한 사회 생활을 합리화하는 정의 이론을 구축해야 함을

---

29 [미국] 존 롤스, 〈정치 철학사 강의〉, 양통진, 리리리, 린항 역, 중국사회과학출판사 2011년, 356쪽.

의미한다. 이러한 목표를 달성하기 위해 첫번째 임무는 마르크스의 정의 이론의 선행 조건, 근본적인 관심사, 그리고 그의 정의 개념의 의미를 분명하게 밝히는 것이다.

제2절

마르크스는 어떻게 정의 문제를 논의하였는가?

1. 마르크스 정의 이론의 당대 맥락

마르크스는 정의 문제에 대한 많은 논의를 주로 자유주의 정의 이론에 대한 비판을 통해 진행되었으며, 또한 마르크스의 정의 이론과 자유주의 정의 이론 간의 상호 대립은 19세기 후반 이후의 정치 철학과 정치 실천의 방향을 상당한 정도로 지배하였다. 이런 의미에서, 마르크스의 정의 이론에 대한 해석은 원래 직접 자유주의 정의 이론을 비판하는 그의 텍스트를 해석으로 완성할 수 있었다. 그러나 20세기 후반 이후, 정치 철학에서의 보수주의와 공동체주의는 마르크스와 다른 방식으로 자유주의를 비판하는 새로운 경로를 개척하였으며 이로써 자유주의 비판의 방향이 바뀌었다. 즉, 이는 자유주의를 자본주의 이념으로 비판하는 것에서 현대성 이념으로 비판하는 것으로 전환된 것이다. 이로 인해 마르크스의 정치 철학과 자유주의 정치 철학 간의 관계가 불분명하고 복잡해졌다. 이러한 상황에서 우리는 마르크스 텍스트를 제시하는 동시에, 마르크스의 정의 이론이 당대의 정의 논의에서 직면한 새로운 문제를 고려해야 한다.

당대 정치 철학 논의에서, 20세기 70년대와 80년대 이후, 공동체주의와 스트라우스를 대표로 하는 고전주의의 보수주의가 연합하여 자유주의에 대한 현대성 비판의 맥락을 창출하였다. 이 맥락에서 자유주의의 "핵심 착오"가 변화되었으며 더 이상 마르크스가 비판한 것처럼 단순히 "형식적 자유"의 보수성에 머무르는 것은 아니라 현대성의 부정적 의미에 대한 급진적인 비판으로 전환되었다. 이것은 개인에 집중하고 공동체를 잊는 절차에 중점을 두고 그들이 구축한 문화 전통과 사회적 기초를 무시하는 특징으로 나타났다. 더 근본적으로, 이러한 현대성의 급진성은 이성적 사고의 도구적 사고 방식에서 나타나며, 이러한 도구적 사고 방식은 이성적인 신성한 추구를 포기함으로써 현대 사회에 이성적 근본을 재건하지 못할 뿐만 아니라, 현대인들에게 세계 및 서로 간에 대해 도구주의적인 태도를 취하게 해 정의의 근본을 파괴하는 것이다.

스티븐 홈즈는 자유주의의 변호인으로서 현재 유행하고 있는 이러한 자유주의 비판의 새로운 맥락을 "비마르크스주의적 반자유주의" 맥락이라고 칭하였다. 그는 이러한 맥락에서 마르크스주의와 자유주의가 사실상 동일한 비판 대상에 놓여 있다고 여긴다. 이들은 모두 급진성을 가지며, 현대성의 기획자 및 추진자이기 때문이다. 예를 들어, 마르크스와 자유주의자 모두 과학, 기술 및 경제의 발전을 찬미하며 "과학적 권위와 물질주의"의 신봉자이다. 그는 마르크스주의가 실제로 자유주의보다 더 급진적인 정치 철학이라고 주장한다. 자유주의는 다만 종교를 비정치화하려고 노력하지만, 마르크스주의는 종교를 제거하려 하였다. 자유주의는 인종 차별을 약화시키려 하였지만, 마르크스주의의 공산주의는 인종 차별을 없애려고 하였다.[30] 요컨대, 현대성 비판 맥락에서 마르크스주의와 자유주의의 대립성이 사라가고 동질적인 정치 철학으로 변화하였다. 홈즈는 이런 현대성 비판 맥락에 대해 "마르크스주의와 자유주의는 겉으로 대립하지만 하나의 조상을 공유하며 비밀리에 연합한다. 그들은 특유하며 정신적으로 형태를 갖춘 계몽 전통의 두 갈래이다"[31]라고 주장하였다. 여기서 홈즈가 마르크스주의와 자유주의를 어떻게 실질적으로 주장하든, 적어도 그는 현대성 비판 이론의 사상적 목적을 정확하게 이해한 것으로 볼 수 있다. 마르크스주의와 자유주의를 동질적인 정치 철학으로 간주하는 것은 조금 이상하게 들릴 수 있지만 문제가 보존주의와 급진주의의 관계로 전환하거나 현대성 비판의 맥락으로 전환하면, 문제는 더 이상 이해하기 어렵거나 수용할 수 없는 것처럼 보이지 않을 것이다.

그러나 우리가 더 중요하게 고려해야 할 문제는 "동류항 병합"이라는 현대성 비판 이론을 통해 이 두 가지 정치 철학의 어떤 동질성 관계를 실제로 드러낼 수 있는가 하는 것이다. 이 것이 마르크스주의와 자유주의 간의 관계를 이해하는 새로운 시각이 될 수 있다면, 우리는 어떻게 해야 이러한 시각을 고려하면서 마르크스의 정의 이론과 자유주의의 정의 이론 간의 차이를 파악할 수 있는가? 우리는 심지어 보수주의에 직면했을 때 마르크스주의와 자유주의가 모두 현대성을 향한 "급진성"을 갖는다면, 정치 철학적 차이가 실질적이지 않을 수 있다는 것을 의미하는가? 더 나아가, 이것은 사회주의 시장 경제와 자본주의 시장 경제 사이의 윤리적 기반 차이가 연관 불가능한 것이 아니다 라는 것을

---

30 [미국] 스티븐 홈스, 〈반자유주의 해부〉, 시중, 천신마, 팽준군 역, 중국사회과학출판사 2002년, 1쪽.

31 [미국] 스티븐 홈스, 〈반자유주의 해부〉, 시중, 천신마, 팽준군 역, 중국사회과학출판사 2002년, 2쪽.

의미하는가? 현대 정의 이론의 새로운 시각에서 이러한 모든 문제들은 다시 검토해야 할 문제이다.

2. 정의는 도덕성이 아닌 제도와 관련된다

지금부터 19세기 사상적 맥락으로 돌아가서, 마르크스가 어떻게 자유주의 정의 이론을 비판함으로써 자신의 정의 이론을 제시했는지 검토할 것이다.

권리 이론은 자유주의 정의 이론의 기반과 핵심이다. 일반적으로, 자유주의는 기회 평등한 권리를 통해 시장 경제 분배 제도의 정의성을 설명하고 정치적 권리의 평등을 통해 자본주의 정치 제도의 정의성을 설명하는 것이다. 가정으로 이것은 오직 사람들 사이에 권리의 평등이 존재할 때에만 개인 소득 및 명예의 불평등이 합리적인 것이다. 다시 말하자면 기회 평등하고 공정한 경쟁이 존재한다면 사람들의 경제 수입이나 명예에서의 불평등은 합리적으로 여겨질 수 있다. 권리 평등을 강조하는 측면, 과거의 자유주의나 현대의 자유주의 모두 동일한 입장이다. 자유주의 정의 이론의 근거로 사용되는 원칙은 "권리 원칙"으로 요약할 수 있다.

마르크스의 자유주의 정의 이론에 대한 비판은 "권리 원칙"에 대한 비판이 우선이다. 이러한 비판은 두 가지 형태이다. 첫 번째 형태는 "권리 원칙"의 직접적인 비판이다. 마르크스에게 있어서 자유주의가 주장하는 권리 평등은 평등 주장인 것처럼 보이지만 실제로는 불평등을 주장하고 있다고 본다. 평등의 정의 주장에서 평등의 권리가 아니라 반대로 불평등한 권리가 합리적인 것이다. 그는:

> 권리란, 본성적으로 하나의 척도에서만 사용된다. 그러나 불평등의 개인(그들이 불동등이 아니면 부동의 개인이 될 수 없다)은 하나의 척도로, 하나의 각도로, 즉 특정한 측면에서 이를 봐야 한다. 예를 들어, 현재 이러한 상황에서는, 그들을 다른 어떠한 것으로도 보지 않고, 오직 노동자로만 간주하며 기타 모든 것을 배제하는 것이다. 그리고 어느 노동자는 결혼하고 어느 노동자는 하지 않고, 어느 노동자는 자녀가 많고 어느 노동자는 자녀가 적다 등. 노동의 성과가 동일하고 사회 소비재로부터 얻는 할당도 동일한 경우, 어느 한 사람이 사실상 다른 어느 사람보다 더 많이 얻게 되고, 다른 사람보다 부유하게 된다 등등. 이러한 모든 단점을 피하기 위해서 권리는 평등한 것이 아니라 불평등해야 하는 것이다.[32]

비록 정의라는 단어는 언급하지 않았지만 마르크스는 〈고타강령비판〉에서의 유명한 평등한 권리에 대한 어구를 통해 자유주의 정의관에 대한 기본적인 비판을 표현하였다. 마르크스의 자유주의 정의 이론에 대한 두 번째 비판 형태는 "권리 원칙"에 대한 간접적 비판이었으며 이는 "권리 원칙"에 따르면 자본주의에서 존재하는 착취, 즉 자본가가 노동자로부터 잉여 가치를 박탈하는 것이 합리적인 결론임을 논증하였다. 마르크스의 가장 중요한 작품인 〈자본론〉은 이 문제를 바탕으로 전개하였으며, 따라서 이에 대한 자세한 설명은 생략할 것이다. 결론적으로, 마르크스에게 있어서 자유주의의 "권리 원칙"이 잘못된 이유는 두 가지이다. 하나는 그것이 실제로 불평등의 존재를 인증하기 때문이고, 다른 하나는 자본가가 노동자의 잉여 노동을 박탈하는 것을 허용하기 때문이다.

---

32 중공 중앙 마르크스 엥겔스 레닌 스탈린 저작 편역국 편역, 〈마르크스 엥겔스 전집(제19권)〉, 인민출판사 1963년, 22쪽.

관건적인 문제는 마르크스가 자유주의의 "권리 원칙" 및 이를 기반으로 한 자본주의에 대한 비판을 어떤 정의 원칙에 근거하여 제기하였는가이다. 엘스터와 킴리카 등은 마르크스의 이러한 비판이 실제로 두 가지 부동한 원칙, 즉 "공헌 원칙"과 "필요 원칙"을 사용하였다고 주장한다. 이 두 가지 원칙은 완전히 부동한 원칙으로, 각각 부동한 비판 대상에 적용된다. 자유주의의 "권리 원칙"에서 생긴 자본주의적 착취를 비판할 때 킴리카는 "마르크스의 결론은 "공헌 원칙"에 대한 분석에 근거한다. 공헌 원칙은 노동자가 자신의 노동 제품에 권리가 있다고 주장한다"고 말하였다.[33] 그리고 엘스터는 자유주의 "권리 원칙"에 대한 비판으로 인한 실질적인 불평등을 비판할 때, 마르크스가 때때로 "필요 원칙"을 기반으로 "공헌 원칙"을 비판한다고 말하였다. 따라서 "공헌 원칙"은 이중적인 개념인 것처럼 보인다. 한쪽에서는 자본가의 착취를 부정하는 정의의 기준으로 적용하며, 다른 쪽에서는 고도 발전한 공산주의 관점으로 필요 원칙에서 나타나는 더 높은 기준을 충족하지 못하고 있다고 비판하는 것이다.[34] 이는 마르크스에게 있어서 정의 원칙의 일련의 순서가 존재한다는 것을 나타내며, 그 순서는 "권리 원칙, 공헌 원칙, 필요 원칙"이다. 마르크스는 "공헌 원칙"을 통해 "권리 원칙"을 비판하고, "필요 원칙"을 통해 "공헌 원칙"을 비판한다. 그리고 "필요 원칙"을 통해 "공헌 원칙"을 비판할 때, 이것은 자본주의에 대한 비판 뿐만 아니라 "공산주의 제1단계"를 개선하려는 요구도 포함하고 있다.

킴리카는 확실히 마르크스와 자유주의 정의 이론의 근본적인 차이를 파악하였다. 마르크스는 자본주의 제도에서 비합리적인 착취가 존재한다는 것을 주장하면 본질적으로 한 "공헌 원칙"의 정의론을 주장한 것

33 [캐나다] 윌 클레이, 〈현대 정치 철학(상)〉, 리심 역, 상하이삼련서점 2004년, 307쪽.

34 [미국] 욘 엘스터, 〈마르크스를 이해하기〉, 허화위안 등 역, 중국인민대학출판사 2008년, 217쪽.

이다. "공헌 원칙"에 따라야만 타인의 노동을 착취하는 것이 부당한 행위로 인정될 수 있다는 것이다. 그러나 이것은 여전히 문제의 핵심이 아니다. 문제의 핵심은 마르크스가 자본주의는 자본가가 노동자의 노동을 착취하도록 허용하는 것이 체제적인 것이며 인간 본성에 근거하지 않는다고 설명했다는 것이다. 체제적인 착취는 도덕적 원칙을 위반해서가 아니라 자본주의가 노동자가 자신의 노동 제품에 대한 "공헌 원칙"을 가질 권리를 체제적으로 어기기 때문에 비정의로 간주된다는 것이다. 따라서 모든 문제의 핵심은 마르크스가 자본주의 체제의 기반인 "자본 운동"이 "공헌 원칙"과 어긋나는 비정의의 논리를 어떻게 생성하는지에 대한 것이다.

구체적으로, 마르크스가 "공헌 원칙"에 따라 "권리 원칙"과 자본주의에 대한 비판을 이해할 때, 세 가지 측면의 문제는 상호 관련되며 중요한 것이다.

첫째, 원점에서, "권리 원칙"이 지지하는 자본주의 체제의 정의성은 우선 자본의 "출신"의 의심성 문제와 관련이 있다. 만약 자유주의 정의 이론에서 권리 문제가 핵심적인 위치를 차지한다면 그 중에서 재산권 문제는 논증의 어려운 부분이 될 것이다. 재산권 문제에서 자본(또는 다른 형태의 사유재산)의 "출신"의 합법성 문제는 피할 수 없는 중요한 문제이기 때문이다. 개인의 사유재산을 박탈할 수 없는 권리는 사유재산의 출처의 합법성에 의존한다는 전제에 기반한다. 자유주의 자체에 대해서든 그의 적들에 대해서든, 자본 "출신"의 합법성 문제는 "권리 원칙"을 기반으로 하는 자본주의 제도의 정의 문제를 검토하는 논리적 시작점이다. 자유주의 선구자인 아담 스미스는 이 문제를 "사전 축적" 문제라고 부르고, 마르크스는 이를 "이른바 원시적 축적" 문제라고 불렀다.

"선행적 축적" 또는 "원시 축적"의 합법성을 합리적으로 설명하는데 있어, 자유주의의 고전적 주장은 "근면- 나태"의 설명 모델을 기반으로 하며 이로써 자본 운동에 깨끗한 시작점을 찾아 "자본 - 노동"의 대립에 대한 원죄적인 시작점을 제시하는 것이다. 마르크스는:

> 이러한 "원시 축적"이 경제학에서의 역할은 신학에서의 원죄와 거의 같다. 아담이 사과를 먹으면 인간은 죄인이 되었다. 이러한 "원시 축적"의 기원을 설명할 때, 옛날 이야기를 하는 것만 같다. 아주 오래전, 두 종류의 사람들이 있었는데, 하나는 근면하고 똑똑하며 무엇보다 절약하는 엘리트였고, 다른 하나는 게으르고 자신을 모두 낭비한 심술궂은 사람들이었다. 확실히 신학에서의 원죄 이야기는 우리에게 어떻게 땀을 흘려야만 생계를 유지해야 하는지를 가르쳐 주며, 경제학에서의 원죄 이야기는 어떤 사람들은 이를 전혀 필요로 하지 않는 방법을 보여준다. 그러나 이는 중요하지 않다. 결과적으로 다음과 같은 상황이 발생한다. 첫 번째 종류의 사람들은 부자가 되고, 두 번째 종류는 자신의 가죽 말고는 팔 수 있는 것이 없는 사람이 되는 것이다. 다수 사람들의 가난과 소수의 부유는 이러한 원죄에서 시작으로 한다.[35]

이러한 원죄식 가정이 없으면 자본주의 체제의 정의성에 대한 논의가 불가능하다. 마르크스는 자본의 원시 축적 이야기를 통해 자유주의 경제학이 증명하려는 것은 결국 "정의와 '노동'이 예로부터 재산을 쌓는 유일한 수단"임을 말한다. 그러나, "모두가 알다시피, 실제 역사에서 정복, 노예화, 박탈, 살인, 즉 폭력은 엄청난 역할을 한다. ... 사실, 원시 축적 방법은 시골 풍경처럼 아름답기만 한 것이 결코 아니다."[36]

---

35 중공 중앙 마르크스 엥겔스 레닌 스탈린 저작 편역국 편역, 〈마르크스 엥겔스 전집(제44권)〉, 인민출판사 2001년, 820-821쪽.

36 중공 중앙 마르크스 엥겔스 레닌 스탈린 저작 편역국 편역, 〈마르크스 엥겔스 전집(제44권)〉, 인민출판사 2001년, 821쪽.

마르크스의 주장 논리는 다음과 같다. "공헌 원칙"에 따르면, 열심히 일한 결과로 얻어진 것은 정당한 수입이며, 따라서 "근면- 나태" 모델을 기반으로 출발하면 자본의 원시 축적으로 인한 불평등을 설명할 수 있는 것이다. 그러나 이러한 설명의 효과는 "공헌 원칙"에 따른 자본 출처의 합법성을 기반으로 해야 하며, 원시 자본은 반드시 근로의 축적의 결과여야 한다. 사실, 자본은 처음부터 깨끗하지 않은 출신을 가지고 있다. 그러므로 자본은 처음부터 이러한 정당성을 갖고 있지 않는다.

둘째, 근본적으로 "권리 원칙"의 잘못과 이를 기반으로 한 자본주의 체제의 비정의성은 자본가가 노동자의 잉여 가치를 착취하는 사회 체제를 지지한다는 점에서 나타난다. 자유주의가 "공헌 원칙"을 통해 자본주의 체제의 정의성을 설명하려면 "권리 원칙"이 "공헌 원칙"과 조화하며 그와 상반되지 않는 것으로 설명해야 한다. 마르크스의 잉여 가치 이론은 이 것을 반박한다. "공헌 원칙"이 마르크스의 정의 이론에서 어떤 역할을 하는지를 해석하기 위해, 그는 잉여 가치의 축적이 "공헌 원칙"을 위반한다고 설명한 후, 이로는 해석이 충분하다고 주장하였다. 마르크스는

> 자본은 아담 스미스가 말한 것과 같이 노동을 지배하는 권리가 아니라, 본질적으로 무급 노동을 지배하는 권리를 말한다. 모든 잉여 가치가 이익, 이자, 지대와 같은 특정한 형태로 구현되더라도 본질적으로는 무급 노동 시간의 상징이다. 자본이 자체적으로 가치를 늘리는 비밀은 자본이 타인의 일정 양의 무급 노동을 지배하는 권리로 귀결된다.[37]

---

37 중공 중앙 마르크스 엥겔스 레닌 스탈린 저작 편역국 편역, 〈마르크스 엥겔스 전집(제44권)〉, 인민출판사 2001년, 611쪽.

마르크스의 뜻은 "공헌 원칙"에서 노동자가 자신의 노동 제품을 정당하게 주장할 권리를 합리적으로 여기면 "다른 사람의 노동을 유급으로 사용하는 것"의 부정적인 면도 합리적으로 여길 수 있다는 것이다. 잉여 가치의 소유권은 "유급 노동"이 아니라 "무급 노동"이다. "다른 사람의 노동을 무급으로 사용하는 것"이 부정적인 이유는 그것이 다른 사람에게 속하는 것을 부당하게 빼앗아 감으로써 부정적인 도난 행위이기 때문이다. 따라서 잉여 가치 형성 과정 및 이 과정을 가능케 하는 자본 운영 체계은 비정의적인 것이다.

셋째, 정의는 도덕성이 아닌 제도와 관련이 있다. 마르크스는 "공헌 원칙"에 따라 자본주의를 비정의로 판단하는가? 이 문제에 대해서는 로머, 코헨, 엘스터 등 현대 마르크스주의자들이 많은 논의를 진행하며 이에 의견이 분분하였다. 이러한 의견은 심지어 마르크스의 정의 이론을 합법적으로 논의할 수 있는지 여부와 관련이 있다. 이러한 논쟁에 대해서는 마르크스의 텍스트에서 근거를 찾을 때 여러 다른 대답이 나올 것이다. 엘스터는 마르크스의 이러한 텍스트가 다양한 이해를 허용한다고 말한다. 왜냐하면 "마르크스의 견해가 이러한 문제에 대해 매우 모호하다"고 하기 때문이다. 예를 들어, 마르크스는 때로 잉여 가치를 "도적질"로 설명하며 때로는 "잉여 가치를 자본주의 기업주에 불합리하게 얻었게 한다"고 말한다.[38] 실제로 이러한 표현의 차이를 이해하는 핵심은 제도와 관련된 정의와 개인 도덕성과 관련된 정의를 구분하고, 마르크스가 말한 정의가 어느 쪽에 속하는지를 구분하는 것이다.

개인적인 관점에서 정의는 인간성과 관련된 도덕적 문제이다. 사회적인 관점에서는 정의는 기본 제도 및 사회적 기본 구조와 관련이 있는

---

38 [미국] 욘 엘스터, 〈마르크스를 이해하기〉, 허화위안 등 역, 중국인민대학출판사 2008년, 205-206쪽.

문제이다. 정확히 말하면, 전자는 일반적인 윤리적 문제인 선에 관한 문제이며, 후자는 현대 사회에서의 정의 문제이다. 고대 사회, 특히 고대 그리스 폴리스에서는 사적 영역과 공적 영역, 시민 사회와 국가의 통합되지 않은 상태로, 개인 도덕성과 공공 윤리가 사실상 일치한 것이다. 선한 개인 도덕성이 정의에 부합한다는 것이다. 근대에는 공적 영역과 사적 영역, 국가와 시민 사회의 분리로 인해 선한 도덕성의 문제가 사적 영역으로 후퇴하고, 제도적 정의의 문제가 전면에 나타났다. 이 것이 왜 롤스가 고대 윤리 철학의 핵심 문제를 "우리의 진정한 행복을 합리적으로 추구하는 데 동기를 부여하는 좋은 것의 개념"으로 삼자고, 동시에 현대 윤리 철학의 핵심 문제를 "모든 가치의 영역이 아닌 정치적 가치를 명확히 구별하고 공적인 근거를 제공"하는 것으로 삼으려고 하는 이유이다.[39]

마르크스가 자본주의를 비판하기 위해 정의 원칙을 사용한 것은 분명하며 그의 어느 시기의 저작에서든 이를 명백하게 보여주었다. 마르크스가 논의한 정의 문제는 제도와 관련이 있으며 도덕성과는 관련이 없다는 것 역시 분명하다. 예를 들어, 마르크스가 잉여 가치를 노동자의 노동을 "도적질"이라고 지적할 때, 그는 개별 자본가가 어긋난 도덕성을 강조하는 것이 아니라, 자본주의의 제도적인 정의에 어긋난다고 여기는 것이다. 자본가는 제도의 기능 수행자로서 선악과는 무관하며 정의와도 관련이 없다. 이 구별에 따라 마르크스의 관점은 모호하지 않다. 마르크스가 잉여 가치 이론에 대한 오해를 해소할 때 말한 말은 이 것을 명확히 설명하였다.

---

39 [미국] 존 롤스, 〈정치 자유주의〉, 만준인 역, 역린출판사 2000년, 8, 10쪽.

저의 관점에서는 "자본가의 이익"이 사실상 "노동자의 착취 또는 박탈"이 아니다. 반대로 나는 자본가를 자본주의 생산의 필수적인 기능 수행자로 간주하며 자세하게 설명하고자, 자본가는 노동을 "착취"하거나 "박탈"뿐만 아니라 잉여 가치의 생산을 강요하며, 다시 말해 착취의 결과물을 생성하는 데 도움을 준다. 심지어 상품 교환이 등가물 교환에 불과한 경우에도 자본가가 노동자에게 노동력의 실제 가치를 지급할 때 완전히 합법적이며 이러한 생산 방식에 부합하는 권리를 가지고 잉여 가치를 얻을 수 있다고 상세히 언급하였었다.[40]

마르크스의 이러한 또는 유사한 발언은 종종 일부 사람들에 의해 마르크스가 자본주의를 정의 원칙을 사용하여 비판하는 증거로 사용되며 때로는 마르크스가 자본가의 착취를 변호하는 증거로 해석될 수 있다. 실제로 이러한 발언은 마르크스가 자본주의를 개인의 도덕성과는 무관한 제도적 정의에 대한 비판으로만 사용될 수 있다. 이는 마르크스가 이해한 정의가 도덕성과는 관련이 없고 제도와 관련이 있다는 것을 나타낸다.

3. 문제는 무엇이 필요한 것이고 무엇이 불가피한 것인가에 있다

정의 이론은 물론 정의 원칙을 논의해야 한다. 마르크스는 자신의 정의 이론을 변호하는 방식이 매우 독특하여 이로 인해 많은 사람들이 그의 정의 이론을 그의 유물사조론과 구분하여 상호 충돌하는 것으로 간

40 중공 중앙 마르크스 엥겔스 레닌 스탈린 저작 편역국 편역, 〈마르크스 엥겔스 전집(제19권)〉, 인민출판사 1963년, 401쪽.

주하였다. 예를 들어, 마르크스주의자인 엘스터는 이러한 두 가지 요소 간의 차이로 인해 마르크스의 사상이 어떤 모순성을 드러내고 있다고 주장한다. 그러나 그는 이러한 차이를 상대적으로 온화하게 마르크스의 사상 내의 일종의 논리로 간주하였다.[41] 그러나 호네트는 이러한 모순성을 보다 더 예리하게 이해하며 그는 마르크스의 저작에서 사회 역사에 대한 두 가지 해석 모델이 존재한다고 주장한다. 한 가지는 "윤리적 분열 유형을 통해 계급 투쟁을 설명하는 모델"로, 이는 정의 원칙에서부터 사회 역사를 해석하는 것이다. 다른 한 가지는 윤리적 목적으로서의 정의 원칙을 경제적 이익인 "실용주의 유형"으로 환원하는 것으로, 이것은 이익 충돌을 통해 사회 역사를 해석하는 것이다. 호네트는 이 두 가지 유형이 상호 충돌한다고 주장한다. 젊었을 때의 마르크스는 첫 번째 유형을 사용하여, 자본주의 사회적 갈등을 윤리적 싸움으로 해석하였다. 이는 압박당한 노동자들이 인간관계를 재건하기 위한 도덕적 투쟁으로 이해되며, 물질적 자원과 권력 도구를 얻기 위한 전략적 투쟁으로 보지 않았다. 그러나 유물사조론이 나타난 후, 마르크스의 사회 역사 해석은 두 번째 유형으로 전환되었다. 그럼에도 불구하고, 마르크스는 종종 후기의 저작에서 "실용주의적 해석 유형"을 버리고 첫 번째 유형으로 돌아가기 때문에 이 두 가지 유형 간에 충돌이 발생한다고 주장하였다. 호네트는 이 것이 마르크스의 방법론적 모순에 기인한다고 결론졌다. 그는:

> 마르크스 본인은 어떤 곳에서도 경제학 작품의 실용주의 접근과 역사 연구의 표현주의 접근을 체계적으로 연결하지 않았다. 비록 그의 성숙

---

41 [미국] 욘 엘스터, 〈마르크스를 이해하기〉, 허화위안 등 역, 인민대학출판사 2008년, 162~205쪽.

한 작품에서 이 두 유형이 충돌했지만 이 두 접근을 직접적으로 통합하지 않았다. 그 결과로, 마르크스는 실제로 자신이 "계급 투쟁" 범주로 계속 탐구해 온 사회 과정에 자신이 설계한 규범적 목표를 배치하는 것이 불가능했다.[42]

즉, 사회 역사를 해석하기 위한 두 가지 상호 충돌하는 접근 방식은 마르크스의 이론 체계 내에서 공존할 수 없다는 것을 의미한다.

마르크스의 사상과 방법론에 대한 이러한 논의는 장기간 무시된 채 있었던, 윤리적 시각에서 마르크스의 사상을 이해하는 새로운 시야를 열었으며, 마르크스의 정의 이론을 해석하는 데 많은 계기를 제공하였다. 그러나 마르크스의 이러한 두 가지 사상적 측면을 방법론적으로 분리하거나 대립시키는 접근은 최종적으로 세 가지 가능한 결과를 초래할 수 있다. 첫 번째, 마르크스의 사상에 상호 충돌하는 두 가지 다른 이론이 존재한다고 인정하는 것으로, 호네트가 이해한 대로이다. 두 번째, 마르크스의 사회 역사 이론이 과학적 인식의 이론 모델에 속한다고 인정하고, 마르크스 이론의 전체 역할은 사회 역사 발전의 필연성을 설명하는 데 머물러 있으며 도덕적 목표를 해석하지 않는 것이다. 세 번째, 마르크스의 사회 역사 이론이 현실을 비판하고 미래를 설명하기 위한 이론으로 정의 원칙에 근거하여 간주하며 그가 역사적 발전의 규칙을 인식하는 접근 방식은 오로지 잘못된 결정론적 관점일 뿐이라고 판단하는 것이다. 이 세 가지 이해 방식은 논리적으로 다음과 같은 결론에 도달할 것이다. 저자는 이 문제에 대한 구체적인 탐구가 우리에게 마르크스의 방법론의 논쟁에 대한 이해를 돕고, 제1장과 제2장에서 마르크

42 [독일] 악셀 호넷, 〈인정을 위한 싸움〉, 허지화 역, 상하이인민출판사 2005년, 157쪽; 동상서 제3부 〈사회철학의 전망: 도덕과 사회의 발전〉, 149~186쪽.

스의 정치 철학 방법론과 이론 방향에 관한 결론을 논증할 것이다.

만약 우리가 단지 마르크스와 자유주의를 비교함으로써 그의 정의 원칙을 명확하게 드러낼 수 있다고 말한다면 오직 마르크스와 유토피아주의를 비교함으로 마르크스가 이러한 정의 원칙을 변호하는 방식을 선명하게 드러낼 수 있다.

마르크스가 처음에는 포이어바흐 철학의 영향속에서 사회 생활 연구를 시작하였다. 그래서 그의 초기 연구 방식은 포이어바흐의 인간본성주의식에 불과하였다. 이 방식은 추상적인 인간성 이론을 기반으로 하고 도덕적 원칙을 시작으로 사회 역사 문제를 설명하는데 이는 유토피아주의 방식에서 벗어나지 않았다. 이것은 윤리적으로 지배되는 문제를 설명하는 논리이다. 이 논리에서 지배적 역할을 하는 정의 원칙은 시작점이자 목표이며, 그 최종 근거는 추상적인 인간성 이론이며 그 더 이상의 기타 기반은 불필요하였다. 마르크스가 포이어바흐의 방법론에서 벗어나는 과정은 이러한 문제 설명의 논리를 초월하는, 새로운 방법론을 구축하는 과정이었다. 이 과정에서 마르크스는 사회 생활에 물질적 의미가 사회에 지배적인 역할을 한다는 것을 깨달았으며 국가 현상을 연구할 때 "선"과 "악"을 근거로 하는 것이 아닌 "다양한 관계의 객관적 본성"을 근거로 삼아야 하였고, "초기에는 마치 사람만이 작용하는 곳에서도 이러한 관계를 볼 수 있다"고 주장하였다.[43]

윤리적 동기와 인간 본성을 기반으로 한 것이 아닌 물질적 이익과 사회적 관계의 객관적 본성을 기반으로 한 것이 중요한 전환이다. 이러한 전환은 마르크스가 인간 중심주의적 사고에서 벗어나 사회 역사를 검토하기 위한 새로운 방법론을 구축하게 만들었다. 이 방법론의 의미는

---

43 중공 중앙 마르크스 엥겔스 레닌 스탈린 저작 편역국 편역, 〈마르크스 엥겔스 전집(제1권)〉, 인민출판사 1995년, 363쪽.

"물질적 이익"과 "객관적 관계"의 우선성을 확립하는 데 그치지 않았다. 정치 철학적 관점에서 보면 이는 윤리적 원칙에서 출발하여 사회 생활을 설명하는 목적론의 방향을 초월하였고 "물질적 이익" 및 "객관적 관계"와 같은 객관적인 것들로 윤리적 원칙을 설명하는 새로운 방향을 확립하였다. 이러한 새로운 방향은 역사적 척도와 가치 척도를 통합하는 기반에서 공산주의의 도덕적 목표의 타당성을 입증할 수 있게 하였으며 사실과 가치의 결여된 사고방식에서 가치 척도와 인지 척도를 분리하는 이원론적 방법론을 탈피하여 윤리에 관한 논쟁이나 과학적인 사실에 기반한 논쟁에서 벗어나게 되었다. 이러한 새로운 방법론은 마르크스가 그의 정의 원칙을 변호하는 특수한 방식이 되었다.

이러한 새로운 방법론에서 정의 원칙은 더 이상 추상적인 인간 본성에서 유도되는 역사를 초월한 규범이 아니라 생산 제도에 제약을 받는 역사적 원칙으로 간주되어 그에 대한 이해는 생산 제도의 역사적 변화에서 탐구하여야 한다. 이러한 접근은 생산 제도의 역사적 변화에 대한 과학적 인식을 통해 정의 원칙의 역사성과 상대성을 설명하는 기반을 마련하였고 가치 척도와 역사 척도의 통일을 위한 기반을 제공하였다. 마르크스는 "어떤 것이 공정하고 공평한지는 문제와는 전혀 상관이 없다. 문제는 특정 생산 제도에서 무엇이 필수적이고 불가피한지에 있다."[44] 그의 뜻은 정의 원칙은 역사적으로 변화하며 서로 다른 이해관계 주체들에 따라 차이가 있어 역사적이고 상대적인 것이다. 그러나 이러한 역사적이고 상대적인 정의 원칙은 객관적인 기반을 가지고 있다. 그 객관적인 기반은 특정 역사적 조건에서의 생산 제도와 그 변화이다. 이러한 생산 제도의 변화를 인식하여 장악할 수 있는 것이 바로 우리가

44 중공 중앙 마르크스 엥겔스 레닌 스탈린 저작 편역국 편역, 〈마르크스 엥겔스 전집(제16권)〉, 인민출판사 1964년, 146쪽.

고려해야 할 공평정의주의 핵심적인 부분이다. 특정한 역사적 조건에서 다양한 가치주장이 존재한다. 그 중 어떤 것들이 정의이고 어떤 것들이 비정의인가? 우리는 비교를 통해서는 답을 얻을 수가 없고 오로지 생산 제도와의 관계를 통해 이를 이해할 수 있다. 그래서 그는:

> 생산 당사자 간의 거래의 정의성은: 이러한 거래는 생산 관계의 자연적인 결과로써 나타난다. 이러한 경제 거래는 당사자의 의지 행위로서, 그들의 공동 의지를 나타내는 것으로서, 국가에 의해 계약 당사자에게 강제로 부과될 수 있는 계약으로 나타난다. 이러한 법적 형태는 단순한 형식으로 그 자체로 내용을 결정할 수 없다. 이러한 형태는 단지 그 내용을 나타낸다. 이 내용은 생산 방식과 정합하고 일치하면 이는 정의이다. 생산 방식과 충돌하는 한 비정의이다.[45]

마르크스는 정의원칙의 이러한 특별한 변호방식으로 미래 사회에 대한 이상과 유토피아주의를 구별하였다. 그는

> 각 유토피아 주의의 창시자들은 현존 사회를 비판할 때 고용 노동 제도와 이에 따르는 경제적 조건에 대한 지배 계급의 폐지를 명확하게 기술하였다. 그러나 그들은 사회를 개조할 물질적 조건을 사회 자체에서 찾을 수 없었으며 또한 노동자 계급 내에서 조직화의 힘과 운동의 인식을 찾을 수 없었다. 그러나 유토피아 대신 일어나게 된 것은 운동의 역사적 조건을 실제로 파악하고 노동자 계급의 전투 조직에서 힘을 점점 모은 결과이다. 그러나 유토피아주의자들이 선언한 운동의 최종 목표 두

---

45 중공 중앙 마르크스 엥겔스 레닌 스탈린 저작 편역국 편역, 〈마르크스 엥겔스 전집(제46권)〉, 인민출판사 2003년, 379쪽.

가지는 파리 혁명과 국제에서 선언한 최종 목표이다. 이는 수단이 다를 뿐, 운동의 현실적 조건 또한 더 이상 유토피아 이야기의 속에 묻히지 않았다.[46]

마르크스는 여기서 명확하게 밝혔으며 그가 주장하는 미래 사회는 유토피아주의와 도덕적 목표에서 유사하지만 이론적으로 완전히 다르다는 것이다. 본질적인 차이는 규범적 윤리적 목표를 설명할 때 "운동의 역사적 조건을 실제로 파악"하는 것이 인식의 근거로 사용되는지 여부에 있으며, 이러한 윤리적 목표를 달성할 때 "사회 자체에서 개조할 수 있는 물질적 조건을 찾을 수 있는지 여부"에 있다.

4. 초월적인 정의 및 기타 방안

마르크스가 "이 내용이 이 생산 방식과 적합하고 일치한다면, 그것은 정의이다. 생산 방식과 상반되면 비정의이다"라고 말할 때 그는 실제로 세 가지 측면의 의미를 표현하였다. 첫째, 생산 방식이 역사적 발전의 계층적인 것이라 정의와 생산 방식이 적합하기 때문에 정의 원칙도 계층적 순서가 존재한다는 것이다. 즉, 정의 원칙은 추상적이 아닌 역사적인 것이며 현재 합리적인 정의 원칙에 대해서는 반드시 더 높은 합리성을 가진 정의 원칙이 존재한다는 것을 의미한다. 둘째, 더 높은 합리성을 가진 정의 원칙에 대해서는 현재의 합리적인 정의 원칙은 비합리적이다. 따라서 높은 수준의 정의 원칙을 통해 낮은 수준의 정의 원칙을

46 중공 중앙 마르크스 엥겔스 레닌 스탈린 저작 편역국 편역, 〈마르크스 엥겔스 전집(제17권)〉, 인민출판사 1963년, 604쪽.

비판할 수 있다는 것이다. 셋째, 높은 수준의 정의 원칙에서 낮은 수준의 정의 원칙을 비판하는 것은 비합리적이지만 그것은 여전히 역사적으로 합리적일 때에는 그것을 뒤집을 이유가 없다. 특정의 생산 방식과 적합하기 때문이다.

이러한 해석과 전의 분석을 기반으로 다음과 같은 이해를 얻을 수 있다. 첫째, 마르크스는 자본주의에 적합한 정의 원칙은 "권리 원칙"이라고 생각하였지만 이 원칙의 정의성은 자본을 개인 소유로서의 "출신" 문제를 중요히 해야 한다. 그렇지 않으면 이 원칙은 합리적으로 설명할 수 없다. 둘째, 마르크스가 자본주의 정의 원칙을 비판하는 데 사용한 "공헌 원칙"은 그가 "공산주의 제1 단계"를 제안한 고려에 부합하는 정의 원칙이다. 셋째, 마르크스가 언급한 "공산주의 사회의 고급 단계"에 적합한 정의 원칙은 "필요 원칙"이다.

〈고타강령비판〉에서도 마르크스는 그의 최고의 정의 원칙인 "필요원칙"을 설명하였다. 이 원칙과 이와 일치하는 사회적 조건에 관한 마르크스의 설명은 다음과 같다:

> 공산주의 사회의 고급 단계에서는 인간들이 분업에 종속되어 노예처럼 복종해야 하는 상황이 이미 사라졌고 지적노동과 육체노동의 대립도 사라졌다. 노동은 생계 수단 뿐만 아니라 삶의 첫 번째 필요물이 되었다. 개인의 저면적인 발전으로 생산력도 높아갔다. 집단재산이 오른 후 완전히 자본주의의 그 작은 틀에서 벗어나면서 사회는 자신의 깃발 위에 "능력에 따라 일하고, 필요에 따라 분배하라"를 쓸 수 있을 것이다.[47]

47 중공 중앙 마르크스 엥겔스 레닌 스탈린 저작 편역국 편역, 〈마르크스 엥겔스 전집(제19권)〉, 인민출판사 1963년, 22-23쪽.

이 문맥에서 주목해야 할 두 가지 측면이 있다. 한 측면에서, 마르크스는 여기서 "필요 원칙"을 주장하며 제도적 구체화 형태는 "각자의 능력에 따라, 필요에 따라 분배하라"이다. 다른 측면에서, 이러한 정의 원칙과 일치하는 사회적 조건이다. ① 생산력이 충분히 발전하였다. ② 물질적 재산이 집체재산으로 충분히 풍부하게 유입되었다. ③ 노예같은 분업이 사라졌다. ④ 노동이 생존의 수단뿐만 아니라 제1의 필요로 여겨지며 더 이상 생계의 수단이 아니다. ⑤ 개인이 포괄적인 발전을 이룬다.

마르크스의 유명한 정의 원칙에 대한 비평과 논쟁은 그의 다른 어떤 견해보다도 훨씬 많았다. 그러나 저자는 이러한 논쟁과 비판 대부분이 마르크스의 정의 원칙의 타당성이나 그에 대한 마르크스의 변론 방식과 관련이 있는 것이 아니라 이러한 정의 원칙을 구현하는 사회 제도의 가능성에 대한 것임을 주장한다. 마르크스가 자신의 정의 원칙을 그와 일치하는 사회 제도에 따라 변론하고 있어 이로 인해 혼동이 쉽게 발생할 뿐만 아니라 많은 경우에 비판의 효과를 감소시키는 것으로 보인다.

그러나 문제는 모든 비평가들이 마르크스의 정의 원칙을 비판할 때 마르크스의 논쟁 방식에서 비롯된 것이 아니다. 일부분의 비평가들은 정의 원칙을 사회 제도와 연결시켜 마르크스의 방법을 인정하지 않으며 이 두 가지를 혼동하는 경향이 있다. 다시 말해, 현실적인 생산 제도를 통해 정의 원칙을 설명해서는 안 된다고 주장하면서도 실제로는 "필요 원칙"을 통해 정의 이론을 비판하는 것이다. 저자는 이러한 비평에 대해서는 논쟁이 아니라 논쟁의 공통 기준을 찾아야 한다고 생각한다. 사실상 마르크스가 그의 정의 원칙을 변호하는 방식은 비평가들에게 비판의 경로를 제시하였다. 즉, "필요 원칙"이 합리적인 정의 원칙이 아니라고 설명하거나 정의 원칙이 상기 조건에서의 미래 사회와 부합하지 않는다고 설명해야 하는 것이다. "필요 원칙"과 부합하는 미래 사회가 실현 가능하며 어떻게 실현될지는 이미 논쟁의 범위를 벗어나 별도로 논의해야 하는 문제이다.

심중히 고려해야 할 다른 유형의 비평은 마르크스의 "필요 원칙"이 그의 자신이 정의는 역사적이고 상대적이어야 한다는 견해와 상반된다고 보는 관점이다. 비평가들에게 있어서 "필요 원칙"을 주장함으로써 추상적인 정의 원칙을 주장하는 것으로 여겨진다. 에른스트는 마르크스가 "권리는 영원히 사회의 경제 구조와 경제 구조에 의해 제한되는 사회의 문화 발전을 벗어날 수 없다"고 말할 때, 그는 "추상적인 정의 원리"를 완전히 부정했다고 주장한다. 그러나 "공헌 원리의 '결함'에 대해 이야기할 때, 마르크스는 분명히 더 높은 정의 원리에 의지하려고 하였다... 즉, 필요에 따라 분배하기이다. 마르크스는 이 단계에서 어떤 추상적인 정의 이론에 대한 치명적인 반박을 제시했다고 믿지만 그는 포기하고자 했던 이론을 간과했다는 것이다. 마르크스는 M. 조던과 마찬가지로, 수필에서 수필에 대한 가능성을 반박하였다."[48] 엘스터가 말하는 "이 단락"은 우리가 전에 인용한 마르크스의 〈고타강령비판〉에서 "평등한 권리"를 비판하는 부분을 가리킨다. 그 단락에서 마르크스는 "모든 이러한 결함을 피하기 위해서는 권리는 평등하지 않고 불평등해야 한다"고 지적했으며, 그리고 이어서 "그러나 이러한 결함들은 공산주의 사회의 첫 단계에서 불가피하다. 권리는 영원히 사회의 경제 구조와 경제 구조에 의해 제한되는 사회의 문화 발전에서 벗어날 수 없다"고 말하였다.[49] 마르크스가 말하는 "이러한 결함"은 자본주의 사회와 적합한 "권리 원칙"의 결함과 "공산주의 사회의 첫 단계"와 적합한 "공

---

48 [미국] 욘 엘스터, 〈마르크스를 이해하기〉, 허회위원 등 역, 중국인민대학출판사 2008년, 210쪽.

49 중공 중앙 마르크스 엥겔스 레닌 스탈린 저작 편역국 편역, 〈마르크스 엥겔스 전집(제19권)〉, 인민출판사 1963년, 22쪽.

헌 원칙"의 결함을 가리킨다. 다시 말하자면, 마르크스는 "권리 원칙"과 "공헌 원칙"을 초월하는 최고의 정의 원칙에 따라 이러한 결함들을 비판한 것이다. 엘스터는 이 문장에서 마르크스가 "각종 정의 이론에 대해 일반적인 반박을 제시하고 싶었던 것 - '어떤 제도도 일반적인 규칙으로 운영될 때 불공평하다'는 주장을 통해 개인 간의 관련 차이를 완전히 무시한 일반적인 규칙에 반대한다 생각했다고 말하였다.[50] 그러나 마르크스의 "필요 원칙"은 여전히 추상적인 원칙이다. 그것은 사람들에게 추상적으로 똑같은 대우를 요구하기 때문이다. 그는 마르크스가 추상적인 정의 원칙을 반대하면서 최고의 정의 원칙에 기대하는 모순을 보여준다고 말하며, "이는 마르크스 사상에서의 어떤 망설임을 반영한다"[51]고 말하였다.

본 장의 세 번째 부분으로 돌아가면 엘스터의 이러한 비판에 신경 쓰지 않아도 되며, 오히려 "공헌 원칙"을 변호하는 데 적용되는 이유는 "필요 원칙"에도 동일하게 적용될 수 있다는 점을 지적해야 한다. 마르크스가 "필요에 따라 분배"에 관해 이야기할 때 언급한 사회 조건들은 아주 개략적이지만, 그는 자신의 논쟁 원칙을 철저히 실현하고 있다는 것을 명확하게 보여주고 있다. 그의 논쟁 원칙에 따르면 "필요 원칙"은 추상적인 필요가 아니라 생산 제도와 같은 객관적 사회 조건에 기반을 두고 있다. 엘스터는 마르크스의 정의 원칙의 역사적 특성을 정확하게 이해하고 있지만, 그는 현실적인 사회 조건의 역사성을 정의의 역사성으로 변호하는 특별한 방식을 이해하지 못했기에 "필요 원칙"에 언급하는 내용을 추상적인 정의로 여긴 것이다.

---

50 [미국] 욘 엘스터, 〈마르크스를 이해하기〉, 허회위원 등 역, 중국인민대학출판사 2008년, 210쪽.

51 [미국] 욘 엘스터, 〈마르크스를 이해하기〉, 허회위원 등 역, 중국인민대학출판사 2008년, 211쪽.

정의 원칙의 추상적인 이해란 소속한 사회 역사 조건에서 분리하여 추상적인 개념으로 만드는 것을 의미한다. 그러나 마르크스에게 있어서 정의 원칙의 역사성은 그것이 현실의 사회 역사 조건을 벗어나 독립적인 이해를 얻을 수 없다는 것이다. 따라서 생산 제도의 변화와 독립적으로 존재하는 추상적이고 불변한 "권리 원칙", "공헌 원칙" 또는 "필요 원칙"은 존재하지 않는다. 정의 원칙의 "역사성"은 그것들이 사회 조건의 역사적 발전을 포함한 여러 사회 조건에 따라 변화할 것이라는 것을 의미하며, 심지어 동일한 형태의 생산 제도에서도 그렇다. 따라서 " 필요 원칙"을 "공헌 원칙"을 초월한다고 말할 때, 우리는 다른 방식으로 공산주의 발전과 관련된 것이 단계적이며, 이를 원칙적으로 구별할 수 있음을 설명하고 있다. 이러한 방식으로도, 현실적 조건들 사이의 구별은 추상적인 개념들 사이의 구별과 같이 명확하게 구분되지 않는다는 것을 보여준다. 이러한 단계적 특성은 단순히 경계가 있는 단계들 사이의 것이 아니기 때문에 "필요 원칙"과 "공헌 원칙" 사이의 추상적 대립 또한 존재하지 않으며 마찬가지로 "공헌 원칙"과 "권리 원칙" 사이의 추상적 대립 또한 존재하지 않는다.

따라서 마르크스가 "공산주의 사회의 제1단계"와 적합한 "공헌 원칙"을 사용하여 "자본주의와 적합한 "권리 원칙"을 비판하고, "공산주의 고급 단계"와 적합한 "필요 원칙"의 입장에서 "공헌 원칙"의 "문제점"을 지적할 때, 그는 정의 원칙의 일시적이고 상대적인 성격을 밝혀냈다. 하지만 이러한 정의 원칙을 순차적으로 교체하고 생산 제도 등 사회 조건과 관련시킬 때, 그는 정의 원칙의 역사적 성격을 유지하면서 상대주의의 함정을 피한 것이다. 문제는 사람들의 정의 원칙이 무엇인가가 아니라 "무엇이 필요하고 불가피한가"이다. "권리 원칙"이 작용할 수 있게 하는 사회 조건이 계속 존재한다면 "공헌 원칙"으로 대체되는 일은 없을 것이다.

마찬가지로, 마르크스가 주장하는 공산주의 사회에 대해서도 "필요 원칙"과 부합하는 사회적 자료 조건의 축적은 상당한 시간이 필요하다. 이 과정에서 "공헌 원칙"이나 심지어 "권리 원칙"을 통한 사회 생활의 제도적 조절은 사회 공정과 정의를 보장하는 대안으로 기능할 수 있다.

제6장

마르크스 정의 이론의 당대 구축

당대 중국의 정의 이론 구축은 자유주의, 중국 전통 문화 및 마르크스주의 이러한 3가지 상호 구속하는 사상 자원의 공동 추진에 의하여 이루어진 것이다. 그러나 각기의 역할은 완전히 다르다. 마르크스주의는 시장 체제 하의 사회 생활을 규범화하고 자본의 논리를 비판하는 이중 기능을 갖추고 있으며, 사회주의 시장경제라는 창조적인 체제적 실험과 일치하는 당대 중국 정의 이론 구축의 기반이자 핵심이다.

제1절

중국 마르크스 정의 이론의 당대 구축은 무엇 때문에 가능한가?

현재 중국 사회의 시장화 이행은 이미 시장 체제의 구축을 목표로 한 초기 단계를 건너면서 종합적인 사회 변혁 단계로 진입하였다.

1. 당대 중국은 어떤 정의 이론을 구축해야 하는가?

개혁 초기에 시장 경제가 "자본주의인가? 사회주의인가?" 에 대한 논의는 사실상 "시장 제도가 정의로운가" 라는 규범적 문제와 관계된다. 현재 이 문제는 "사회주의 시장 경제가 자신의 정의적 기반을 어떻게 구축하는가"라는 규범적 문제로 전환되었다.

현재 중국의 사회 개혁은 경제의 시장화 개혁에서부터 시작된다. 지난 30년 간 중국 사회 생활의 다양한 면의 변화를 통하여 자유주의 가치관이 가져온 영향을 볼 수가 있다. 당대 중국의 정의 이론 구축에서 주로 마주할 것은 신자유주의neoliberalism이다. 과거의 자유주의와 비교하면, 당대 신자유주의의 가치 주장은 국가의 독점 자본에서 국제 독점 자본으로의 전환과 내재적 연관성이 있다. 따라서 종종 서방 국가, 특히 미국의 "글로벌리제이션" 전략을 직접 또는 간접적으로 수용하며 구체적으로는 워싱턴 합의에서 표현된다. 국가 간 경쟁이 치열한 상황에서, 다문화주의 요구가 증가하는 현대 국제적 배경에서 이러한 서양 전략에 기반한 서양 가치가 제도와 연결이 되면서 자연스럽게 배척을 받게 되는 것이다. 중국을 포함한 많은 개발도상 시장 경제 국가들에게는 자유주의적 규범적 주장과 자유주의적 제도 체계가 로마 신화에 나오는 야누스처럼 상반되는 역할을 하는 것이다. 서양 사회에서 지속적으로 많아지는 반세계화 운동, 자유주의 제도로 경제 붕괴와 사회 불안을 겪고 있는 많은 라틴 아메리카 국가들의 부정적인 사례, 현재 서양 선진 국가 중에서 금융 위기로 인하여 발생한 세계 경제 위기, 이로 인해 일어난 서양 국가 전반에 걸친 시위 파동 등은 개발도상 시장 경제 국가들이 자유주의적 규범성 주장을 수동적으로 수용하는 과정에서 그들의 제도 체계를 적극적으로 배척하는 데 현실적인 근거를 제공하였다.

이러한 맥락에서 자유주의가 현대 중국의 정의 이론 구축에 미치는 영향은 필연적으로 두 가지의 부동한 측면을 포함하며 상호 견제한다. 한 측면에서는 자유주의의 규범적 주장이 증가하는 사권의 요구와 긴밀하게 대응되며 시장 경제를 기반으로 한 시민 사회 및 문화 형성을 촉진하는 역할을 하는 것. 다른 측면에서는 자유주의의 제도 체계가 국제적 독점 자본의 이익 요구를 가지고 있어 사회주의의 평등 이념과, 중국의 국가 이익과 모순된다는 것이다. 이러한 모순은 자유주의가 당대 중국의 정의 이론 구축에 미치는 영향으로 복잡한 상황을 만들게 될 것이다. 장기간 동안 어떻게 자유주의의 영향을 합리적으로 대처하는가는 여전히 중요한 문제일 것이다. 시장화 변혁이 점차 심화되는 중국 사회에서 자유주의의 영향을 배제하는 것은 비현실적이며 무익할 것이다. 어쩌면 자유주의의 규범적 주장과 제도 체계 간의 갈등을 직면하고, 자유주의 제도 체계가 지닌 서양 이념을 명확하게 인식하면서 그 규범적 주장의 합리적인 자원을 받아들이며 이를 사회주의 시장 경제에 적합한 정의 이론을 구축하기 위한 사상적 자원으로 활용하는 것이 최선의 선택일 것이다.

유가 사상儒家理想을 기반으로 한 중국 전통 문화에서 제공하는 규범적 주장은 중국 국민의 내적 의식과 자연스러운 조화를 이루며, 중국 사회 생활의 특유한 품성과 내적인 일치성을 지니고 있다. 현재의 중국 사회 변혁 과정에서 이러한 규범적 주장은 자본의 논리를 제한하는 무질서한 "내던지는" 힘으로 작용하며, 이는 현대 중국의 정의 이론 구축에서 특별한 역할을 할 것이다. 그러나 이러한 역할을 더욱 효과적이게 하기 위해서는 당대 실제 생활의 문화적 혁신을 기반으로 해야 한다. 당대 중국의 정의 이론 구축에 대해 중국 전통 문화는 중요한 역할을 맡아야 하지만, 고전적인 전통 문화에 머물러 있는 것만으로는 이러한 역할을 맡을 수 없다. 이러한 역할을 수행하기 위하여 규범적 내용의 현대적 혁신과 이러한 규범적 의미와 조화를 이루는 제도적인 현대화 변혁에 관심을 두어야 한다.

어떠한 사회의 정의 이론도 주류 이데올로기 없이 사회에 작용하는 것이 불가능 하며 정의 이론의 실제적인 이성성질은 그 자체가 국가 이데올로기의 핵심 내용임을 결정한다. 국가 이데올로기의 기반으로서, 마르크스주의는 당대 중국의 정의 이론 구축에서 주도적인 역할을 한다. 그러나 당대 중국 사회의 시장화 변혁 실천은 마르크스주의 이론을 재해석해야만 이념적 합법성 지위의 이론적 상황으로 될 것이다. 따라서 이가 당대 중국의 정의 이론의 핵심 내용으로 되기 전, 그것을 다시 해석해야 하는 전제 요구가 되는 것이다. 당대 중국의 정의 이론 구축은 전통적인 마르크스주의 해석 체계 그 위에서 건설될 수 없으며 현실에서의 경험을 기반으로, 마르크스주의의 일부 중요한 원리에 대해 다시 이해하고 해석해야 한다는 것을 요구한다.

요컨대 사회주의 시장 경제는 사회주의와 시장 경제를 결합한 창의적인 제도 실험이다. 이러한 구축하고 있는 새로운 사회 형태는 새로운 정의 이론이 필요하고 정의 이론의 기초와 핵심은 자유주의 정의 이론이나 전통적인 유학 도의론이 될 수 없으며 사회주의 시장 경제에 적합한 마르크스주의 정의 이론만이 가능하다.

2. 초정의와 당대 중국 마르크스주의 정의 이론의 구축

사회 생활과 부합하는 정의 이론은 그 사회 생활에 규범화를 제공하면서 동시에 그 사회 생활에 부합하는 사회 정치 제도의 합리성에도 변호하는 것이다. 따라서 이러한 사회 생활과 그 제도에 대한 부합하는 정의 이론은 본질적으로 비판적이 아닌 구축적인 것이다.

시장 제도를 기반으로 한 현대 사회에서 있어 고전적인 마르크스주의는 "혁명적 이론"이고 시장 제도를 없애기 위한 비판적 이론이다. 즉, 그가 말한 비판성은 자본주의 시장 경제를 개선하는 것이 아니라 이를 파괴하기 위한 것이다. 이러한 전제하에 있어 고전적인 마르크스주의 작가들은 어떠한 형태의 시장 경제 제도의 정의에 대한 윤리적 변론을 하지 않았고 전혀 다른 이론적 기초에 그들의 정의에 대한 이해를 세웠던 것이다. 따라서 당대 중국의 마르크스주의 정의 이론을 구축하기 위해, 우선 반드시 마르크스주의 정의 이론이 어떻게 가능한가라는 문제의 답을 찾는 것이다. 구체적으로 이 문제는: 마르크스주의는 그 탄생부터 시장 제도를 부정하고 자본을 비판하는 논리를 그 목표로 삼은 이론으로 시장 제도의 정의에 관한 정의 이론을 포함할 수 있는가?

20세기 말, 영미권에서는 "마르크스주의 정의 주장 여부"라는 문제를 중심으로 치열한 논쟁을 펼쳐졌다. 우드를 대표로 한 학자들은 마르크스가 정의를 비롯한 규범적 개념을 이데올로기적인 구성으로 여기며 그러한 개념으로 어떠한 사회 제도를 평가하지 않았다고 주장한다. 이러한 주장으로 우드는 마르크스주의 정의 이론을 구축하려는 시도는 헛된 노력이라고 결론지었다. 반면에 코헨을 대표로 한 견해에서 마르크스가 정의 문제를 논하지 않은 것이 아니라 특별한 의미에서 자본주의의 불의를 비판한 것으로, 마르크스의 사회이론에는 자본주의를 비판하는 정의 이론이 포함되어야 한다고 주장한다. 두 견해의 옳고 그름을 떠나 우선 밝혀야 할 것은 그들이 주장하는 마르크스의 정의 이론이 어떤 의미에서의 정의 이론인가? 이것은 일반적으로 롤스 등의 정의 이론과 동일한 유형인가? 케이 닐슨은 이 논쟁을 총결로 다음과 같이 주장하였다: 이 논쟁이 다루는 문제는 "우리 시대에서 모든 자본주의 체제가 비정의인가, 그의 구체적인 제도가 비정의인가? 이를 대조하여 사회주의나 공산주의 조건에서 정의의 실현을 합리적으로 기대할 수 있는지, 그리고 그것이 인류의 일반적인 발전과 함께 발전할 수 있는지를 확인하는 것이다"[1]. 보다시피 여기서 논의되는 정의 문제는 정치 철학에서 일반적으로 논의되는 정의 문제와 다르다.

일반적으로 정의라는 개념은 법적 공동체 내에서 개인 간 및 개인과 사회 간 이익 관계가 공정하게 다뤄진다는 것을 의미한다. 법적 체계에서 이러한 공정을 가지면 정의로 간주되며, 않으면 비정의로 여겨진다. 어원학적으로 보면, 그리스어 "dikaion"이라는 단어는 "dike"에서 유래하며 소송법을 의미한다, 정의는 권위에 의해 강제되는, 규정된 일을 하

1 Nielsen K, "Arguing about Justice: Marxist Immoralism and Marxist Moralism", Philosophy&Public Affairs, 1988, Vol. 17, No.3, pp.212-234.

는 방식을 말한다.[2] 즉, 정의의 여부는 법적 공동체 내에서의 문제이며 체계가 잘 구축된 사회의 존재를 전제로 한다.

롤스는 정의 문제 논의의 맥락을 강조하며 다음과 같이 말하였다: "사회 정의 원칙의 주요 문제는 사회의 기본 구조로서, 협력 체계에서 주요 사회 제도의 배열이다."[3] 토마스 네겔은 롤스가 국내 정의와 국제 정의 간의 관계에 대한 문제를 논할 때 "글로벌 정의" 개념이 가져오는 의문점을 더 명확하게 해명하였다:

> 롤스의 반일원론은 그의 국내 정의 사회 이론과 "만민법"에서 표현된 국내 및 국제 원칙 간의 관계를 이해하는 데 필수적인 것이다. 그가 설계한 정의의 두 원칙은 정의 사회에서 살고 있는 개인의 개인적인 행동이나 민간 단체, 그리고 독립적인 사회간의 국제 관계를 규제하기 위한 것이 아니라 각각의 독립된 민족 국가의 기본 구조를 규제하기 위한 것이다. 그는 주권 국가의 본질로, 특히 주권 국가가 시민 생활 구조를 종합적으로 통치하는 데에서 정의를 요구하는 목적과 수단을 옹호하는 특별한 요구 및 이러한 목적과 수단에 대한 특수 제한을 갖는다고 주장한다.[4]

즉, 롤스의 관점에서 정의 원칙은 단지 법적 공동체 내에서 개인 간 및 개인과 사회 간의 관계를 조절하는 제도의 정의성 문제만을 다룬 것이고 이는 더 높은 유형의 정의로 대체해야 하는지 여부에 대한 문제는

2 [영국] 니콜라스 브닝, 여지원 편집, 〈서양 철학 영한 대조사전〉, 인민출판사 2001년, "정의" 항목.

3 [미국] 존 롤스, 〈정의론〉, 호화홍, 호배강, 료신백 역, 중국사회과학출판사 1988년, 50쪽.

4 [미국] 토마스 네겔, 조영강 역, 〈글로벌 정의 문제〉, 〈길쑤대학학보〉 2010년 제6호, 10~22쪽.

다루지 않았다. 정치 철학에서는 사람들은 일반적으로 이 한정된 의미에서 정의 문제를 논의하며 이 한정을 벗어나면 "정의" 개념의 의미가 변하게 된다. 마르크스의 정의 개념은 마치 이 한정을 벗어난 것이다.

만약 현대 시장 제도를 부정하고 비판하는 것이 목표인 고전적인 마르크스주의도 자체의 정의 이론을 가지고 있다면, 이러한 정의 이론이 추구하는 정의는 "초 정의" 또는 "초월적 정의"일 것이다. 이 "초 정의" 또는 "초월적 정의"는 법적 공동체와 非법적 공동체 간의 비교를 의미하며, 즉 정치 국가의 존재를 기반으로 하는 사회와 국가가 사라진 후의 사회 간의 비교를 의미한다. 이것은 두 가지 사이에서 어느 것이 정의인식, 어느 것이 비정의인식을 탐구하려는 것이다. 이러한 의미에서의 정의 개념은 일반적인 정의 이론이 설정한 범위를 벗어나 더 넓은 이론적 문제로 진입하고 있다. 롤스는 "정의 여부의 문제는 현실적으로 공정하게 효과적으로 관리되는 제도에 관련된다. 그리고 추상적인 목표로서의 제도의 정의 여부는 그것의 구현이 정의 여부에 관련이 된다"고 주장하였다.[5] 롤스가 뜻하는 정의 개념과 비교하면, 마르크스의 정의 이론은 목표로 하는 제도의 정의 여부에 대한 질문이며 현실 생활의 제도 정의성을 규범하고 옹호하는 정의 이론은 아니다. 즉, 롤스가 말하는 "사회의 기본 구조"와 "협력 체계 내의 주요 사회 제도 배열"에 관련된 정의성 문제는 아니다. 킴리카가 말한 대로 정의는 법적 공동체에 상대적으로 존재한다는 것이다. "그러나 마르크스주의자의 비판은 법적 공동체의 개념을 대상으로 한다. 많은 마르크스주의자들은 정의가 사회 제도의 주요 특성이 아니라 진정으로 우수한 공동체에서는 정의가 필요하지 않다고 믿는다"[6]. 일반적인 정치 철학에서 정의가 필요한 이유

5 [미국] 존 롤스, 〈정의론〉, 호화홍, 호배강, 료신백 역, 중국사회과학출판사 1998년, 51쪽.

6 [캐나다] 윌 킴리카, 〈현대 정치철학(상)〉, 류선 역, 상하이산련서점 2004년, 311쪽.

는 자원 부족으로 인한 사람들 간의 이익 충돌과 경쟁 때문이며 따라서 정의의 제도가 필요하다고 주장한다. 그러나 고전적인 마르크스주의에서는 공산주의는 "부흥한 사회"에서 구축되며 부족을 제거했을 뿐만 아니라 경쟁까지 없앴기 때문에 정의의 필요성도 없어진 것이다. 이는 고전적인 마르크스주의에서의 정의에 대한 이론이 롤스 등이 논하는 그런 형태의 정의 이론이 아니라는 것을 의미한다. 킴리카는 "마르크스가 정의를 소멸하는 방법은 어느 폭넓은 이론적 형식의 일부분이다. 마르크스는 공산주의가 자유주의 사상에 있는 대다수의 기본 개념과 범주를 더 이상 필요로 하지 않는다고 믿는다: 권리, 관용, 대의제 민주주의, 반대당, 법체제, 시장".[7] 마르크스의 더욱 폭넓은 이론 형식에서 정의 이론은 넓은 의미로만 이해된다.

마르크스주의의 일반적인 정의 이론은 계층적이다. 첫 째는 초월적 정의 이론, 두번째는 권리 정이 이다. 초월적 정의 이론은 최종적인 사회 목표를 어떻게 추구해야 하는지에 대한 문제를 다루며. 권리 정의 이론은 현재의 역사적 조건 하에서 어떤 사회적 규범을 받아들여야 하며 실제 제도가 어떤 정의적 기초 위에 구축되어야 하는지에 대한 문제를 다루는 것이다. 초월적 정의 이론은 고전적인 마르크스주의에서 유래한 것이며, 권리 정의 이론은 당대의 구축을 필요로 한다. 현재의 역사적 조건 하에서, 마르크스주의 정의 이론을 구축하는 것은 고전적인 마르크스주의의 초월적 이상으로 되돌아가는 것이 아니라 현재의 중국 사회주의 시장 경제의 현실에 입각하여 출발하며 마르크스주의의 기본 원칙을 시작으로 현실적인 정의 이론을 구축하는 것이다.

---

7 [캐나다] 윌 킴리카, 〈현대 정치철학(상)〉, 류선 역, 상하이산련서점 2004년, 318쪽.

3. 당대 중국 마르크스주의 정의 이론의 구축

권리 정의 이론은 반드시 현실 생활에 기반해야 하며 현실 생활과 그 제도에 대한 정의적 규범을 제공해야 한다. 동시에 이러한 정의적 규범을 위해 합법성의 옹호를 해야 한다. 당대 중국의 마르크스주의 정의 이론 구축이 직면한 현실은 일반적인 시장 제도를 기반으로 하는 것이 분명하며 시장 경제의 일반적인 특성을 가진다. 그렇다면, 초기부터 자본주의 시장 제도를 비판하는 마르크스주의 이론에 대해 시장 제도의 정의성을 옹호하는 정의 이론을 구축하는 것이 가능한가? 어떡해 가능한가? 이러한 질문을 합리적으로 답할 수 없다면 마르크스주의 정의 이론 구축에 대한 논의는 이론적 참람이 될 것이다.

마르크스는 사실 자본주의 시장 제도에 대한 규범이나 정의성 옹호를 생각한 적이 없다. 그러나 이것은 우리가 마르크스의 기본적인 이론 원칙에서 시작하여 정의 이론을 구축할 수 없다는 것을 의미하지는 않는다.

만약 마르크스의 이론에 기본 원칙을 찾고자 한다면, 역사주의는 분명히 중요한 원칙 중 하나이다. 그는 사회 역사적 문제에 대한 모든 이론을 이 원칙에 세웠다. 마르크스의 역사주의 원칙에 따르면 역사를 초월하는 어떠한 추상적 도덕 규범도 존재하지 않고 모든 정의 원칙은 역사적인 것이며 특정한 역사적 상황에서의 정의 원칙은 역사적 합리성만 가진다. 마르크스주의에 있어서 정의 원칙의 역사성은 그것이 현실적인 사회 역사적 조건을 벗어나 독립적인 이해를 얻을 수 없다는 것이다. 마치 추상적인 권리와 자유가 존재하지 않는 것처럼, 공산주의의 도덕적 이상 역시 추상적이고 초역사적인 것이 아니다. 당대 중국의 사회주의 시장 경제는 현재 중국의 경제 발전 수준에 적응한 사회 제도이며 이와 부합하는 사회 정치 제도는 역사적으로 정당성을 갖고 있다. 이러한 사회 생활 및 제도에 대한 규범적인 정의 원칙 구축과 그 정의 원칙을 옹호하는 정의 이론은 바로 마르크스의 역사주의가 요구하는 것이다. 초역사적 정의 원칙을 기반으로 현재의 시장 제도의 정의성을 부정하는 것은 마침 마르크스의 역사주의 원칙이 반대하는 것이다.

유물사관은 마르크스 철학의 핵심 내용이다. 이러한 일반적인 마르크스 철학에 기초하에 마르크스주의 정의 이론을 구축하는 노력은 또 다른 문제에 직면하고 있다: 과학적인 인식을 통해 사회 역사의 본질과 법칙을 드러내는 마르크스 철학은 규범적인 이론으로서의 정의 이론을 포함할 수 있는가? 이 문제에 대한 합리적인 해석은 여전히 마르크스주의 역사주의의 정화한 이해에 의존한다.

유물사관에 대한 非역사주의적 해석에 따르면 정의 이론과 유물사관은 호환되지 않는다. 이 해석은 유물사관의 내용이 사회 역사의 본질과 규칙성을 과학적으로 이해하는 것이며 이로 모든 비과학적 역사관과 구별되는 이유라고 주장한다. 이러한 해석으로 강조하려는 것은 유물사관의 가치는 과학적인 이해 방식을 통해 旧 역사의 비과학적인 방식을 극복한 데에 있다. 사회 역사의 규범적인 이론을 설명하는 것은 바로 비과학적인 방식의 전형적인 대표이다. 이를 입증할 수 있는 것은 마르크스 사상의 전환 과정이다. 마르크스는 포이어바흐의 인간 중심주의 해석 사회역사방식을 극복하는 과정에서 유물사관을 창조했으며 이 변화가 일어난 후에 마르크스주의 이론이 과학적으로 인정받게 된 것이다. 이러한 해석의 "합리적인" 결론은: 유물사관은 인식 이론에 불과하며 규범적인 이론이 될 수 없는 것, 유물사관은 도덕적 측면에서 사회 역사의 이론적 방식의 타당성을 부정한다는 것이다. 이러한 유물사관에 대한 해석에서는 규범적인 이론으로서의 정의 이론이 당연히 제외되어 합법적인 내용이 될 수 없다. "마르크스주의 정의 이론"이라는 개념 자체가 유물사관을 따르는 마르크스 철학과 충돌한다. 이러한 유물사관에 대한 이해는 계속해서 전통적인 마르크스주의 연구에 영향을 미치고 있다. 이 역시 전통적인 마르크스주의 해석 체계가 반복해서 "인성론" "소외"와 같은 문제들을 마르크스주의 이론에서 배제하려는 근본적인 이유이다. 우드 등은 이것을 근거로 하여 결론을 도출하였다: 마르크스주의 이론에는 사회 역사 문제를 정의적 또는 비정의적인 방식으로 논의하는 이론적 내용이 포함되어서는 안 된다. 유물사관을 단순히 인식 이론으로만 간주하고 정의 이론을 마르크스 철학에서 배제하거나 이를 유물사관에서 분리하는 것은 분명히 인식상의 잘못이다.

마르크스의 역사주의 원칙에서, 인간 사회 및 그 역사에 대한 모든 철학적 고찰은 항상 규범적인 도덕적 척도와 인식적인 진리 척도를 결합하여 이루어진다. 마르크스 주의 이론에서 이 두 척도는 서로 대체될 수 없으면서 상호 관련되고 교차하여 하나의 이론 내에서 통일된다. 마르크스의 역사주의 원칙에서 규범적성의 도덕적 척도와 인지적 진리 척도의 통일은 이론적인 어려움이 아니라 사회적 역사 문제를 해석하는 독특한 형식이다. 이는 마르크스주의가 사회 역사를 해석할 때 의존하는 역사주의가 특별한 종류의 역사주의라는 것을 보여준다. 이는 사회 생활(도덕적 등의 요소 포함)의 역사 상대성을 역사적 조건의 객관성과 결정성으로 구현하는 특수한 역사주의이다. 이러한 특별한 역사주의는 사회 생활을 무의미하게 만드는 상대주의적인 역사주의와 포퍼 등이 비판하는 "독단론적 역사주의"와는 다르다. 이러한 역사주의를 떠나면 "정의"와 같은 도덕적 규범의 상대성과 결정성의 통일을 이해할 수 없게 된다. 철학사에서 마르크스는 사회생할의 역사주의적 해석을 통해 이 문제를 해결하는 특별한 방식을 제시했으며 이를 통해 우리는: 사회주의 시장 경제 조건에서 여전히 자본의 논리를 용납하지만 현대 역사 조건에서는 추구할 가치가 있는 정의 원칙이라는 것을 이해할 수 있다. 공산주의의 정의 원칙은 갈망할 수 있겠지만 현대 역사 조건에서는 자본 논리의 무한 확장을 제한하는 비판적 이상에 불과하다.

유물사관은 정의 이론의 구축을 배제하지 않으며 규범적 가치 지도에서의 과학적 인식 이론이다. 유물사관을 기반으로 한 정의 이론은 추상적인 추론으로만 구성된 정의 원칙만에 불과하는 것이 아니며 과학적 인식 기반으로 구축된 규범적 이론이다.

사회 하위 체계로서의 경제 분야는 상품 교환의 영역이자 노동 생산의 영역이다. 시장 교환 활동과 마찬가지로 인간 활동 중 노동 생산도 직접적인 윤리적 일반성과 자유를 달성할 수 없는 활동 중 하나이며 단지 그들의 실현 조건에 불과하다. 즉, 독립된 개인 간의 사회적 윤리적 관계는 노동 생산의 영역에서 전면적으로의 실현이 불가능 하다는 것이다.

인간은 틀림없이 노동의 동물이며 인간 활동의 가장 기본적인 형태로서 생산 노동은 인간 사회가 존재하고 발전하는 가장 기본적인 조건이다. 마르크스는 이 사실을 명백하게 강조하며 그 기반에서 자신의 유물론을 구축하였다. 그러나 이것은 전혀 마르크스가 노동을 최종적인 인간 활동으로 여기거나 인간 사회의 목표와 인간의 자유가 생산 노동 분야에서 비롯된다고 생각한다는 의미가 아니다. 오히려, 그는 노동을 인간이 "필수적인 외부 목적을 위해", "자신의 생명을 유지하고 재생산하기 위해 자연과 투쟁해야만 하는"[8] 활동으로 간주하였다. 그는 "사실상, 자유의 왕국은 반드시 해야 할 노동과 외부 목적이 결정하는 곳에서 노동이 종료된 후에 비로소 시작된다. 따라서 사물의 본성에 따르면 그것은 진정한 물질 생산 영역의 저편에 존재한다."라고 말하였다. [9]다

---

8 중공 중앙 마르크스 엥겔스 레닌 스탈린 저작 편역국 편역, 〈마르크스 엥겔스 전집(제46권)〉, 인민출판사 2003년, 926쪽.

9 중공 중앙 마르크스 엥겔스 레닌 스탈린 저작 편역국 편역, 〈마르크스 엥겔스 전집(제46권)〉, 인민출판사 2003년, 927쪽.

시 말해, 마르크스에게 있어서 인간을 "사회화된 인간"으로 만들고 인간의 자유를 실현시키기 위해서는 노동을 통하는 것이 아니라 기타 인간 활동을 통해야 한다고 주장한다. 노동 생산의 발전은 기본적인 조건 중의 하나이다. 마르크스의 "자본론"에 따르면, 생산 노동은 인간 역사상 현재까지 사람들이 참여할 수밖에 없는 활동이며 "모든 사회 형태에서, 모든 가능한 생산 방식 중에서", "이 분야는 항상 필연적인 왕국이다"[10]. 즉, 노동은 인간이 자연의 필연성에서 벗어나 더 높은 삶의 목표를 달성하기 위해 수단적으로 수행되는 활동이고 목적 자체가 아니다.

생산 노동이 달성하려는 지식은 실제로 이미 자연의 필연성에 의해 규정되어 있으며 인간의 가치 선택 및 구축과는 무관하다. 반면, 공공 교류의 실천은 전혀 다르다. 이것은 주체의 구축 활동이다. 본질적으로 공공 교류의 실천은 생활의 의미를 추구하며 사실 이상과 가치 이상을 추구한다. 인간의 자유와 사회적인 정당한 가치의 실현은 생산 노동 이외의 영역에서만 가능하며, 즉 공공 교류 활동의 영역에서만 가능한다. 이러한 영역은 인간들이 윤리적 요구에 따라 가치를 구축하는 생활의 영역이다.

아리스토텔레스는 "생산 노동"과 "정치적 실천"이라는 두 가지 다른 형태의 인간 활동을 구분하였다. 이러한 구분은 "생산 노동"과 "공공 교류"를 구분한 가장 초기의 구분으로 알려져 있다. 그는 필연성과 노동의 영역에서 사람들이 동물처럼 살 수밖에 없다고 보았지만 사회적인 동물로서 사람들은 동행자를 만들고 상호 작용할 능력이 있으며 이러한 상호 작용은 "말하기"(즉, 언어 교류)를 통해 이루어진다. 자유 시민들은 정치 활동을 통해 생활을 부활시킨다. "말하기"는 필연적으로 단순

---

10 중공 중앙 마르크스 엥겔스 레닌 스탈린 저작 편역국 편역, 〈마르크스 엥겔스 전집(제46권)〉, 인민출판사 2003년, 926~927쪽.

한 활동이 아니며, 폭력과 압박이 아닌 서로 인정하는 평등한 위치에서 대화를 통해 이루어진다. 생산 노동은 사적인 활동이며 가정의 은밀하고 어두운 곳에서만 수행될 수 있다. 반면 "말하기"는 공개적으로 이루어져야 하며 공공 활동 영역에 속하며 잠재적으로는 자유 영역이다. 아리스토텔레스의 이러한 주체 분리를 기반으로 한 영역 분리 이론은 확실히 큰 한계가 있지만 그의 이러한 생각은 하버마스Habermas 등의 현대 사상가들을 영감을 주어서 생산 노동을 벗어난 영역, 공공 교류의 영역에서만 인간의 자유와 보편적 윤리를 실현할 수 있으며 차이의 요구 사항을 연결하는 데에만 합리적으로 사회 조화를 달성할 수 있다는 것을 인식하게 하였다.

현실의 시장 사회에서 상품 교환 활동은 단도적으로 진행되지 않으며 이는 인간의 다양한 사회 교류 활동 중 하나로 여러 사회 교류 활동과 연결되므로 그 자체로 순수한 경제 행위가 아니다. 마찬가지로, 교환 활동을 수행하는 주체도 순전히 교환 주체가 아닌, 인간 사회 관계의 복잡한 맥락에 존재하며 따라서 그 자체로 사회 인간이다.

만약 시장 교환 활동과 인간의 기타 활동 사이의 연결이 끊어진다면 윤리적 생활과의 연결 또한 끊어진다. 한 영역이나 한 종류의 관계가 전체 사회에서 고립되거나 추상적으로 만들어지면 그것은 더 이상 사회적인 영역이나 사회적인 관계가 아니며 "사회적인" 특성을 상실한다. 고립된 존재의 시장 교환 체계는 단지 스미스식 초월적인 상상에 불과한다. 현대 공동체주의자 테일러은 이러한 편견적 방법 생산의 원인을 매우 명확하게 분석했으며 그는 이렇게 말하였다:

> 로크 학파의 주요 특징으로 사회를 정치와 별개의 개체로 보는 풍부한 시각을 강력히 주장한다는 것. 이러한 주장에서 한 측면은 항상 "시민 사회"의 성질에 관한 논의와 함께한다. 이는 사회를 "경제체"로 묘사하

는 것으로, 즉 사회를 상호 연관된 생산 행위, 교환 행위 및 소비 행위의 총합으로 여기며 내재적 동력과 자율성 규칙을 가지고 있다. 이러한 현상은 18세기 중농주의자들의 저술에 집중적으로 나타나며 더 구체적으로는 아담 스미스의 작품에서 나타난다.[11]

사실상 시장 교환 활동에서 시장 각 개인이 다른 사람으로부터 자신이 필요로 하는 만족을 얻을 수밖에 없다면 그는 자기 마음대로 행동할 수 없고 반드시 다른 사람의 의견을 고려하고 듣고, 자신의 생각과 가치관을 타인에게 전달해야 한다. 이것은 정신적 교류의 필요성을 형성하며 사람들 간의 사회적 연결이 단순히 생산과 교환 그 자체를 벗어나 아리스토텔레스가 말하는 "공공 의견이 존재하는 곳"으로 들어간다. 즉, 필요의 물질적 한계를 넘어 정신적 교류의 영역에 진입한다는 것이다. 이러한 공공 의견과 정신적 교류의 영역은 하버마스가 말하는 공공 토론의 영역이다.

우리가 마르크스의 노동생산 이론의 시각을 기반으로 하고 이 시각의 연장선에서 시장 사회의 사회 구조 변화를 탐구할 때 이질성 있는 사회의 사회 조화는 노동 생산 영역을 초월한 공공 교류에서 나타난다. 현대 시장 사회에서는 생산과 교환을 기반으로 한 경제 분야가 전체 사회 생활에서 점차 독립되어 구조적인 시장 교환 체계로 발전하면서 생산과 무관한 사회 분야로 분리되었다. 이 분야에서의 활동은 직접적인 목표인 생산 노동과 시장 교환을 초월하여 인간 공동 생활의 윤리 목표, 인간의 생존 가치 및 의미에 초점을 맞추며, 시장 사회의 생산 방식과 일치하는 공공 정신과 사회 윤리를 창조한다.

---

11 [캐나다] 찰스 테일러, 〈시민사회의 모식〉, 덩정래, [영국] 알렉산더 편, 〈국가와 시민사회: 사회 이론 연구의 한 경로〉, 중앙번역출판사 1999년, 17~18쪽 참조.

마르크스의 정의 이론은 정의 원칙을 역사적 원칙으로 간주한다. 그의 이상적인 미래 사회에 대한 정의 원칙은 분명히 아름답고 인간성에 부합된다. 그러나 현재의 사회 역사적 조건 아래에서 "권리 원칙"이 작용하도록 하는 사회 조건은 아직도 존재하며 "필요 원칙"과 일치하는 사회적 물질 조건의 축적에는 상당한 역사 과정이 필요하다. 이러한 상황에서 시장 경제의 역할을 충분히 발휘하여 시민 사회를 발전시키고 개인의 합법적 권리를 보호함으로써 전체 사회 사업의 과정에서 점차적으로 더 높은 수준의 정의 이상을 실현하는 것은 분명히 마르크스의 사상과 합리적인 선택이다.

제2절

이질적 사회의 사회 조화 문제

자연 경제를 기반으로 하는 전통 사회와 비교하면 상품 교환이 기반인 시장 사회는 특정 이익을 추구하는 개인을 긍정적으로 인정하는 것을 전제로 한다. 마르크스는 이 유형의 사회에서 사람들이 "단순히 개인 이익과 무의식적인 자연적 필연성이라는 연결고리로 다른 사람들과 관계를 맺는 독립적인 인간[12]"이라고 말하였다. 이는 이 사회가 사람들 간 이익의 동일성이 아니라 사람들 간 이익의 다양성을 사회 유대의 연결고리로 삼는 것이다. 사람들 간 부동한 필요와 이러한 필요들의 상호 충족이 상품 교환을 수행하도록 하며 이를 토대로 "상호 필요"의 사회 연합체를 형성할 수 있게 만든다. 그럼 개인의 욕망과 인간의 도덕 의무 사이에서 이러한 사회 연합체 내에서 "독립적인 개인" 간에는 이익 관계를 넘어 사회적 조화를 달성할 수 있는 근거와 메커니즘이 여전히

---

12 중공 중앙 마르크스 엥겔스 레닌 스탈린 저작 편역국 편역, 〈마르크스 엥겔스 전집(제2권)〉, 인민출판사 1957년, 145쪽.

존재하는가? 가능하다면 어떻게 달성하는가? 이러한 문제들은 아담 스미스, 헤겔 및 마르크스가 이전부터 관심을 가졌던 문제이고 현대 사회 철학과 정치 철학 논쟁의 중심 주제이다.

1. 이질적 사회에서의 사회단결 문제

현대 시장 사회 전체를 큰 체계로 간주한다면 상품 생산 및 교환 체제는 이 체계의 경제 하위 체계이며 전체 시장 사회는 이 경제 하위 체계를 기반으로 구축된다. 헤겔은 생산 및 교환 체제를 "필요의 체제"라고 부르며 이 체제에서 독립적인 개인이 추구하는 개인적인 필요를 "특별한" 및 "임의적"이라고 주장한다[13]. 이것은 각 개인이 자신의 특별한 필요에만 관심을 두며 자신의 고유한 방식으로 그 필요를 충족시키려고 한다는 것을 의미한다. 그렇다면 이러한 개별적인 특별한 이익 활동이 어떻게 유기적인 연결을 이루어 자신의 특별한 필요를 충족시키는 방식으로 이루어지는가? 헤겔의 관점에서 묻는다면 그들이 "일반적인 의지의 구현"에 어떻게 도달하는가? 그는 이 이론이 현대 사회를 현대 사회로 만드는 기초이며 현대 사회에서 발생한 과학, 정치 경제학의 최대 업적을 드러낸다고 주장한다. 그는:

> 정치경제학은 상기에서 언급한 필요와 노동의 관점에서 시작하여 집단 간 관계 및 집단 운동의 특성과 양적 규정성 및 그들의 복잡성을 설명하기 위한 과학이다. 이것은 현대 세계를 기반으로 한 몇 가지 학문 중 하나이다. 그 발전은 매우 흥미롭게, 사상(스미스, 세이, 리카드)가 최초에

13 [독일] 헤겔, 〈법철학 원리〉, 판양, 장기타이 역, 상무인서관 1961년, 204쪽.

그 앞에 놓인 무수한 개별 사실들에서 사물의 간단한 원리 즉 사물에서 작용하고 조절하는 이성을 찾아내는 방식을 볼 수 있다.[14]

헤겔이 말한 "사물을 조절하는 이성"은 아담 스미스의 "보이지 않는 손"과 그 자신이 말한 "필요의 체계"를 의미하며 바로 일반적으로 우리가 이해하는 "상품 생산 및 교환 체계"이다. 이 체계는 각각 특별하고 상이한 개인의 필요를 상호 충족시키게 함으로써 "任性의 개인"을 하나의 전체 사회로 연결시키는 것이다.

그럼 필요의 체계가 특별하고 독립적인 개인을 어떻게 하나의 완전한 사회 체계로 연결시키는가? 헤겔의 표현은 매우 고전적이다. 그는 나는 "다른 사람과 맞춰서 함께 행동해야 하며 보편적인 형태가 여기에서 나오는 것이다. 나는 다른 사람으로부터 만족의 수단을 얻고 그런 다른 사람들의 의견을 받아들여야 하며 동시에 다른 사람들의 만족을 위한 수단을 생산해야 한다. 그러므로 상호 협력하고 상호 연결함으로써 모든 개별적인 것들이 사회가 되는 것이다."[15] 이것은 시장 사회에서 개별 개인의 의지가 얼마나 강력하더라도 그 개인의 의지가 단독으로 실현될 수 없고 다른 사람과 "함께 행동"할 수 있을 때에만 보편적인 형태로 상승하고 사회적인 것이라고 할 수 있다는 것을 의미한다. 개별의 의지는 다른 사람들에게 노동을 제공하고 다른 사람들의 필요를 충족시키는 것을 통해서만 일반성과 사회성을 달성할 수 있다. 따라서 "상호적인 필요"가 "독립적인 개인"을 연결하는 접착제가 된다[16]. 마르크스도 자신의 방식으로 이를 인정하였다.

---

14 [독일] 헤겔, 〈법철학 원리〉, 판양, 장기타이 역, 상무인서관 1961년, 204쪽.

15 [독일] 헤겔, 〈법철학 원리〉, 판양, 장기타이 역, 상무인서관 1961년, 207쪽.

16 이 문제에 대한 헤겔의 더 자세한 관점은 필자의 논문 〈헤겔 시민 사회 이론 평석〉 참조, 〈철학 연구〉 2003년 제12호.

> 시민 사회의 구성원은 본질적으로 원자가 아니다 ... 한 사람의 필요가 다른 이기주의자에게는 그 필요를 충족시키는 자료가 없다면 명백한 의미가 없으며 즉, 이러한 필요를 충족시키는 것과 어떤 직접적인 연관성도 없기 때문이다. 따라서 각 개인은 이러한 연결을 구축해야 하며 서로가 다른 사람의 필요와 이 필요의 대상이 되는 연결체가 되는 것이다. 이로써, 자연적인 필연성, 인간의 본성 (그것이 어떤 이화 형태로 나타나든간) 및 이익이 시민 사회의 구성원들을 서로 연결시키는 것이다.[17]

상품 생산과 시장 교환을 기반으로 한 사회적 연합은 전통적인 사회와 다른 종류의 사회적 연합 방식이다. 이러한 연합에서는 개별 개체 간의 분리가 주요한 경향이다. 상품 생산 및 시장 교환 관계에서 사람들 간에는 자연스러운 연합 경향이 없으며 상호적인 결합을 달성하기 위해서는 특별한 필요를 상호적으로 충족시켜야 하는 것이다. 이러한 결합은 사람들 간의 자연적 감정적 동일성을 전제로 하지 않고 물건 소유를 전제로 한다. 이러한 결합에서는 각 개인은 타인으로부터 최대한 많은 것을 얻으려고 노력하지만 타인으로부터 최대한 많은 것을 얻으려면 타인에게 최대한 많은 것을 제공해야 한다. 교환 중에 한 사람이 타인에게 제공하는 것은 타인이 부족한 것이어야 하며, 타인의 특별성이 없는 것이어야 한다. 따라서 개인은 자신의 제품을 타인의 제품과 구별하려고 노력해야 하며 이것이 타인에게 인정받을 수 있는 방법이다. 이것이 바로 물건 소유 관계의 내재적 본질이다. 이것은 내재적으로 사람과 사람 사이의 분리와 대립을 요구한다. 그러나 인간과 인간의 차이와 심지어 대립된 차이에서 전체 사회가 유기적인 하나의 통합체로

---

17 중국공산당 중앙 마르크스-엥겔스-레닌-스탈린 저작 편역국 편역: "마르크스-엥겔스 전집 (제2권)", 인민 출판사 1957년, 153~154쪽.

결합하게 된다는 것이다.

물건 소유 관계에서 사람의 모든 목적은 물건 소유로 단순화되며, 사람과 사람 간의 관계는 물건에 대한 의존 관계로 단순화된다. 이러한 소유 관계가 충분히 발전하면 물건 소유의 욕구는 때로는 추상적인 물건 소유의 욕구로, 의존 관계도 추상적인 물건에 대한 의존 관계로 단순화된다. 이렇게 되면 추상적인 물건인 돈이 사회적 생활의 지배자로, 사회적 생활에서 사람의 신에까지 오르게 된다. 마르크스는 "돈은 모든 사물의 보편적 가치이며 독립적인 것이다. 그래서 그것은 전세계 - 인간 세계와 자연 세계의 가치를 빼앗아 갔다[18]"고 말하였다. 추상적인 물건인 돈이 사람들의 의존 대상이 되면 개인의 물건 획득 목적은 물건의 가치가 아니라 "이익" 자체가 된다. 이 과정은 상품 교환 관계의 일반화 과정이며 상품 교환 관계가 전체 생활 세계를 점점 침식시키는 과정이다. 이것은 "윤리적으로 퇴화된 현상[19]"을 야기하며 개인 간의 보편적 분리와 대립을 유발하며 그들이 상호적으로 필요로 하는 연결을 통해 보편적 결합을 만든다.

상품 교환 관계의 일반화는 독립적인 개인들이 전통적인 사회적 관계의 제약에서 벗어나 계약 관계를 기반으로 한 사회적 연결에 진입하게 만든다. 이러한 연결에서 개인과 개인 간에는 동일성은 부족하지만 이러한 결합이 약하다 또는 비효율적이라는 의미는 아니다. 개별적인 경우에는 이러한 결합은 우연적이고 약할 수 있으며 결합의 발생은 결합자의 선택 의지에 지배를 받는다. 어떤 개인이든 특정한 결합을 선택하지 않을 수 있으며 자신의 변덕에 따라 선택할 수 있다. 그러나 전체 사회에 대한 이러한 다양성과 분리를 전제로 한 사회적 결합은 실제

18 중공 중앙 마르크스 엥겔스 레닌 스탈린 저작 편역국 편역, 〈마르크스 엥겔스 전집(제1권)〉, 인민출판사 1956년, 448쪽.

19 [독일] 헤겔, 〈법철학 원리〉, 판양, 장기타이 역, 상무인서관 1961년, 199쪽.

로 매우 견고하고 보편적으로 필연적이다. 어떤 개인이든 타인과 연결하지 않을 수 없기 때문이다. 이러한 사회적 연결에서 개인의 특수성은 일반성의 가장 견고한 기초를 제공한다. 개인의 특수성은 각 개인을 특수한 개인으로 만들어 다른 모든 개인의 가능한 대상이 되며 모든 개인이 다른 일부 개인의 가능한 대상이 되는 경우에만 전체 사회가 각기 개인의 사회가 된다. 전통적 공동체에서는 개인이 선택할 필요가 없고 사회적 연결이 결정적이며 이러한 결정적인 연결의 일반성은 그들을 특정 공동체 내에 제한한다. 그러므로 그들은 결정적인 사회적 연결에 의존한다. 이러한 결정적인 사회적 연결 자체가 사회적 조화를 유지하는 사회 윤리이다. 마르크스의 말처럼 "전통 사회의 사람들은 동질성이며, 그들의 이익의 동일성은 그들 사이에 공동 관계를 형성하거나 국가적 연결을 형성하지 않는다"고 말하였다.[20] 이와 대조적으로, 시장 교환 관계의 사람들은 이질성이며 따라서 그들의 사회적 연결은 불확실하며 그러한 불확실성이 그들의 연결을 전체 사회에 확장시키고 전체 사회를 하나로 만드는 상품 생산과 교환의 사회적 관계망을 형성하게 만든다. 이러한 관계망은 사회 관계의 전부는 아니지만 모든 사회 관계의 기반이 된다.

2. 보편화된 교환관계와 사회윤리 간의 위화감

시장 사회에서의 일반화된 교환 관계는 전통적인 사회의 윤리 정신이 점차 사라지게 만든다. 역사적 관점에서 이것은 인간 교류 관계의

20 중공 중앙 마르크스 엥겔스 레닌 스탈린 저작 편역국 편역, 〈마르크스 엥겔스 선집(제1권)〉, 인민출판사 1995년, 677쪽.

한 종류의 진보이자 인간 윤리 관계의 한 종류의 이화이다. 이것을 진보로 설명하는 것은 현대 사회 관계를 정치적 평등의 기반으로 하는 개인의 자유로운 교류 관계로 끌어올림으로써 개인을 사회 교류의 독립적 주체로 만든다는 점이 이유이다. 그러나 이것을 이화로 설명하는 것은 교류 관계를 교환 관계로 규정하고 단순화하여 윤리적 목표를 버리며 자유 교류 관계를 일면화된 자유 교류 관계로 만든다는 점이 이유이다. 이러한 일면화된 관계에서 한편으로는 개인은 큰 자유를 얻으며. 다른 한편으로는 그는 집이 없고, 그의 존재의 의미는 허무하다. 일반화된 교환 관계에 놓인 개인에게는 자유가 그의 "전제"이지만, 그는 엄청나게 강력한 필연성의 제약을 받으며 자유를 피하려는 욕망이 오히려 그의 내면에서 큰 열망이 된다. 상품 교환 체계에 놓인 사람에게는 특정한 윤리적 지침이 없지만 생존의 윤리적 의미를 찾는 것이 그의 가장 큰 소망이다.

18세기 중반 이후, 거의 모든 중요한 사상가들이 상호 간 교환 관계의 일반화와 이상적인 윤리적 관심 간에 큰 긴장과 충돌이 있다는 것을 인식하였다. 다른 사람에 대한 이기적인 필요를 충족시키려는 교환 관계의 욕구를 넘어서지 않으면 개인 간의 진정한 독립적 교류를 달성할 수 없다는 것이다. 물론 핵심 문제는 어떻게 극복할 것인가에 있다. 헤겔이나 헤겔식 초월은 마르크스 이전의 대표적인 방안 중 하나로, 국가를 "개선한 윤리 정신을 대표하는 실체"로 보고 시민 사회 위에 두어 국가의 원칙으로 시민 사회를 통합하여 특별한 요구를 해소하고 보편적 윤리를 실현한다. 헤겔은 국가를 가장 높은 목표로 여겨 국가를 더 이상 개인이 개인 이익을 추구하는 도구가 아니라 개인 이익을 극복하는 목적으로 만드는 것이다. 이것이 그의 이론이 자유주의 이론 전통과 구별되는 지점이다. 헤겔이 근대 이후의 주류 사회 구성 개념에 반대하고 일반적인 윤리를 주장하는 이유는 이질적 사회에서 일반적인 윤리를 내재적 근거로 하는 사회 조화를 달성하고자 하는 것이다.

근대 이전의 사회 정치 이론은 윤리와 도덕이 초월적인 근거를 가지고 있다고 여겼으며 플라톤에서 토마스아퀴나스까지 어떤 형태의 "절대적인 선善"이 인간이 인간으로서의 궁극적인 근거이며 인간 사회가 인간 사회로서의 궁극적인 이유임을 의미한다고 인식하였다. 초월적인 善은 의심의 여지없이 가장 보편적인 것 중 하나이며 인간은 본성적으로 이러한 일반성에 의해 결정되었으며 이러한 일반성은 그들의 삶의 목적이자 그들의 사회 연합의 근거이다. 그러나 근대 이후의 사회 정치 이론은 이러한 기초를 파괴하는 "세속화祛魅" 과정을 통해 이것을 포기하였다. 주류 사상 체계로서, 자유주의는 개인을 중심으로 하는 사회 정치 이론을 구축하여 개인이 연합하고 사회의 선망 근거가 되는 것을 상실하게 만들었다. 개인들은 고립된 원자로서 개인 이익을 추구하고 개인 욕구를 충족시키는 활동에 빠져들게 되었다. 그들은 상호적으로 필요를 충족시키는 것을 통해서만 서로 연합할 수 있으며 공통의 도덕적 목표를 위한 사회 협력은 불가능한 것이다. 원칙적으로 이러한 사회 개념이 구축한 사회 상황에서 도덕적 공통성은 의미가 없으며 무엇이든 인간들 간의 일치를 보장할 수 없다.

이러한 사회 관념의 결여는 이해관계의 작용으로 사회가 형성되었다만 도덕의 유지가 없으면 사회가 존재할 수 없다는 것이다. 인간 도덕의 공공적 추구와 개인 이익의 특수 추구 사이에는 항상 큰 긴장이 존재하며 이 긴장은 인간 사회 전반에 걸쳐 있다. 이 긴장은 인간 사회에 공통적으로 존재하며 시장 사회와 전통 사회 간의 차이는 상품 교환 관계의 일반화로 인해 이 긴장 관계가 더욱 두드러지게 나타난다는 것이다. 이러한 이유로 이것은 현대의 중요한 문제로 부상하였다. 현대 사회에서 이러한 긴장 관계를 극복하기 위해 아담 스미스와 같은 자유주의자들은 충돌을 특수성에서 해결하려고 노력하였다. 이것은 분명한 해결책이지만 편향된 해결책이다. 헤겔은 이러한 긴장 관계를 인식하고 아담 스미스 등의 이론의 결점을 보았으며 그는 이러한 문제에 대한 자신의 철학적 기본 개념을 구축하였다. 그러나 헤겔은 도덕의 일반성을 극복하려고 했으며, 이것은 실제로 양면 중 하나의 극으로 이러한 긴장 관계를 소멸시키려는 노력이며 따라서 개인 도덕적 자주성을 대체하려고 한다. 일관성 대신 동등성, 국가가 시민 사회를 통합한다는 것이다. 이러한 사회 통합 원칙이 요구하는 일반성은 개인 특수성을 없애는 방식으로 실현되며 특수성을 부정함으로써 일반성을 달성하며 개인의 특별한 요구를 부정함으로써 일반 사회 가치를 달성한다. 현대 사회에서는 이것이 분명히 통하지 않는데 이는 시장 사회에서 실존하는 교류 관계와 충돌한다. 특수성을 부정함으로써 일반성을 달성할 수 없기 때문에 합리적인 논리적 결론은 특수성을 긍정함으로써 일반성을 달성하는 것이어야 한다. 즉, 개인의 특별한 이익과 특별한 가치 요구를 긍정적으로 받아들임으로써 인간의 일반적 이익과 일반적 가치를 달성하는 것이다. 그러나 이러한 일반성 달성 방식은 아담 스미스 등이 "보이지 않는 손"을 통해 자동으로 달성되는 일반적 윤리에 의한 것과 다르다. 앞서 설명한 것처럼 현대의 시장 체제는 개인의 이기적인 추구를 제도화하는 체제이며, 이 체제 내에서는 일반적 윤리를 실현하기가 불가능하다는 것이다.

그러나 상품 생산과 시장 교환 활동은 고립되게 진행되는 것이 아니며 반드시 다른 인간 사회 분야와 교류 활동과 관련이 있어야 한다. 이 분야에서 찾기 어려운 도덕적 공통성은 사회 생활의 다른 분야에서 나타날 것이며 순수한 시장 교환 관계에서 달성할 수 없는 일반적 윤리는 다른 사회 교류를 통해 달성될 수 있을 것이다. 즉, 상품 생산과 시장 교환을 기반으로 하는 시장 사회는 일반적 윤리와 호환이 어려운 것이 아니며 시장 사회는 특수 이익의 독점적인 영역이 아니다. 우리가 시장 사회를 단순히 "경제체"로 이해하는 것이 아니라 경제 교류를 넘어 다른 사회 교류를 포함하는 "사회체"로 이해한다면 우리는 아담 스미스의 마법에서 해방될 수 있을 것이다.

제3절

당대 중국의 공평 정의 문제 및 그 해결방안

중국의 사회적 공정과 정의 문제는 사회주의 시장 경제 조건 하에서 발생한 공정과 정의 문제이며 또한 중국이 예전의 계획 경제 체제에서 시장 경제 체제로 전환하는 과정에서 발생한 문제이다. 경제 분야에서 나타나는 문제로, 두 가지 측면에서 나타난다. 첫째, 사회적 분배의 불평등; 둘째, 국유 자산의 불법 유출. 이러한 문제들은 단순히 경제 문제가 아니라 종합적인 사회 정치적 문제이다. 본 내용에서는 이러한 문제가 발생한 원인을 설명하고 문제를 해결하기 위한 해결책을 제시하려고 노력할 것이다. 우리는 첫 번째 문제가 시장의 자발 조절 체계와 국가의 개입 체계 간의 조화 부족에서 기인하고, 두 번째 문제는 현대 중국 사회 전환기 특유의 모순에서 기인하고자 한다.

1. 중국의 사회 전환과 공평 정의 문제

현재 중국의 경제 생활에서의 불공정한 분배 현상과 이로 인한 공정과 정의 문제는 이미 사람들의 큰 관심을 끌고 있다. 우리는 여기에서 마르크스의 정치 철학을 기반으로 하여 현대 중국의 사회 전환 과정에서 국가와 시민 사회 간의 관계 변화를 분석하고 이를 기반으로 공정과 정의 문제가 발생하는 사회적 기반, 역사적 원인 및 해결책을 분석할 것이다.

상기에 논의된 대로, 현대 사회에서 공정과 정의 문제는 전통적 윤리학의 영역에서 인간성과 양심을 기반으로 하는 것을 넘어서 시장의 자발적 조절과 국가의 외부 개입 간의 모순과 관련된 정치 철학적 문제로 전환되었다.

현재 중국의 분배 영역에서 나타나는 공정과 정의 문제는 시장의 자체 조절 기구와 국가의 시장에 대한 외부 개입 기구 간의 조화의 불균형에서 기인한다. 이 문제의 특별한 점은 전환 중인 중국 사회에 있어서 시장 조절 기구의 확대와 국가 조절 기구의 재조정으로 인해 국가와 사회 간의 기존 관계가 급격하게 구조적으로 변화하면서 사회 공정과 정의 문제가 단기간 내에 급속히 부각되어 일시적인 상태로 나타난다는 점이다. 일반적으로 사회 전환 기간에는 국가와 사회 간 관계의 변화가 종종 급격한 구조적 불일치를 일으키며 이는 단기간 내에 사회 자원의 분배 방식을 변화시키고 이로 인해 기존의 사회 계층과 이해관계 구조, 공정과 정의 이념을 빠르게 변경하여 현실과 이념의 이중 충격을 피할 수 없게 만든다.

시장화 개혁전의 중국 사회는 "이상적인 정의 원칙에 지배된 사회"로 볼 수 있다. 이상적인 정의 원칙에 지배되는 사회는 이상적인 정의 원칙이 현실 생활을 규정하고 제도를 설계하여 제도가 이상적인 가치를 실제로 반영하도록 하는 사회이다. 즉, 이상적인 정의 원칙을 직접 현실화하고 이상적인 정의 원칙을 기준으로 현실을 평가하고 규제하는 것을 의미한다. 동시에 현실의 것을 이상적이지 않다고 평가하는 것을 의미한다. 이념적 측면에서 중국의 이전 계획경제 체제는 특정 이상적인 정의 원칙을 준수하였다. 이러한 조건에서 사유재산이 완전히 폐지된 사회에서는 개인 이익과 공공 이익 사이, 그리고 다른 개인 이익 사이에 모순이 존재하지 않았다. 따라서 이들 간의 모순을 해결하고 조절하기 위한 국가의 개입이 필요하지 않았다. 모든 이상적인 정의 원칙에 지배되는 사회와 마찬가지로, 이상주의적 설계는 국가가 정의 원칙에 따라 개인 이익과 공공 이익 사이, 그리고 서로 다른 개인 이익 사이를 조정할 필요성을 배제한다. 국가가 해야 하는 일은 교육을 통해 사람들이 자신의 개인 이익이 공공 이익이라는 것을 깨닫고 자발적으로 공공 일에 봉사하는 것에 불과하다.

비록 역사에서 이러한 이상적인 정의 원칙이 현재의 조건에서 구현되지 못한다는 것을 입증하였지만 이상적인 가치에 대한 열망은 항상 인간의 추구를 벗어나지 않았다.

1949년에 중화인민공화국이 세워진 이후, 중국의 다양한 사회적 조건과 이 이상적인 공산주의의 정의 원칙을 실행하는 것 사이에는 분명한 격차가 있다. 이상적인 정의 원칙을 실행하면서 격차가 존재하는 경우, 현실을 미래의 이상적 사회로 향하는 "과도기"로 설정해야 한다. 이러한 과도기에 해당하는 것은 이상적인 정의 원칙의 실현을 축소시키는 것이다. 그러나 이상적인 정의 원칙에 따르면 과도기에서는 여전히 국가가 공정한 정의 원칙에 따라 사회 생활을 조절해야 하지만 목표는 조절의 필요성을 최종적으로 없애는 것이다. 다시 말해, 비록 개인 이익을 완전히 배제할 수 없고 일시적으로만 허용될 수 있지만 기본적으로 사유재산을 제거한 사회에서 국가의 정치 책임은 점차 사람들 간의 차이를 없애고 사람들의 개인 욕구를 제거하여 국가의 조절이 필요 없는 상황에서 이상적인 정의와 공정을 달성하는 것이다. 이러한 조건에서 이상주의 원칙에 따르는 정의 원칙은 첫째, 개인 이익을 공공 이익에 따르도록 최대한 제거하다. 둘째, 사회적 평등을 달성하기 위해 가능한 한 사람들 간의 차이를 제거하다.

이상적인 정의 원칙을 비교적 낙후한 생산력과 문화 교육 수준에서 실현하기 위해 국가가 사회 생활에 대한 강제 통합 역할을 충분히 발휘해야 한다. 따라서 중화인민공화국이 세워진 이후, 중국은 계획 경제를 기반으로 한 사회 개발 전략을 추진하고 농촌의 "공사 회원제"와 도시의 "단위 관리 체제"와 같은 일련의 제도적 체계가 구축되었다. 이러한 체계를 통해 동일한 단위 내에서 자연적인 차이가 형식적으로 완화되어 낮은 수준의 평등이 유지되었다. 이러한 제도 체계에서 사람들은 농부, 노동자, 관리자 등 다양한 정치 신분으로 구분되었지만 이러한 정치 신분의 차이는 "업무 필요"과 "업무 분담의 차이"만 있으며, 이에 따른 분배 차이는 합리적으로 설명할 수 있다. 가장 중요한 것은 전체 사회 구조에서 "자본 요소"를 소유하고 이로 인해 이익을 얻는 계급이 존재하지 않았기 때문에 자본 축적이 불가능하며 소득 분배의 차이도 과도하지 않았으며 평등 주의적인 공평 정의 이상이 전반적으로 파괴되지 않았다. 이 제도 모형에서 사람들의 공평 정의 경험은 주로 경제 분야가 아니라 정치 분야에 집중되었다. 이는 제도에서는 자본 또는 소득 차이를 기반으로 한 경제 계급이 아닌 정치적 계층을 기반으로 한 정치적 계층만 존재하기 때문이다.

어떠한 측면에서든, 중국의 개혁 및 개방 이후의 시장 개혁을 분석하고 평가 시 부인할 수 없는 사실: 경제 수입이 점점 확대되고 안정된 경제 계층이 기초를 다졌다는 것이다. 이는 신분을 기반으로 한 정치 계층이 서서히 약화되고 이익 차이를 기반으로 한 경제 계층이 형성되는 과정이다. 이 과정에서 국가 권력이 사회로 양도되면서 시민 사회도 서서히 모습을 드러내고 있다. 시민 사회의 등장은 중국 사회가 새로운 단계로 전환되고 있음을 의미하며 동시에 사회 공정과 정의 문제가 다른 방식으로 나타날 것임을 의미한다.

2. 두 가지 공평 정의 문제 및 그 원인

현재 중국 사회에서의 공평 정의 문제는 여러 측면에서 나타나지만 전형적인 두 가지 문제 로 사회 분배의 부정과 국유 재산의 불법 유출이 가장 돋보이고 전형적이다. 이 두 가지 문제는 서로 밀접하게 관련되어 있지만 각각의 특성이 있으며 전자의 문제는 모든 시장 경제 사회에 공통적으로 나타나는 문제이며 후자의 문제는 시장화 전환 사회에 특유한 것이다. 현재 중국의 공정과 정의 문제를 사회의 시장화 전환 과정에 놓고 중국식 전환과 소련식 전환을 비교하면 다음 두 가지 측면에서 서로 얽혀 있어 매우 복잡한 문제를 구성하고 있음을 더욱 명확하게 볼 수 있다.

한 편으로, 자본 집중이 현대 규모의 대규모 생산에 필연적인 요구임을 인식해야 한다. 어떤 시장 경제 전환 사회도 자본의 원시적 누적 과정을 거치지 않을 수 없으며 따라서 사회 전환 기간 동안 자본의 원시 누적으로 인한 사회 공정과 정의 문제를 완전히 피하는 것은 어려운 일이다. 이것은 자본의 논리로, 어떤 사회가 시장을 기반으로 하고 자본을 움직이는 경제 제도로 전환한다면 이러한 논리가 반드시 발생할 것이다. 어떤 의미에서 말하자면, 현대 전환 중인 사회에게 이러한 논리가 기본적으로 완료된 후에야 그에 의해 유발된 사회적 문제가 어느 정도 완화될 수 있으며 사회는 안정된 기반 위에서 발전하고 공정과 정의 문제는 상당히 해결될 수 있을 것이다. 역사적으로 보면, 초기의 자본주의 시장 경제 국가는 이러한 자본의 원시 누적을 무자비하게 진행하여 극심한 불평등과 비정의를 동반하였다. 초기 시장 경제 사회와 비교하면 현대 후발 시장 경제 국가는 이 문제에 대해 더 큰 압력을 받고 있으며 이는 대형 자본을 기반으로 한 경제 체계를 가능한 빨리 구축하느냐 아니면 생존을 진지하게 고려하느냐에 관련된 문제이다. 대형 자본을 기반으로 한 경제체는 강제적인 외부 조건이 된다. 현대적으로 급격한 자본 축적을 장려하고 효율성과 발전을 명분으로 주장하여 사회 공정과 정의를 희생하는 후발 국가들이 많이 나타나는 것은 이러한 이유 중 하나이다. 현대적으로 글로벌한 국제 경제 질서 아래에서 자본의 경쟁은 점점 대형 자본 간에 진행되는 경향이 있으며 닫혀 있는 보호주의적 정책을 채택하지 않는 한 분산, 후퇴 및 소규모 기업은 수백 년간 역사를 가진 대형 자본과 효과적인 경쟁을 할 수 없게 된다. 이것은 많은 후발 국가들이 효율성과 발전을 명분으로 하여 빠른 자본 축적을 장려함으로써 사회 이익의 분배 격차가 단기간에 급격하게 커지게 하는 이유 중 하나이다. 이것은 러시아와 같은 사회주의 국가들이 급속한 민영화 전략을 채택하고 금융 기업의 불법 자본 축적을 용인하기로 결정한 주요한 이유 중 하나이기도 하다.

다른 한편에서, 시장 사회로의 평등주의 사회 유형으로의 전환에서 발생할 수 있는 큰 위험을 분명히 인식해야 한다. 이러한 전환은 시장 체계에 의한 이익 격차를 급격하게 증대시킬 수 있으며 이로 인해 심각하고 지속적인 사회 위기를 유발할 수 있다. 중국의 점진적 개혁과 비교할 때, 소련 등 국가들이 채택한 전환 전략은 확실히 실패한 것이다. 이러한 전환은 소수의 사람들이 국유재산을 불법 압수하는 기회를 제공하는 과정으로 시장 체계와 민간 자본의 점진적 발전이 기반을 이루지 않은 이유이다. 그 결과로 나타나는 사회 불공정과 비정의는 전환

과정에서 특징적인 것이다. 중국의 온화한 점진적 개혁은 전반적으로 소련식 전환의 위험을 피할 수 있게 되었으며 이는 일종의 적응 기간을 제공함으로써 개혁 과정에서 피할 수 없는 몇 가지 갈등이 해소되도록 하였다. 그러나 국유재산의 불법 유출과 같은 공정과 정의와 관련된 문제가 중국의 시장 개혁 과정에서도 어느 정도 존재한다는 점은 알아야 한다. 일종 문제의 발전은 소련식 전환처럼 급격하지 않을 수 있지만 이로 인한 사회적 심리 효과와 현실적인 문제 역시 중요한 문제다.

전환기에 특유한 공정과 정의 문제 중 하나인 국유 재산의 불법 유출은 전환 사회에서 고전 체제와 새 체제 간의 충돌과 모순으로 인해 발생된다. 사회 전환 과정에서는 고전 체제의 철수와 새로운 체제의 구축이 모두 과정을 거치게 되어, 이로써 전환 사회가 상당한 기간 동안 규범과 체계의 부재 상태에 처하게 된다 이는 불공정하고 비정의 현상이 발생할 수 있는 공간과 기회를 제공한다. 과거에는 윤리, 법규의 구축 및 정치 경제 체제 개혁이 공정과 정의 문제에 미치는 영향에 대해 많은 관심이 기울어졌으나, 두 가지 다른 유형의 사회 간의 차이와 전환 과정에서 새로운 사회 체계의 부재로 인해 발생하는 문제를 어느 정도 간과하였다. 사실, 정치 경제 체제와 다른 점은 사회 통합 체계가 한 사회에서 더 근본적인 역할을 한다는 것이다. 전환 시기의 사회 통합 메체계의 부재와 새로운 사회 통합 체계의 구축은 보다 근본적인 문제이다.

이상적인 원칙에 의해 지배되던 사회 유형에서 시장 사회로의 전환 과정에서 새로운 시장 사회에 적응하는 새로운 사회 통합 체계의 구축과 육성은 새로운 도덕, 법률 규정 및 정치 경제 체제의 형성에 매우 중요한 영향을 미치며, 이로 인해 사회의 공정과 정의 상태에 큰 영향을 미친다. 계획 경제 시기에는 정부가 사회 생활을 완전히 지배하였지만 국가와 국민 간에는 일종의 의사소통 방식이 여전히 존재하였다. 이러한 방식은 정부의 결정을 사회 요구와 연결하여 국민, 특히 약자 집단의 요구가 국가 결정에 반응되도록 하였으며, 이로써 사회 공정과 정의를 보장하였다. 그러나 전환 기간의 두 가지 다른 사회 통합 체계의 연결점 결합 부재로 이러한 의사소통 방식이 차단되었거나 차단되어 불평등 및 비정의적 현상이 즉각적으로 발견되고 수정되지 못하였다. 올레 노르드는 소련의 사회 전환에 대해 언급하면서 말한다:

> 민주화 전환 과정은 이러한 정당/정부 방식을 손상시켰으며 사회의 경제적 압축에 대한 불만이 (의사 결정 중심) 전달되지 못하였다. 그러나 이전 공산당 체제에서는 이러한 제도적 방식이 약자들이 보상을 받을 수 있도록 보장하는 데 도움이 되었다.[21]

시장화 전환을 추구하는 사회에 있어서 정부와 국민 사이에 연결을 구축할 수 있는 새로운 방식이나 사회 통합 체계는 새로운 사회 관계를 기반으로 한 시민 사회이다. 국가가 이러한 방식을 통해 다른 계층, 특히 약자 계층의 요구사항을 파악할 수 있는지, 이 체계를 기반으로 합리적인 정책을 수립할 수 있는지, 그리고 이 체계가 반영하는 구조적 문제를 효과적으로 조절할 수 있는지 여부는 사회의 시장화 전환의 성공 여부를 측정하는 중요한 기준이 될 것이다. 또한 이는 공정과 정의 문제가 견고한 사회 기반 위에 건설되었는지 여부를 나타내는 중요한 기준이 될 것이다.

---

21 [영국] 칼 폴라니, 〈대전환, 우리 시대의 정치와 경제 기원〉, 펑강, 리우양 역, 저장인민출판사 2007년, 3, 147쪽.

3. 공평 정의를 보장함에 있어서의 국가의 역할과 한계

"국가와 사회의 일체화"라는 계획경제 시대에 있어서 국가는 모든 사회 자원의 독점자이자 분배자였기 때문에 사회적 공평 정의는 국가의 분배 행위를 교정하는 것에 따라야 했다. 그러나 시민사회가 국가의 통제에서 분리되고, 국가도 사회의 모든 생활을 계획하고 조정하는 부담에서 벗어나면서 이러한 기능을 사회에 돌려주고 개인 이익을 조정하는 자로 전락하게 되었다. 국가와 사회간의 새로운 관계 속에서 공정과 정의 문제의 핵심은 국가가 시민사회에서 자발적으로 형성된 이익 구조를 교정하여 공정과 정의의 원칙에 부합시키는 방법이다. 즉, 이 경우 사회적 공정과 정의가 요구하는 것은 국가가 자발적인 시장 행위를 교정하는 것이다.

시장이 자원을 할당하는 선명한 장점은 경제 주체의 자유 선택과 경쟁을 통해 다양한 자원이 합리적으로 할당되어 자원이 효율적으로 이용될 수 있다는 것이다. 그러나 완전히 개입하지 않는 시장에서는 상품 생산자들 사이에 초기 자유주의가 상상한 조화를 이룰 수 없고 각종 갈등에 빠질 수밖에 없었다. 전체 사회적 생활을 보면, 완전한 시장 제도는 두 가지 심각한 사회 문제가 있다. 첫째, 공공 이익과 공공 가치를 보장할 수 없다. 둘째, 양극화가 점점 심해져 사회적 공정을 달성하기 어렵다. 이는 시장 체계가 좋은 사회 결과를 얻으려면 다른 사회 기구와 조화를 이루고 다른 사회 기구의 규제를 받아야 한다는 것을 말한다.

시장 체계를 규제하고 조절하는 가장 뚜렷한 수단은 국가의 개입이다. 시장의 자체 조절이 실패하는 곳에서 국가의 외부 개입이 작용하는 것이다. 시장 경제의 역사에서 단순한 시장 행위만으로 상품의 공급과 수요 균형을 촉진하는 데에는 여러 방향으로 가야 하며 많은 낭비를 초래한다는 것을 사람들에게 일으킨다. 국가의 개입 없이는 공공 이익과 공공 가치를 저해하는 관념과 행동을 제재하고 양극화를 해소하며 사회의 다양한 분야 간의 총괄적인 조화, 장기적인 사회발전 목표의 확립 등은 상상할 수 없다. 그러나 다른 한편으로 볼 때, 국가의 시장 개입에는 그 한계가 있다. 시장 제도는 효율성, 효과 및 기능을 중시하는 경제 체제이므로 국가는 가장 효율적인 관료제 조직 형태로 구축되어야 한다. 그러나 관료제 기구가 사회 생활을 전반적으로 지배하게 되면 다른 측면에서 부정적인 결과가 발생할 수 있다. 웨버는 관료제 기구로서의 국가가 시장의 악을 교정하고 국민의 복지를 창출하는 동시에 현대적인 관리 체계로 엮인 거대한 "철조망"을 통해 사람들의 생활을 통일시키고 개성을 흡수시키며 자유한 경쟁을 제한하여 시장이 활력을 잃게 된다고 주장한다.

더욱 중요한 것은 중국이 전통 문화 배경과 계획 경제 체제에서 형성된 평등주의 전통이 다양한 이익을 인정하는 기반 위에 세워지지 않고 균일주의적인 모습을 가지고 있다는 것이다. 현재 사회 변형 과정에서 국가의 사회적 공정과 정의에 대한 강제적인 조절 역할을 과도하게 강조한다면 사람들이 전통적 가치관에서 자원을 찾고 기존의 균일주의식을 자극하여 모든 문제를 시장 개혁 자체에 귀속시키고 이로 인해 시장 개혁을 부정할 수 있다. 변혁 기간에 있는 사회에 있어서 전통적 도덕 자원과 강제적 수단을 도입하여 시장 기구로부터 나타나는 불공정과 비정의를 제한하는 것은 효과적이지만 신중하게 사용해야 한다.

정상적인 시장 경제 사회에서 시민 사회의 존재는 필수적이다. 이는 시장 체계의 자체 조절이 실패하고 국가의 강제적인 외부 조절이 부작용을 일으키는 곳에서 대체할 수 없는 역할을 한다. 시민 사회는 서로 다른 이해와 이익 충돌을 해소하기 위해 이해 당사자들 간의 상호 협상을 통해 문제를 해결한다. 반면 국가의 외부 조절은 항상 강제적 수단에 의존하기 때문에 이러한 협상이 진행되지 않을 때에만 필요하다.

근대에 들어, 많은 중요한 이론과 실천은 국가와 시민 사회 간의 모순과 충돌을 해소하기 위한 주제로 진행되었다. "계획경제체제"에서부터 "복지국가"의 제도적 실험, "케인스주의"에서부터 "동아시아 모델"의 사회 개혁 계획까지 국가적 합리성이 시민 사회와의 충돌에 직면할 때 내재된 충동을 통해 시민 사회를 통합하거나 취소하여 모순을 해소하려는 시도를 반영하였다. 지난 몇 십 년 동안 이러한 역사적 충동은 사회적 의식 형성 배경에 따라 다른 이념적 바탕을 가진 국가의 정치 생활을 지배해 왔다. 그러나 오늘날 사람들은 점점 인식이 깊어 갔다. 개인의 독립과 자유, 시장 경쟁력, 사회 생활의 다양성을 희생하여 얻는 공공의 이익은 더 많이 얻을수록 좋지 않다는 것을, 사회 분화를 통제함으로써 달성되는 사회 전체적 통합 정도가 더 높을수록 좋지 않다는 것을 깨달았다. 사람들은 시민 사회 내부의 충돌을 해소하고 공공의 복지를 제공하기 위한 합리적 이유 아래에서 현대 국가가 점점 더 거대한 체계, 복잡한 구조, 비효율적이고 점검이 부족하며 시민 사회의 요구와 점점 멀어진 비효율적인 관료 체제로 성장하고 있다는 것을 다양한 유형의 현대 국가주의 실험을 통해 보게 되었다. 이러한 상황에서 시민 사회의 자체 치유 기능을 발휘하고 사회적 힘을 통해 국가 권력을 점검하고 제한하는 방법은 점점 더 많은 사람들이 관심을 가지는 문제가 되었다.

많은 사람들이 시민 사회의 개념을 자유시장에 대항하는 자유주의적 요구로 잘못 이해하고 있다. 그러나 실제로 시민 사회의 개념은 다양한 가치 청구를 포함하고 있으며 다양한 가치 주장에 대한 사회적 생활의 설계를 제공할 수 있다. 테일러의 연구에 따르면, 정치 철학 역사에서는 두 가지 다른 시민 사회 모드가 존재하는데, 하나는 로크식 시민 사회 모드이고 다른 하나는 몽테스키외와 투크유얼식 시민 사회 모드이다. 로크과 몽테스키외를 대표 인물로 하는 두 가지 다른 사상 유형은 두 가지 다른 모드의 시민 사회 이론을 개발하는 데 기여하였다. 로크를 대표 인물로 하는 시민 사회 이론 모드는 아담 스미스의 "보이지 않는 손" 이론과 일맥상통하여 시민 사회를 정치 구조와 독립적인 경제체로 이해한다. 이후 이 이론은 주로 자유주의 사상가들에 의해 계승되었으며, 개인의 자유와 자유 시장을 보호하는 데 중요한 의미를 가지고 있다. 몽테스키외를 대표 인물로 하는 다른 시민 사회 이론 모드는 시민 사회가 국가 외부에 존재하는 것이 아니라 국가를 시민 사회와 외부적인 단일 구조로 보는 것에 반대한다. 대신 이 모드는 국가가 다양한 권력 기관 간의 상호 균형을 통해 통합되는 다중 구조임을 강조한다. 이러한 분립된 권력이 대표하는 것은 바로 시민 사회에서 다른 사회적 힘을 나타내는 것이다.

몽테스키외의 시민 사회 이론 모드에 따르면, 정치 영역과 개인 영역 사이에 존재하는 "양서의兩栖" "중간 단체"는 분립된 정치 권력의 사회적 기반이며 이들은 국가 정치 권력의 분해를 제공하는 데뿐만 아니라 다양한 사회적 요구에 대한 정치 권력의 조정을 설명하는 데 기여한다[22]. 즉, 국가 정치 권력은 시장 행위를 교정하기 위한 근거가 시민 사회 외부에 있는 것이 아니라 시민 사회를 통해 이루어지고 시민 사회의 요구에 따라 이루어진다는 것이다. 이는 공정과 정의의 실현에 있어서 평등주의 이상과 자유주의 이상을 초월하는 다른 선택지를 제시한다.

---

22 [캐나다] 찰스 테일러, 〈시민사회의 모식〉, 덩정래, [영국] 알렉산더 편, 〈국가와 시민사회: 사회 이론 연구의 한 경로〉, 중앙번역출판사 1999년, 15-16쪽 참조.

4. 공평 정의 의존하는 사회 기반

정치 철학에서 "시민 사회"는 실제 존재 형태로 말하며 국가 직접 통제 이외의 개인의 독립적인 생활 영역을 가리킨다. 이 존재는 국가의 정치 통합과는 다른 사회 통합 방식을 사람들에게 보여준다. 크레이그 칼혼은 "시민 사회"라는 개념은 국가 직접 통제 이외의 다양한 자원을 가리키며, 국가 조직과는 다른 대안 선택을 집단 생활에 제공한다고 말하였다.[23] 힐스도 "최근의 논의에서 '시민 사회'라는 용어는 다차원주의 사회와 통일된 사회를 모두 가리킨다. 의견, 이익 및 조직의 다양성은 개인과 집단이 평화와 질서를 유지하는 제약 조건 하에서 자신의 목표를 추구하는 자유에서 비롯된다. 그리고 그의 통일성은 이러한 사회의 한 특성에서 비롯된다. 즉, 사회 구성원들은 집단적 자아의식을 공유한다고 말하였다. [24]따라서 시민 사회는 국가와 독립적인 시장 교환 체계 외에도 공공 문화 비판 공간을 포함한 전체적인 개인 독립적 사회 생활 영역으로 이해되어야 한다.

시장 교환 체계와는 다른 공공 문화 비판 공간으로서 존재하는 개인 독립 영역은 많은 비경제 단체들이 문화 비판 활동으로 이루어진 사회적 공간이다. 이러한 비경제 단체들은 다양한 그룹의 이익을 대표하지만 직접적인 경제적 이익을 얻는 것을 목적으로 하지 않으며 그들의 제품은 교환과 소비를 위한 물질적 상품이 아니라 사회 구성원들이 공유하는 집단 의식과 문화에 기여한다. 테일러은 "자치적인 단체 네트워크

---

23 [미국] 크레이그 칼혼, 〈민족주의와 시민 사회, 민주주의, 다양성, 자결〉, 찰스 테일러, J.C. 알렉산더 편, 〈국가와 시민 사회, 사회 이론의 연구 경로〉 수록, 중앙번역출판사 1999년, 334쪽.

24 [미국] 에드워드 힐스, 〈시민 사회의 미덕〉, 덩 정래, [영] J.C. 알렉산더 편, 〈국가와 시민 사회, 사회 이론의 연구 경로〉 수록 중앙번역출판사, 1999년, 33~37쪽.

로서, 국가 이외에 독립적으로 존재하며 공동으로 관심을 가지는 사안에서 시민들을 결합시키고, 그들 자체의 존재나 행동을 통해 공공 정책에 영향을 미칠 수 있다"고 말하였다.[25] 이것은 순수한 개인 영역인 시장 교환 활동과 정치 활동을 중심으로 하는 공공 영역 사이에 위치한 사회적 중간 구조이다. 이것은 사회 전체 구조에서의 역할이 시장 체계의 개인적 이해를 기반으로 한 것이나, 정치적 통합을 목표로 한 정치적 체계과는 다르다.

시장 경제 조건에서, 이러한 사회적 중간 구조가 중요한 사회 기능을 갖고 있다. 만약 시민 사회의 순수한 개인 영역이 시장 경제의 발전을 위해 자유 자원 이동과 독립적 활동 공간을 제공한다면 사회적 중간 구조는 이러한 자원과 공간을 국가 정치 활동과 결합시키는 중요한 연결고리이다. 개인 독립적 시장 교환 활동은 그것을 통해 공공 가치와 관련이 생기며, 국가는 사회 생활에 대한 정치적 조절 활동을 통해 실질적인 기반을 갖게 된다. 개인 독립적 사회 영역에서 다양한 단체들은 다양한 이익과 가치 요구를 대표하며, 서로 대립하고도 연합하며, 서로 투쟁하고도 타협하며, 의견 충돌과 격차 속에서 가치 공감을 형성한다. 시장 경제를 기반으로 한 사회 생활에서 이 사회적 중간 구조와 그 안에서 형성되는 가치 공감은 사회적 공정과 정의를 구축하는 데 매우 중요한 역할을 한다. 이는 시민 사회의 모순을 해결하는 데 자체 치유적인 기반과 체계를 제공하는 것뿐만 아니라, 국가가 시민 사회에서의 이익과 가치 충돌을 조정하는 데 기반과 완화 공간을 제공한다. 이러한 사회적 중간 구조의 역할을 명확히 이해하는 것은 현재 우리나라 사회 전환 과정에서의 공정과 정의 문제를 깊게 이해하는 데 중요한 의미를

---

25 [캐나다] 찰스 테일러, 〈시민 사회를 부르짖다〉, 왕휘, 진옌구 편, 〈문화와 공공성〉 수록, 생활·독서·신지 산련서점 1998년, 171쪽.

가지고 있다.

한편으로, 시장 경제 사회에서는 국가의 정치 활동 목적이 이상적인 공정과 정의 원칙에 따라 사회 생활을 계획하고 조정하는 것이 아니라 시민 사회의 건강한 발전 요구에 따라 시장 행위를 정치적으로 조절한다는 것이다. 따라서 조절의 근거와 합법성은 이상적인 공정과 정의 원칙에 있는 것이 아니라 시민 사회의 스스로 요구되는 것이다.

다른 한편으로, 비경제적 사회 단체는 분산된 개인 이익과 가치 지향이 집단의 자아의식에서 결집되고 승화되는 곳으로, 분산된 개인적 요구가 상대적으로 집중적이고 깊게 반영된다. 그러므로 이는 국가가 직접적으로 직면하고 파악할 수 있는 것이다.

공정과 정의를 보장하는 시민 사회는 시장 경제의 발전과 함께 성장하는 과정이며 그것은 자아 성장의 규칙을 가지고 있다. 그러나 시민 사회의 발전은 어떠한 시장 경제 체제의 사회에도 정부의 적극적인 도움이 필요하다. 특히 중국과 같은 전환 기간의 사회 및 후발 시장 경제 국가에게는 더욱 필요하다. 현재 우리나라의 시민 사회 발전 상황을 보면, 조화롭고 공정한 사회 목표를 달성하기 위해 다음과 같은 몇 가지 문제를 잘 해결하는 것이 역사적으로 의미 있을 것이다.

우선, 명확한 재산권 관계를 개선하여 사회의 새로운 계층을 세워야 한다. 재산권 제도는 현대 사회에서 가장 기본적인 제도이며 명확한 재산권 관계는 시장 경제의 존재와 발전의 기초이며 또한 개인의 생활 공간이 존재하고 사회의 새로운 계층이 형성될 수 있는 기반이다. 물론, 명확한 재산권 관계의 확립은 완전한 사유화를 의미하는 것은 아니다. 그 의미는 다음과 같다. 일단, 재산권의 정의를 통해 국가가 시장에 대한 조절 활동을 적절한 범위로 제한함으로써 시장 경제의 기능을 보장하는 것이다. 또한, 명확한 재산권 관계의 정의를 통해, 성실한 노동을 통해 재산을 축적하고 합법적인 제도적 보호를 받는 것을 가능하게 하여 국유 자산의 불법 유출로 인한 사회적 불공정과 비정의 현상을 제도적으로 극복하는 것이다.

그 다음, 비경제적 단체의 발전을 지원하고 사회의 중간 구조로서의 사회 생활 공간을 개선해야 한다. 국가가 행하는 공공권력의 합법성은 시민 사회에서 비롯되며, 비경제적 생활 영역에서 형성된 사회적 합의가 정치 활동의 합법성의 궁극적인 근원이다. 사회의 중간 구조로서의 사회 영역은 공공적인 이성과 공공적인 정신이 새로운 사회 생활에서 계속 발생하는 영역이며, 그러므로 국가 권력의 합법성이 계속 갱신되는 원천지이다. 이 영역의 존재와 건강한 발전은 시장 체제의 맹목적인 자발성을 바로잡고, 국가가 사회 생활을 조절하기 위한 능력의 발전에 중요한 역할을 하는 것이다.

마지막으로, 민주주의와 법치 체제를 보완하여 국가 권력에 대한 효과적인 점검을 실현해야 한다. 국가 기관은 점검을 받는 상황에서만 원활하게 작동할 수 있다. "법치국가"의 기본 내용은 국가 권력 기구가 사회로부터 부여 받은 권력을 법률이 정한 한계를 벗어나서는 안 된다는 것이다. 어느 정도로는 이 한계가 국가와 시민 사회 사이의 경계이기도 하다. 완벽한 민주주의와 법치 체제를 갖추어야만 국가가 시장 기구를 조절하는 활동이 합리적인 범위 안에서 제한될 수 있고, 시민 사회의 자기 조절이 진정으로 작용하며, 전체 사회가 다양한 기구들의 상호 조화적 보완 속에서 원활하게 작동할 수 있다. 또한, 회의 공정과 정의가 견고한 사회 기반 위에 구축될 수 있을 것이다.

참고문헌

[독일] 악셀 호네텐, 〈인정을 위한 싸움〉, 후지화 역, 상하이인민출판사, 2005년.

[미국] 에드워드 힐스, 〈중국 지식 전통 하에서의 시민 사회와 시민 풍토에 대한 반성〉, 허장전 편, 〈후발전도국의 현대성 문제〉 수록, 지린인민출판사, 2002년.

[미국] 에드워드 힐스, 〈시민 사회의 미덕〉, 덩정래, [영] J.C. 알렉산더 편, 〈국가와 시민 사회, 사회 이론의 연구 경로〉 수록, 중앙번역출판사, 1999년, 32~50쪽.

[미국] 아이작, 〈정치학의 시야와 방법〉, 장지무, 단소광 역, 난징대학출판사, 1988년.

[영국] 안소니 기든스, 〈제3의 길, 사회 민주주의의 부흥〉, 정호 역, 생활·독서·신지 산련서, 2000년.

[영국] 안소니 기든스, 〈현대성의 결과〉, 티안 허 역, 역린출판사, 2000년.

[덴마크] 올레 노르드, 〈경제 제도와 민주 개혁, 전 소령 국가의 전환 비교 연구〉, 손우진 등 역, 상하이세기출판 그룹, 2007년.

[프랑스] 앙리 벵자맹 콩스탕, 〈고대인의 자유와 현대인의 자유〉, 옌커웬, 류만규 역, 상하이인민출판사, 2003년.

[영국] 피터 오스본, 〈시간의 정치, 현대성과 선두〉, 왕지홍 역, 상무인서관, 2004년.

[영국] 피터 버크, 〈역사학과 사회 이론〉, 요평, 주유평, 호추홍 등 역, 상하이인민출판사, 2001년.

[영국] 브라이언 베리, 〈정의의 여러 이론〉, 손소춘 역, 지린인민출판사,

2004년.
[캐나다] 찰스 테일러, 〈헤겔〉, 장국청, 주진동 역, 역린출판사, 2002년.
[캐나다] 찰스 테일러, 〈시민 사회의 모식〉, 덩정래, [영] J.C. 알렉산더 편, 〈국가와 시민 사회, 사회 이론의 연구 경로〉 수록, 중앙번역출판사, 1999년, 4~31쪽.
[캐나다] 찰스 테일러, 〈시민 사회를 부르짖다〉, 왕휘, 진옌구 편, 〈문화와 공공성〉 수록, 생활·독서·신지 산련서, 1998년.
[영국] 데이비드 휴먼, 〈인성론(하)〉, 관문운 역, 상무인서관, 1980년.
[영국] 데이비드 맥클레런, 〈마르크스传〉, 왕진 역, 중국인민대학출판사, 2006년.
[영국] 데이비드 밀러, 〈사회 정의의 원리〉, 응기 역, 강소인민출판사, 2005년.
[미국] 더글러스 램스, 〈급진적 민주주의〉, 류원기 역, 중국인민대학출판사, 2008년.
[캐나다] 찰스 테일러, [영국] J.C. 알렉산더 편, 〈국가와 시민 사회, 사회 이론의 연구 경로〉, 중앙번역출판사, 1999년.
[독일] 페르디난트 퇴니에스, 〈공동체와 사회, 순수 사회학의 기본 개념〉, 임영원 역, 상무인서관 1999년.
[독일] 프란츠-크사베르트 코프만, 〈사회 복지 국가가 직면한 도전〉, 왕학동 역, 상무인서관 2004년.
[미국] 프레드릭 왓킨스, 〈서양 정치 전통, 근대 자유주의의 발전〉, 리평빈 역, 신성출판사 2006년.
[독일] 하인리히 마이어, 〈왜 정치 철학인가? - 또는 질문에 대한 답, 철학이 정치로 향하는 이유〉, 몽몽 편, 〈계시와 이성 - 철학 문제: 회귀인가 전환인가?〉 수록, 중국사회과학출판사, 2001년, 3~29쪽.
[미국] 한나 아렌트, 〈마르크스와 서양 정치 사상 전통〉, 손추장 역, 강소인

민출판사, 2007년.

[독일] 헤겔, 〈법철학 원리〉, 환양, 장기타이 역, 상무인서관, 1961년.

[독일] 헤겔, 〈철학사 강연록(제 1 권)〉, 허린, 왕태경 역, 상무인서관, 1983년.

[영국] 안소니 기든스, 〈자본주의와 현대 사회 이론, 마르크스, 투르기단, 베버의 저작 분석〉, 곽충화, 판화링 역, 상하이역문출판사, 2013년.

[영국] 제프리 토머스, 〈정치 철학 입문〉, 고수, 류설미 역, 중국인민대학출판사 2006년.

[영국] 칼 폴라니, 〈대전환, 우리 시대의 정치와 경제 기원〉, 평강, 리우양 역, 저장인민출판사, 2007년.

[독일] 칸트, 〈순수 이성 비판(제 2 판)〉, 리추령 역, 중국인민대학출판사, 2004년.

[독일] 칸트, 〈도덕 형이상학〉, 장룡, 리추령 역, 〈칸트 저작 전집(제 6 권)〉 수록, 중국인민대학출판사 2007년, 228쪽.

[독일] 칸트, 〈도덕 형이상학의 기초〉, 리추령 역, 〈칸트 저작 전집(제 4 권)〉 수록, 중국인민대학출판사 2005년, 401쪽.

[미국] 크레이그 칼혼, 〈민족주의와 시민 사회, 민주주의, 다양성, 자결〉, 찰스 테일러, J.C. 알렉산더 편, 〈국가와 시민 사회, 사회 이론의 연구 경로〉 수록, 중앙번역출판사, 1999년, 332~370쪽.

[미국] 리처드 J. 번스타인, 〈사회 정치 이론의 재구축〉, 왕위기 역, 역린 출판사 2008년.

[미국] 레오 스트라우스, 〈정치 철학사(상)〉, 리천란, 등 역, 허베이인민출판사, 1993년.

[미국] 레오 스트라우스, 〈자연 권리와 역사〉, 팽강 역, 생활·독서·신지 산련서 2003년. 린국기, 〈신의학과 이학 사이의 사회 계약 이론 전통〉, 몽몽 편, 〈계시와 이성 - 철학 문제, 귀환 또는 전환?〉 수록, 중국사회과학출판사, 2001년, 119~226쪽.

류사오펑, 〈현대성 사회 이론 서론, 현대성과 현대 중국〉, 상하이산련서점, 1998년.
[헝가리] 루카치, 〈이성의 파멸〉, 왕지우, 정지민, 셰디쿤 등 역, 지앙소 교육 출판사 2005년.
[프랑스] 루소, 〈인간 불평등의 기원과 기초〉, 리창산 역, 상무인서관, 1962년.
[미국] 로버트 굿, 한스-딜터 클링크만 편저, 〈정치 과학 신속 서랍 (하)〉, 종개빈, 왕락충, 임병강 등 역, 생활·독서·신지 산련서점 2006년.
[프랑스] 리시앙 고드만, 〈은밀한 신〉, 채홍빈 역, 백화 문예 출판사 1998년.
[독일] 카를 마르크스, 〈〈헤겔법철학비판〉 서언〉, 중공 중앙 마르크스 엥겔스 레닌 스탈린 저작 번역국 역, 인민출판사, 1995년, 1쪽.
[독일] 카를 마르크스, 〈유대인 문제에 대하여〉, 중공 중앙 마르크스 엥겔스 레닌 스탈린 저작 번역국 역, 인민 출판사 2002년.
[독일] 카를 마르크스, 엥겔스, 〈독일이이 이념(일부)〉, 중공 중앙 마르크스 엥겔스 레닌 스탈린 저작 번역국 번역, 인민 출판사 2003년.
[독일] 막스 셀러, 〈가치의 전복〉, 류치런, 링크, 차웨이동 역, 생활·독서·신지 산련서점 1997년.
[독일] 막스 셀러, 〈지식 사회학의 문제〉, 아이언 역, 화하 출판사 2000년.
[독일] 막스 베버, 〈경제와 사회(상)〉, 린 롱원 역, 상무인서관, 1997년.
[독일] 막스 베버, 〈사회과학 방법론〉, 양부빈 역, 화하출판사 1999년.
[프랑스] 마르셀 모스, 〈선물, 고고학 시대의 교환 형태와 이유〉, 길제 역, 상하이인민출판사 2005년.
[영국] 맥컬럼, 〈정치 철학〉, 이소군, 상건신 역, 대만괴관도서주식회사, 1994년.
[영국] 마이클 H. 레스노프, 〈20세기의 정치 철학가〉, 평클리 역, 상무인서관, 2001년.
[미국] 마이클 로스킨 등, 〈정치 과학〉, 린젠 역, 화하출판사, 2001년.

[영국]　마이클 옥셧, 〈정치에서의 이성주의〉, 장지윤 역, 상하이번역출판사, 2003년.

[미국]　마이클 샌델, 〈공정, 어떻게 행동 할 것인가?〉, 주혜림 역, 중신출판사 2011년.

[독일]　니체, 〈차라트스트라는 이렇게 말했다 (주석판)〉, 생활·독서·신지 산련서점, 2007년.

[영국]　니콜라스 브닝, 유기원 편, 〈서양 철학 영한 대조 사전〉, 중국인민출판사 2001년.

[미국]　틸리 역, 〈사회 행동의 구조(신판)〉, 번역출판사 2012년.

[미국]　욘 엘스터, 〈마르크스를 이해하기〉, 허화위안 등 역, 중국인민대학출판사, 2008년.

[영국]　조나단 울프, 〈정치철학 서론〉, 왕도, 조용화, 진임백 역, 지린출판그룹주식회사, 2009년.

[미국]　조지 세비네, 〈정치학설사(상)〉, 덩정래 역, 상하이인민출판사, 2008년.

[미국]　조지 세비네, 〈정치학설사(하)〉, 덩정래 역, 상하이인민출판사 2010년.

[영국]　셰이번, 휘 역, 〈영문자 서문〉, [네덜란드]크라프〈근대 국가 개념〉참조, 왕점 역, 상무인서관, 1957년, 48쪽.

[독일]　셸러, 〈셸러 선집(상)〉, 류소만 선편, 상하이산련서점, 1999년.

[독일]　쉬타이너, 〈유일자 및 그 소유물〉, 김해민 역, 상무인서관, 1989년.

[미국]　스티븐 홈스, 〈반자유주의 해부〉, 해즈, 진홍마, 평준군 역, 중국사회과학출판사, 2002년.

조둔화,　〈현대 서양 철학 신편〉, 베이징대학출판사, 2000년.

중공 중앙 마르크스 엥겔스 레닌 스탈린 저작 번역국 편역, 〈마르크스 엥겔스 전집(제1권)〉, 인민출판사, 1956년.

중공 중앙 마르크스 엥겔스 레닌 스탈린 저작 번역국 편역, 〈마르크스 엥겔스 전집(제2권)〉, 인민출판사, 1957년.
중공 중앙 마르크스 엥겔스 레닌 스탈린 저작 번역국 편역, 〈마르크스 엥겔스 전집(제17권)〉, 인민출판사, 1963년.
중공 중앙 마르크스 엥겔스 레닌 스탈린 저작 번역국 편역, 〈마르크스 엥겔스 전집(제19권)〉, 인민출판사, 1963년.
중공 중앙 마르크스 엥겔스 레닌 스탈린 저작 번역국 편역, 〈마르크스 엥겔스 전집(제16권)〉, 인민출판사, 1964년.
중공 중앙 마르크스 엥겔스 레닌 스탈린 저작 번역국 편역, 〈마르크스 엥겔스 전집(제21권)〉, 인민출판사, 1965년.
중공 중앙 마르크스 엥겔스 레닌 스탈린 저작 번역국 편역, 〈마르크스 엥겔스 전집(제4권)〉, 인민출판사, 1972년.
중공 중앙 마르크스 엥겔스 레닌 스탈린 저작 번역국 편역, 〈마르크스 엥겔스 전집(제23권)〉, 인민출판사, 1972년.
중공 중앙 마르크스 엥겔스 레닌 스탈린 저작 번역국 편역, 〈마르크스 엥겔스 전집(제25권)〉, 인민출판사, 1974년.
중공 중앙 마르크스 엥겔스 레닌 스탈린 저작 번역국 편역, 〈마르크스 엥겔스 전집(제42권)〉, 인민출판사, 1979년.
중공 중앙 마르크스 엥겔스 레닌 스탈린 저작 번역국 편역, 〈마르크스 엥겔스 전집(제46권)〉, 인민출판사, 1979년.
중공 중앙 마르크스 엥겔스 레닌 스탈린 저작 번역국 편역, 〈마르크스 엥겔스 전집(제1권)〉, 인민출판사, 1995년.
중공 중앙 마르크스 엥겔스 레닌 스탈린 저작 번역국 편역, 〈마르크스 엥겔스 전집(제30권)〉, 인민출판사, 1995년.
중공 중앙 마르크스 엥겔스 레닌 스탈린 저작 번역국 편역, 〈마르크스 엥겔스 전집(제44권)〉, 인민출판사, 2001년.

중공 중앙 마르크스 엥겔스 레닌 스탈린 저작 번역국 편역, 〈마르크스 엥겔스 전집(제3권)〉, 인민출판사, 2002년.

중공 중앙 마르크스 엥겔스 레닌 스탈린 저작 번역국 편역, 〈마르크스 엥겔스 전집(제46권)〉, 인민출판사, 2003년.

중공 중앙 마르크스 엥겔스 레닌 스탈린 저작 번역국 편역, 〈마르크스 엥겔스 문집(제3권)〉, 인민출판사, 2009년.

중공 중앙 마르크스 엥겔스 레닌 스탈린 저작 번역국 편역, 〈마르크스 엥겔스 문집(제7권)〉, 인민출판사, 2009년.

중공 중앙 마르크스 엥겔스 레닌 스탈린 저작 번역국 편역, 〈마르크스 엥겔스 선집(제1권)〉, 인민출판사, 1995년.

중공 중앙 마르크스 엥겔스 레닌 스탈린 저작 번역국 편역, 〈마르크스 엥겔스 선집(제2권)〉, 인민출판사, 1995년.

중공 중앙 마르크스 엥겔스 레닌 스탈린 저작 번역국 편역, 〈마르크스 엥겔스 선집(제3권)〉, 인민출판사, 1995년.

[미국] A. 매킨탈, 〈마르크스의 〈페우르 바하에 관한 계획서〉, 가지 않은 길〉, 조화용 역, 〈국외 사회 과학〉 1995년 6월호, 21-27쪽.

[미국] A. 매킨탈, 〈상반된 도덕 탐구관 3가지〉, 만준인, 당문명, 팽해연 등 역, 중국사회과학출판사, 1999년.

[영국] L. T. 호브하우스, 〈형이상학적 국가론〉, 왕수준 역, 상무인서관, 1997년.

[미국] R. G. 페프, 〈마르크스주의, 도덕과 사회 정의〉, 루량산, 리양, 조홍준 등 역, 고등교육출판사, 2010년.

Brenkert G G, "Freedom and Private Property in Marx", In Cohen M, Marx, Justice and History, A Philosophy and Public Affairs Reader, Princeton, Prinston University Press, 1980, pp. 80-105.

Husami Z I, "Marx on Distributive Justice", Philosophy & Public Affairs,

1978, Vol. 8, No. 1, pp. 27–64.

Nielsen K, "Arguing about Justice, Marxist Immoralism and Marxist Moralism", Philosophy&Public Affairs,1988,Vol. 17, No. 3, pp. 212–234.

Seligman A B, The Idea of Civil Society, New York, Free Press, 1992.

Wood A W, "The Marxian Critique of Justice", In Jessop B(eds.), Karl Marx's Social and Political Thought, Critical Assessments, London, Routledge, 1990, p.398.

Wood A W, Karl Marx, London, Routledge Taylor & Francis Group, 2004.

후기

21세기에 들어, 마르크스의 정치 철학은 중국 학계에서 널리 주목 받는 학술적 관심사가 되었다. 학술적으로 보면, 이는 분명히 서양 철학, 특히 서양 마르크스주의의 발전의 영향을 받은 결과다. 전체 서양 철학에서 영미권이나 유럽을 막론하고, 정치 철학은 현대 철학에서 중요한 부분으로 간주 되고 있다. 서양 마르크스주의의 발전에서도, 기존 주력으로 삼아온 프랑크푸르트 학파와 신생력으로 떠오른 영미 마르크스주를 막론하고 모두 "정치 철학의 전환"으로 자신들의 연구 주제와 내용을 표시하고 있다. 민감한 중국 학자들은 당연히 철학의 이 주제와 마르크스 연구의 이 중요한 전환을 감지하고, 중국에서 광범위하게 마르크스의 정치 철학 연구 분야를 개척하고 있다.

그러나 중국의 "마르크스 정치 철학 열풍"을 단순히 학문적인 동향으로 해석하면 충분하지 못할 뿐만 아니라, 방향이 잘못될 가능성도 있다. 형이상학, 지식론 등과 비교할 때, 정치 철학 문제는 현실과 극도로 관련이 깊기 때문에 현재 중국 학계에서의 "마르크스 정치 철학 열풍"의 주된 원인은 외부 이론의 영향이 아니라 중국의 현실적 필요에 있다고 볼 수 있다. 수십 년의 개혁과 개방 이후에 중국 사회 생활은 거대한 변화를 겪었다. "계급, 국가, 혁명"의 정치적 해석 모델은 더 이상 현실을 설명하는 데 충분하지 않게 되며 새로운 사회 생활은 평등, 공정, 정의, 민주, 자유 등과 관련된 정치 철학적 문제에 대하여 강력하게 이론적 요구를 제기하고 있다. 서양 자유주의는 이러한 문제에 대한 답으로는 충분하지 않으며, 서양 마르크스주의는 그 자체의 맥락에서 형성된 이론으로, 발달된 자본주의 사회에서의 "저항적인 정치 담론"이지 중국 현실에는 적용될 수 없다.

마르크스의 정치 철학은 마르크스의 정치 사상의 철학적 기초와 이론 정수 뿐만 아니라 정치 문제를 고찰하는 방법론이다. 그러므로 현대 중국에서의 마르크스 정치 철학 연구는 주로 마르크스의 원고에서 시작하여 그 정치 사상의 철학적 기반과 핵심 이론을 해석하며, 이를 통해 해당 정치 철학의 주요 특징, 내용 및 방법론을 이해하는 것으로 볼 수 있다. 그러나 이러한 해석은 중국의 현대 맥락에서 이루어져야 하며, 이는 자유주의에 대한 비판과 서양 마르크스주의의 "반항적인 정치 담론"과는 명확히 차이가 있음을 인식해야 한다. 이러한 해석의 핵심 방향은 건설적이어야 하며, 그 내용은 구축적이어야 한다. 이러한 해석에서 도출된 마르크스의 정치 철학은 현대 사회 생활의 정치적 문제에 긍정적으로 대응할 수 있어야 하며, 비판적인 차원만이 아니라 건설적인 차원도 포함되고 있어야 한다. 이러한 해석에서 도출된 마르크스의 정치 철학은 구식 제도와 구식 관념을 단순히 비판하는 계급 투쟁 이론에 의존하는 대신, 다음과 같은 질문에 답해야 한다. 현대 역사 조건에는 어떤 사회 기본 구조가 정의롭고 공정한가? 우리는 어떤 이념으로 공평한 정의를 실현해야 하는가? 우리는 어떤 이념으로 인간 평등을 이해해야 하는가? 우리는 어떤 이념의 기반에서 민주주의를 실현해야 하는가? 우리는 어떤 이념으로 인간의 자유를 이해해야 하는가? 이러한 질문에 답하는 한, 마르크스의 정치 철학은 자유주의와 같은 정치 철학과 "대화"할 수 있는 정치 철학이 되며, 우리는 진정으로 마르크스의 사상, 방법 및 입장에 입각하여 현대 정치를 이해하고 해석할 수 있을 것이다.

지난 10년 동안 나는 계속해서 마르크스의 정치 철학에 대한 연구를 수행하여, 위에서 언급한 이해를 중심으로 이를 전개 및 발전시켜왔다. 이 과정에서 여러 논문을 작성하여 학계에 발표하기도 하였다. 본 서적은 이러한 지속적인 연구의 단계별 요약이자, 개별 논문에서 제시된 견해를 종합적으로 담고 있다. 그러나 이 책은 단순히 논문들의 모음집이 아니고 마르크스의 정치 철학 연구에 대한 체계적인 표현이다.

1990년대 초에는 천얀칭陈晏清 선생님 주도로 난카이 대학교 마르크스주의 철학 학술팀이 주로 사회철학에 중점을 두며 연구를 시작했다. 2003년부터 정치철학 연구로 전환하면서 정치철학 분야의 박사 연구생을 모집하기 시작했다. 이 연구진은 중국내에서 가장 먼저 정치철학 연구를 시작한 연구진 중 하나로 평가받았다. 천 선생님의 회고록에 따르면, 난카이 대학 마르크스주의 철학의 이러한 연구 전환은 나의 저서 "시민 사회론"과 연관시켰으며, 나의 마르크스 정치 철학에 대한 견해에 대해 칭찬하기도 하셨다. 선생님의 격려는 의미 있고, 그러나 이로 인해 더욱 겁이 나서 안도하지 못하게 되었다. 나는 선생님의 말씀이 격려의 뜻이라고는 믿지만 이는 나를 더욱 초조하게 만들었다. 이 연구진의 일원으로 여러모로 영감과 도움을 받아 미미한 성과를 이룰 수 있었다. 최근 몇 년 동안, 단종치오, 단중치오段忠桥교수님의 지도 하에, 나를 비롯한 꾸쑤顾肃, 요다지姚大志, 린진핑林进平 등 20여 명의 학자들이 참여하는 정치 철학 세미나를 매년마다 개최하고 있다. 이러한 지속적인 교류는 본 책의 견해 형성에 사유적인 지원을 제공했다. 여기에서 학자들과 선생님에게 깊은 존경의 말씀을 드리고 싶다.

본 책이 출판되기 직전에는 국가 철학 사회 과학 계획 사무소 및 본 책을 "국가 철학 사회 과학 성과 문고"에 추천해주신 심사전문가들에게 진심으로 감사드린다. 책을 책임지고 편집한 류시刘溪 선생님에게도 감사의 말씀을 드린다. 류선생님이께서 끊임없이 동원하고 재촉하여, 나는 마침내 모든 일을 내려놓고 글을 정리하게 되었으며, 또한 본 책을 "국가 철학 사회 과학 성과 문고"에 신청하는 과정에서 내가 직접 해야 할 일을 대부분 류선생님께서 대신해주셨다. 또한 문서 편집자인 교연

루乔艳茹 선생님에게도 감사의 인사를 전한다. 그녀의 세심한 책임감은 본 책의 여러 측면에서 품질 보장에 큰 기여를 하셨다.

왕신성
2017년 2월, 난카이대학교에서

| 저자 소개 |

왕신성王新生

난카이대학교南开大学 마르크스주의학원 학장이자 교수이며, 박사과정 지도교수이다. 주요 연구 분야는 마르크스주의 철학과 정치철학이며, 제3차 중국 국가 '만인계획' 철학·사회과학 선도 인재로 선정되었다. 주요 저서로는 『시민사회론』, 『철학적 시야에서 본 사회생활』, 『마르크스의 정치철학에 대한 연구』 등이 있다.

| 역자 소개 |

왕멍王萌

톈진사범대학교天津师范大学 한국어과 조교수이며, 영국 헐대학교 공자학원 원장 직무 대리, 베이징대학교 한국언어문화과 박사, 톈진시 외사 번역 자문회의 위원이다. 주요 저서로는 『한국 해외 파병 결정 과정』, 『운명 – 문재인 자서전』(번역서) 등이 있다.

김장선金长善

톈진사범대학교天津师范大学 한국어과 교수이자 학과장, 한국문화연구센터 소장이며, 중국 교육부 외국어교육지도위원회 비통용어분과 위원, 톈진시 학위위원회 전문학위 교육지도위원회 위원, 중국외국문학학회 한국문학연구분회 상무이사이며, 학술지 『중한언어문화연구』의 편집장이다.

마르크스의 정치철학에 대한 연구

초판 인쇄 2025년 5월 2일
초판 발행 2025년 5월 15일

저 자 | 왕신성王新生
역 자 | 왕멍王萌 · 김장선金长善
펴 낸 이 | 하운근
펴 낸 곳 | 學古房

주 소 | 경기도 고양시 덕양구 통일로 140 삼송테크노밸리 A동 B224
전 화 | (02)353-9908 편집부(02)356-9903
팩 스 | (02)6959-8234
홈페이지 | www.hakgobang.co.kr
전자우편 | www.hakgobang@naver.com
등록번호 | 제311-1994-000001호

ISBN 979-11-6995-684-0 93160

값 40,000원